El legado del judaísmo español

El legado del judaísmo español

David Gonzalo Maeso

Introducción de María Encarnación Varela Moreno

E D I T O R I A L   T R O T T A

Esta obra ha sido publicada con la ayuda de la Dirección General del Libro,
Archivos y Bibliotecas del Ministerio de Educación, Cultura y Deporte,
en el año europeo de las lenguas.

AL / ANDALUS
Textos y Estudios

Dirigida por Andrés Martínez Lorca

Ferraz, 55. 28008 Madrid
Teléfono: 91 543 03 61
Fax: 91 543 11 88
E-mail: trotta@infornet.es
http://www.trotta.es

Diseño
Joaquín Gallego

ISBN: 84-8164-480-3
Depósito Legal: M. 43.466/01

Impresión
Gráficas Laxes, S.L.

CONTENIDO

INTRODUCCIÓN: *María Encarnación Varela Moreno* 9
I. Situación histórica, social y económica de los judíos en Sefarad .. 12
II. Filosofía 29
III. Lingüística y lexicología 38
IV. Literatura 45
V. Cábala y misticismo 68
VI. Medicina y otras ciencias 88
VII. Sefardismo 105
Bio-bibliografía de David Gonzalo Maeso 106

EL LEGADO DEL JUDAÍSMO ESPAÑOL

Prefacio 119
Notas preliminares 126
Ecumenismo hebreo 129
1. Escriturística 141
2. Religión 155
3. Misticismo y Cábala 167
4. Derecho 175
5. Vida familiar 187
6. Trabajo y profesiones 195
7. Política en los reinos musulmanes y cristianos 203
8. Cultura 217
9. Poesía 231
10. Filosofía 243
11. Lingüística y lexicología 259

INTRODUCCIÓN

María Encarnación Varela Moreno

Cuando el profesor Gonzalo Maeso publicó en 1972 su obra *El legado del judaísmo español* trató, según explica en el Prefacio, de transmitir los valores espirituales, intelectuales, artísticos y morales del judaísmo español en sus siglos más fecundos (del X al XV), valores que se continúan a través del contingente de judíos que salió de España (Sefarad) tras la expulsión de 1492 y que fueron denominados *sefardíes*.

El proyecto no carecía de audacia. Tratar esa amplitud de contenidos, de géneros, de autores y de circunstancias históricas y culturales suponía poseer un amplísimo conocimiento global de la cultura hebrea —que el autor poseía— y asumir el riesgo de ser criticado por algunos eruditos de «superficial». Sin embargo el profesor Gonzalo Maeso acometió la empresa sabiendo el desconocimiento absoluto que existe en el público español sobre la cultura hebrea, tanto entre personas más o menos cultas como entre los mismos estudiantes de Filología Semítica. Intentó, pues, ofrecer una panorámica general de toda una cultura singular y riquísima, y escribió una obra de síntesis —que muchos le agradecen hasta hoy— mostrando los numerosos campos de la creatividad judía en la península Ibérica.

Creo que logró su objetivo. Hoy puede decirse que *El legado del judaísmo español*, ya hace tiempo agotado, es uno de los ejemplares más pedidos en préstamo en la biblioteca del Departamento de Estudios Semíticos de la Universidad de Granada, precisamente por eso, porque es una visión global que ayuda a «ver el bosque». Habrá luego que profundizar en «cada árbol», pero para ello es necesaria una visión sintética que ayude a relacionar y comparar.

David Gonzalo Maeso escribía pensando en el alumno, en la gente; no deseaba pasar a la Historia como un investigador hermético ni buscaba protagonismo científico, deseaba en primer lugar comunicar sus conocimientos al mayor número posible de personas y estaba enamorado de su profesión docente. Por ello le agradecemos un libro así, tal vez el primero que nos ayudó a sus discípulos a vislumbrar todos los tesoros que aguardan a quienes tengan la constancia de buscarlos.

En estos últimos veinticinco años se popularizaron los estudios universitarios —también, aunque en menor medida, en la especialidad de Filología Hebrea— y han surgido promociones de alumnos que después han llegado a profesores e investigadores, y que han ido realizando la tarea analítica de investigar parcelas concretas de la cultura judía en Sefarad. Hoy puede decirse que ese campo se ha enriquecido notablemente. Tal vez este libro, aparecido hace un cuarto de siglo, no sea ajeno a ese enriquecimiento.

Comienza el autor exponiendo previamente nociones básicas de la historia, geografía, religión y cultura del pueblo judío, su relación con el cristianismo y el islam, su expansión por los distintos países en general y en España en particular.

Este capítulo previo era necesario para situar al lector en las coordenadas espacio-temporales. De especial acierto es la comparación con las otras dos grandes religiones monoteístas.

Gonzalo Maeso compara en su libro el judaísmo con las otras dos religiones histórico-proféticas mesiánicas, anticipándose de algún modo a la preocupación actual por el conocimiento de otros modos de pensar que tal vez en nuestra sociedad ha sido provocada por el rechazo a la intolerancia, al fundamentalismo y a la xenofobia.

Y es pertinente la comparación de estas tres religiones precisamente por su carácter *mesiánico*. No son religiones psicologistas como las orientales, tienen unas características que las separan de ellas:

a) son religiones *reveladas*, es decir, existe un «tú» supremo exterior al hombre a quien dirigirse, con quien entablar un diálogo y que a la vez envía un mensaje;

b) poseen una profunda dimensión ética explicitada en preceptos;

d) esperan un «arreglo de cuentas» en el futuro, de acuerdo con el cumplimiento o no cumplimiento de esos preceptos.

De ahí que sean excluyentes entre sí, pero parten las tres de las mismas premisas, ya que nacieron de una fuente común.

A continuación, el autor expone por capítulos los distintos géneros tratados por los judíos españoles desde el siglo x al xv: escriturística, religión, misticismo y cábala, derecho, vida familiar, trabajos y profesiones, política en los reinos musulmanes y cristianos, cultura, poesía, filosofía, lingüística y lexicología, ciencias, medicina, historia y didáctica.

El capítulo 15 está dedicado a los hebraísmos que más o menos explícitos existen en la lengua castellana, y el 16 a la creación de los judíos sefardíes tras la expulsión. En cada caso presenta la bibliografía consultada, y eso siempre es de agradecer.

Dados la diversidad de materias y el hecho de que no todas hayan avanzado al mismo ritmo en los últimos años, agruparé los temas y capítulos de *El legado* en varios puntos que me parecen de más interés para su revisión, o bien porque hoy existe más bibliografía sobre ellos o porque se han traducido obras que ya existían en hebreo pero eran inaccesibles a la mayor parte del público. Los capítulos del estudio introductorio quedarán de este modo:

I. Situación histórica, social y económica de los judíos en Sefarad desde el siglo x al xv. Aquí estarían incluidos *grosso modo* los capítulos 2, 4, 5, 6, 7 y 8 de *El legado.*

II. Filosofía.

III. Lingüística y lexicología.

IV. Literatura de creación: poesía y narrativa. Historia y exégesis.

V. Cábala y misticismo.

VI. Medicina y otras ciencias.

VII. Sefardismo.

Se consignará en notas y en bibliografía una selección de publicaciones aparecidas, insistiendo fundamentalmente en las realizadas en nuestro país y, por consiguiente, más al alcance del público interesado.

Las transcripciones responderán al sistema usual en el hebraísmo español, excepto algunos nombres propios ya castellanizados y ciertas palabras más conocidas por su transcripción inglesa o por el uso habitual. Hay algunas diferencias entre las transcripciones usadas por David Gonzalo Maeso en *El legado* y las que usamos en la introducción. Como se sabe, la transcripción es algo convencional que cambia según los criterios aplicados en cada momento. En esta introducción usamos la transcripción según el criterio universitario actual, que no hace distinción entre vocales largas y breves, algo distinto del que en su día usó el profesor Gonzalo Maeso.

Hacemos constar que no venimos a enmendarle la plana a *El legado*, sino a remozarlo, «aggiornarlo» y enriquecerlo, a fin de que su valor perenne llegue al público interesado con la misma intención que le otorgó su autor: *dejar hablar a la cultura de Sefarad* y a sus verdaderos protagonistas, *los judíos que aquí vivieron.*

I. SITUACIÓN HISTÓRICA, SOCIAL Y ECONÓMICA DE LOS JUDÍOS EN SEFARAD

Para la historiografía judía el término «Edad Media» tiene connotaciones peyorativas: es la época en que no pasaron cosas buenas. En Israel hubo hasta los años sesenta un cierto pudor de tratar esa época, y a pesar de que Heinrich Graetz ya se había iniciado en este campo en el siglo XIX, las escuelas historiográficas judías son relativamente recientes.

Entre las dos guerras mundiales acometió la tarea de su estudio Simón Dubnov, cuyo ideal antisionista y bundista[1] le lleva a demostrar que el pueblo judío no necesitaba territorio por ser simplemente un *ente cultural*, luego el modelo que el judío debe dar al mundo es el de una comunidad autónoma y organizada.

En la década de los sesenta surge la escuela historiográfica de Israel Halperin, a la que se adscribe su representante más conocido en España, Yishaq Bäer[2]. El modelo que presentan es económico y sociológico, basado en la escuela francesa de Henri Pirenne, de acuerdo con el cual tratan de demostrar que una comunidad no necesita la definición nacional para ser llamada nación. La comunidad, una vez que está diferenciada étnica y económicamente de los demás, se puede considerar nación. La comunidad judía, afirman apoyándose en las tesis de Pirenne, es *la única bien definida en la época medieval.*

Pirenne hablaba de tres características de la Edad Media cuando aún no se podía hablar de nacionalidades: *a*) lucha de lo nuevo contra lo viejo; *b*) paso de la urbe al campo; *c*) pugna entre el poder político y el poder religioso. Halperin y su escuela afirman que los judíos van a ser distintos: *a*) no hay pugna entre lo nuevo y lo viejo porque tienen bien definidos sus preceptos (esto es discutible, pues en la época de Maimónides sí existió esa pugna, como veremos más adelante); *b*) los judíos emigran del campo a la ciudad, son más bien elemento urbano por varias razones: ya desde la época de los visigodos se les prohíbe tener tierras, además les era más cómodo a ellos mismos reagruparse en ciudades para mejor atender las necesidades de su vida comunitaria; *c*) tampoco tienen tensiones entre el poder político y el religioso, ya que no existe entre ellos una jerarquía religiosa centralizada.

1. El BUND era la Unión General de los Trabajadores Judíos de Lituania, Polonia y Rusia, creada en Vilna en 1897 en círculos socialistas judíos. Se consideraban parte de la socialdemocracia rusa, eran antinacionalistas y consideraban que lo importante era conseguir autonomías culturales; asimismo, eran partidarios del uso de la lengua yidish, ya que veían en el hebreo un idioma sacro que no podría llegar a las masas de población.

2. Y. Bäer, *Historia de los judíos en la España cristiana*, Altalena, Madrid, 1981.

De este modo se van diversificando las concepciones y modos de entender la historia judía, llegándose a tres esquemas:

a) *Esquema religioso*

El mundo judío y el mundo gentil son dos esferas absolutamente separadas, puede haber relaciones entre ellas pero esencialmente son dos mundos distintos.

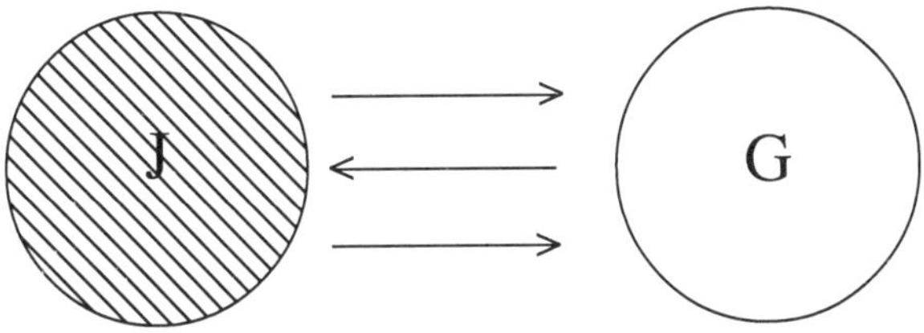

b) *Esquema autonomista* (el defendido por los bundistas)

Los judíos están dentro del mundo y son una nacionalidad cultural.

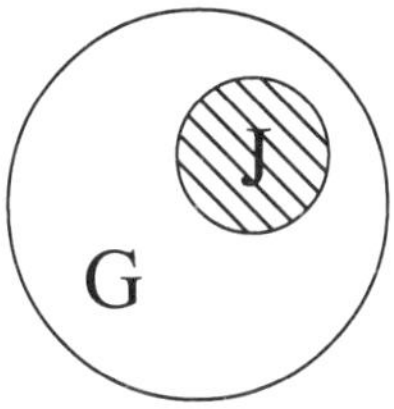

c) *Esquema nacionalista* (hoy se expresan a través del Estado de Israel)

Los judíos son una parte del mundo que actúa y se interrelaciona con él.

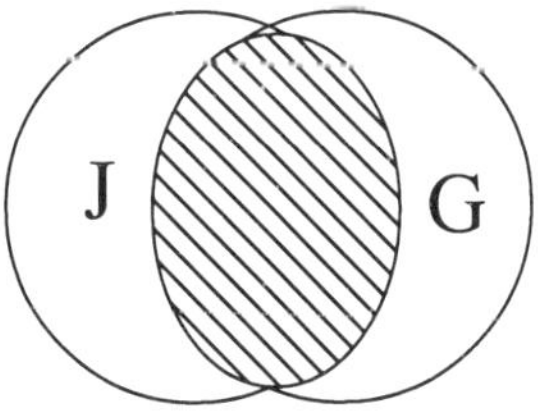

Evidentemente, por lo que se refiere al asunto que tratamos, el esquema que presenta el pueblo judío es el segundo, el de una *comunidad*

cultural. No es un pueblo «normal» en el sentido histórico del término, presenta puntos convergentes y divergentes con respecto a sus pueblos anfitriones.

La vida judía en la diáspora fue complicada. Existe, por una parte, una microhistoria comunitaria relacionada con fenómenos macrohistóricos que tienen lugar en los países donde están instalados. A la vez, entre los siglos X y XV no existen nacionalidades plenamente constituidas, por lo tanto esos países pertenecen a macroestructuras más amplias, en nuestro caso el mundo musulmán y el mundo cristiano.

Esos tres niveles de pertenencia crean en los judíos una red de grandes tensiones según vivan en España o en Alemania, según estén en la zona musulmana o en la cristiana.

En la historiografía moderna comenzada por Graetz, continuada por Dubnov y codificada científicamente por Ben Zion Dinur, ya desde Israel y con una visión marcada por el sionismo político, la época medieval judía toma un cariz nacional, menos providencialista, palestinocentrista, que se va enriqueciendo por los estudios en filosofía de Gershom Scholem, los trabajos de Halperin, Mahler, Ben-Sasson[3] y el acceso a las fuentes de hispanistas israelíes como el citado Bäer y Haim Beinart[4].

Así pues, los judíos españoles en estos seis siglos soportan sobre ellos una Macrohistoria (con mayúscula) musulmana o cristiana con sus respectivas leyes-marco sobre minorías religiosas, emanadas de las *Leyes de Omar* en el primer caso y del *Código Teodosiano* en el segundo[5], y modificadas según las circunstancias a lo largo de los siglos.

Los judíos de la zona musulmana soportan la macrohistoria (con minúscula) de las distintas etapas del gobierno musulmán en la Península con sus avatares y problemas, que les afectan de modo notable. Los de la zona cristiana, igualmente, viven las vicisitudes de los distintos reinos que se van configurando sobre el mapa peninsular. Finalmente cada comunidad tiene su microhistoria, muy distinta, que sería imposible describir detalladamente por separado en este trabajo.

1. *Los judíos de Al-Andalus*

Después de la continua incertidumbre a que se veían sometidos los judíos con la subida al trono de cada rey visigodo, es explicable que ante la invasión musulmana se refugiaran en la zona conquistada por los árabes,

3. H. H. Ben-Sasson, *Historia del pueblo judío*, 3 vols., Alianza, Madrid, 1988.
4. H. Beinart, *Los judíos en España*, Mapfre, Madrid, 1993.
5. Ambos textos se encuentran en la obra de Pinhas Bibelnik *Los judíos en la sociedad medieval. Documentos*, Jerusalén, 1988.

pues si bien algunos monarcas, como Recaredo o Wamba, habían sido hasta cierto punto tolerantes en materia religiosa, Sisebuto, Recesvinto, Ervigio y Egica habían oprimido a los judíos de un modo sangriento[6]. Vieron por lo tanto en los árabes a sus libertadores y les ayudaron cuanto pudieron, y éstos, cuyo dogmatismo religioso se dirigió especialmente contra los cristianos que atacaban públicamente al islam, comenzaron muy pronto a colocar a judíos en cargos públicos.

En realidad, tanto a cristianos como a judíos, en su calidad de «gente del Libro», se les aplicó el estatuto de *ḏimmíes* (minorías protegidas), lo cual implicaba que, mediante el pago de un impuesto (la *ŷizya*) al gobierno musulmán se les garantizaba protección en diferentes aspectos: amparo de la ley local a sus personas, propiedades y religión siempre que permanecieran fieles a sus creencias primitivas; las conversiones de una a otra fe minoritaria eran severamente castigadas. Se fomentaba la conversión al islam, pero no se les obligaba a nivel individual, pues la conversión forzada de los pueblos vencidos, como en el caso de los beréberes del norte de África, no se imponía a personas concretas. En algunas regiones esas minorías tenían una casi total igualdad ante la ley, tanto civil como penal[7]. La ley era tolerante, se les permitía incluso defender su religión públicamente frente a ataques de los musulmanes; no obstante sí existía discriminación social: un *ḏimmí* era siempre inferior a un musulmán, se tendía a diferenciarlos en el modo de vestir y se prohibían los matrimonios mixtos (cosa que, por otra parte, también prohibían las otras religiones[8]).

El hábitat de los judíos andalusíes era más bien urbano, vivían en ciudades, agrupados en determinados barrios no por segregación sino por propia comodidad, para organizar mejor su vida comunitaria en lo referente a la alimentación, educación, oración, etc., y mantenían relaciones con sus correligionarios del norte de África que, como ellos mismos, dependían de la tradición cultural de las grandes Academias de Babilonia.

Económicamente estaban diversificados, según Haim Beinart, bajo el Califato en el siglo x se encuentran judíos agricultores que labraban sus propias tierras[9]; había, sin embargo, un número mayor de artesanos, comerciantes y dueños de tiendas en el mercado.

Su vida comunitaria contaba con un alto grado de autonomía: los

6. Cf. A. Piñero, «La presencia de los judíos en Hispania antes del siglo x», en J. Peláez del Rosal (ed.), *Los judíos en Córdoba*, El Almendro, Córdoba, 1985, pp. 17-23.

7. Cf. S. W. Baron, *Historia social y religiosa del pueblo judío* III, Paidós, Buenos Aires, 1968.

8. Véase el canon 16 del concilio de Elvira por lo que se refiere a los cristianos en D. Gonzalo Maeso, *Garnāta al Yahūd*, Granada, 1990, p. 23. La religión judía aún lo prohíbe.

9. H. Beinart, «Los judíos de la Andalucía musulmana. Un prolegómeno histórico», en *Los judíos en Córdoba*, cit., pp. 133-154.

judíos tenían sus propias autoridades rabínicas y se regían por las leyes talmúdicas en los litigios entre judíos. Esta jurisdicción era reconocida por el gobierno islámico y los *dayyanim* (jueces) tenían derecho a juzgar delitos criminales aun cuando la decisión conllevara la pena de muerte. En pleitos mixtos juzgaba el *cadí* musulmán.

Internamente se regían de un modo democrático para la época: los responsables eran elegidos anualmente por la comunidad, y eran los encargados de entregar los impuestos al gobierno musulmán. A la vez existían impuestos comunitarios como la *maona*, que gravaba la carne y la venta del vino *kasher*. Otros impuestos internos atendían las necesidades de pobres, enfermos y maestros, pues los funcionarios comunitarios eran pocos (bedeles y cantores de sinagoga), y ni siquiera el cargo de rabino era remunerado, y el que lo ostentaba debía contar con ingresos propios.

Naturalmente todo lo dicho cambiaba según los avatares de la política musulmana. Bajo el Califato, concretamente de Abderramán III, los judíos conocieron días prósperos, calma, seguridad y bienestar económico gracias a la inteligente política de este califa, al refuerzo de la autoridad central y a su tolerancia religiosa. Pero cuando se inicia el declive del poder islámico en el siglo XI con la desmembración del Califato, los judíos sufren las consecuencias de las disensiones políticas que dividían a los Taifas. La situación cambia según los reinos.

En general, en los reinos donde gobernaba una culta aristocracia árabe los judíos fueron apartados de los cargos públicos, mientras que en los reinos gobernados por musulmanes de origen beréber, mucho menos cultos, los judíos fueron atraídos a los cargos públicos y adquirieron mayor relevancia.

A juicio del historiador Y. Bäer este fenómeno se debe a que los árabes puros no necesitaban apoyarse en las minorías, mientras que los reyes beréberes carecían de legitimidad ante sus súbditos y buscaron el apoyo de otros grupos minoritarios que, como ellos, se sentirían «extraños» en el país.

De ese modo florece en Granada la comunidad judía bajo los reyes ziríes Habbus y Badis, que elevan al judío Samuel ibn Nagrela al cargo de visir del reino, al tiempo que ejerce como *naguid* de la comunidad judía de Granada. Bajo el liderazgo de este gran hombre la vida de los judíos granadinos fue placentera.

El siglo XII y parte del XIII están marcados por las invasiones africanas de almorávides y almohades, que afectan negativamente a la vida judía por su intolerancia religiosa, especialmente la almohade. Muchos comienzan a emigrar a los reinos cristianos de la Península, pues a la vez los reyes cristianos que van avanzando en la Reconquista ofrecen tierras a los judíos para repoblar los territorios abandonados por los musulmanes. De este modo comienza a surgir una aristocracia rural judía —completamente atípica— en los reinos del Norte.

Durante el reinado en Granada de la dinastía *nazarí* (siglos XIII-XV) los judíos sobreviven con más pena que gloria, y a la caída de este reino en enero de 1492 su situación es ambigua e inestable hasta que tres meses después se promulga el Decreto de expulsión.

Desde el punto de vista *cultural* es de sumo interés observar la atmósfera que se vivía en el mundo islámico.

El judío, como todo hombre medieval, se movía en un ambiente cultural básicamente religioso, lo cual implicaba:

a) fe en la Providencia,

b) creencia en un Libro sagrado revelado por Dios a través de su Elegido.

En este segundo punto los judíos fueron intransigentes, no reconociendo las pretensiones del cristianismo y el islam de elevar a la condición de Elegido a Cristo y a Mahoma respectivamente.

Al entrar en contacto con el islam, aparece una élite judía culta que escribe poesía, que imita los modos árabes profanos, pero hay un tema específico judío: la doctrina del Exilio (*Galut*), que plasma en su conciencia una *tensión hacia*, una esperanza y una atracción por Israel como único hogar judío: fuera de Sión todo es *Galut*; este sentimiento colectivo hace que se unan en esperanza y oración, y en este sentido hay que valorar la obra del filósofo y poeta Yehudah ha-Leví, autor de las *Siónidas*. Así los poetas escriben poesía sagrada y profana, y en general todos los escritores combinan los distintos géneros.

Otro factor a tener en cuenta en la cultura del momento es el contacto del islam y del judaísmo con la filosofía griega, que les llega a los judíos a través de los pensadores árabes. Aristóteles y los neoplatónicos entran a formar parte de las preocupaciones filosóficas de unos pueblos enraizados firmemente en un espíritu providencialista, y el conflicto entre fe y razón que dará lugar a la Escolástica —después también, en el campo cristiano, con Tomás de Aquino— pronto se pone de manifiesto en las dos comunidades.

A este conflicto se añadía otro: la discordancia entre las tres revelaciones, cada una de las cuales reivindicaba para sí la autenticidad. La razón debía, pues, emplearse no sólo para demostrar *racionalmente* las verdades de la Revelación, sino también la autenticidad exclusiva de una en particular.

De cualquier modo, y a pesar de esas tensiones, la cultura islámica supuso en Al-Andalus para los judíos una salida de sí mismos para entrar en contacto con otras culturas, de una de las cuales (la árabe) recibe decisivas influencias.

Un fenómeno equivalente tendría lugar en el siglo XIX con la *Haskalá* (Ilustración judía), aunque los resultados de esta última fueron más bien negativos por varias razones:

a) mientras que en la Edad Media el hombre era un ser religioso no sólo en privado sino en todos los ámbitos de su vida, en el siglo XIX la religión pasó a ocupar un ámbito exclusivamente privado;

b) en la España musulmana, aunque existían contactos e influencias entre los dos sectores religiosos, cada grupo estaba convencido de la verdad de su fe y lo básico para ellos era establecer las *diferencias* entre la suya y la de los otros. En la era de la *Haskalá* se insistió, por el contrario, en el *núcleo común* que podían tener las religiones (judaísmo y cristianismo) y no en las diferencias. La consecuencia de ello fue el relativismo, primero, el asimilacionismo y la crisis de identidad, después, y finalmente el ateísmo o la conversión al cristianismo[10].

Queda siempre flotando un interrogante: ¿cómo se explica que un judaísmo tan culto y floreciente como el de la España musulmana evolucionara hacia el oscurantismo del judaísmo europeo del gueto?

Posiblemente las causas fueron varias: la judería ashkenazí siempre vio con prejuicios los postulados de los judíos «islámicos»[11]. Por otra parte, las oleadas de persecuciones y expulsiones que comenzaron en el siglo XIII en los distintos países europeos hicieron que los judíos dejaran la filosofía y se encerraran en sus propias tradiciones culturales en una actitud autodefensiva, y este movimiento centrípeto terminó cerrándoles frente al mundo gentil hasta que la *Haskalá* rompió violentamente ese aislamiento dando lugar a innumerables traumas y crisis de identidad cuyas repercusiones persisten hasta hoy.

2. *Los judíos en los reinos cristianos de la Península*

El rey de León Alfonso V lleva en el siglo X repobladores a sus tierras conquistadas, entre ellos judíos de la España musulmana y del sur de Francia. La misma táctica siguen en el siglo XI los reyes de Navarra, Aragón y Castilla, cuyo rey Alfonso VI emplea como físico y financiero al judío Yosef ha-Nasí Ferrizuel. También en Barcelona se calcula que había en el siglo X más de sesenta familias judías. La situación jurídica de esos judíos era la de «propiedad del rey», y su economía se basaba en tierras, oficios urbanos y un incipiente comercio.

10. Para más detalles sobre la *Haskalá*, véase M.ª E. Varela, *Historia de la literatura hebrea contemporánea*, Octaedro, Barcelona, 1992.

11. Recientemente se ha publicado en castellano una gran novela del escritor israelí A. B. Yehoshua, *Viaje al fin del milenio* (Siruela, 2000), muy ilustrativa sobre el ambiente cerrado y estricto de la judería ashkenazí frente a los judíos del sur musulmán, mucho más flexibles y liberales en sus costumbres.

Cuando en 1085 cae Toledo en manos cristianas, a los judíos se les permite permanecer en sus barrios; lo mismo ocurre cuando Alfonso I de Aragón conquista Tudela en 1115 y cuando cae Tortosa en poder de Ramón Berenguer IV.

Ante esta afluencia de judíos los municipios intentan apoderarse de sus recursos económicos, pero el rey los protege como su «propiedad»; al mismo tiempo va adquiriendo importancia la figura del *judío de corte* en Barcelona, Zaragoza y Toledo.

En el siglo XIII se producen grandes conquistas: Jaime I de Aragón llega hasta las Baleares, Alfonso X y Fernando III de Castilla dirigen sus campañas hacia Andalucía, y no tienen inconveniente en emplear judíos en sus ejércitos y en cederles grandes extensiones de tierras conquistadas; a la vez, se les permite abrir tiendas en los núcleos urbanos en contra de la opinión de los municipios.

En Castilla Alfonso X promulga el *Código de las Siete Partidas* (1263), que deja bien claros los derechos y deberes de todos los habitantes de su reino. Por lo que se refiere a los judíos, las normas son éstas:

— absoluta libertad religiosa siempre que ellos no ataquen la fe cristiana;

— se toman medidas para prevenir el *crimen ritual*[12], prohibiéndoles salir de sus casas por Pascua;

— se les prohíbe tener autoridad sobre otros cristianos;

12. El *crimen ritual* es una de las acusaciones difundidas en la Edad Media contra los judíos. Surgió a raíz de un triste suceso ocurrido en 1144 en Norwich (Inglaterra): se descubrió el cuerpo del niño Guillermo asesinado en un bosque a las afueras de la ciudad. Los judíos fueron acusados de realizar crímenes en la fiesta de la Pascua cristiana, y a partir de ese hecho la acusación se difundió por toda Europa. Hay casos en diversas ciudades de Alemania, en Lincoln, en Blois, en Trento, etc. En España se hizo célebre el caso del Santo Niño de la Guardia, por el cual fueron llevados a la hoguera varios neoconversos.

La otra acusación era la de profanación de la hostia consagrada, sobre todo a partir del IV concilio de Letrán, en el que se declaró el dogma de la transubstanciación, por lo que la gente estaba más sensibilizada en ese aspecto. Comoquiera que tales acusaciones carecían de fundamento y contaban con elementos legendarios, a veces se mezclaban ambas leyendas, muy abundantes en la literatura europea, como por ejemplo la del cronista de Lieja Jean d'Outremeuse: «Ese año en la ciudad de Colonia sucedió que el hijo de un judío, habiéndose convertido al cristianismo, fue a la iglesia el día de Pascua para recibir el Cuerpo de Dios tal como los demás; lo puso en su boca y lo llevó con gran premura a su casa, pero al volver de la iglesia sintió miedo y se desconcertó: cavó una fosa en la tierra y enterró la Hostia. Un cura pasó por el lugar, abrió la fosa y encontró dentro la forma de un niño. Quiso transportarlo a la iglesia, pero un fuerte resplandor llegó del cielo, el niño fue arrebatado de las manos del cura y ascendió al cielo» (en P. Bibelnik, *Los judíos en la sociedad medieval. Documentos*, Jerusalén, 1988, p. 55).

La literatura española a partir de Berceo cuenta también con diversas alusiones hasta época muy tardía. Ya en el siglo XIX, cuando en España no había judíos, Gustavo Adolfo Bécquer alude al crimen ritual en su leyenda *La rosa de pasión*.

— se les limita el tamaño y el número de las sinagogas (esto también se estipulaba en la zona musulmana);

— se prohíbe molestar a los judíos en *Šabbat*, ni siquiera por razones legales;

— no se les forzará a convertirse al cristianismo;

— a los conversos no se les molestará por sus orígenes;

— a los cristianos que se conviertan al judaísmo se les puede llegar a condenar a muerte e incautarse de sus bienes;

— los cristianos y judíos no deberán vivir en las mismas casas;

— los judíos no podrán tener esclavos cristianos (por miedo al proselitismo judío).

Estos decretos tratan de cumplir la legislación eclesiástica emanada del IV Concilio de Letrán (1215), pero se observa que las disposiciones de éste están en el *Código* muy atenuadas. Por ejemplo, no se impone severamente la segregación, no se les obliga a llevar un distintivo amarillo en sus ropas, pueden poseer tierras, pueden vivir fuera de las ciudades y ejercer profesiones honorables. Todo esto iba en contra del espíritu conciliar. Los reyes cristianos se veían obligados a guardar un cierto equilibrio diplomático entre sus obligaciones como cristianos y como hombres de Estado.

Las *aljamas* (comunidades) contaron con gran autonomía y bajo sus *muqqadamim* (adelantados) establecieron sus propios tribunales. El rey solía encargar a un funcionario la supervisión de los asuntos de la comunidad, pero no había problemas por cuestiones de interferencia.

En Castilla los judíos cortesanos consiguieron un notable bienestar social y económico, y los reyes castellanos parecen haber estado satisfechos de sus servicios. En realidad, les convenía esta situación; los judíos no podían aspirar al poder político ni eclesiástico, con lo que la lealtad no estaba amenazada, por eso tal vez se acostumbraba a nombrar judíos para cargos administrativos y financieros. Esa alta clase judía recibía influencias de los cortesanos cristianos y competía con ellos por el favor real; así emergieron verdaderas dinastías, como los Ibn Zadoq en Toledo, en cuya familia hubo desde financieros hasta embajadores.

Si alguna vez los reyes tenían la tentación de endurecer los impuestos, las comunidades se empobrecían, por lo que se cuidaban mucho de hacerlo e impedían que lo hicieran los nobles, la Iglesia o los municipios.

En Aragón el siglo XIII trajo consigo al principio una gran bonanza judía tras las conquistas del rey Jaime I, el cual los empleó como traductores y supervisores de las tierras conquistadas. La política de este rey comenzó siendo muy projudía, y llegó en 1247 a prometerles *total ciudadanía* a los que se instalaran en las tierras de Mallorca, Valencia y Cataluña. La autonomía de la comunidad alcanzó aún más alto grado que en

Castilla. Por ejemplo, en la de Calatayud se nombraba un rabino y cuatro *adenanti* (directores) que estaban autorizados para arrestar a cualquier malhechor e incluso a emitir sentencias de muerte; podían asimismo, con el consentimiento de la *aljama*, pronunciar excomuniones. Estas personas conseguían gran poder y el rey raramente intervenía en sus asuntos internos.

La reacción cristiana no se hizo esperar. Si el rey Jaime, por consideraciones políticas, había olvidado sus deberes de buen cristiano, ahí estaba su confesor Raimundo de Peñafort[13] para recordárselos.

La presión de la Iglesia sobre Jaime I hizo que éste fuera retirando a los judíos prebendas y privilegios, al mismo tiempo que la acusación de *crimen ritual* se extendía por Zaragoza a partir de 1250. Finalmente, y como colofón de esta ofensiva antijudía, se organiza la célebre *Disputa de Barcelona* (1263), en la que intervinieron Pablo Cristiano y Naḥmánides por las partes cristiana y judía respectivamente. Estos torneos teológicos y apologéticos permitían a cada parte defender su religión, y normalmente sus puntos centrales eran: la venida del Mesías, la divinidad de Jesucristo y la falsedad del *Talmud* (obra que ningún cristiano conocía pero de la que siempre se sospechaba).

Al término de esta controversia, como ocurría siempre, nadie convenció a su oponente, pero a partir de aquí los esfuerzos cristianos tuvieron cierto éxito. Los judíos no fueron obligados a convertirse, pero sí a aceptar sermones conversionistas en sus sinagogas, medida altamente humillante para ellos[14].

En esa misma época el papa Clemente IV publicó la bula *Turbato corde*, por la cual dio a la Inquisición derecho a intervenir en los asuntos judíos persiguiendo a los conversos que habían vuelto al judaísmo y a los cristianos convertidos a esa religión.

Es decir, la segunda mitad del siglo XIII está marcada en Aragón por una fuerte ofensiva de la Iglesia, pero en cuanto a economía los judíos aún mantenían su prosperidad, y a pesar de la hostilidad de los burgueses por cuestiones de competitividad el Estado los reclutaba para sus asuntos económicos. En las ciudades las *aljamas* eran vecinas de los municipios cristianos, pero estaban libres de la autoridad municipal, eran como una ciudad dentro de otra por su especial dependencia del rey.

Las diferentes comunidades de Aragón se desarrollaban en paralelo, cada una por su lado, sin una organización central. En el interior, la vida

13. Según la teología de la Iglesia desde la Patrística, especialmente san Agustín, el judío debe ser humillado para demostrar el triunfo de la Iglesia sobre la Sinagoga, pero no hay que matarlos, han de ser conservados como «pueblo testigo» de sus errores, como pueblo deicida, como Caín, pero no hay que matar a Caín (Gn 4, 15).

14. Cf. *La dispute de Barcelone. Suivi du Commentaire sur Esaïe 52-53*, Vendôme, 1996.

comunitaria afrontaba continuos problemas sociales entre las grandes y poderosas familias y el resto del pueblo. La oligarquía dominaba por medio de los *dayyanim* (jueces) elegidos anualmente, y aunque el pueblo exigía que el cargo de los miembros del Consejo comunal fuera rotatorio casi siempre estos cargos recaían en las familias poderosas.

Este clima de tensión social interna (que igualmente existía en Castilla), agravado por la ansiedad de la inseguridad externa, preparó el terreno para la difusión de las doctrinas cabalistas trasplantadas a comienzos del siglo XIII de Provenza y de Gerona, lo cual da lugar a la aparición en Castilla del libro del *Zohar*, obra cumbre de la Cábala, entre 1280 y 1290. También estalla de nuevo una antigua controversia entre racionalistas y judíos más tradicionales (que ya había tenido lugar anteriormente frente a los escritos de Maimónides). Ahora también en los reinos cristianos vuelve la pugna filosófica gracias a las traducciones del árabe de obras problemáticas realizadas por los Qimḥi y los Ibn Tibbón. Esta controversia ideológica se resolvió con un doble *ḥerem* (anatema): sobre aquellos que estudiaran filosofía antes de los veinticinco años, y sobre los que explicaran las historias bíblicas con sentido alegórico.

El XIII, pues, un siglo que comenzó brillante en Aragón, termina con un declive judío y una tendencia centrípeta de los miembros de las comunidades, a la vez que los judíos de corte iban perdiendo su influencia y sus privilegios en el campo público.

A comienzos del XIV en Castilla la situación era algo mejor: a pesar de las presiones de la Iglesia los judíos cortesanos siguieron conservando su poder. Hubo algunas conversiones al cristianismo, como la de Abner de Burgos, que tomó el nombre de Alfonso de Valladolid, e internamente surgían las mismas disensiones ideológicas y sociales que en Aragón.

La actitud de los monarcas castellanos fue vacilante. Alfonso XI quiso erradicar la usura, profesión que ejercían muchos judíos, pero les permitió quedarse en su reino; la epidemia de la peste negra (1348), nefasta para los judíos centroeuropeos por considerárseles culpables, afectó menos al territorio castellano, y la subida al trono de Pedro el Cruel (1350-1369) devolvió a los judíos cortesanos parte de las prebendas que habían ido perdiendo. El rey nombró como tesorero a Samuel Abulafia y de acuerdo con él construyó en Toledo la sinagoga del Tránsito, aunque años después Abulafia cayó en desgracia y murió en prisión.

Sin embargo, una vez más la macrohistoria irrumpe en la vida de la comunidad cuando se produce la guerra civil entre el rey Pedro y su hermano bastardo Enrique de Trastamara. Los judíos se alinean junto al rey, y cuando cae Burgos en poder de Enrique (1366) los judíos de esa ciudad son severamente reprimidos y sobrecargados de impuestos. Lo mismo ocurre cuando cae Toledo y en general las demás ciudades.

No obstante, la primera mitad del siglo XIV es fructífera en cuanto a la actividad cultural, sobresaliendo entre sus obras el *'Arba'ah ṭurim* de Yacob ben Ašer, una codificación de la Ley que combinaba tradiciones sefardíes y ashkenazíes.

Mientras tanto las comunidades aragonesas continuaban su declive en este siglo XIV. Aun así los judíos eran tolerados y tenían derecho a la protección real dentro de los límites de la legislación eclesiástica en esa materia. Bajo Jaime II (1291-1327) la Inquisición había empezado a «interesarse» por los judíos, pero el rey declaró que su presencia era un asunto de Estado y no de religión. Cuando los *Pastoreaux*[15] entraron en Aragón el rey los contuvo y no permitió ataques contra los judíos; no ocurrió así en 1348 con la peste negra, y en Cataluña y en Zaragoza tuvieron lugar algunas masacres.

El siglo XIV catalán dio algunas figuras eminentes: Nissim b. Reuben Gerondí, presidente del tribunal rabínico en Barcelona, que ejerció gran influencia sobre toda la comunidad, y Ḥasday Crescas, filósofo cercano a los círculos cortesanos, un personaje igualmente relevante por sus escritos y por su actividad comunitaria.

En 1386 Pedro IV aprueba una Constitución para la comunidad de Barcelona que supuso un claro avance para la democracia intracomunitaria. Según esta Constitución la *aljama* se dividía en tres clases de acuerdo con las tasas tributarias, y cada una de ellas podía elegir un secretario y diez miembros del Consejo. Comoquiera que los asuntos de imposición de tasas tenían que ser aprobados por el Consejo, el poder de las poderosas familias se vio limitado. La pequeñas comunidades, sin embargo, tenían una organización más sencilla, en ellas no se hicieron populares los Consejos paritarios y la oligarquía mantuvo su poder. Existían también casos especiales, por ejemplo, en Mallorca, donde había una comunidad de judíos mercaderes. La administración real reconoció aquí la existencia de *judíos francos*, descendientes de los judíos de corte, que no pagaban impuestos a la comunidad ni participaban en la vida comunitaria.

Se observa en las aljamas de los reinos cristianos de la Península una gran heterogeneidad en cuanto a su situación económica y su organización interna, tal vez motivada por un cierto bienestar y una adaptación al medio a pesar de las limitaciones. A diferencia de las comunidades centroeuropeas, diezmadas desde el siglo XI por las Cruzadas, y después por la peste negra, que no tuvieron más remedio que coordinarse para defenderse de

15. La Cruzada de los *Pastoreaux* llegó en 1320 desde el sur de Francia bajo la dirección de un visionario popular. Se proponía marchar contra los musulmanes del reino nazarí de Granada, y a su paso iban asesinando a los judíos que encontraban en su camino. Véase Y. Bäer, *op. cit.* I, pp. 317-319.

los ataques externos, los judíos españoles no contaban con esa coordinación, sus luchas sociales internas eran muy acentuadas y no estaban preparados para afrontar la catástrofe que se avecinaba.

Hacia el último cuarto del siglo XIV aparece en Sevilla una figura que desencadena la primera gran tragedia que sufre el judaísmo en España: Ferrant Martínez, arcediano de Écija, organiza una violenta campaña antijudía pidiendo la destrucción de veintitrés sinagogas (1378). Tanto el rey de Castilla Juan I como el arzobispo de Sevilla se oponen y amonestan severamente al clérigo[16].

Pero en 1390, con la muerte del arzobispo, Ferrant Martínez se convierte prácticamente en el que dirige la diócesis de Sevilla y aprovecha su situación para intensificar los ataques. Mientras vivió el rey Juan I no tuvo éxito, pero al morir éste ese mismo año la Corona quedó debilitada, y el arcediano no dejó pasar esa coyuntura.

El 4 de junio de 1391 estalló el pogromo en Sevilla: las puertas de la judería fueron quemadas, numerosos judíos muertos, mujeres y niños vendidos como esclavos a los musulmanes y, lo más decisivo de esta campaña que se extendió por toda la Península, un gran contingente de judíos convertidos al cristianismo por la fuerza o por miedo.

Ante fenómenos de agresión sufridos en otros países siglos antes, muchos judíos habían reaccionado dejándose matar o autoinmolándose en virtud del *Kidduš ha-Šem* (el martirio judío), pero en España, aunque conocían esa figura, nunca pensaron que aquello les ocurriría, no estaban preparados y se convirtieron en masa para salvarse.

De este modo, una vez sofocado el pogromo por las fuertes protestas de Ḥasday Crescas ante el Papa y ante el rey de Aragón, los asesinos fueron castigados y las maltrechas juderías comenzaron a reorganizarse, pero ya con un escollo importante: estaban muy mermadas por los muertos y los conversos, y apareció una gran masa de cristianos «nuevos», presumiblemente judaizantes en secreto, a quienes les era negada la vuelta al judaísmo por haber sido bautizados[17].

16. Véanse documentos reales de estas amonestaciones de fechas 25 de agosto de 1378, 3 de marzo de 1382 y 25 de agosto de 1383, así como la querella de la aljama de Sevilla contra Ferrant Martínez en 1388, la sentencia del arzobispo sevillano prohibiéndole hostigar a los judíos bajo pena de excomunión, e incluso la notificación hecha al clero de Écija por requisitoria del arzobispo de Toledo en averiguación de los abusos cometidos por el arcediano (P. Bibelnik, *Los judíos en la España medieval. Documentos*, Jerusalén, 1986, pp. 42-48).

17. En la teología de la época sobre los sacramentos se contemplaban en éstos dos efectos: *ex opere operato* —el efecto del sacramento por sí mismo— y *ex opere operantis* —el efecto producido según la actitud del receptor—. Era evidente que este último no se cumplía, pues la conversión no había sido voluntaria y libre, pero subsistía el *ex opere operato*, y en ese sentido el bautismo imprimía un carácter imborrable. Así, pues, los

Las matanzas de 1391 fueron la coyuntura que dio una vuelta de página a la historia de los judíos españoles.

La sociedad cristiana del siglo XV era incapaz de absorber a esa gran cantidad de conversos desligados ya de su comunidad de origen, por falta de medios económicos y sociales y además porque faltaban las condiciones psico-sociológicas para ello. Siempre existió el prejuicio hacia los «cristianos nuevos», y hubo puestos que les estuvieron vedados por la resistencia de los «cristianos viejos» a que aquéllos tuvieran cualquier tipo de jurisdicción sobre ellos.

Durante todo el siglo XV las condiciones fueron empeorando tanto en Castilla como en Aragón, ya por la incontrolada predicación antijudía de Vicente Ferrer, ya por nuevas regulaciones discriminatorias del gobierno castellano, ya por la manipulada *Disputa de Tortosa,* comenzada el 15 de enero de 1413 y prolongada casi dos años[18].

A diferencia de la *Disputa de Barcelona*, mucho más libre, la de Tortosa fue un simulacro y una ocasión más de humillación de los judíos. Los representantes designados a tal efecto fueron Zeraiah b. Isaac ha-Leví de Zaragoza y el filósofo José Albo, pero no tuvieron libertad para exponer sus puntos de vista y se retiraron entristecidos en diciembre de 1414.

La disputa provocó las medidas de costumbre aún más endurecidas: censura y confiscación de los ejemplares del Talmud, los jueces pierden la autoridad interna, confinación en determinados barrios, etc.

Un leve momento de respiro supuso para ellos el reinado casi simultáneo de dos reyes benévolos: Juan II de Castilla (1406-1454) y Alfonso V de Aragón (1416-1458), que, carentes del fervor religioso de sus antecesores, consiguieron ofrecer mayor estabilidad a sus súbditos y las medidas antijudías se suavizaron.

De todos modos la animosidad de la sociedad quedaba latente. Uno de los puntos más conflictivos era el que se ha hecho después un tópico: el del judío usurero.

A lo largo de la Edad Media habían ejercido distintas profesiones, entre ellas la agricultura, contando siempre con que no debían tener siervos cristianos según las prescripciones de la Iglesia, por lo cual sus tierras las labraban ellos y sus familiares.

Con la llegada del feudalismo el judío quedaba fuera de ese orden piramidal y jerárquico: no podía ser caballero porque todas las ceremonias feudales se celebraban bajo símbolos y connotaciones cristianas, y tampoco su dignidad y cultura les permitía ser siervos de la gleba. En la

conversos ya eran (tenían que ser) cristianos; si judaizaban no serían considerados ya judíos sino *herejes*, carne de Inquisición.

18. A. Pacios (ed.), *La disputa de Tortosa*, CSIC, Madrid, 1957.

mayoría de los países europeos el problema se resolvió marchándose a las ciudades y ejerciendo otros oficios. En España la situación del judío poseedor de tierras era atípica debida a la Reconquista. En cualquier caso, la mayoría de ellos se ocuparon de la artesanía, la industria (vitícola, textil, etc.) y el comercio. La actividad comercial estaba muy adelantada respecto a la de los no judíos, Occidente reclamaba mercancías orientales refinadas y en Oriente necesitaban importar mano de obra para la agricultura, la industria y el servicio doméstico, y los judíos ocuparon un tiempo esa parcela. Cuando cobran auge las repúblicas italianas que se dedicaban al comercio, el judío pierde ese tipo de ingresos.

Los oficios urbanos también se ven restringidos cuando los gremios mercantiles comienzan a desarrollarse y la naciente burguesía va cobrando fuerza. Por otra parte, la legislación de la Iglesia, cada vez más dura en cuanto a que los judíos posean tierras y siervos, les va despojando igualmente de ese trabajo. A veces, incluso, se prohibía a los médicos judíos asistir a pacientes cristianos (de nuevo por desconfianza).

Cerrados todos los caminos, muchos judíos deciden prestar a interés.

En la España musulmana la banca judía se había desarrollado notablemente porque el islam prohibía la usura, pero como de todos modos necesitaban un sistema bancario ese trabajo se dejaba en manos de infieles. Como los cristianos también lo tenían prohibido, se lo encomendaban a los judíos.

Lo cierto es que en el judaísmo tampoco se veía bien, pero todos, jueces cristianos, rabinos y ulemas, hacían verdaderas piruetas legales para poder dedicarse a ello; es decir, todos prestaban cuando podían. No obstante, al ser los judíos un grupo minoritario pudieron otorgar a musulmanes y cristianos más préstamos que los que pudieran recibir de éstos.

Todos estos factores hicieron que el préstamo a interés recayera principalmente en manos judías, y eso a la larga les creó enemigos. Parte de las expulsiones y pogromos de judíos en países europeos tuvieron su origen en las explosiones antijudías provocadas por la presión de los intereses en épocas de hambrunas y epidemias, y en una gran parte de los disturbios jugó un papel esencial la idea de liberarse del judío acreedor.

Por otra parte, como indicábamos anteriormente, en España no estaban las comunidades bien coordinadas, como sí ocurría en Alemania, y esa circunstancia les hizo más vulnerables.

Hubo dos intentos de coordinación pero muy tardíos, y los dos fracasaron. El primero tuvo lugar en Aragón en 1354, después de los disturbios provocados por la peste negra. Querían establecer un Consejo ejecutivo permanente formado por dos representantes de Cataluña, dos de Aragón, uno de Valencia y otro de Mallorca, pero las comunidades aragonesas no colaboraron. El segundo intento tuvo lugar en Castilla en 1432, iniciado por Rabí Abraham Benvenisti de Soria, que invitó a Valladolid a representantes de las comunidades castellanas. También fracasó por falta de colaboración.

De este modo la vida social, política y económica de las aljamas marchó a la deriva hasta el desastre final.

En 1469 los descendientes de Juan II de Castilla y Alfonso V de Aragón, Isabel y Fernando, se casan, y diez años después unen los reinos y siguen empleando judíos en altos cargos financieros y administrativos, como Abraham Senior e Isaac Abravanel. Sin embargo, los reyes comienzan a apoderarse de funciones internas de la comunidad: se les retira primero la jurisdicción criminal, más adelante los reyes lanzan ataques contra los conversos sospechosos de criptojudíos y finalmente la reina consigue el permiso del Papa para instaurar la Inquisición en Castilla. En septiembre de 1480 dos dominicos son nombrados inquisidores y comienzan a actuar en Sevilla, que celebró su primer auto de fe en enero de 1481.

No entraré en el tema de la Inquisición, pues existe una abundante bibliografía al respecto[19], pero sí quisiera subrayar el carácter de la Inquisición española y la causa de su triste fama.

La Inquisición romana (o medieval) era un tribunal eclesiástico que juzgaba casos de herejía y heterodoxia, y ya había tenido anteriormente una actuación represiva contra cátaros y albigenses. Este tribunal dependía del Papa, el cual lo enviaba puntualmente allí donde se necesitara.

Cuando el Papa autorizó su instauración en Castilla la reina Isabel le arrebató al Papa el control del tribunal (que en España se convirtió en una red de tribunales permanentes y sofisticados por todo el mapa castellano), de tal manera que su órgano principal, el Consejo de la General y Suprema Inquisición, formaba parte de la estructura de la administración central de la Corona, es decir, se convirtió en un instrumento político. Hasta tal punto molestó este hecho al Papa que cuando Fernando pidió el permiso para instaurarla en Aragón el Papa se resistió, y sólo el clamor popular ante el asesinato del inquisidor Pedro de Arbués movió al Papa a darle el permiso.

Es interesante insistir en este punto, pues a veces se habla de la expulsión posterior como consecuencia de la profunda religiosidad de la reina. No me parece probable que actuara principalmente por motivos religiosos. Isabel era una mujer de Estado, los conversos eran un problema no sólo religioso sino también social y político, y decidió terminar con esa

19. De entre las numerosas obras sobre este tema destacamos las siguientes: H. Beinart, *Los conversos ante el Tribunal de la Inquisición*, Riopiedras, Barcelona, 1983; B. Benassar, *Inquisición española: poder político y control social*, Crítica, Barcelona, 1981; C. Carrete, *El judaísmo español y la Inquisición*, Mapfre, Madrid, 1992; H. Kamen, *La Inquisición española*, Alianza, Madrid, 1974.

situación cortando por lo sano: cuando se fueran los judíos, los conversos serían verdaderos cristianos. Si no tuvo escrúpulos en arrebatarle al Papa el control de la Inquisición, si tenía amigos y colaboradores judíos en altos cargos (en contra de la legislación eclesiástica emanada del IV concilio de Letrán), no parece probable que la expulsión se debiera a su sensibilidad religiosa.

Tres meses después de la caída del reino nazarí de Granada, expulsados los musulmanes de toda la Península, fue firmado en Granada el Decreto de expulsión el 31 de marzo de 1492, y promulgado el 29 de abril y el 1 de mayo. El 31 de julio salía de España el último judío. Isaac Abravanel, que salió con los desterrados, lo describe así:

> Yo estaba en ese momento en el palacio real. Me esforcé en implorar compasión por todos los medios. Hablé al Rey en tres ocasiones y le supliqué: «¡Sálvanos, Rey! ¿Por qué te vuelves así contra tus servidores? Pídenos tributos y ofrendas, oro y plata, y cada miembro de la Casa de Israel aportará a su país». Pedí tambien a mis amigos, los consejeros más próximos al Rey, que imploraran en nombre de mi pueblo, y los príncipes se esforzaron y hablaron al Rey a fin de revocar el Edicto de la Cólera. La Reina se mantenía a su lado animándole a llevar a cabo su plan. Toda nuestra energía se consumió en vano. Yo no tuve reposo, no permanecí silencioso ni inactivo, pero el día del furor llegó... Por todas partes donde se anunciaba el decreto real los judíos lloraban amargamente. Un gran terror y una gran tristeza hizo gemir al pueblo... (Introducción a su *Comentario al Libro de los Reyes*)[20].

BIBLIOGRAFÍA

Además de las obras consignadas en notas a pie de página entre las que destacamos las muy relevantes de Y. Bäer, H. Beinart, S. W. Baron y H. H. Ben Sasson, son de indudable interés las siguientes:

Adang, C., *Islam frente a judaísmo*, Aben Ezra, Madrid 1994.
Alcalá, A. (ed.), *Judíos. Sefarditas. Conversos.* Ponencias del congreso internacional de Nueva York, 1992, Ámbito, Madrid, 1995.
Arié, R., *L'Espagne musulmane au temps des Nasrides (1232-1492)*, Paris, 1990.
Barkai, R., *Cristianos y musulmanes en la España medieval*, Rialp, Madrid, 1984.
Beinart, H., *Los judíos en España*, Mapfre, Madrid, 1993.
Beinart, H. (ed.), *El legado de Sefarad*, Magnes Press, Jerusalén, 1992.
Chazan, R., *Church, State and Jew in the Middle Ages*, New York, 1980.
Edwards, J., *The Jews in Christian Europe, 1400-1700*, London-New York, 1988.

20. Y. T. Assis, *Les juifs d'Espagne: Des origines a l'expulsion*, The Hebrew University, Jerusalem, 1988, pp. 103-105.

Goitein, S. D., *A Mediterranean Society. The Jewish Communities of the Arab World as portrayed in the Documents of the Cairo Geniza*, University of California Press, 1967.
Kedourie, E. (ed.), *Los judíos en España*, Crítica, Barcelona, 1992.
Lewis, B., *The Jews of Islam*, Princeton University Press, 1984.
Poliakov, L., *Historia del antisemitismo. De Mahoma a los marranos*, Muchnik, Barcelona, 1986.
Poliakov, L., *Historia del antisemitismo. De Cristo a los judíos de las Cortes*, Muchnik, Barcelona, 1986.
Seco de Lucena, L., *La Granada nazarí del siglo XV*, Granada, 1975.
Suárez Fernández, L., *Judíos españoles en la Edad Media*, Rialp, Madrid, 1980.
Suárez Fernández, L., *La expulsión de los judíos de España*, Mapfre, Madrid, 1991.
Valle, C. del, *Polémica judeo-cristiana. Estudios*, Aben Ezra, Madrid, 1992.

II. FILOSOFÍA

En el ambiente cultural que vivieron los judíos en el mundo islámico la mayor obra creativa que legaron a la posteridad, desde mi punto de vista, fue su pensamiento filosófico. La introducción de las ideas filosóficas griegas creó no pocos problemas en el seno de las comunidades, pero en su conjunto supone un avance cultural como tal vez no se haya producido en ninguna otra época dentro del pueblo judío.

El racionalismo les llegó a los judíos por su contacto con el islam. Averroes y Avicena fueron decisivos en este sentido; en su necesidad de armonizar fe y razón comenzaron por pensar que muchas historias bíblicas resultaban poco racionales si se las consideraba desde un punto de vista meramente literal, de este modo llegaron a la conclusión de que en el texto sagrado había que entender numerosos pasajes de modo alegórico.

Este racionalismo judío tiene su raíz en la doctrina musulmana del *Kalām*, la escolástica árabe, y dentro de esta corriente en el ala *mutazilí*, la de los teólogos más antiguos, que actuaron bajo los abbasíes entre los siglos VIII y X en Bagdad y en Basora.

Las doctrinas del *Kalām* se basan en cinco tesis:

— *Unidad de Dios y negación del antropomorfismo*, lo cual induce a la interpretación alegórica del Corán. En su afán por subrayar el carácter *creado* de este libro sagrado, niegan que el Corán exista como *logos* (palabra que existe desde la eternidad).

— Afirman la *justicia de Dios*, ya que él siempre desea el bien. A partir de ahí defienden la doctrina de la *libre voluntad* del hombre para hacer el bien o el mal; por lo tanto, es merecedor de premio o de castigo.

— Sostienen que el premio y el castigo en la vida venidera son el resultado de las buenas o malas acciones en este mundo.

— Sobre el «estado intermedio», es decir, el pecador que viola uno de los principales mandamientos del islam, su posición es intermedia entre el creyente y el infiel.

— Obligación de hacer el bien y evitar el mal.

El intento de los *mutazilíes* fue defender y propagar su particular modo de entender el islam contra los partidarios del literalismo. Frente a ellos, la otra corriente, la *aš'ariyya*, propugna que el creyente acepte el Corán sin preocuparse de cómo deben ser entendidas sus verdades, y a la vez es también más determinista.

La *mu'tazila* fue decisiva en el pensamiento de los judíos medievales españoles[21].

Se delinean tres modos de pensamiento en el judaísmo español: el aristotélico, el neoplatónico y el que podríamos llamar un tanto anacrónicamente «nacionalista».

1. *Los aristotélicos*

Durante los siglos X y XI algunos filósofos de Oriente adoptaron una versión del *Kalām*, la *mutazilí*. El principal de ellos fue Saadia Gaón, eminente figura del centro cultural babilónico.

Argumenta Saadia que el mundo no puede ser concebido como existente desde la eternidad; debió de ser creado, lo cual implica la existencia de un Creador.

Establecida filosóficamente la realidad de Dios, sigue argumentando que la naturaleza divina es única, y las referencias bíblicas antropomórficas no son sino metáforas. Insiste en la unidad y simplicidad de Dios que es viviente, omnisciente y omnipotente, igual que afirmaba el *Kalām* islámico (la preocupación por el conocimiento de los atributos divinos para llegar a la esencia de Dios es una constante en todos los filósofos).

La ley, sigue diciendo, enseña verdades *racionales*, pero es necesaria la revelación para que el hombre no se descarríe en su búsqueda y siga el camino verdadero. Igualmente afirma el libre albedrío y por ello justifica el premio y el castigo de las acciones.

Cuando el centro del interés cultural judío se desplaza a la península Ibérica decae la influencia de los *mutazilíes*, y comienzan a tomar fuerza las ideas platónicas y neoplatónicas. Los judíos cultos conocen las obras griegas y árabes, las versiones al árabe de los escritos de Platón —*La República* y *Las leyes*— circulan con facilidad por las comunidades judías, y los intelectuales de las tres religiones no ocultan su fascinación por

21. H. A. Wolfson, *The Philosophy of the Kalām*, London, 1976: Íd., *Repercussions of the Kalām in Jewish Philosophy*, London, 1979.

las ideas platónicas. Ibn Gabirol en el siglo XI interpretó a Platón con tanta sutileza en su *Meqor Ḥayyim* (*Fuente de Vida*) que hasta el siglo XIII se supuso esta obra compuesta por un autor no judío. Del mismo modo otros autores como Yehudah ha-Leví y Baḥya ibn Paquda asimilan ideas neoplatónicas, y será Abraham ibn Daud con quien el aristotelismo vuelva a resurgir y entre en contacto con los judíos españoles. Ibn Daud inaugura el período de síntesis entre la filosofía aristotélica y el judaísmo, si bien la figura decisiva en esa línea será Maimónides.

El impulso que se dio a las traducciones árabes y griegas puso a gran número de personas en contacto con estos temas tan debatidos entre los estudiosos, los cuales a su vez mantenían discusiones con filósofos árabes y cristianos en un ambiente de gran apertura. Además de esas controversias externas existían polémicas entre judíos tradicionales y otros más liberales que negaban algunos de los principios fundamentales del judaísmo o algunas de sus leyes y preceptos, y tenían lugar también discusiones entre los miembros más avanzados y los más conservadores de las distintas comunidades.

En el siglo XII español surge la figura decisiva que conforma todo el sistema aristotélico dentro del pensamiento judío, Rabí Mošeh ben Maimón, Maimónides (o RaMBaM, según las siglas de su nombre).

Nacido en Córdoba en 1135, donde pasó su infancia, hubo de emigrar con su familia a consecuencia de la invasión almohade. Parece que se movió por distintas provincias de Al-Andalus, luego en Fez, en Oriente (Acre), en Alejandría, y se instaló definitivamente en Fostat, el barrio antiguo de la actual El Cairo. Ejerció la medicina y escribió numerosas obras en las distintas ramas del saber de su tiempo: rabinismo (el célebre *Mišneh Torah* o *Segunda ley, Luminaria, Ocho Capítulos, Libro de los Preceptos, Trece principios*, etc.), medicina (diversos tratados derivados de la observación en el ejercicio de su profesión), numerosas cartas y *Responsa* sobre diferentes asuntos[22], filosofía, con su obra capital, *Moreh nebuḵim* (*Guía de perplejos*)[23].

Si en *Mišneh Torah* se dirigía a los judíos creyentes que al no conocer la filosofía no tienen perplejidades, ésta la dedica a aquellos que se sienten desconcertados por las nuevas ideas filosóficas:

> La razón de ser del presente Tratado [...] es ilustrar al hombre religioso en cuya alma está anclada la verdad de nuestra Ley como objeto de creencia, que se muestra perfecto en su religiosidad y costumbres, ha estudiado las

22. M. J. Cano y L. Ferre, *Cinco epístolas de Maimónides*, Barcelona, 1988; J. Targarona, *Mošeh b. Maimon, Maimónides. Sobre el Mesías. Carta a los judíos del Yemen*, Barcelona, 1987.

23. En 1984 apareció una excelente traducción de D. Gonzalo Maeso, reeditada en 1994 por la Editorial Trotta ([3]2001, edición por la que se cita en adelante).

> ciencias filosóficas y conoce sus secretos, y al cual la razón humana atrae y guía a sus dominios; pero se encuentra desorientado por la exterioridad de la Torá y aquello que siempre entendió u otros le imbuyeron respecto a dichos términos polivalentes, metafóricos o anfibológicos, reducido a un estado de *perplejidad* y confusión[24].

En esta obra Maimónides trata de sistematizar y explicar sus puntos de vista sobre los temas filosófico-teológicos más acuciantes del momento acerca de Dios, el hombre, los ángeles, el hilemorfismo aristotélico, la cosmología, la revelación, etc.

No obstante, así como Averroes había despertado temores entre los árabes[25], los escritos racionalistas de Maimónides fueron piedra de escándalo para los judíos conservadores a la vez que motivo de ferviente admiración para sus seguidores.

En apretada síntesis su sistema filosófico es el siguiente:

Parte de la idea de la *eternidad* de Dios y de su esencia, de la cual nada se puede decir, su conocimiento sólo alcanza a lo que se puede llegar por vía negativa: Dios no es ignorante, no es injusto, no es débil, etc.

El Universo consiste en una serie de esferas concéntricas, cada una de las cuales está dotada de un alma y movida por una inteligencia. El filósofo identifica a los ángeles de la tradición hebrea con esas diez «inteligencias». El mundo sublunar se encuentra directamente bajo la influencia del intelecto de la décima esfera, que es llamado Intelecto Activo, a través del cual se otorga el saber a la mente humana. La vida después de la muerte no será la existencia continuada del cuerpo humano, sino la porción de mente que haya sido cultivada; esta parte se unirá al Intelecto Activo y será inmortal.

De este modo va desgranando sus razonamientos en esta extensa obra que tantos problemas causó entre sus correligionarios. Maimónides fue acusado de hereje, las comunidades se dividían entre maimonidianos y antimaimonidianos, se produjeron calumnias, insultos, delaciones ante el poder civil (el mayor delito que podía cometer un judío contra su prójimo), e incluso, en ocasiones, la quema pública del libro y su prohibición absoluta[26].

En la misma escala que sus detractores aumentaban sus admiradores, uno de ellos, Šem Ṭo<u>b</u> ibn Falaquera, fue quizá el mejor divulgador de sus ideas[27].

24. *Guía de perplejos*, p. 55.
25. J. Vernet, *Historia de la ciencia española*, Madrid, 1975, p. 79.
26. D. J. Silver, *Maimonidean Criticism and Maimonidean Controversy, 1180-1246*, Leiden, 1965.
27. Cf. M.ª E. Varela, *Šem Ṭob ibn Falaquera. Versos para la sana conducción del cuerpo. Versos para la conducción del alma*, Universidad de Granada, 1986; A. M.ª Riaño, *Šem Ṭob ibn Falaquera. Libro del alma*, Universidad de Granada, 1990.

A partir del siglo XIII se opera una reacción contra la investigación, en parte por esas controversias, pero también por la situación económica, política y social, factores todos ellos que propician un clima menos abierto.

2. *Los neoplatónicos*

La escuela neoplatónica de Plotino llega a España a través de Muhammad ibn Massara en el siglo X.

El neoplatonismo considera que toda realidad procede de una fuente espiritual, el Uno, a través de una serie de emanaciones, la última de las cuales es el mundo de la materia; lo más alejado del Uno es la causa del mal en el mundo. Entre el Uno y la Materia estarían el Intelecto, el Alma Universal y la Naturaleza.

Según estas doctrinas —importadas por el judaísmo— Dios (el Uno) es trascendente y está más allá de la inteligencia humana, si bien es posible la unión mística con él.

A esta corriente filosófica se adscribieron con más o menos variantes Salomón ibn Gabirol[28] y Baḥya ibn Paquda.

Ibn Paquda fue tal vez un místico. Con fuerte influencia sufí, no subestima el intelecto, pero se siente más inclinado a la vida contemplativa que a la intelectual. Su obra *Ḥobot ha-lebabot* (*Los deberes del corazón*) es un tratado ético; en él afirma que no está interesado en argumentaciones, aunque reconoce que es necesario un conocimiento básico de Dios. De ahí que dedique un primer capítulo a las cuestiones teológicas del momento apoyándose en las tesis de Saadia Gaón, pero su interés principal radica en la vida de piedad y oración. Insiste en puntos tales como el culto, la confianza, la sinceridad, el arrepentimiento y el amor a Dios, pues está profundamente volcado a la experiencia religiosa[29].

3. *La línea «nacionalista»*

Aunque puede decirse que su único representante es Yehudah ha-Leví, también poeta[30], su monumental obra *El Kuzarí* le hace acreedor de todo un apartado.

28. La obra poética de este autor, al que aludiremos al hablar de la poesía, ha sido amplísimamente estudiada en España en estos últimos años; lamentablemente, no así su obra filosófica. Sus obras *Keter malkut* (*Corona real*) y *Meqor Ḥayyim* (*Fuente de Vida*) merecerían un estudio filosófico en profundidad.

29. C. Ramos, «El problema de los atributos divinos en Baḥya ibn Paquda»: *Miscelánea de Estudios Árabes y Hebraicos* 29 (1980), pp. 47 ss.

30. Al igual que Ibn Gabirol, trataremos de él al hablar de poesía. Tampoco ha sido muy estudiada su obra filosófica.

Yehudah ha-Leví acepta los presupuestos racionalistas en unos aspectos y los neoplatónicos en otros, pero afirma la insuficiencia de la razón y critica la soberbia pretensión de los filósofos de explicarlo todo.

Influido probablemente por el musulmán Al-Gazzali, escribió una obra entre apologética y filosófica donde se da primacía a la *tradición* por constatar la insuficiencia de la razón.

El Kuzarí consiste en una serie de diálogos entre el rey de los kházaros[31] y el judío Jaber, que le explica el judaísmo después de haber aquél escuchado a los representantes de las otras dos religiones sin que éstos le convenzan.

Yehudah ha-Leví no parte de la razón ni tampoco de la experiencia mística sino de la *experiencia* colectiva de su pueblo como el más válido instrumento para llegar al conocimiento de Dios, a la ética y a las virtudes morales. Nunca deseó menospreciar la razón, pero piensa que los problemas del corazón y del alma del hombre están más allá de argumentaciones racionales. Al basarse en la experiencia y en la tradición judía es para él evidente que el judaísmo es el único camino verdadero, de ahí que sea el menos «ecuménico».

Estas corrientes filosóficas no se quedan en lo meramente especulativo; en último término persiguen un objetivo ético.

Respecto a la *conducta ética* prevalece en general entre los filósofos judíos medievales una idea superintelectualista: si el hombre *conoce* a Dios, *sabe* qué cosas son buenas o malas y *hace* el bien.

Saadia había afirmado siglos atrás que el alma humana tiene tres facultades básicas: apetitiva, impulsiva y cognoscitiva[32]. Toda persona disciplinada se regirá por la tercera y la pondrá por encima de sus apetitos e impulsos. Dejando un poco de lado este logro de Saadia, Maimónides, un optimista de la razón, cae en una superracionalización porque parte de la base de que el bien y el mal están bien equilibrados en el mundo, y el hombre es libre para elegir entre ambas actitudes.

Ibn Gabirol era más pesimista, estaba persuadido de la esencia pecaminosa de la naturaleza humana, por lo cual el hombre no puede eludir el pecado sin una especial gracia divina: «Bajo tus alas, oh Dios, tu siervo se

31. El reino de los kházaros o cúzares surgió en el siglo VII en las márgenes del mar Caspio. Estaba formado por una serie de tribus tártaras y, con su rey Bulan al frente, se convirtieron al judaísmo sobre el año 730. En el siglo X Sviatoslav, príncipe de Kiev, les expulsó de su región, y los cúzares-judíos se diseminaron por Crimea y diversos lugares de Rusia. En ese siglo X se tuvo en España noticias de ese reino, de ahí que Yehudah ha-Leví conociera su existencia.

32. Cf. I. Efros, *Studies in Medieval Jewish Philosophy*, New York, 1974, pp. 79-86 y 123-128.

confía, pues ¿qué vale el pensamiento y la obra del hombre? Mi mano y mi paso de tu mano dependen...»[33].

La teoría aristotélica y maimonidiana del equilibrio y del justo medio fue más popular entre los judíos por ser objetivamente más fácil de conciliar con los principios éticos rabínicos.

En cuanto a la relación del individuo con la sociedad, también aquí triunfa la teoría del camino intermedio que defiende Maimónides. A la pregunta ¿quién tiene primacía, el individuo o la sociedad?, un nacionalista romántico como Yehudah ha-Leví responderá que el deber del individuo es soportar las penurias e incluso la muerte por el bien común; dentro de la sociedad se reconocerá la singularidad del individuo; tampoco se trata de que éste sea absorbido, pero a su vez él no hará nada que pueda ir contra el bien de la comunidad. Y a la inversa, «una comunidad jamás rezará por algo que sea perjudicial para el individuo»[34].

Maimónides insistió en el término medio, en el equilibrio entre el hombre y la sociedad[35]. Donde este filósofo no impuso la teoría del justo medio fue en el ideal de la humildad, no una humildad pasiva, extramundana y solitaria, sino la humildad del dirigente activo, en la misma línea que Baḥya había predicado la «sumisión»[36].

Por este continuo empeño en coordinar la ética individual y la social, los judíos medievales no se preocuparon demasiado del estudio de la sociedad y sus problemas, de ahí que la economía y la política no fueran materias de su interés[37]. Lo mismo les ocurrió a los árabes, que a pesar de dirigir un gran imperio estaban más interesados en los problemas éticos y religiosos que en los sociales y políticos. El primer especialista auténtico en ciencias sociales, Ibn Jaldún, no aparecerá hasta el siglo XIV, si bien algunos, como Al-Farabi, habían hecho ciertas aportaciones indirectas a la teoría política.

Baḥya ibn Paquda, el más individualista, tampoco se puede decir que fuera asocial, pues al ser miembro de una minoría que luchaba por sobrevivir coincidía con los demás en una actitud solidaria respecto a la comu-

33. Salomón ibn Gabirol, *Reshut*, Bialik-Rawnitzky III, I, n.º 76, trad. de J. M. Millás Vallicrosa en *Šelomoh ibn Gabirol como poeta y filósofo*, Madrid-Barcelona, 1945, p. 123.

34. Yehudah ha-Leví, *Al-Kitāb al-Khazari* (III, 19), ed. de D. H. Baneth, Jerusalem, 1977.

35. *Guía de perplejos* II, 40, pp. 344-346.

36. Baḥya ibn Paquda, *The Book on Direction to the Duties of the Heart*, cap. VI, London, 1973, pp. 304 ss. Cf. Mošeh ben Maimon, *Šemonah Peraqim*, ed. de Rabinowitz, Jerusalem, 1935, p. 6.

37. Maimónides trató algo el tema en su obra *Mil.lot ha-higayon*. Cf. al respecto Leo Strauss, «Maimonides' Statement on Political Science», en *Essays in Medieval Jewish and Islamic Philosophy*, New York, 1977, pp. 164-179.

nidad. El hombre —piensa él al igual que Maimónides— es un ser social por naturaleza, por lo tanto necesita formar comunidades, necesita el amor y el reconocimiento de los demás, y en general vive imitando el ejemplo de los otros.

En síntesis, todos los filósofos judíos medievales persiguieron un modo de vida que pudiera satisfacer las exigencias de la ética tanto individual como colectiva, unos más inclinados a la primera (Ibn Paquda) y otros a la segunda (Yehudah ha-Leví), pero manteniendo siempre un prudente equilibrio[38].

BIBLIOGRAFÍA

Obras de carácter general

Agus, J., *Modern Philosophies of Judaism: A Study of Recent Jewish Philosophies of Religion*, New York, 1941.
Altmann, A., *Studies in Religious Philosophy and Mysticism*, London, 1969.
Bergman, S. H., *Faith and Reason: An Introduction to Modern Jewish Thought*, New York, 1963.
Guttman, J., *Philosophies of Judaism*, New York, 1973.
Husik, I., *A History of Medieval Jewish Philosophy*, New York, 1976.
Hyman, A., *Essays in Medieval Jewish and Islamic Philosophy*, New York, 1977.
Katz, S. T., *Jewish Philosophers*, New York, 1975.
Kellner, M., *Dogma in Medieval Jewish Thought*, Oxford, 1986.
Lomba, J., *La raíz semítica de lo europeo*, Akal, Madrid, 1997.
Martínez Lorca, A. (ed.), *Ensayos sobre la filosofía en Al-Andalus*, Anthropos, Barcelona, 1990.
Munk, S. *Mélanges de Philosophie juive et arabe*, Vrin, Paris, 1988.
Pearl, Ch., *The Medieval Jewish Mind*, London, 1971.
Sirat, C., *La philosophie juive au Moyen Âge*, Paris, 1983.
Tedeschi, *Polémica y convivencia de las tres religiones*, Mapfre, Madrid, 1992.

Sobre la obra de Maimónides

Los *Šemonah Peraqim* fueron traducidos al inglés por J. L. Gorkfinkler, con el título *The Eight Chapter of Maimonides on Ethics*, New York, 1912.

38. Este apasionante campo de la filosofía judía aún no ha sido lo suficientemente investigado. Hay excelentes trabajos de divulgación, pero para un estudio a fondo se requiere en primer lugar ser hebraísta y en segundo lugar ser un especialista en filosofía. En este momento hay una figura en la Universidad de Zaragoza que reúne esos requisitos, Joaquín Lomba Fuentes, doctor en Filología Semítica y en Filosofía, que está realizando una meritoria labor en ese campo. Fruto de sus investigaciones son sus siguientes obras: *La filosofía judía en Zaragoza*, Zaragoza, 1988; *La corrección de los caracteres, de Ibn Gabirol* (Introducción, traducción y notas), Zaragoza, 1990; *Ibn Paquda. Los deberes de los corazones* (Introducción, traducción y notas), Madrid, 1994.

Barylko, J., *La filosofía de Maimónides*, Buenos Aires, 1985.
Dirand, D. (ed.), *«Maïmonide: de livrance et fidélité». Textes du colloque tenu à l'Unesco de décembre 1985 à l'occasion du 850e. anniversaire du philosophe*, Toulouse, 1987.
Epstein, I. N., *Studies in Maimonides. On the Occasion of the 850th Anniversary of his Birth*, Jerusalem, 1985.
Goodman, L. E., *Rambam. Readings in the Philosophy of Moses Maimonides*, New York, 1977.
Hartman, D., *Maimonides. Torah and Philosophic Quest*, Philadelphia, 1976.
Hassan, J. (ed.), *Maimónides y su mundo*, Madrid, 1986.
Heschel, A. J., *Maimónides*, Barcelona, 1984.
Laras, G., *Il pensiero filosofico di Mosè Maimonide*, Carucci, 1985.
Orián, M., *Maimónides. Vida, pensamiento y obra*, Barcelona, 1984.
Pines, S. y Yovel, Y., *Maimonides and Philosophy*, Jerusalem, 1986.
Ribera, J., «La controversia maimonista a Catalunya», en *800 aniversari del naixement de Maimonides*, Lleida, 1985, pp. 21-42.

Sobre la obra filosófica de Salomón ibn Gabirol

Existen algunas traducciones de *Meqor Ḥayyim*, entre ellas una al castellano de F. Castro y Fernández, *La fuente de la vida*, Barcelona, 1987.
De *Keter malk̲ut* hay en castellano un extracto traducido por A. Sáenz-Badillos en su obra *El alma lastimada: Ibn Gabirol*, El Almendro, Córdoba, 1992, pp. 101-119. Esta obra incluye asimismo algunos fragmentos de *Fuente de vida*, pp. 129-143. En italiano hay una traducción de *Keter malk̲ut* de Elio Piatelli, *La corona reale*, Sansoni, Roma, 1957.
De *Selección de perlas*, obra de carácter ético atribuida a Ibn Gabirol, existe una traducción castellana de David Gonzalo Maeso, Universidad de Granada, 1977.
Levin, I., *Trends on sufi and neoplatotonic mysticism in Gabirol's poetry. Actas del IV Congreso Internacional «Encuentro de las tres culturas»*, Toledo, 1985, pp. 63-68.
Malachi, Z. y David, H. (eds.), *Studies in the Work of Shlomoh ibn Gabirol*, Tel Aviv, 1983.
Millás Vallicrosa, J. M., *Šelomoh ibn Gabirol como poeta y filósofo*, Madrid-Barcelona, 1945.
Schlanger, J., «Sur le rôle du "tout" dans la création selon Ibn Gabirol»: *REJ* 124 (1965), pp. 125-135.
Schlanger, J., *La philosophie de Salomon ibn Gabirol*, Leiden, 1968.
Yarden, D., *Gabirol Bibliography*, Jerusalem, 1972.

Sobre Baḥya ibn Paquda

Existen varias ediciones inglesas de su obra *Ḥobot ha-leb̲ab̲ot*; una de las más recientes es la de M. Mansour, *Duties of the Heart*, London, 1973. En castellano apareció hace pocos años la de J. Lomba, *Ibn Paquda, Los deberes de los corazones*, Fundación Universitaria Española, Madrid, 1994.

Baneth, D. H., «The Common Theological Source of Baḥya ibn Paquda and Ghazzali», en *Magnes Anniversary Volume*, Jerusalem, 1938.
Broyde, I., *Les réflexions sur l'âme par Baḥya b. Yoseph ibn Pakouda*, Paris, 1896.
Vajda, G., *La teología ascética de Baḥya ibn Paquda*, Madrid-Barcelona, 1950.
La bibliografía sobre este autor es bastante antigua, si exceptuamos los artículos de C. Ramos citados a pie de página.

Sobre Yehudah ha-Leví

La traducción inglesa del *Sefer ha-Kuzary* fue realizada por H. Hirschfeld en 1905; su última reimpresión se hizo en Tel Aviv en 1972. Existe una traducción castellana, *Cuzary*, publicada por Y. Abendana, Madrid, 1979.
Durocher, B., *Jehuda Halevi*, Paris, 1969.
Silman, Y., *Thinker and Seer. The Development of the Thought of R. Yehudah Halevi in the Kuzary*, Ramat Gan, 1985.
Wolfson, H. A., «The Platonic, Aristotelian, and Stoic Theories of Creation in Halevi and Maimonides», en *Essays in honor of J. H. Hertz*, London, 1942, pp. 427-442.

III. LINGÜÍSTICA Y LEXICOLOGÍA

Así como el estudio en profundidad de las obras filosóficas judías medievales constituye un campo no demasiado explorado por los hebraístas españoles, sobre este punto —no agotado, por supuesto— ha habido un gran avance en estas últimas décadas, sobre todo en lo referente a la Escuela de gramáticos hebreos de Córdoba del siglo X bajo el mecenazgo de Ḥasday ibn Šaprut[39].

La figura de este eminente médico nacido en Jaén va a ser decisiva en la tarea de unificar esfuerzos de estudiosos hispanohebreos durante el gobierno de dos califas, Abderramán III (912-961) y Al-Hakam II (961-976). He aquí lo que dice de él Al-Ḥarizi en su *Taḥkemoni*:

> En aquellos días lució en Sefarad un esplendoroso sol en el gran firmamento: el gran príncipe R. Isaac ben Ḥasday [...] junto a él se congregaron todos los sabios de su generación, resplandecientes como brillantes luminarias, para servir la sabiduría a todos los buscadores de Dios [...]
>
> En su tiempo se extendió la sabiduría de Israel, puesto que él fue para la ciencia detentador y redentor [...] después de aquel tiempo las luminarias brillantes se apagaron[40].

39. C. del Valle, *La Escuela Hebrea de Córdoba*, Madrid, 1981.
40. Cit. por M.ª E. Varela, «La Escuela de gramáticos hebreos de Córdoba», en *Los judíos en Córdoba...*, cit., p. 108.

Es evidente que no se apagaron las luminarias, que siguieron surgiendo siglos después, pero con esas palabras, aunque sean a modo de panegírico, se puede vislumbrar lo que supuso para la cultura judía la corte de Abderramán III y el patrocinio de Ḥasday. La personalidad de este último fue decisiva en el renacimiento de las ciencias judías en Al-Andalus.

Ḥasday ibn Saprut, formado tanto en estudios religiosos como en estudios profanos, llegó a conocer el árabe, el latín y la lengua romance, además de la medicina, a la que se sentía especialmente inclinado. Era un hombre inteligente, brillante y hábil, cualidades que, junto con su excelente preparación, le hicieron merecedor de un alto puesto en la corte califal. Su actividad política y administrativa fue simultánea a su actividad como farmacólogo, médico, traductor, intérprete y diplomático, y con respecto a la comunidad judía *nasí* (príncipe, jefe máximo) de todas las comunidades del Califato; mantenía relaciones con las grandes Academias babilónicas de Sura y Pumbedita y con las de Kairuán y Constantina, lo cual indica que ejercía una jurisprudencia delegada sobre la comunidad. En contacto con estos grandes centros culturales judíos, conocía obras científicas y personalidades que con el tiempo atrajo a Córdoba, dando lugar a la creación de un foco cultural independiente y ejerciendo de mecenas y protector de poetas y hombres de ciencia[41].

Llamó, pues, a Córdoba a un estudioso de Tortosa, Menaḥem ben Saruq, y le encargó la confección de una obra, se supone que el diccionario que desencadenó una fuerte polémica. Este diccionario no surgió de la nada; además del ambiente socio-cultural que se respiraba en la España de los Omeyas también existía una tradición judía de estudios gramaticales.

Las preocupaciones filológicas por la lengua hebrea se habían iniciado rudimentariamente en la misma Biblia, donde a veces se encuentran ciertos intentos etimológicos, después aparecen más explícitamente en otras obras, como el *Sefer Yeṣirah* (tal vez del siglo VIII o anterior). Este libro, obra fundamental de la Cábala antigua, está preocupado por la exactitud y corrección de la lengua, pues en materia cabalística cada letra y cada término juegan papeles esenciales para la interpretación. Así encontramos, por ejemplo, una clasificación de consonantes según el punto de articulación y se hacen importantes precisiones sobre las consonantes «dobles» y «sencillas» y sus combinaciones[42].

También algunos fenómenos socio-culturales o religiosos relaciona-

41. J. Peláez del Rosal, «Ḥasday ibn Saprut en la corte de Abderramán III», en *Los judíos en Córdoba...*, cit., pp. 63-77.

42. Cf. A. Sáenz-Badillos, *Menaḥem b. Saruq. Maḥberet*, Universidad de Granada, 1986, p. 5.

dos con el mundo árabe y otros estrictamente judíos dan lugar a que los estudiosos se preocupen por los problemas de la lengua en la que están escritos los textos sagrados. Uno de esos fenómenos internos es el cisma caraíta.

Al final del siglo VIII, poco después de triunfar la rebelión de los abbasíes, aparece en el judaísmo babilónico una figura controvertida, Anán ben David, miembro de una familia de exilarcas, que con su libro *Sefer ha-miṣwot* (Libro de los Preceptos) se coloca al margen de la interpretación oficial del Talmud, oponiéndose al esfuerzo de interpretación de las tradiciones judías y de la Ley oral.

En realidad su propia interpretación no difiere mucho de la oficial, pero reclama la *libre interpretación de las Escrituras*. El dogma vertebral de Anán ben David era que ningún judío debía sentirse obligado por los razonamientos y conclusiones de los rabinos, sino que debía investigar por su cuenta los textos bíblicos.

En el siglo x un grupo de judíos, radicalizando las tesis de Anán ben David, rechazan abiertamente el Talmud. Se llaman a sí mismos *bene miqra'*, caraítas, y ponen su confianza exclusivamente en la Escritura interpretada libremente.

Según los caraítas el crecimiento de la Ley oral era sólo una conspiración de intelectuales para imponerse sobre el pueblo débil y menos culto a fin de tenerlo sometido; los sabios habían inventado un método artificial y sin fundamento para hacer de la Torá una fuente inagotable de regulaciones que no tenían nada que ver con la verdad de la revelación consignada por escrito.

Siendo, pues, la Escritura y su interpretación el punto esencial de sus disensiones con el judaísmo rabínico, no es de exrañar que tanto unos como otros pusieran un especial empeño en el estudio de la lengua bíblica para cimentar en ella sus propias interpretaciones.

El principal oponente a esta doctrina fue Saadia Gaón, que aunque nació en Egipto y vivió en distintos lugares de Palestina y norte de África, fue más tarde nombrado Gaón (jefe intelectual) de la Academia de Sura, una de las más prestigiosas de Babilonia.

Saadia Gaón, al que ya nos hemos referido como filósofo, realizó también una gran actividad en el ámbito lingüístico. Una de sus obras, *Egron*, es precisamente una colección de palabras hebreas bíblicas con los pasajes bíblicos en los que aparecen. Posteriormente Saadia vivió en Bagdad, donde se puso en contacto con las controversias gramaticales de las academias árabes de Basora y Kufa. Parece que en esa etapa de su vida comenzó a observar las estrechas relaciones que existen entre el hebreo y el árabe, y en una reedición del *Egron* añadió las traducciones al árabe de las palabras hebreas y una tercera sección con reglas gramaticales.

Este posterior paso de Saadia pone la primera piedra para un estudio *comparativo* de la lengua que levantaría encendidas polémicas en los medios exegéticos.

En esa línea se van a manifestar otros estudiosos del norte de África, el más relevante de los cuales es Yehudah ibn Koreš de Tahort (Argelia) (*ca.* 900), que escribió un diccionario impulsado por el olvido en que caía el Targum arameo y porque, según él, era muy importante conocer la traducción aramea de la Biblia para comprender los textos hebreos:

> Resolví escribir este libro para que los lectores inteligentes se enteren de que hay palabras arameas y árabes, y aun extranjeras y hasta beréberes, mezcladas con la lengua santa, pero sobre todo árabes...,

les dice en su Epístola a los judíos de Fez[43]. Y a continuación explica su método:

> Empezamos por rendir cuenta de los elementos arameos de la Torah, luego de esas palabras extrañas que sólo se pueden explicar por la lengua de la Mišnah y del Talmud, y finalmente de las palabras arábigas...

Con el diccionario de Ibn Koreš se adelanta en este camino comparativo ya iniciado por Saadia.

Una tercera figura, esta vez caraíta, fue David Ben Abraham al Fasí, que también compone un diccionario donde compara palabras hebreas con términos persas.

No es de extrañar, pues, que Menaḥem acometiera la empresa de hacer otro diccionario, el *Maḥberet*, si bien se basa exclusivamente en el texto bíblico y no compara con otras lenguas las palabras hebreas. Esto tenía sus limitaciones, que serán refutadas por un sabio venido de Babilonia también a instancias de Ḥasday, Dunaš ben Labraṭ, que basándose en la obra de Menaḥem y en su interpretación del sentido de muchos de sus términos, le acusa de un cierto coqueteo con las tesis caraítas; esto dio lugar a que Menaḥem cayera en desgracia de su protector y fuera abandonado a su suerte hasta morir en la pobreza.

El *Maḥberet* ha sido ampliamente estudiado por investigadores hebreos. En España el profesor Sáenz-Badillos dirigió en la Universidad de Granada un equipo de estudio sobre la polémica desencadenada en torno a la obra de Menaḥem[44].

43. Cit. por M.ª E. Varela, «La Escuela de gramáticos hebreos de Córdoba», cit., p. 106.

44. Tanto la edición crítica del *Maḥberet* de Menaḥem b. Saruq como la de Dunaš ben Labraṭ con su traducción, y de los discípulos de ambos, también traducidas, fueron

El *Maḥberet* es un léxico del hebreo y arameo bíblicos, escrito en hebreo y agrupado por raíces.

En su momento, Saadia ya había distinguido en las palabras dos elementos: su raíz, elemento fundamental, y la parte que tiene función servil.

Menaḥem las agrupa, pues, según su elemento fundamental, y dentro de la raíz de cada palabra hace constar diversas acepciones dependiendo del significado que tiene el mismo término en diferentes pasajes bíblicos[45]. Añade también algunas explicaciones gramaticales y, como él mismo señala en la introducción, le da gran importancia al sentido de cada palabra:

> Comenzaré a exponer la lengua hebrea, disponiendo cada palabra de acuerdo con su contenido semántico. La palabra tiene múltiples acepciones, y el hombre inteligente no puede comprender sus fundamentos si no es dentro del contexto del sentido que tiene en torno a ella en la mayor parte de sus acepciones [...]
>
> Hay palabras a las que el contexto lleva tras de sí, instruyendo sobre ellas y enseñándonos su raíz, y hay palabras que llevan tras de sí el contexto, explicando su interpretación y la razón de su secreto[46].

Aunque el *Maḥberet* presenta indudables logros en el campo del léxico, Dunaš b. Labraṭ, llegado de Oriente, sensibilizado de un modo especial contra los caraítas y con elementos nuevos para aplicar al estudio filológico, le rebate una serie de palabras por considerarlas erróneas, dando lugar a una cadena de discusiones. Su obra, denominada *Tešubot* (respuestas) *contra el Maḥberet de Menaḥem*, consta de varias partes: dos largos poemas introductorios; el primero, laudatorio, dirigido a su protector Ḥasday, y el segundo, duro y cortante, a Menaḥem, donde le acusa de inducir a error a sus lectores. Seguidamente hay una introducción en prosa en la que explica al adversario los motivos de su oposición, y finalmente viene todo el cuerpo de las *Tešubot*, comentando diferentes términos que Menaḥem había agrupado por raíces.

Parte Dunaš de la base de que la exégesis no puede estar en contradicción con la teología, de ahí que las interpretaciones lingüísticamente fal-

publicadas por la Universidad de Granada: A. Sáenz-Badillos, *Menaḥem ben Saruq. Maḥberet*, Granada, 1986; Íd.,*Tešubot de Dunaš ben Labraṭ*, Granada, 1980; S. Benavente, *Tešubot de los discípulos de Menaḥem contra Dunaš ben Labraṭ*, Granada, 1986; M.ª E. Varela, *Tešubot de Yehudí ben Šešet*, Granada, 1981.

La traducción de esta polémica al castellano con una extensa introducción también fue realizada por Carlos del Valle con el título *La Escuela Hebrea de Córdoba*, Madrid, 1981.

45. Sobre la terminología lingüística de esta obra véase la bibliografía citada en la nota anterior, así como mi artículo «La Escuela de gramáticos hebreos de Córdoba», cit., pp. 111-112.

46. *Ibid.*

sas del autor del *Maḥberet* puedan dar lugar a aberraciones teológicas, y que le acuse de caraísmo.

Pese a lo duro de su ataque, Dunaš hace algunas aportaciones interesantes al estudiar detenidamente el contexto y los pasajes similares, observando el paralelismo dentro de un mismo pasaje, recurriendo a la observación cotidiana y al sentido común, poniendo en práctica sus conocimientos sobre morfología, acentuación y vocalización, y haciendo uso, aun de forma rudimentaria, de los procedimientos de la lingüística comparada.

Ante el ataque de Dunaš a su maestro, tres discípulos de Menaḥem, Isaac ibn Caprón, Yehudah ibn Daud e Isaac ibn Chiqatella, lanzan un contraataque en la misma línea filológica que el anterior con una obra titulada *Tešubot de los discípulos de Menaḥem contra las Tešubot de Dunaš ben Labraṭ*.

Después del acostumbrado poema laudatorio a Ḥasday y de una introducción en prosa insultante y crítica contra Dunaš, proceden a «responder» a 55 de las 200 respuestas de éste.

Lo que en Dunaš había sido una dura crítica se convierte en la obra de estos tres discípulos de Menaḥem en una crítica personal y despreciativa, calificando a Dunaš de estúpido, envidioso y arrogante.

No se hace esperar la reacción de un discípulo de Dunaš, Yehudí b. Šešet, que en unas nuevas *Tešubot contra los discípulos de Menaḥem* responde con otra serie de argumentos gramaticales adobados por una sarta de insultos: a Ibn Caprón le llama cabrón haciendo un juego de palabras con su nombre; con respecto a Ibn Daud alude a su «posible origen cristiano» tal como se deduce de sus comentarios gramaticales, etc.

Tal vez, como sugiere S. Benavente en su libro, el motivo principal de que los discípulos de Menaḥem se lanzaran a la polémica no sólo fue lingüístico y por solidaridad con su maestro, sino por la «humillación» que suponía ver a un sabio hispanojudío atacado por un intruso venido de fuera. En esta polémica juega también un papel importante el sentido nacionalista, propio de una sociedad que se está consolidando, frente a un extraño que ataca con aires de superioridad; de ahí que sus respuestas contra Dunaš sean aún más duras que las de éste contra el *Maḥberet*. De hecho, Dunaš trae el elemento nuevo que supone el estudio comparativo del hebreo con otras lenguas de la misma familia (árabe y arameo), lo cual supone eliminar diferencias entre estas lenguas. Menaḥem y sus discípulos representan en este aspecto un sector conservador. A la larga se impondría la línea de Dunaš.

También hay que decir que estos estudios filológicos no son para ellos un objetivo *per se*, sino un medio para el mejor entendimiento de la Ley. Cuando estos autores se dedican a la investigación de pasajes bíblicos persiguen un objetivo exegético, tal como expresamente ya lo explicaba Saadia:

> A nosotros y a todo el pueblo de Dios nos corresponde estudiar la lengua hebrea, comprenderla e investigarla constantemente, a nuestros hijos, esposas, siervos, para que no se aparte de nuestros labios. Pues a través de ella entenderemos las leyes de la Torá de nuestro Creador, que son la médula de nuestra existencia, nuestra luz y santuario desde el comienzo hasta la eternidad[47].

Este conocimiento tiene fuertes repercusiones religiosas tanto en el plano teórico, el dogma, como en el de la vida práctica, de la *halaḵah*[48], de ahí que Dunaš se preocupe por explicar los antropomorfismos que aparecen en la Biblia afirmando que «la Torá habla la lengua de los hombres» para hacer posible su comprensión[49].

Tanto unos como otros parten del texto de la Escritura. Menaḥem piensa que en él se puede encontrar cualquier explicación por muy oscuro que el texto resulte, pero para ello hay que preocuparse de su exactitud. Cuando hay diversidad de caminos a seguir en la comprensión de un texto, decide que «sólo Dios sabe cuál es la escritura correcta»[50].

Dunaš también se preocupa al máximo de la exactitud, si bien se muestra más audaz en el intento de llegar a su verdadero sentido.

Todos buscan siempre el sentido literal y exacto del texto sin dejarse llevar por las interpretaciones rabínicas. Rechazan igualmente con todo cuidado lo que consideran imprecisiones gramaticales de otros intérpretes, y tratan de ofrecer sus propias opiniones basándose siempre en un buen conocimiento de la lengua hebrea.

Sin embargo hay ciertas diferencias entre las dos posiciones en cuanto a su actitud hacia la interpretación tradicional. Dunaš, por ejemplo, respeta el entendimiento del texto bíblico dentro de la tradición rabínica y masorética, mientras que Menaḥem no suele tener en cuenta esas interpretaciones. Tampoco aceptan, ni él ni sus discípulos, la ayuda que podría brindarles la comparación con otras lenguas próximas; parece que consideran que la lengua bíblica ha de explicarse a partir de ella misma[51].

Con todo lo interesante que es desde el punto de vista lingüístico esta polémica gramatical y el avance que supuso para el estudio filológico de

47. Cit. *Ibid.*, p. 105.

48. Cf. A. Sáenz-Badillos, «La filología hispano-hebrea del siglo x como exégesis»: *Miscelánea de Estudios Arabes y Hebraicos* (*MEAH*) XXXVI/2 (1987), pp. 5-28.

49. *Ibid.*, p. 9.

50. *Ibid.*, p. 10.

51. *Ibid.* Véase asimismo en este artículo de Sáenz-Badillos los detalles sobre los procedimientos exegéticos usados por estos gramáticos (pp. 17 ss.).

la lengua hebrea, no agotaron el tema. Vendrán después seguidores que, apoyándose en estos conocimientos, harán progresar la ciencia de la lengua, tales como Yonah ibn Ŷanāḥ y un largo etcétera incluido por el profesor Gonzalo Maeso en *El legado*[52].

BIBLIOGRAFÍA

Prácticamente han sido ya citadas todas las obras que sobre este capítulo existen en castellano. Un gran estudioso de este tema fue el profesor israelí Nehemía Allony, cuyas obras, en su gran mayoría, están en lengua hebrea; recientemente ha aparecido en la editorial Aben Ezra la traducción de una de ellas: *El resurgimiento de la lengua hebrea en Al-Andalus*, traducida al castellano por Antonio Peral y Carlos del Valle (Madrid, 1997). Santiaga Benavente ofrece en su libro sobre los discípulos de Menaḥem una abundante bibliografía (pp. XV-XLVI), e igualmente Sáenz-Badillos en su obra sobre el *Maḥberet* (1986, pp. 100-110). La mayor parte de esas obras están en hebreo y algunas en alemán. A ellas remito.

IV. LITERATURA

Existe un abundante caudal en el campo literario hispanohebreo de los siglos X al XV, dada la gran actividad del judaísmo en este período y las consecuencias políticas y sociales favorables para ello. Es necesario aclarar que el término «literatura» engloba en la Edad Media tanto lo que hoy llamamos literatura de creación como las disciplinas más diversas: filosofía, historia, exégesis, gramática, traducción, cábala e incluso las ciencias.

Hemos dedicado apartados independientes a la filosofía, la gramática, los escritos cabalísticos y las ciencias, por considerar estas materias con entidad independiente de lo puramente literario. Igual podríamos considerar la historia y la exégesis, pero como estos dos campos no han sido demasiado investigados en los últimos años y no sería procedente dedicarles apartados independientes, optamos por incluirlos en éste, dando noticia de unas cuantas obras nuevas que han aparecido. Por lo demás nos centramos fundamentalmente en la literatura de creación —poesía y narrativa—, que sí ha experimentado un considerable avance desde que en 1972 se publicara *El legado.*

52. Para una visión general de este tema es de gran utilidad la obra de A. Sáenz-Badillos *Gramáticos hebreos de Al-Andalus*, El Almendro, Córdoba, 1988.

En este campo se sigue trabajando en la Universidad de Madrid y en la de Granada. Una de las últimas obras aparecidas (Universidad de Granada, 1996) es la edición del texto de un diccionario de hebreo bíblico de Saadia ibn Danan, rabino de Granada de la segunda mitad del siglo XV; su autora, Milagros Jiménez Sánchez, la publicó bajo el título *Sefer ha-šorašim*.

J. M. Millás Vallicrosa, en su ya clásica obra *Literatura hebraico-española*[53], divide el arsenal literario en varios períodos: *a*) de iniciación y juventud (siglo X), *b*) de florecimiento (siglo XI), *c*) de madurez (época de Maimónides y de la proyección de la literatura hebrea hacia el sur de Francia, parte del siglo XII), *d*) de cansancio (parte de los siglos XII y XIII) y *e*) de decadencia (siglos XIV y XV).

Me parece una división discutible, ya que en el siglo XII se incluyen tanto Maimónides como la época de cansancio. Por otra parte, al haber tratado la filosofía en otro capítulo no podemos acogernos totalmente a este esquema, pero en líneas generales ésta sería una visión global de la literatura hispanohebrea con relación a los subperíodos a lo largo de los seis siglos que tratamos. En ese sentido creo que la división puede tener valor orientativo.

En un libro más reciente de Ángeles Navarro Peiro, *Literatura hispanohebrea (siglos X-XIII)*[54] hay una periodización más matizada y desde mi punto de vista más convincente: *a*) el desarrollo de la literatura hispanohebrea (época del Califato, siglo X); *b*) época de los Taifas (siglo XI y primera mitad del XII); *c*) la transición, marcada por la invasión almohade a mediados del siglo XII, a la vez que paralelamente se inicia la etapa «cristiana».

La limitación principal de esa división es que no tiene en cuenta los siglos XIV y XV.

En cualquier caso tendremos en cuenta ambas divisiones cronológicas, pues la cuestión de la periodización de esta época es altamente compleja y no debemos incurrir en esquematizaciones fáciles.

Mientras que en la época antigua la literatura hebrea se centró exclusivamente en temas religiosos, en la Edad Media la producción literaria es sumamente heterogénea, las obras dejan de ser anónimas y la individualidad de los autores imprime un sello personal en sus escritos. Por otra parte, en contacto con la cultura árabe, primero, y cristiana, después, los judíos de la Península comienzan a interesarse también por temas profanos y por la armonización literaria de ambos enfoques. A eso hay que añadir que el clima de apertura de los primeros siglos del gobierno musulmán juega un papel decisivo en este aspecto.

Existen fuentes judías que nos permiten reconstruir la vida y producción literaria de los principales autores. Una es la obra de Mošeh Ibn Ezra (siglos XI-XII) *Kitāb al-muḥāḍara wa-l-muḏakāra* (*Libro de la disertación y el recuerdo*), escrito en árabe y conocido en ambientes judíos bajo el

53. Labor, Buenos Aires, [3]1973.
54. Publicada en El Almendro, Córdoba, 1988.

título *Širat Israel* (*La poesía de Israel*)[55]. Otras dos importantes fuentes son: el *Taḥkemoni* de Yehudah Al-Ḥarizi[56] y el *Sefer ha-Qabbalah* (*Libro de la Tradición*)[57] de Abraham ibn Daud (siglo XII).

Las formas de expresión literaria en estos siglos son: la poesía, la prosa rimada y la prosa (esta última en obras filosóficas, científicas exegéticas, etc.), pero si nos atenemos a literatura creativa, en el caso de la narrativa concretamente, no se usa tanto la prosa, sino más bien la prosa rimada.

1. *Poesía*

El siglo X, coincidente con el período califal, es tan decisivo para la poesía como lo fue para la gramática. Bajo el mecenazgo de Ḥasday ben Šaprut se comienzan a dar los primeros pasos de acercamiento a los modos poéticos árabes, y son precisamente los gramáticos ya estudiados, Menaḥem ben Saruq y Dunaš ben Labraṭ, los que aparecen nuevamente, ahora en el escenario poético de la corte de Córdoba.

Menaḥem no hizo ninguna innovación con respecto a la anterior poesía litúrgica de los *payyeṭanim*[58]. Fue Dunaš b. Labraṭ el verdadero innovador al decidir adoptar la técnica poética árabe y no limitarse a la tradicional poesía litúrgica. Esta técnica implicaba ensayar nuevos esquemas de versificación, adaptar el verso hebreo al metro cuantitativo de la poesía árabe dividiendo las sílabas en largas y breves. Además, Dunaš conocía perfectamente las dos lenguas y tomó también los temas y motivos nuevos que hasta entonces no habían aparecido en la poesía hebrea. Esta audacia le granjeó fuertes críticas, pero su sistema llegó a imponerse como sistema dominante en la poesía, conviviendo a la vez con las antiguas formas litúrgicas.

La lengua usada por los poetas era la hebrea, a diferencia de la mayor parte de las obras en prosa, escritas en árabe, y aunque el hebreo ya había experimentado una evolución desde los tiempos bíblicos y la lengua hebrea rabínica les era cronológicamente más cercana, para la poesía preferían un estilo bíblico, al igual que los árabes usaban artísticamente la lengua coránica para sus poemas en lugar del árabe comúnmente hablado,

55. Esta obra ha sido traducida del árabe al castellano por M. Abumalham, *Moše ibn Ezra: Kitāb al-muḥāḍara wa-l-muḏakāra*, 2 vols. Edición y traducción, CSIC, Madrid, 1985.

56. A. Navarro y L. Vegas, «Los poetas hebreos de Sefarad. Capítulo III del *Taḥkĕmoni* de Al-Ḥarizi»: *Sefarad* XLI (1981), pp. 321-338.

57. L. Ferre Cano, *Abraham ibn Daud, Libro de la Tradición (Sefer ha-Qabbalah)*, Riopiedras, Barcelona, 1990.

58. Poetas autores de unas piezas de carácter litúrgico sinagogal llamadas *piyyuṭim*, que desarrollaron su obra en Palestina durante los siglos VI-IX.

este hecho supuso un renacimiento de la lengua bíblica. Con frecuencia intercalaban citas completas de la Escritura combinándolas artísticamente dentro del nuevo contexto, lo cual implicaba a veces un cambio de sentido de las citas con respecto a su fuente. No obstante, la sintaxis se vio a menudo alterada por los imperativos de la versificación, y en el aspecto semántico hubo a menudo préstamos del árabe, de ahí que la lengua hebrea medieval terminara siendo una modalidad del hebreo con personalidad propia, y, dentro aún del mismo período, que cada autor la usara de modo diferente.

Aparte el sistema de versificación cuantitativo, la otra gran innovación respecto a la poesía hebrea anterior fue, como ya hemos apuntado, la introducción del tema profano o secular: panegíricos, elegías, sátiras, canciones al vino, al amor, quejas contra el destino, etc.

Los sistemas de versificación más frecuentes son los que corresponden a la *qaṣīda* árabe: composiciones sin estrofas con rima común final consonántica en todos los versos, o una variante de la *qaṣīda*, la *arŷūza*, que además de la rima final lleva rima en los hemistiquios interiores.

Se escribieron también poemas estróficos que responden a la poesía popular de Al-Andalus: la *moaxaja*, en árabe clásico (de 5 a 7 estrofas), llamada en hebreo *šir 'ezor* (poema del ceñidor). En ocasiones llevaban al final una cancioncilla popular en lengua romance o en árabe vulgar, la *jarcha*.

Otra modalidad fue el poema de metro silábico, principalmente en formas estróficas. Finalmente, la poesía estrófica con verso libre, utilizada principalmente en las composiciones litúrgicas[59].

La primera vez que usa Dunaš la métrica cuantitativa lo hace en dos poemas introductorios a su obra gramatical, las *Tešubot* contra el *Maḥberet* de Menaḥem. Tienen un esquema de *qaṣīda* con algunas variantes propias que le remiten al estilo sapiencial bíblico. El primero es un panegírico a Ḥasday acompañado de un velado ataque a su adversario:

> Entona un panegírico
> en honor del Príncipe, Jefe de la Academia,
> que aniquiló por completo
> las tropas extranjeras,
> se cubrió de esplendor y gloria,
> y revestido de la ayuda divina
> consiguió de los altivos
> diez fortalezas,
> e hizo una gran poda
> entre las espinas y las zarzas...[60].

59. Cf. A. Navarro, *op. cit.*, pp. 18-24.
60. A. Sáenz-Badillos, *Tešubot...*, cit., p. 3.

A continuación va haciendo una enumeración de las hazañas de su protector.

El segundo poema responde igualmente al esquema de la *qaṣīda*, pero su contenido es de carácter gramatical:

> Agrupó el lenguaje [refiriéndose al *Maḥberet* de Menaḥem]
> y descubrió su secreto,
> superando en inteligencia
> a todos los maestros,
> y compuso un diccionario
> con conocimiento y talento,
> redactando la interpretación
> con palabras enlazadas[61].

Y continúa explicando lo que había hecho Menaḥem, parecería que alabándolo, pero se deduce un matiz irónico confirmado por lo que afirma unos versos después:

> Es [ésta] una refutación abierta,
> que trata de inflamar el corazón
> del que ha traído la ruina
> a los corazones de las criaturas,
> destruyendo su piedad...[62].

En ese mismo círculo hubo otros poetas, entre ellos los discípulos de Menaḥem, que incluyen en sus *Tešubot* contra Dunaš un poema introductorio. Aunque critican al rival por introducir cambios en la poesía hebrea, uno de ellos —parece que Ibn Caprón— compone este poema introductorio según la técnica árabe, tal vez para mostrar que *sabe hacerlo*; si lo critica no es por ignorancia sino por rectitud de criterio.

A la vez que esta escuela innovadora se iba imponiendo en Córdoba, surge en Mérida a mediados del siglo x un poeta litúrgico, Yosef ibn Abitur, partidario de la línea conservadora, que compone *piyyuṭim* al estilo tradicional de la poesía hebrea[63] y se opone a la actividad innovadora que se realizaba en Córdoba (parece que sus motivos no fueron sólo literarios sino personales, ya que no podía conseguir un cargo que ambicionaba[64]).

61. *Ibid.*, p. 5.
62. *Ibid.*
63. J. Targarona, «Breves notas sobre Yosef ibn Abitur»: *MEAH* 34/2 (1985), pp. 37-60; Íd., «La fiesta de Sukkot en la poesía de Yosef ibn Abitur»: *MEAH* 32/2 (1983), pp. 27-43.
64. A. Navarro, *op. cit.*, p. 35.

No son ésos los únicos, existen otros poetas que adoptan una u otra posición[65]. Uno de ellos, Isaac ibn Jalfun, había nacido fuera de la Península, probablemente en el norte de África, hacia la mitad del siglo x, aunque desarrolla su actividad en Córdoba. Ibn Jalfun es un poeta típicamente cortesano, y vivió bajo la protección de grandes figuras, como Samuel ibn Nagrela, por lo que en su obra abundan los panegíricos[66].

En la época de los reinos de Taifas (siglo XI y primera mitad del XII), con una cierta inestabilidad política, bastante relajación de costumbres en la vida musulmana y también un espíritu religioso tolerante, el universo poético judío lo dominan las grandes figuras: en el reino zirí granadino, Samuel ibn Nagrela (Samuel ha-Naguid), y en el de Zaragoza, Salomón ibn Gabirol. Un tercero, Mošeh ibn Ezra, nació en Granada hacia el año 1055, pero a consecuencia de la invasión almorávide se vio obligado a emigrar a los reinos del Norte; finalmente otros dos, Yehudah ha-Leví y Abraham ibn Ezra, nacidos en el taifa de Zaragoza, se mantienen en la zona musulmana hasta 1119, en que es conquistado este reino por Alfonso I el Batallador.

Merece la pena que nos detengamos en algunos de ellos.

1.1. Samuel ibn Nagrela ha-Naguid

No era propiamente granadino; su familia procedía de Mérida y él había nacido en Córdoba (993), ciudad que tuvo que abandonar cuando los beréberes la conquistaron y saquearon. Así lo afirman las fuentes:

> Luego comenzó en Al-Andalus la insensata y terrible revolución llamada rebelión de los bereberes [...] Aumentó toda clase de males, las calamidades del mundo se volvieron inmensas y se acrecentó la carestía en el país, la emigración cundió entre los súbditos y alcanzó a la sede del principado y capital, Córdoba, toda clase de desgracias peregrinas: quedó en ruinas o casi. Las ciencias se debilitaron con el éxodo y porque la gente estaba muy ocupada con los calamitosos tiempos. Por fin la estrechez acabó y el ahogado pudo respirar. A esta generación sucedió otra, cuyas palabras eran más delicadas y cuyos propósitos y objetivos eran más dulces. Su señor, el más ilustre de ella, fue el príncipe Rabbí Šemuel, de Mérida por su origen, educado en Córdoba y principal en Granada[67].

65. Véase la obra de A. Sáenz-Badillos y J. Targarona *Poetas hebreos de Al-Andalus*, El Almendro, Córdoba, 1988. Se trata de una antología de textos poéticos de los siglos X-XII acompañados por una introducción biográfica y una selección bibliográfica.

66. La obra de Ibn Jalfun apareció parcialmente en el libro de M.ª José Cano, *Yiṣḥaq ibn Jalfun, poeta cortesano cordobés*, El Almendro, Córdoba, 1988. Posteriormente Carlos del Valle ha publicado la traducción y estudio de su diván completo: *Isaac ben Jalfón, de Córdoba. Poemas*, Aben Ezra, Madrid, 1992.

67. *Kitāb al muhadara...*, ed. de M. Abumalham, II, pp. 66-67.

También el *Sefer ha-Qabbalah* nos suministra datos sobre este personaje[68], aunque sus noticias parecen un tanto legendarias. Según ellas Samuel ibn Nagrela habría marchado a Málaga desde Córdoba, y desde allí habría pasado a Granada a petición del rey Habbus.

En cualquier caso lo cierto es que por su inteligencia, su esmerada educación en legislación judía, su gran conocimiento de la lengua y sus excelentes dotes personales, pronto conquistó la confianza de ese rey, que le nombró visir del reino, y a la vez los judíos le hicieron *naguid* de la comunidad. Parece que fue un líder militar, un prudente hombre de Estado y desde luego un gran poeta, y, por la controversia que sostuvo con Ibn Ḥazm de Córdoba, también un entendido teólogo[69]. A la muerte del rey Habbus Ibn Nagrela continuó su actividad política con el sucesor, Badis, y llegó a dirigir la política interior y exterior del reino[70].

Como todo hombre medieval, sus esfuerzos se dirigieron tanto a la poesía como a otras disciplinas (legislación, filología y exégesis bíblica), aunque su faceta poética es la más conocida y estudiada.

Los temas y motivos de su poesía son muy variados (el amor, el vino, sus victorias militares, elegías por sus pérdidas y pesares, etc.), tal como se acostumbraba en la poesía árabe, y lo mismo que ésta haciendo uso de la versificación cuantitativa y de las nuevas modalidades prosódicas. Veamos alguno de sus poemas seculares:

> He aquí que los días del invierno frío ya han transcurrido,
> y llegaron los días de la húmeda primavera,
> han aparecido ya las tórtolas en nuestros alcores,
> unas a otras se llaman desde la tupida enramada;
> por tanto, amigos míos, haced honor a las leyes
> de la amistad, apresuraos, no os demoréis;
> venid hacia mi huerta a respirar el aroma
> de las azucenas, grato como el de la mirra goteante;
> allí beberemos junto a los arriates, y oyendo el trinar
> de las golondrinas cantaremos la llegada del buen tiempo,
> gustaremos un vino que caldea, como las lágrimas por la ausencia
> de los amigos,
> un vino rojo como la púrpura que tiñe las mejillas de los amantes[71].

Aunque se trata de un canto de primavera y de amistad, pueden detectarse ecos bíblicos del Cantar de los Cantares.

68. Cf. L. Ferre, *Abraham ibn Daud, Libro de la Tradición (Sefer ha-Qabbalah)*, Barcelona, 1990.

69. Cf. C. Adang, *Islam frente a Judaísmo. La polémica de Ibn Ḥazm de Córdoba*, Aben Ezra, Madrid, 1996.

70. Cf. D. Gonzalo Maeso, *Garnāta al Yahūd*, Granada, 1990.

71. Cit. por J. M. Millás, *Literatura hebraico-española...*, cit., p. 55.

También compone poesía religiosa; en general todos los poetas hispanohebreos cultivan los dos géneros:

> Te he implorado, oh Creador de toda alma,
> con mi cántico en lugar de ofrenda y sacrificio,
> mi anhelo está pronto a celebrarte,
> y mi corazón a proclamar tu unidad entre los santos.
> He confiado en tu nombre, el cual es fuente de gracia,
> tanto para los ilustres como para los desvalidos.
> ¡Dios mío!, excelso, alabado en boca de todos los vivientes...[72].

Titula este poema *Rešut*, lo cual nos remite a una forma de los antiguos *piyyuṭim* litúrgicos.

El estudio de los textos poéticos de Samuel ibn Nagrela, que él agrupó en tres colecciones (*Ben Tehillim, Ben Mišleh* y *Ben Qohelet*) fue realizado y editado por el profesor H. Schirman. En España el profesor Sáenz-Badillos ha acometido la tarea de traducir y analizar muchos de estos poemas[73], gracias a lo cual es hoy un poeta bastante conocido en lengua castellana.

1.2. Salomón ibn Gabirol

Nació en Málaga hacia 1021 en el seno de una familia procedente de Córdoba, pero pasó una gran parte de su vida en Zaragoza. Al ser asesinado su protector en la corte tuŷībí, Yequtiel ibn Ḥassan, su situación se hizo difícil y tuvo que abandonar esta ciudad, marchando al reino de Granada para acogerse a la protección de Samuel ibn Nagrela, pero no llegaron a entenderse bien.

Se sabe poco de su vida, pues a diferencia del anterior no fue política ni socialmente relevante, aunque poseía una sólida formación científica y literaria y era un gran conocedor de la Escritura y la lengua hebrea. Por sus escritos se revela como una persona introvertida y desdichada.

Aparte de sus escritos filosóficos en la línea neoplatónica a los que aludimos en el apartado II, tiene una considerable producción poética que

72. *Ibid.*

73. A. Sáenz-Badillos, «Cinco poemas de Šemuel ha-Nagid»: *Sefarad* XXXVII (1977), pp. 317-326; «La poesía báquica de Šemuel ha-Naguid», en *Estudios sobre Literatura y Arte dedicados al profesor Orozco Díaz*, Granada, 1979, pp. 221-237; «Šelomoh ibn Gabirol y Šemuel ha-Naguid: de la amistad al rompimiento», en *Corollas Philologicas in honorem I. G. Cabanero*, Salamanca, 1983, pp. 575-601; A. Sáenz-Badillos y J. Targarona, *Šemu'el ha-Nagid. Poemas I. Desde el campo de batalla. Granada 1038-1056*, ed. del texto hebreo, introducción, traducción y notas, El Almendro, Córdoba, 1988.

ha sido abundantemente tratada en la universidad española en estos últimos años[74].

Ante un estudio tan exhaustivo y tan alcance del público no me parece necesario detenerme mucho en este escritor, pero sí citaré algunos ejemplos de sus poemas:

> Yo soy la poesía, y la poesía es mi esclava.
> Para poetas y músicos soy un arpa.
> Mis poemas son como coronas de reyes,
> tiaras en la cabeza de los magnates.
> Aquí me veis, tengo dieciséis años,
> mas mi mente comprende como un octogenario[75].

A veces se lamenta como presintiendo la muerte:

> Mi elocuencia es por mis cuitas ahuyentada
> mi alegría alejada en mi gemido.
> Al ver reír, llora mi corazón
> por mi alma, que de mí fue cercenada [...]
> [...] ¿De qué vale llorar por los pesares?
> ¿Qué aprovechan las lágrimas vertidas?
> ¿Qué he de aguardar? ¿Hasta cuándo esperaré?
> ¿Aún queda día? ¿No se concluye su órbita?
> ¡Antes de que llegue de Galaad el bálsamo, ha de morir
> este hombre enfermo que tiene el alma lastimada![76].

María José Cano, en su obra (1987), clasifica sus poemas de este modo:

a) *El hombre*: retrato moral e intelectual (la generosidad, la sabiduría, la inteligencia, la justicia); crítica social (la sátira, crítica a los grandes, crítica a los poetas, la traición).

74. A las obras ya clásicas de J. M. Millás Vallicrosa, *Ibn Gabirol como poeta y filósofo* (Madrid-Barcelona, 1945) y la atribuida a Ibn Gabirol, *Selección de perlas*, de D. Gonzalo Maeso (Ameller, Barcelona 1977), hay que añadir estas otras: F. Romero, *Salomón ibn Gabirol. Poesía secular*, Madrid, 1978; M. J. Cano Pérez, *Šelomoh ibn Gabirol. Poemas*, Granada, 1987 (recoge igualmente su diván secular); Íd., *Ibn Gabirol, poesía religiosa*, Universidad de Granada, 1992 (con un estudio sobre su prosodia); A. Sáenz-Badillos, *El alma lastimada: Ibn Gabirol*, El Almendro, Córdoba, 1992 (en este libro se presenta una selección de sus poemas religiosos y seculares, el poema lingüístico *'Anaq* y fragmentos de sus obras filosóficas: *Fuente de vida, La corrección de los caracteres, Corona real, Selección de perlas*); A. Salvatierra, *La muerte, el destino y la enfermedad en la obra poética de Yehudah ha-Leví y Šelomoh ibn Gabirol*, Universidad de Granada, 1994.

75. A. Sáenz-Badillos, *El alma lastimada...*, cit., p. 32.

76. *Ibid.*, pp. 32-33.

b) *Concepto de la vida*: amor a la sabiduría; el dolor; la muerte.

c) *La vida de placer*: el amor (retrato físico del amado, el amor doloroso, la inquietud y la separación, la sumisión, la fatalidad); el vino (el vino consolador, tipos de vino, el copero, los recipientes); la música (la tradición musical hebrea, los cantores, los instrumentos).

d) *La naturaleza*: la montaña; los jardines y vergeles (la lluvia y la brisa, las flores, los árboles y frutos); el cielo y los fenómenos atmosféricos (la metáfora astral, el alba y el crepúsculo, el rayo y la lluvia); las aguas (aguas dormidas: lagos y estanques; aguas corrientes: ríos y canales; el mar: terror al mar, influencias bíblicas); los animales (cuadrúpedos, reptiles, aves, insectos, animales fabulosos)[77].

El diván secular se complementa con la colección de poesías religiosas que compuso para fiestas litúrgicas o con un carácter místico y sapiencial:

> Llegará a su aposento
> el mejor de los amantes, el Excelso.
> La amada por su recuerdo,
> por su amor hacia Él está enferma [...]
> [...] Despierta y desvela
> el amor de mis desposorios,
> para blanquear y purificar
> el fin de mis salvaciones.
> Entonces entonará
> mi boca el canto de los amados...[78].

Corresponde este poema a una serie dedicada a la fiesta de *Pesaḥ* (Pascua), y se trata de un hermoso canto de amor (*'ahabah*) entre Dios y su pueblo, compuesto en forma de moaxaja.

A lo largo de su extensa composición *Keter malḵut* (*Corona real*) va desgranando sus conceptos filosóficos neoplatónicos:

> Tú eres el Uno, principio de todo cómputo, fundamento de toda edificación.
> Tú eres Uno, y con el misterio de tu unicidad los sabios de corazón se asombran, «pues no saben qué es» (Éx 16,15).
> Tú eres Uno y tu unicidad no mengua ni aumenta, nada le falta ni le sobra.
> Tú eres Uno, mas no como unidad que se crea y se cuenta,
> pues no te alcanza multiplicidad ni cambio, ni epíteto ni apodo [...]
> [...] Tú existes, antes de que se diera el tiempo ya eras y sin lugar morabas.
> Tú existes, oculto está tu misterio, ¿quién lo alcanza?
> «profundo, profundo, ¿quién lo ha de encontrar?» (Ecl 7,24)...[79].

77. *Op. cit.*, p. 52.
78. M. J. Cano, *Ibn Gabirol. Poesía religiosa...*, cit., pp. 152-153.
79. A. Sáenz-Badillos, *op. cit.*, pp. 105-106.

A juicio de los críticos[80], con Ibn Gabirol se logra definitivamente el dominio de los recursos técnicos y formales de la poesía de esta época, lo cual, unido a sus profundas vivencias existenciales, hace de él uno de los más grandes poetas de todos los siglos.

1.3. Mošeh ibn Ezra

A este poeta ya le hemos mencionado como crítico por su *Kitāb al-muḥāḍara wa-l-muḏakāra*, obra de gran valor para el estudio de este período de la literatura hispahohebrea.

Mošeh ibn Ezra nació en Granada hacia 1055 o 1060, en una familia cortesana que había ocupado altos cargos bajo los visires Ibn Nagrela. Como todo joven de alta posición, recibió una esmerada educación en las lenguas árabe y hebrea.

Transcurre, pues, su juventud en Granada en un ambiente plácido y alegre; de esta época son sus poemas de amor, del vino, de la amistad y de la naturaleza:

> Ven, gacela, acércate a mí,
> pues en tu diestra todas las gracias vienen.
> Cuando el vino dentro del vaso brilla,
> ilumina al mundo, mientras el sol va a su ocaso...[81].

A partir de 1090 se produce en Granada un cambio político como consecuencia de la invasión almorávide. Los amigos y hermanos de Mošeh emigran hacia el Norte; después él mismo tuvo que salir hacia Castilla, y en adelante llevó una vida errante por distintos lugares de la Península, llena de penalidades y miserias. Sus amigos —entre ellos el poeta Yehudah ha-Leví— hicieron lo que pudieron para socorrerle en sus desgracias, pero no parece que su suerte mejorara hasta su muerte, ocurrida hacia 1135.

En esta segunda etapa sus poemas son reflejo de su accidentada existencia: unos de nostalgia por su tierra granadina, otros de queja por sus infortunios, otros religiosos, muchos de estos últimos de carácter penitencial (*seliḥot*):

> De mi eterno rodar por el mundo,
> de medir extensiones, estoy hastiado,
> junto a bestias del bosque camino;
> desde cumbres de abruptas montañas como pájaro me he asomado,
> como rayos hollaron mis pies el confín de la nada;
> desde un mar a otro mar he vagado...[82].

80. *Ibid.*, p. 170.
81. Cit. por J. M. Millás, *Literatura hebraico-española*, Buenos Aires, 1973, p. 86.
82. Cit. por Y. Bäer, *Historia de los judíos en la España cristiana*, Madrid, 1981, p. 49.

Véase una *seliḥah*:

> A causa de la terrible presencia del Señor
> estoy revestido con túnica de temblores;
> me han despertado mis pensamientos
> mientras mis pupilas ya estaban adormecidas,
> y mi faz estaba caída y avergonzada
> a la voz del que clamaba:
> ¡Dispuesto está el Señor al litigio,
> dispuesto a juzgar a todos los pueblos!...[83].

1.4. Yehudah ha-Leví

Intimo amigo del anterior, lloró su muerte en una sentida elegía. Yehudah ha-Leví, a quien ya hemos mencionado como filósofo-apologista, nació hacia 1075, no se sabe exactamente dónde; la opinión más generalizada es que su ciudad natal fue Tudela, donde existía por esa época una floreciente aljama, y que en ese momento pertenecía al reino Al-Muqtadir de Zaragoza.

Al parecer viajó a Granada y allí se hizo amigo de Mošeh ibn Ezra, también a Sevilla, Lucena y Córdoba, donde se integró en los círculos literarios de esas ciudades. Fue, pues, un hombre culto en las disciplinas de la época. Cuando la situación política se hace difícil en Andalucía marcha a Castilla, ya zona cristiana. De ese tiempo se conoce un poema laudatorio al magnate Yosef ibn Ferrusel, médico y ministro del rey Alfonso VI. Volvió a Córdoba, donde tenía muchos amigos, tal vez debido a su afable carácter. No parece, sin embargo, que su estancia en Castilla le fuera gratificante. Él mismo declara que son unos amos duros y que «malgasta sus días sanando las enfermedades de dichos cristianos» —pues era médico—[84].

En contacto con las distintas corrientes filosóficas emprende la tarea por la cual se le conoce en el ámbito filosófico, su libro *El Kuzarí* (al que ya nos hemos refererido en el apartado II).

El «sionismo» de nuestro poeta le hace (entre 1135 y 1145) poner en práctica sus ideas: sale de la Península camino de Jerusalén en medio de inseguridades y peligros y es seguro que llegó a Egipto. Allí se pierde su pista; no se sabe si llegó finalmente a su destino.

Yehudah ha-Leví escribe poesía profana de acuerdo con los cánones de la época: al amor, la amistad, el vino, las penas de la asusencia, la muerte, etc., e igualmente poesía religiosa[85], pero lo más característico de

83. Cit. por J. M. Millás, *Literatura hebraico-española...*, cit., p. 88.
84. Cit. *Ibid.*, p. 92.
85. Existe una edición bilingüe castellano-hebrea de una selección de su obra poética: A. Sáenz-Badillos y J. Targarona, *Yehudah ha-Leví. Poemas* (Introducción, traducción y notas). Estudios literarios de Aviva Dorón, Alfaguara, Madrid, 1994.

su obra poética son las *Siónidas*, poemas dedicados a Jerusalén (Sión) como meta de sus anhelos:

> Mi corazón está en Oriente, mientras que yo resido
> en el extremo Occidente.
> ¿Cómo podría saborear mis manjares y cómo me regalarían?
> ¿Cómo cumpliría mis votos y mi propósito, mientras
> Sión está en la coyunda de Edom[86] y yo bajo el arábigo vínculo?
> Ciertamente leve a mis ojos será abandonar todo el bien de Sefarad,
> como caro a mis ojos será contemplar las glebas del ruinoso santuario[87].

1.5. Notas características generales de la poesía hispanohebrea

En general los poetas cultivaron el género de poesía religiosa, de fuerte raigambre hebrea, y el género de poesía secular, innovación tomada de los árabes y por medio de la cual expresaban sus sentimientos más personales.

La temática de la poesía religiosa suele ser de raíz bíblica, especialmente de los Salmos, con ciertas diferencias de acuerdo con el tiempo y la situación de sus autores: nuevas ideas éticas, nuevas concepciones filosóficas, etc.[88].

Los temas más frecuentes de esta poesía litúrgico-sinagogal son: el laudatorio, el rogativo y el penitencial, que darán lugar a composiciones denominadas *qedušah* (proclamación de la santidad de Dios: Is 6,3), *'ahabah* (amor: Jr 31,2), *seliḥah* (poema penitencial), *baqqašah* (súplica), *widduy* (confesión), *tokehah* (reproche), *ge'ulah* (redención) y otras. El género *siónida* está vinculado a la figura de Yehudah ha-Leví, y se diferencia de la *ge'ulah* en que mientras ésta es de carácter estático y contemplativo, las *siónidas* son una llamada al regreso a Sión[89].

En un hermoso libro de Raymond Scheindlin, *The Gazelle* (*La gacela*)[90] se estudia esta poesía religiosa agrupándola en dos grandes apartados según su contenido más profundo: Dios e Israel, y Dios y el alma. En efecto, por muy individualista que sea un poeta, por muy interesado que esté en manifestar sus sentimientos íntimos, nunca falta de su obra el elemento colectivo «nacionalista» y de nostalgia y dolor como consecuencia del exilio. Del mismo modo, y dada la difusión de las ideas neoplatónicas, también se dirige a Dios con relación a su propia alma.

86. Edom = los cristianos. En esa época los cruzados habían instaurado el Reino Latino de Jerusalén.
87. Cit. por M. J. Millás, *op. cit.*, p. 103.
88. Cf. J. M. Millás, *La poesía sagrada hebraico-española*, Madrid-Barcelona, 1948.
89. Véase A. Navarro, *Literatura hispano-hebrea...*, cit., p. 58.
90. Philadelphia-New York, 1991.

La poesía secular se introduce en círculos literarios cortesanos, a veces bajo el mecenazgo de una prestigiosa figura, de ahí que sea frecuentísima la composición de panegíricos y loas al protector. El amor, el vino, la sátira y la elegía son también géneros muy tratados, y algunos otros se encuentran de modo aislado, como el épico (en Samuel ibn Nagrela) o el científico gramatical (en Dunaš, los discípulos de Menaḥem o el poema *'Anaq* de Salomón ibn Gabirol).

Remito de nuevo al profesor del Jewish Theological Seminary de Nueva York, Raymond Scheindlin, en su obra *Wine, Women and Death. Medieval Hebrew Poems on the Good Life*[91].

Afirma el autor que la poesía báquica hebrea no es una simple imitación formal de la árabe, sino también una descripción de las fiestas del vino, que duraban toda la noche, bebiendo, bailando, durmiendo, despertando y volviendo a beber. Esta institución ya se practicaba en Oriente en la corte de los abbasíes; se sabe que también en Al-Andalus se reunían a tal efecto a las orillas de los ríos o en patios junto a las fuentes, y los judíos acostumbraban a asistir y a divertirse en ellas. Los cantos del vino responden, pues, a un hecho social, a fiestas reales, por ello son poemas «realistas». Estas reuniones están documentadas desde la época de Maimónides, el cual habla de «judíos importantes» y de «hombres piadosos» que asistían a ellas[92].

Temáticamente hay dos categorías en estos poemas báquicos: los que describen el vino (su fragancia, color, claridad, brillo) comparándolo con el fuego o con el sol por su apariencia y sus efectos en el bebedor; y los meditativos: descripción de los sentimientos íntimos que experimenta el que bebe (sensualidad, voluptuosidad, etc.). Ambas modalidades dan lugar a diferentes estructuras.

En cuanto a la mujer, Scheindlin hace notar que así como los poemas al vino responden a una fiesta real y las descripciones son «reales», la poesía amorosa hebrea adopta una forma convencional y estereotipada, lo mismo que la árabe.

Es indudable que en la literatura árabe existe la expresión de la gran pasión amorosa, tal como puede constatarse en el hermoso libro de Ibn Ḥazm *El collar de la paloma*, pero las historias de amor *individualizadas* están ausentes tanto de la poesía árabe como de la hebrea, tal vez porque la intención del escritor era escribir *poesía*, no *autobiografía*.

Así pues, al amor celebrado en la poesía, aunque esté basado en una experiencia, no se le da forma de expresión individual, sino que adquiere categoría de *ideal*. La relación que se canta en los poemas no es la del

91. Philadelphia-New York-Jerusalem, 1986.
92. *Ibid.*, p. 21.

amado con la amada (o viceversa) sino la del *observador* con la *belleza observada*: descripción del cuerpo, de sus rasgos, de su extraordinaria hermosura, etc.

También hay aquí dos categorías: los poemas descriptivos, y los de petición, según sea su finalidad, o la descripción de la belleza de la amada o que se dirija a ella implorándole su amor. Los primeros suelen estar dirigidos a alguien y hablando del amado/amada en tercera persona; los de petición, en segunda persona, se dirigen al amado/a mismo.

A diferencia de los poemas báquicos y amorosos, los referentes a la muerte tienen un amplio precedente en la tradición religiosa hebrea. Este tipo de poemas se plantea generalmente de un modo sereno. El poeta no pretende ser un maestro que enseña, sino un hombre que, tras probar los placeres del vino y del amor, se dirige hacia sí mismo y reflexiona sobre lo efímero de ellos. Su tono es cercano a las tesis del *carpe diem* que plantea el Eclesiastés y, como éste, son una reflexión sabia sobre el trance que a todo hombre le espera.

2. *Narrativa*

Los orígenes de la narrativa son más tardíos en la literatura hispanohebrea (aproximadamente en el siglo XII)[93].

Aunque desde la antigüedad se pueden encontrar relatos más o menos novelados en la Biblia y en la literatura talmúdica y midrásica, en la Edad Media aparece una nueva forma literaria: las colecciones de cuentos formando un libro. Son de sobra conocidas las colecciones de cuentos orientales que llegaron a otros idiomas: *Calila e Dimna, Sendebar* y *Barlaam y Josafat*[94].

En el siglo XIII se hicieron al hebreo dos versiones del *Calila*, una en prosa, de Rabi Yoel, y otra en prosa rimada, de Yaakov b. Eleazar de Toledo. El *Sendebar* fue también traducido en los siglos XII o XIII, y la leyenda de *Barlaam y Josafat* llegó al hebreo en la primera mitad del siglo XIII traducida por Abraham b. Ḥasday en Barcelona con el título *El príncipe y el monje*. Este texto hebreo está compuesto en prosa rimada con intercalación de poemas al estilo de las *maqāmas* árabes.

93. Existe una interesante obra de A. Navarro que hemos tenido en cuenta en este apartado, *Narrativa hispano-hebrea (siglos XII-XV)*, El Almendro, Córdoba, 1988. La autora presenta una panorámica general y una rica selección de textos representativos de las distintas épocas y autores.

94. Cf. M. J. Lacarra, *Cuentística medieval en España: los orígenes*, Zaragoza, 1979. Obra suya es también la edición del *Sendebar* (Madrid, 1989) y del *Calila e Dimna* (Madrid, 1985) en colaboración con J. M. Cacho Blecua.

2.1. La *maqāma* y su uso en la narrativa hebrea

La forma de expresión que desde sus comienzos adoptó la narrativa hebrea fue la prosa rimada, y de esta forma están compuestas la mayor parte de las obras judías medievales. Este género procede de la *maqāma* árabe[95].

Tenía este género sus dificultades, pues el autor debía dominar el arte de la poesía tanto como el de la narrativa. Cuando llegó a Al-Andalus adquirió formas diversas, separándose de su estructura y de sus temas originales[96], de tal modo que el nombre *maqāma* terminó utilizándose para designar cualquier ejercicio retórico en prosa rimada con o sin intercalación de versos.

Los judíos de la Península comenzaron así a escribir narraciones en prosa rimada con versos intercalados, en lengua hebrea bíblica y con abundancia de citas usadas con igual o distinto sentido que en el texto bíblico. Con el paso del tiempo fueron incorporando también el hebreo rabínico.

La primera narración conservada es el *Relato de Ašer ben Yehudah* de Salomón ibn Sahal, que vivió en Al-Andalus en la primera mitad del siglo XII; su tema es del más puro estilo de *maqāma* árabe: dos protagonistas, el pícaro y el narrador, ambos se encuentran, se identifican y se hacen amigos. Todo esto ocurre en un ambiente musulmán (con harenes, mujeres veladas, etc.).

El punto más alto de perfección en este género lo consigue Yehudah al-Ḥarizi (segunda mitad del siglo XII), cuya procedencia geográfica es desconocida. Tradujo al hebreo las *maqāmas* del autor árabe Al-Ḥarīrī y él mismo compuso una serie de ellas, contenidas en su libro *Taḥkĕmoni*. Esta obra comprende cincuenta capítulos independientes entre sí ligados por sus dos protagonistas, el narrador (Heman el Ezrahita) y el vagabundo (Ḥeber el Quenita). A veces usa el recurso de la irrupción del autor dentro del relato, dando un toque de irrealidad a la narración.

En general el *esquema* de la *maqāma* árabe no fue seguido por los narradores hispanohebreos después de Al-Ḥarizi.

2.2. La novela con microrrelatos insertados

Bajo la influencia de *Calila e Dimna* y el *Sendebar* se compone este género narrativo consistente en una acción principal con ciertos relatos independientes contados por sus protagonistas.

95. El término *maqāma* significa «tertulia», «descanso», y tuvo su origen en reuniones que se celebraban en la corte abbasí para entretenimiento de los cortesanos; en esas tertulias se contaban cuentos, anécdotas y relatos satíricos de distintos tipos. A las obras construidas sobre esos relatos se las llamó *maqāmas*.

96. F. de la Granja, *Maqāmas y risālas andaluzas*, Madrid, 1976.

Uno de sus primeros representantes fue el catalán Yosef Meir ibn Zabarra en el siglo XII. Su obra *Sefer ša'ašu'im* (Libro de los entretenimientos) tiene precisamente esa estructura. Está igualmente escrito en prosa rimada con poemas intercalados —menos frecuentes que en las *maqāmas*—, y para insertar los relatos el autor introduce el diálogo de los personajes.

En esta misma línea escribe Isaac b. Šelomoh ibn Abí Sahula (Guadalajara, segunda mitad del siglo XIII), vinculado también a un círculo de cabalistas.

2.3. La novela

Los relatos largos en prosa rimada con hilo argumental de principio a fin también están presentes en la literatura hispanohebrea. En general el narrador omnisciente cuenta las hazañas de los personajes, y su esquema es el de una novela en el sentido moderno del término.

Uno de estos novelistas es Yehudah ibn Šabbetay, nacido en 1168, que vivió en Toledo y Zaragoza. Su obra *Minḥat Yehudah* comienza con una dedicatoria donde dice que «narra la historia de un hombre cuya alma en trampa de mujer fue capturada [...] para que ningún hombre tome el camino erróneo»[97]. Utiliza el autor la parodia de géneros o textos anteriores (bíblicos, del *Taḥkĕmoni*, etc.).

Otro interesante autor es Don Vidal ibn Labi Benvenisti (siglos XIV-XV), cuya obra *'Efer we-Dinah* es una de las últimas de este género escritas por los judíos españoles. En este relato introduce la figura del hombre viejo casado con una mujer joven y las peripecias que resultan de esa unión, un motivo tratado abundantemente en la literatura universal.

2.4. Colecciones de cuentos

Lo más representativo de este género es el *Sefer ha-mešalim* de Yaakov b. Eleazar (fines del siglo XII-comienzos del XIII). Se sabe poco de su autor, aunque parece que vivió en Toledo y fue gramático, traductor y poeta.

La primera sección del libro es una serie de relatos alegóricos, debates y competiciones. La segunda parte está compuesta de relatos de amor y de aventuras[98].

97. Cf. la traducción de A. Navarro, cit., pp. 169-170.

98. Véanse fragmentos de todos estos relatos traducidos en la obra citada de A. Navarro.

3. *Historia*

Comparada con otros géneros de la literatura hispanohebrea, la historia no es precisamente uno de los más tratados, a diferencia de la abundante producción historiográfica que tiene lugar en la literatura hispanoárabe. Tal vez la situación históricamente anormal del pueblo judío tenga que ver con esta escasez de obras: de hecho la mayor parte de la producción judía en este campo gira en torno a la transmisión de tradiciones, a la narración de persecuciones sufridas por los judíos en diferentes épocas y lugares o a las distintas genealogía o linajes.

Se sabe que existían actas de comunidades donde se registraban estos hechos. A través de ellas se pueden conocer datos demográficos, pero ni siquiera son totalmente de fiar, pues se solían falsificar —añadir o suprimir— en función de pagar menos impuestos, por ejemplo, o, por el contrario, para jactarse de tener más y mejor gente, etc. En una palabra, la Edad Media judía adolece de buenos historiadores, de datos fiables y en general de preocupación por la historiografía.

En el siglo XII el toledano Abraham ibn Daud escribe su *Sefer ha-Qabbalah* (*Libro de la Tradición*)[99]. Se trata de una breve crónica que narra la transmisión de la Ley a través de sucesivas generaciones. En la segunda mitad del siglo XII Benjamín de Tudela describe en su libro de viajes los que el autor hizo por el Mediodía de Europa, Egipto y el Próximo Oriente. Esta obra ha aportado datos de interés para el conocimiento de diversas comunidades judías que visitó[100]. Ya en la segunda mitad del siglo XV encontramos otro *Sefer ha-Qabbalah* de Abraham b. Šelomoh b. Torrutiel (Valencia), uno de los expulsados en 1492. Su libro es un apéndice de la obra del mismo título de Abraham ibn Daud. Él mismo lo dice así:

> Mi propósito es completar aquel libro desde el año en que murió el mencionado maestro Abraham b. David, que fue el 4940 [1180] hasta nuestro año actual 5270 [1510] de la Creación, a fin de enseñar a las futuras generaciones que la tradición ha seguido siendo transmitida de maestro a discípulo desde el año de su entrega en Sinaí, desde aquel mismo día hasta el presente, y que así ha de seguir en lo futuro, para ser guía de justicia[101].

99. L. Ferre, *Libro de la Tradición (Sefer ha-Qabbalah)*. Introducción, traducción y notas, Barcelona, 1990.

100. J. R. Magdalena Nom de Déu, *Libro de viajes de Benjamín de Tudela*, Barcelona, 1982.

101. Cit. por D. Gonzalo Maeso, *Manual de historia de la literatura hebrea*, Gredos, Madrid, 1960, p. 566.

Más interesante es una obra histórica realizada casi en equipo por la familia Ibn Verga, Judá, Salomón y José: *Šebeṭ Yehudah* (*La vara de Judá*)[102].

Judá nació en Sevilla a fines del siglo XV y murió en Portugal en las cárceles de la Inquisición (hacia 1499). Su participación en esta obra fue la de aportar una serie de notas que suministraron gran parte de los datos. Salomón, pariente del anterior, también vivió en Castilla y le tocó ver la expulsión, a raíz de la cual se convirtió al cristianismo viviendo como criptojudío. También emigró a Portugal, de donde posiblemente salió en 1507 hacia Italia y Turquía. A él se debe el núcleo principal del *Šebeṭ Yehudah*. Finalmente, José, hijo del anterior y nacido ya en Turquía, es autor de algunas adiciones.

Šebeṭ Yehudah contiene una extensa narración de las persecuciones sufridas por los judíos en los distintos países y épocas. Es una obra un tanto desordenada en cuanto a la división por períodos, y contiene asimismo algunos anacronismos y confusiones de personajes, pero aun así es de lo mejor que se escribió en ese período sobre esta disciplina. En un elegante hebreo cercano al bíblico trata de los fenómenos económicos, sociales y humanos relacionados con el sufrimiento judío. Es la primera vez que un judío, desde un ambiente cristiano, analiza la «cuestión judía» desde dentro[103].

Finalmente hemos de mencionar el *Sefer yuḥasin* (*Libro de genealogías*) de Abraham Zacuto, que comprende la historia de los sabios judíos desde la antigüedad hasta su época. Esta obra, compuesta entre los siglos XV y XVI (pues el autor emigró tras la expulsión) no está a la altura de *Šebeṭ Yehudah*, pero le dio a su autor más fama que sus obras científicas. En cualquier caso suministra valiosas informaciones principalmente sobre el período talmúdico.

4. *Exégesis*

Una de las grandes preocupaciones de los judíos a lo largo de los siglos fue la correcta interpretación de la Ley emanada del Sinaí. Cuando toman la Sagrada Escritura para estudiarla desde el punto de vista filológico, literario, filosófico o cabalístico, su objetivo primordial es extraer del texto una mayor comprensión aplicable a su propia vida, con toda la problemática existencial implicada en ella. Cada exegeta se acerca a la Escritura desde sus propias circunstancias, muy diversas en las distintas comunidades donde transcurre su existencia en la Edad Media.

102. M. J. Cano, *La vara de Yehudah (Sefer Šebeṭ Yehudah)*. Introducccíón, traducción y notas, Riopiedras, Barcelona, 1991.

103. Véase D. Gonzalo Maeso, *op. cit.*, p. 569.

Desde que los antiguos escribas del siglo I se encargaran de la transmisión y enseñanza de la Ley, considerándola como un código legal sin posibles contradicciones, hasta la exégesis que tiene lugar en Sefarad en la Edad Media ha habido un largo camino marcado por varios hitos fundamentales: la secta caraíta con su libre interpretación y Saadia Gaón con sus críticas racionalistas a la Biblia son quizá los momentos más significativos antes de llegar a Al-Andalus.

No hay un método único de exégesis. En líneas generales, y apoyándonos en la obra *Los judíos de Sefarad ante la Biblia*[104], podemos hablar de varios tipos fundamentales de exégesis: *pešaṭ* (exégesis absolutamente literal), *deraš* (la interpretación rabínica tradicional)[105], *remez* (interpretación alegórica) y *sod* (interpretación mística).

Si nos centramos en el judaísmo hispanohebreo encontramos una verdadera tendencia exegética en los gramáticos hebreos del siglo X. Ya hemos hablado de Menaḥem b. Saruq, de Dunaš b. Labraṭ y de los discípulos de ambos. A ellos hay que añadir la obra de otros gramáticos del siglo XI, entre los que destacan Yehudah b. David al Fāsī, Ḥayyuŷ (*ca.* 940-1008) y Yonah ibn Ŷanāḥ (nacido en Córdoba entre 985 y 990).

Mientras que los filólogos del siglo X usan exclusivamente el *pešaṭ* buscando la interpretación estrictamente literal y alejándose del *deraš* rabínico algo más libre, los del siglo XI, junto con el *pešaṭ*, que sigue predominando, aceptan otras formas nuevas de interpretación. Se empieza a conceder importancia a la historia de la composición literaria del texto bíblico, a la intención del autor y a una cierta consideración del elemento alegórico —esto último promovido por los filósofos—. Del mismo modo los poetas de los siglos XI y XII, al usar textos bíblicos en sus composiciones, no hacen estrictamente comentarios, pero adornan sus versos con alusiones y citas de la Escritura, adaptándolas a veces libremente según las necesidades métricas y sacándolas de contexto, es decir, las usan con una finalidad estética.

Son los filósofos de Al-Andalus los que van a imponer un método distinto, el alegórico, no precisamente nuevo, ya que había sido usado en la época helenística por Filón de Alejandría principalmente. Este método les permite, en un ambiente racionalista, conjugar la razón con la revelación, tratando de interpretar metafóricamente ciertos pasajes bíblicos que literalmente repugnarían a la razón. Sin embargo el método alegórico no sólo sirvió a los filósofos aristotélicos, también fue usado por los neopla-

104. A. Sáenz-Badillos y J. Targarona, *Los judíos de Sefarad ante la Biblia*, El Almendro, Córdoba, 1996.

105. Cf. M. Pérez, «Aportación de la Hermenéutica judaica a la exégesis bíblica», en *Biblia y Hermenéutica* (VII Simposio Internacional de Teología), Pamplona, 1985, pp. 283-306.

tónicos (Ibn Gabirol), por los místicos (Baḥya ibn Paquda) y por los cabalistas.

En los siglos XII y XIII la exégesis está representada principalmente por Abraham ibn Ezra y por la familia Qimḥi (José, Moisés y David). A todos se les considera como exegetas «sintéticos» por su intento de coordinar las tendencias dispares; no obstante, hay que decir que hacen aportaciones nada despreciables en sus diferentes comentarios[106].

Pero la máxima figura en esta materia, como en otras ya estudiadas, es Maimónides.

El filósofo cordobés tiene en cuenta el *pešaṭ* —la tradición filológica de Al-Andalus le influyó en ese sentido—, también el *deraš* (la interpretación rabínica), y también, como filósofo racionalista, la interpretación alegórica. Pero su enfoque exegético es esencialmente distinto. Maimónides no escribe comentarios a libros de la Escritura como habían hecho los anteriores autores, pero la interpretación de los textos sagrados es la columna vertebral de todo su sistema de pensamiento contenido en *Guía de perplejos*. No justifica teóricamente sus métodos hermenéuticos, ni entra en discusiones sobre la excelencia de un método sobre otro, usa uno u otro según el momento y la necesidad sin hacer un absoluto de ninguno. Así, junto al *pešaṭ*, a través del cual apoya sus palabras en la Ley recibida que consta en el texto, no tiene inconveniente en subrayar la importancia del contexto:

> ¿No sabéis acaso que determinados versículos de la Torah, que es sagrada, no pueden tomarse al pie de la letra? Tenemos pruebas racionales de que algunas cosas no se produjeron según su sentido literal, y por eso el traductor las tradujo de forma que fueran asequibles a la inteligencia[107].

Maimónides no se atiene a reglas rígidas. Considera que en determinados pasajes habrá que seguir un método literal, mientras que en otros es necesaria la interpretación alegórica, y desde luego no a todas las personas les es fácil entenderlo todo, por lo que será necesario usar un método u otro según el contenido del texto y según los conocimientos que posean las personas a quienes va dirigida la interpretación, aunque en último término nadie podrá entender plenamente los misterios de la ciencia divina.

De cualquier forma, el hombre ha de tender a ese conocimiento, mediante el cual se accede a lo que para él es la plenitud de la perfección humana: el amor de la criatura a su Creador y la penetración del hombre en el conocimiento divino a través de la Palabra revelada, y a esa meta pueden aspirar todos los hombres, ya que fueron dotados de razón.

106. A. Sáenz-Badillos y J. Targarona, *op. cit.*, pp. 138-172.
107. Cit. por A. Sáenz-Badillos y J. Targarona, *op. cit.*, p. 181.

Respecto a la exégesis cabalística (*sod*) ya nos extendemos suficientemente en el apartado dedicado a la Cábala y el misticismo, pero hay que mencionar una figura relevante, Moisés b. Naḥman, Naḥmánides (siglos XII-XIII) de Gerona, que une un gran conocimiento talmúdico al de la tradición cabalística. En sus obras *Comentario al Pentateuco, Comentario a Job* y otras se orienta al contenido teológico de los textos, discute algunas interpretaciones rabínicas tradicionales e incluso trata a veces de buscar un sentido oculto más profundo sirviéndose de sus conocimientos cabalísticos, y considerando que no son excluyentes los distintos estratos de investigación de los textos.

De los siglos previos a la expulsión no se puede decir que sean fecundos en exégesis; lo mismo que en otros aspectos el judaísmo hispanohebreo experimenta en este tiempo un acentuado declive. Tal vez la figura más destacada sea Isaac Abravanel, que marchó con los desterrados después de ocupar un alto cargo en la corte castellana.

Todavía en Castilla comenzó su obra exegética con comentarios a los Profetas Anteriores, y ya en el exilio compuso otras obras exegéticas, entre ellas un comentario a los Profetas Mayores. Huye Abravanel del excesivo particularismo en cuanto a determinados textos. Él ve la Escritura como un todo, no se fija mucho en cuestiones gramaticales y, dotado de una sólida formación humanística, considera el texto sagrado con sentido crítico e histórico, algo totalmente nuevo en el campo de la exégesis judía. Igualmente es de destacar la influencia que en sus comentarios se refleja de sus propias experiencias: la vida en la corte de Castilla, su condición aristocrática y los traumas provocados por la expulsión de 1492.

BIBLIOGRAFÍA

La mayor parte de las obras publicadas en castellano en estas últimas décadas ya han sido citadas a pie de página. Debo sin embargo mencionar dos que, aunque están en hebreo, son el fundamento de los estudios que se han realizado en otros idiomas, las del profesor israelí Ḥayyim Schirman: *Ha-širah ha-'ibrit bi-Sfarad u-be-Provence* (La poesía hebrea en España y en Provenza), Jerusalem-Tel Aviv, 1954-1960 (edición de las obras), y *Toldot ha-širah ha-'ibrit bi-Sfarad ha-muslemit* (Historia de la literatura hebrea en la España musulmana), Jerusalem, 1995.

Igualmente me parece de interés una obra de historia que, aunque no fue escrita en España, es cercana al período que nos ocupa y suministra abundantes datos de las persecuciones judías en la Península a lo largo de los tiempos: *El valle del llanto* (*'Emeq ha-bakha*). Crónica hebrea del siglo XV de Yosef ha-Kohen. Traducción, introducción y notas de P. León Tello, Barcelona, 1989.

Alba Cecilia, A., *Las primeras colecciones de cuentos hebreos medievales*, 3 vols., Universidad Complutense, Madrid, 1988.

Abraham ibn Ezra y su tiempo. Actas del Simposio Internacional. Madrid-Tudela-Toledo, 1-8 de febrero de 1989. Editadas por F. Díaz Esteban, Asociación Española de Orientalistas, Madrid, 1990.

Castillo, R., *Yehudah ha-Leví. Antología poética*, Altalena, Madrid, 1983.

Castillo, R., *Poetas hispanohebreos*, Sociedad de Cultura Valle-Inclán, Ferrol, 1996.

Castro, F. de, *Šelomoh ibn Gabirol. La fuente de la vida* (traducción del latín al castellano. Escrito originalmente en árabe, sólo se conservó la edición latina), Barcelona, 1987.

Dan, J., *The Hebrew Story in the Middle Ages* (en hebreo), Jerusalem, 1974.

Díaz Esteban, F., «Literatura hispanohebrea», en J. M. Díez Borque (ed.), *Historia de las literaturas hispánicas no castellanas*, Madrid, 1980, pp. 179-219.

Díez Macho, A., *La novelística hebraica medieval*, Barcelona, 1952.

Doron, A., *Yehudah ha-Leví: repercusión de su obra*, Barcelona, 1985.

Etreros, M. y Navarro, A., «Mošé ibn Ezra. Elegías a la muerte de su hermano José»: *MEAH* 32/2 (1983), pp. 51-68.

Etreros, M. y Navarro, A., «El tema de la muerte en Šemuel ha-Nagid y Mošé ibn Ezra»: *MEAH* 33 (1984), pp. 45-59.

Etreros, M. y Navarro, A., «Mošé ibn Ezra: El hijo y el tiempo. Elegías a la muerte de Jacob»: *MEAH* 34/2 (1985), pp. 27-35.

Forteza-Rey, M., *Yosef ibn Meir b. Zabarra. Libro de los entretenimientos*, Madrid, 1983.

Gonzalo Maeso, D., *Manual de historia de la literatura hebrea*, Madrid, 1960.

Gonzalo Maeso, D., *El tema del amor en los poetas hebraico-españoles medievales*, Granada, 1971.

Millás Vallicrosa, J. M., *Yehudah ha-Leví como poeta y apologista*, Madrid-Barcelona, 1948.

Navarro, A., «Un cuento de Jacob ben Eleazar de Toledo»: *El Olivo* 15 (1982), pp. 49-82.

Navarro, A., «La maqāma *Ne'um Ašer ben Yehudah*»: *Sefarad* 36 (1976), pp. 339-351.

Navarro, A., «Los poetas hebreos de Sefarad. Capítulos XLVIII y XXXVII del *Taḥkĕmoni* de Al-Ḥarizi»: *Sefarad* XLIII (1983).

Navarro, A., *Los cuentos de Sendebar*, Sabadell, 1988.

Navarro, A., *El tiempo y la muerte: Las elegías de Mošeh ibn 'Ezra'*, Universidad de Granada, 1994.

Navarro, A. y Vegas, L., «Los poetas hebreos de Sefarad. Capítulo III del *Taḥkemoni* de Al-Ḥarizi»: *Sefarad* XLI (1981), pp. 321-338.

Navarro, A. y Vegas, L., «La poesía hebrea. Capítulo XVIII del *Taḥkĕmoni* de Al-Ḥarizi»: *Sefarad* XLII (1982), pp. 140-171.

Ortega Muñoz, J. F., *Ibn Gabirol (1021/1022-1059/1060)*, Orto, Madrid, 1995.

Pérez Castro, F., *Poesía secular hispanohebrea*, CSIC, Madrid, 1989 (edición bilingüe hebreo-castellana de una selección de poemas de los principales autores).

Poesía estrófica. Actas del I Congreso Internacional sobre Poesía estrófica árabe y hebrea y sus paralelos romances. Editadas por F. Corriente y A. Sáenz-Badillos, Madrid, 1991.

Valle, C. del y Stemberger, G., *Saadia ibn Danan. El Orden de las Generaciones. Seder ha-Dorot*, Aben Ezra, Madrid, 1997.

Sobre exégesis

Al ya citado libro de Sáenz-Badillos, A. y Targarona, J., sumamente útil para una visión de conjunto y con una abundante bibliografía, y a los trabajos sobre literatura midrásica de M. Pérez Fernández, pueden añadirse algunos otros:

Fishbane, M., *The midrashic Imagination. Jewish Exegesis, Thought and History*, Albany, 1993.
Goetschel, R., «Exégèse littéraliste, philosophie et Mystique dans la pensée juive médievale», en Tardieu, M. (ed.), *Les régles de l'interprétation*, Paris, 1987, pp. 163-172.
Hayoun, M.-R., *L'exégèse philosophique dans le judaïsme médiéval*, Tübingen, 1992.
Idel, M., *Language, Torah and Hermeneutics in Abraham Abulafia*, Albany, 1989.
Sáenz-Badillos, A., «La filología hispano-hebrea del siglo x como exégesis»: *MEAH* 36/2 (1987), pp. 7-28.
Sáenz-Badillos, A., «La Hermenéutica bíblica en Maimónides», *II Simposio Bíblico Español*, Valencia-Córdoba, 1987, pp. 649-659.
Sáenz-Badillos, A. y Targarona, J., *Gramáticos hebreos de al-Andalus (siglos x-xii). Filología y Biblia*, El Almendro, Córdoba, 1988.
Strack, H. L. y Stemberger, G., *Introducción a la literatura talmúdica y midrásica*, Valencia, 1988.

V. CÁBALA Y MISTICISMO

En el momento actual es frecuente tener que responder a los numerosos interrogantes que se suscitan sobre la Cábala, generalmente asociada a *tarot*, espiritismo, teosofía, parapsicología, etc.

Ante tan gran interés del público, tan escaso conocimiento sobre este género de escritos y tanta charlatanería al respecto, me parece procedente hacer una clarificación previa.

La Cábala (del hebreo *Qabbalah* = tradición recibida) no es un libro, sino un género literario que incluye obras muy diferentes entre sí. Tampoco es algo esencial en el judaísmo, el cual podía haber evolucionado sin la Cábala, pero se trata de una intravida que corre paralela a las grandes obras canónicas y filosóficas y constituye parte del caudal cultural del pueblo judío.

Dicho en pocas palabras y como definición, es *una doctrina esotérica acerca de los misterios de Dios y del Universo*, un sistema místico de interpretación de las Sagradas Escrituras, transmitido desde la época talmúdica como tradición esotérica y desarrollado desde el siglo XIII en combinación con elementos filosóficos[108].

El movimiento cabalístico se fue desarrollando a lo largo de los siglos y pueden señalarse varias épocas en este desarrollo:

1) Hasta el siglo V d.C.: época de formación y transmisión oral, aunque existen algunos escritos.

2) Siglos VI-IX: época oriental.

Estas dos etapas con su gran punto de referencia, el *Sefer Yeṣirah* (*Libro de la Creación*), constituyen lo que podríamos llamar *protocábala*.

3) Siglos X-XV: época occidental (Alemania, Francia, España e Italia).

4) Del siglo XVI en adelante: Cábala moderna. Entre sus figuras más representativas se encuentran Moisés Cordovero e Isaac de Luria, y los movimientos surgidos en los siglos XVII y XVIII respectivamente: el *shabbetaísmo* y el movimiento *jasídico*.

Desde otro punto de vista, la Cábala puede ser: teórica (*'iyyunit*) y práctica (*ma'asit*).

Es decir, no hay una sola línea sino muchas. Las creencias principales del pensamiento cabalístico tienen origen neoplatónico, y al afirmar que los antiguos textos judíos (Biblia y Talmud) poseen un sentido oculto que es su verdadero significado, es evidente que no trabajan con *pruebas*. Para el cabalista las Escrituras son un depósito de nombres y símbolos que representan las emanaciones cuya fuente es el Infinito (Dios).

Como paso previo a la descripción de las grandes líneas cabalísticas es necesario analizar la esencia del misticismo judío para no hacer comparaciones ni simplificaciones fáciles.

El misticismo en general podría expresarse en síntesis con una frase de los Salmos: «Gustad y ved qué bueno es el Señor» (Sal 34, 8). Ésta es esencialmente la apetencia del místico: la experiencia del yo íntimo que entra en contacto con Dios o con la realidad metafísica. La naturaleza de esta experiencia y su descripción es lo que de un modo u otro han intentado los místicos de las distintas religiones, pero como la relación entre lo finito y lo infinito es imposible de describir de un modo conceptual, se han tenido que valer de imágenes.

No obstante el misticismo no existe de modo abstracto, sino asociado a un sistema religioso en particular: mística judía, musulmana, cristiana,

108. En este aparado me baso fundamentalmente en los escritos del gran estudioso de la Cábala Gershom Scholem, la mayor parte de ellas traducidas al castellano: *Las grandes tendencias de la mística judía*, Siruela, Madrid, 1996; *Grandes temas y personalidades de la Cábala*, Riopiedras, Barcelona, 1994; *Desarrollo histórico e ideas básicas de la Cábala*, Riopiedras, Barcelona, 1994. Igualmente en las de Mosé Idel: *Mesianismo y misticismo*, Riopiedras, Barcelona, 1994; *Hasidism between Ectsasy and Magic*, New York, 1995; *Kabbalah. New perspectives*, New York, 1988.

etc., y en ese sentido se presenta unido a una serie de fenómenos históricos concretos. El misticismo es, pues, una etapa claramente definida en la evolución histórica de la religión, aparece en circunstancias concretas y supone un estadio determinado en la evolución del pensamiento religioso[109].

En el primer estadio de la religión se concibe el mundo como un lugar lleno de dioses que el hombre puede encontrar y «experimentar» sin necesidad de la meditación extática. Puesto que aún no existe un abismo existencial entre Dios y el hombre la divinidad no se ha convertido en una realidad de la conciencia íntima, y se tiende a ver a Dios en los fenómenos de la naturaleza.

El segundo estadio es la época creadora en la que surge la religión. En este momento se advierte la ruptura de la armonía entre la naturaleza, el hombre y la divinidad: el ser humano es consciente del profundo abismo que existe entre el Ser infinito y la criatura finita.

El hombre toma conciencia de esa dualidad, de ese abismo que sólo puede ser salvado por la voz de Dios (la revelación), que orienta y legisla, y por la voz del hombre que ora. En este momento hay ya una comunidad y unos preceptos éticos que constituyen el escenario donde Dios actúa.

En un tercer estadio entraría el misticismo, denominado por Scholem como el período «romántico» de las religiones[110]. El místico emprende una búsqueda *personal* de Dios en un escenario distinto: el alma en su trayectoria hacia la realidad divina.

En este estadio se mantienen los valores establecidos por el sistema religioso, pero, al surgir nuevos impulsos religiosos personales, el sistema constituido puede considerarlos una amenaza, a pesar de que el místico no rompe el sistema sino que tiende a permanecer dentro de su seno. Lo que hace en realidad es dar a los antiguos valores una nueva interpretación más personal que corresponda a su propia experiencia religiosa. De este modo la Creación, la Revelación o la Redención cobran un sentido nuevo a la luz de la experiencia mística.

La Revelación, por ejemplo, ya no es sólo un hecho histórico concreto que se dio en determinada época, sino que en el interior del alma ese hecho se repite constantemente. No es algo acabado, su verdadero significado sólo se adquiere a través de una revelación secreta y personal, de ahí que el místico permanezca dentro de los límites de su propia religión, pero a veces los transgreda consciente o inconscientemente. Veamos dos textos antinómicos que muestran esas transgresiones en función de un valor su-

109. G. Scholem, *Las grandes tendencias*..., cit., p. 27.
110. *Ibid.*, p. 28.

perior (a ojos del místico); uno procede de un relato jasídico, otro, de *Las florecillas* de san Francisco de Asís.

> Se cuenta que en la ciudad de Satanov había un hombre erudito cuyas ideas y cavilaciones lo sumían más y más en la cuestión de por qué lo que existe es, y por qué cualquier cosa es en absoluto.
>
> Un viernes, después de las plegarias, estaba en la Casa de Oración abismado en sus pensamientos, tratando en vano de desenredarlos. El santo Baal Shem Tov lo supo desde lejos, subió a su carruaje y, gracias a ese milagroso poder que hacía que el camino viniera a su encuentro, llegó en un instante a la Casa de Estudio de Satanov. Allí estaba el erudito debatiéndose en conjeturas. El Baal Shem le dijo: «Cavilas acerca de si Dios es; yo soy un tonto y creo». El hecho de que otro ser humano conociera su secreto disipó la duda en su corazón y se abrió al Gran Misterio[111].

Como todo relato jasídico, su intención es didáctica y trata de mostrar la santidad del maestro líder de la comunidad, por lo que están presentes los milagros (el camino que viene al encuentro, el conocimiento de las dudas del discípulo, etc.), pero lo que nos interesa subrayar aquí es la transgresión en aras de un bien mayor: para un judío religioso es un gran pecado viajar en *Šabbat* una vez que se ha rezado la oración vespertina. El santo no tiene inconveniente en «pecar» para ayudar al discípulo a aclararse en su fe. En este relato esa acción es premiada con un milagro: el camino viene hacia él para que no tenga que pecar, pero ese detalle es accesorio, en otros relatos el pecado se comete para conseguir un bien que a sus ojos es mayor que el propio precepto.

> Cierta vez fray Junípero, queriéndose humillar mucho, se despojó de sus ropas, y haciendo un hatillo con ellas se lo puso a la cabeza, y fuese a la plaza pública para mayor vituperio. Y estando así desnudo, la chiquillería y los jóvenes le corrían detrás tomándole por loco, y le hacían mil villanías, echándole fango y piedras [...] Y en viéndolo los frailes desnudo, se turbaron mucho contra él [...] metámoslo en la cárcel [...] ahorquémosle [...] de tan gran escándalo que ha dado éste contra sí mismo y contra la Orden. Y fray Junípero estaba muy contento y contestaba con toda humildad: «Tenéis razón, porque de todas esas penas soy digno y aun de muchas más»[112].

En este caso no se trata de un santo judío sino cristiano, pero el criterio es el mismo: a sus ojos la humildad, que le lleva ser despreciado por la gente e incluso por sus mismos hermanos, es un valor más alto que su dignidad personal y el decoro que debe a su Orden.

111. Cit. en M.ª E. Varela, *De los ríos de Babel. Estudios comparativos de literatura hebrea*, Granada, 1996, pp. 75-76.

112. *Ibid.*, p. 76.

Hay, pues, constantes que se repiten en los místicos cualquiera que sea su religión y que estarían en la línea evangélica de Mt 12, 1-8 o Mc 2, 23-28, lo cual parece lógico en el caso del franciscano que se empeñaba en vivir de acuerdo con el Evangelio, pero no en caso del judío. Esto nos indica que hay valores constantes y valores variables en los dos relatos, y la transgresión de la norma es una constante que aparece tanto en los fenómenos místicos como en los mesiánicos.

Centrándonos ya en el místico judío, observamos que ocurre ese fenómeno: es un intento de interpretar los valores religiosos del judaísmo desde el punto de vista de su experiencia personal. Dios y sus atributos adquieren un significado diferente del que habían concebido los filósofos. Maimónides, por ejemplo, había atribuido a Dios cualidades por vía negativa según su razonamiento: ¿cómo puede decirse que Dios está vivo?, ¿no es eso una limitación del Dios infinito? Y llega a la conclusión de que lo único que se puede decir de Dios es que es opuesto a todo lo negativo (no es malo, no está muerto, no es ignorante, etc.).

Sin embargo el hombre necesita un Dios que no esté oculto y que se relacione *positivamente* con sus criaturas. Al místico no le convencen las puras especulaciones sobre la divinidad, y trata de confirmar la presencia viva del Dios de la Biblia: bueno, santo, benevolente, etc., a la vez que intenta rescatar la idea del Dios oculto que definen los filósofos; puede que este Dios no tenga atributos especiales, pero el Dios vivo que habla en la Revelación y se comunica con el hombre sí los tiene. De algún modo hace a Dios más cercano a su experiencia, y se le comunica al contemplativo bajo el signo de la benevolencia, se le manifiesta como una «esfera» de luz divina. Las esferas, metáfora muy usada en la Cábala, son la forma de describir los distintos estadios de la revelación del poder creador de Dios.

Cada atributo representa un estadio determinado, que incluye el rigor y la severidad, relacionado esto último con la fuente del mal. Aparece, pues, la contradicción, pues se concibe a Dios como fuente de todo (también del mal), también de lo complejo y contradictorio.

En general los místicos judíos conciben a Dios como la unión de dos aspectos: el *ser absoluto* y el *devenir absoluto*, de igual modo que el Dios oculto y el Dios de la experiencia son *uno* solo. En eso se diferencian de los gnósticos, aunque ambos tienen puntos de contacto. Para el gnosticismo el Dios oculto y el Creador son principios opuestos; ese dualismo no aparece en la Cábala.

Evidentemente el místico necesita transmitir su experiencia, pero, a diferencia de otras religiones, donde esa experiencia se relata de modo autobiográfico y personal, en el judaísmo usan igualmente imágenes para expresarla, pero el contenido pretende ser la descripción del reino de la divinidad *de un modo objetivo*, sin implicación de sus personas. Incluso en los textos más antiguos donde el visionario describe su propio camino contemplativo, lo hace de un modo frío y sin involucrarse demasiado, simplemente *describe.* Los cabalistas propiamente dichos, ya en la Edad Media, se autocensuran si se les escapa algún pasaje más íntimo. Esta ausencia del elemento autobiográfico es un gran inconveniente a la hora de comprender psicológicamente el misticismo judío.

Otra de sus características es la gran importancia que se le da al *lenguaje.* El hebreo es mucho más que un medio de comunicación, es la lengua santa y refleja la naturaleza espiritual del mundo, es decir, tiene un valor místico: la palabra llega a Dios porque proviene de Dios.

El misticismo ha existido en el judaísmo desde la época talmúdica hasta la actualidad, desde rabí Akiva hasta el rabino Yisḥaq Kook, líder religioso de este siglo cuya doctrina aparece asociada al moderno *Eretz Israel,* e incluso hasta el más reciente Rabi de Lubavitch de Nueva York, líder espiritual de una comunidad jasídica, fallecido recientemente después de una controvertida declaración de sus discípulos sobre su condición de «mesías». Este Rabi aparece con toda actualidad en carteles, fotos, propaganda, establecimientos comerciales de Israel, etc., como si aún estuviera vivo. Desde mi punto de vista, se trata de la última manifestación mística judía pública hasta el momento.

Dado que las doctrinas cabalísticas tienen un origen neoplatónico, el misticismo judío considera que el camino personal hacia Dios es el reverso del proceso por el cual nosotros emanamos de él, de manera que conocer las etapas del proceso creador significa conocer las etapas de nuestro retorno a las raíces de la existencia. Consecuencia de ello es que la *Creación* ha sido siempre un tema fundamental para la Cábala (el *Sefer Yeṣirah* = Libro de la Creación, es de hecho la primera gran obra cabalística).

Tanto los místicos como los filósofos transformaron profundamente la estructura del judaísmo antiguo, abandonaron su relación simple y directa con los textos religiosos rabínicos hasta cierto punto ingenuos, pues en ellos el judío no reflexionaba sobre sí mismo. Ambas corrientes, la filosófica y la mística, están relacionadas y son interdependientes aunque en muchas ocasiones entren en pugna. Algunos filósofos, como Yehudah ha-Leví y Baḥya ibn Paquda, tienen ciertas connotaciones cabalísticas aunque propiamente no puede decirse que lo sean. Por otra parte, el modo de expresarse los filósofos y los místicos es diferente. Los primeros convierten las realidades concretas en abstracciones; los segundos convierten el relato religioso en alegorías, su modo de pensar y de expresarse es simbólico y polisémico.

Un problema especialmente interesante en los escritos cabalísticos es el de la *existencia del mal en el mundo*, y es a la vez el punto que los diferencia esencialmente de la filosofía.

Los filósofos en general tratan la existencia del mal como la ausencia del bien, como algo carente de sentido, cuando no la niegan sencillamente: «El mal no existe. No es más que un concepto derivado del concepto de libertad», dice, por ejemplo, Herman Cohen[113]. Si nos remontamos a Maimónides encontramos en *Guía de perplejos* varias hermosas páginas dedicadas a explicar la raíz del mal que, según su opinión, es la ignorancia o el mal comportamiento de los hombres: «la tiranía que ejercen unos sobre otros [...] les sobrevienen los males por obra suya (del hombre)», etc.[114].

Los cabalistas en su mayoría *sienten* profundamente el mal como uno de los problemas más acuciantes, de ahí que en algunos casos hayan manipulado tanto esta realidad que se hayan perdido en laberintos cercanos a la heterodoxia.

Finalmente, otra característica del misticismo judío frente al de otras religiones es la *ausencia de mujeres*.

En el misticismo cristiano ha habido algunas: Teresa de Jesús, Matilde de Magdeburgo y Juliana de Norwich, entre otras. También están presentes las mujeres en el misticismo musulmán, no así en el judío[115]. Esta ausencia privó al misticismo judío del elemento emocional femenino, a la vez que lo protegió de fenómenos de histeria que bien pudieron tener lugar en otras religiones.

La causa del carácter masculino del misticismo judío es quizá que los cabalistas asociaron lo demoníaco con una esfera femenina; posiblemente a eso se deba que huyan de toda referencia íntima y autobiográfica, que estaría más relacionada con la mujer que con el varón. Al mismo tiempo el concepto cabalístico de la *Šeḵinah* (en hebreo, término femenino) para referirse a la Presencia divina contiene la idea paradójica de un elemento femenino en Dios mismo. Este punto constituye un rasgo de interés para el psicólogo o para el historiador de la religión, a la vez que de rechazo para el judaísmo talmúdico.

Vistos los rasgos generales del misticismo judío, pasemos a describir algunas de las líneas principales de la Cábala.

1. *El misticismo de la* Merkabah *(el Trono de Dios)*

Desde los siglos I a.C. hasta X d.C. se desarrolla esta modalidad (estática) con una notable abundancia de textos literarios.

Se sabe con seguridad que el origen de este movimiento estuvo en Palestina, aunque son pocos los nombres que se conocen de sus seguido-

113. Cit. por G. Scholem, *op. cit.*, p. 56.

114. Cf. *Guía de perplejos* III, 10-12, 387-395.

115. Sobre esto, véase P. Beneito (ed.), *Mujeres de luz. La mística femenina, lo femenino en la mística,* Trotta, Madrid, 2001.

res. En círculos fariseos del período del Segundo Templo ya se enseñaba doctrina esotérica, principalmente en torno al primer capítulo del Génesis, que relata la creación, y al primero de Ezequiel, alusivo a la visión del Carruaje (la *Merkabah*) como Trono de Dios[116]

Tal vez algunos apócrifos como el *Libro de Enoc, Apocalipsis de Abraham* y otros similares reproduzcan lo esencial de esas doctrinas, pero ése es un punto muy oscuro[117]. En cualquier caso lo que está fuera de duda es que el primer misticismo judío se centra en el Trono. Esencialmente no se trata de la contemplación de la verdadera naturaleza de Dios, sino de la *percepción* de su aspecto en el Trono-Carruaje tal como se describe en Ez 1.

Esta doctrina generó una literatura determinada en la que están compuestos numerosos de esos tratados; es la que describe los *hekalot* (palacios), especie de estancias celestiales a través de las cuales pasa el visionario hasta que en la séptima y última le es dado contemplar el Trono de Dios:

> ... Entré hasta encontrarme ante el muro de un edificio construido con piedras de granizo, rodeado de lenguas de fuego [...] entré a través de esas lenguas de fuego y me encontré ante una gran casa [...] y los muros de esta casa eran como piedras planas, y todas ellas estaban hechas de nieve [...] y entre ellas ígneos querubines cuyo cielo era de agua. Y un fuego ardiente rodeaba todos los muros, y sus puertas eran de fuego ardiente. Entré en esta casa, que era caliente como el fuego y fría como la nieve [...] Y ante mí vi otra puerta, que se abrió ante mí, y otra casa que era más grande que ésta [...] me es imposible describir su esplendor y majestad...[118].

La descripción de la Gloria de Dios fue evolucionando en cuanto a terminología, se habla a veces de «casas», otras de «moradas», «habitaciones», «palacios» (*hekalot*), etc. También fueron cambiando sus interpretaciones, pero esencialmente en todos los casos el «viaje» del iniciado lleva consigo una serie de prácticas ascéticas que duran determinados períodos de tiempo, hasta que, lograda la purificación, el alma consigue la *gnosis*, el conocimiento absoluto, inmediato y total sobre Dios, el hombre y el cosmos a nivel de experiencia.

Es evidente la influencia gnóstica en este planteamiento, pero hay una diferencia básica entre el gnosticismo y la mística judía en cuanto a su concepción de Dios: para la mística hebrea Dios es Rey, el Rey santo que

116. Cf. M. Stone (ed.), *Jewish Writings of the Second Temple Period*, Philadelphia, 1984.

117. Véase F. Corriente y A. Piñero, «Libro I de Henoc», en A. Díez Macho (ed.), *Apócrifos del Antiguo Testamento*, Madrid, 1982.

118. Fragmento del *Libro de Enoc*, en J. T. Milik (ed.), *The Book of Enoch. Aramaic Fragments of Qumrân Cave 4*, Oxford, 1976.

está por encima de todos los poderes. El esquema gnóstico es siempre el siguiente:

a) Un Dios trascendente, poder supremo.

b) Otro poder —llamado a veces demiurgo— creador del mundo.

c) Una serie de esferas que separan al hombre del poder supremo, cada una de ellas bajo el control de un espíritu hostil que pone dificultades en el camino del iniciado.

d) El ascenso del alma humana hacia el supremo poder.

e) La existencia de un conocimiento (*gnosis*) mediante el cual se consigue el ascenso.

Los textos de la *Merkabah* tienen el siguiente esquema:

a) El Dios trascendente que se revela a sí mismo en el Trono de su Gloria.

b) Ese Dios que se revela aparece a veces con una función creadora (*Yoṣer berešit*)[119].

c) Separando a Dios del hombre una serie de ángeles cuya misión es detener al hombre en su camino de acercamiento a Dios.

En la mística judía hay una ausencia completa de la inmanencia divina, el gran abismo entre Dios y el hombre no puede salvarse ni siquiera a través del éxtasis. Dios permanece como el absolutamente Otro, y el místico que ha atravesado todos los «palacios», o «esferas», o «estancias», y superado los peligros del ascenso permanece en éxtasis contemplando el Trono. Ve y oye, pero eso es todo, no llega a una unión mística a diferencia de la mística cristiana[120].

La concepción de Dios que aparece en esta literatura es todavía la de un ser absolutamente *trascendente*, expresada de tres modos:

a) Dios está especialmente lejano al hombre (mora en el séptimo palacio del séptimo cielo, es decir, a una distancia inconmensurable).

b) Dios es casi inaccesible al hombre. El camino hasta él está interceptado por fieros ángeles-guardianes a cuyo frente aparece Metatrón, el principal de ellos, que se oponen al hombre y forman un círculo protector en torno a la santidad de Dios[121].

c) Esa trascendencia absoluta se explica por la retirada de la *Šeḵinah* (Presencia Divina) de la tierra.

Esta línea mística floreció más tarde de un modo especial en un grupo selecto centroeuropeo, los *Jasidim de Ashkenaz*, que tuvo un gran prota-

119. Cf. 3 Enoc 11, 1.

120. En la obra *De los ríos de Babel...* analizo comparativamente la experiencia mística de los *Heḵalot* con *Las Moradas* de santa Teresa, pero ambas experiencias difieren en ese punto.

121. Según la concepción de Teresa de Jesús, las dificultades las pone el demonio. Véanse las «Moradas Sextas».

gonismo espiritual en las comunidades alemanas en la difícil época de las Cruzadas, aunque la fase más creativa de este movimiento a nivel literario se extiende desde el siglo XI al XIII.

2. *La Cábala dinámica o sefirótica*

Llegamos en este punto a la línea cabalística más arraigada en la España medieval. Su nombre procede de la palabra hebrea *sefirah* (pl. *sefirot*), esfera, supone un cambio radical con respecto a la concepción estática de la *Merkabah* y en ella juegan un especial papel las *sefirot* (esferas).

No quisiera pecar de simplista al tratar de describir este sistema cabalístico, su complejidad es tal que remito de nuevo al lector a las obras de Scholem e Idel citadas al principio. De cualquier modo y en pocas palabras trataré de hacer un esbozo.

El Cosmos nació por una contracción de la Divinidad (*ṣimṣum*), una entrada de Dios en sí mismo para permitir que surgiera el mundo. Dios se «retira» para dejar espacio a sus criaturas.

A partir de ahí, por medio de emanaciones procedentes del *'En-Sof* (Infinito) surge el mundo como diez esferas, cada una dentro de un recipiente propio; el conjunto de ellas simboliza al *'Adam Qadmon* (el hombre primigenio, que era de color púrpura), y cada esfera corresponde a alguno de sus miembros. A la vez esas esferas representan atributos divinos que de algún modo comparten el hombre y el mundo. El funcionamiento conjunto y armónico de las *sefirot* era como una potente maquinaria por medio de la cual Dios mantenía el Universo.

Pero ocurrió un cataclismo cósmico: los recipientes de las tres esferas superiores eran capaces de contener la luz divina que les llegaba, pero ésta golpeaba en las esferas restantes al mismo tiempo y era demasiado potente para ser soportada por los recipientes y se produjo una ruptura de esos vasos (*šebirat ha-kelim*), que se dispersaron y cayeron.

El recipiente de la última esfera (*Malḵut*) también se rompió, pero de distinto modo: una parte de la luz contenida en él volvió hacia su fuente original, pero el resto cayó junto con los trozos rotos de recipientes, y de esta mezcla se formaron las *qelipot* (cáscaras) que no dejaban pasar la luz divina, por lo que constituyeron las fuerzas oscuras, la causa del Mal.

A partir de ahí la maquinaria cósmica se descontroló respecto a lo originalmente previsto, las *qelipot* no dejan pasar la luz y el mundo se sumerge en el caos. Esta catástrofe cósmica debe ser corregida, es necesaria la restauración del mundo (*tiqun 'olam*) para devolver la Creación al designio original de su Creador[122].

122. G. Scholem, *Desarrollo histórico e ideas básicas de la Cábala...*, cit., pp. 160 ss.

Esa corrección se consigue a través de la oración, el cumplimiento de los preceptos éticos, etc., que harán desaparecer las *qelipot* debidas al pecado del hombre, de ahí que el místico se empeñe en el ejercicio ascético aun más allá de lo formalmente establecido, ayudando de este modo a la restauración del Universo.

No es tan fácil ese *tiqun 'olam* —los cabalistas lo formulan de un modo sumamente abstruso—, además cada movimiento místico tiene su especial concepción sobre el modo de hacerlo.

3. *Las líneas cabalísticas en España*

En España hubo lugar para ambas modalidades de misticismo, no obstante la Cábala sefirótica tuvo mayor desarrollo y aceptación.

A comienzos del siglo XIII ya aparecen los cabalistas como círculo místico diferenciado en Provenza y en algunas zonas de España, principalmente en Gerona, y es en este siglo XIII cuando viven su mejor momento.

Al principio las enseñanzas se transmiten oralmente, si bien muchos de los pasajes de esa literatura permanecen vagos y oscuros hasta hoy. Unos se apoyan en maestros precedentes, otros, como Yacov Ha-Cohen y Abraham Abulafia, se apoyan directamente en la revelación divina.

La contribución de la Cábala española al misticismo judío es especialmente relevante y añade una serie de elementos nuevos a los antiguos movimientos.

Por lo que se refiere a la Cábala estática (*Merkabah*), la concepción de *conocimiento de Dios* va evolucionando hacia la idea de *deḇequt* (unión, adhesión a Dios) como fin último de la perfección religiosa. El éxtasis ya no implica sólo ver y oír, sino un *estar-con-Dios* en una unión íntima y en conformidad absoluta con su voluntad.

Esta línea cabalística se desarrolla en Castilla, y su más conocido representante es Abraham Abulafia. Sus escritos son casi contemporáneos a la composición del *Zohar* (*Esplendor*), obra cumbre de la Cábala dinámica. Así pues, las dos líneas principales del misticismo judío alcanzan su punto más alto en el siglo XIII castellano.

Aunque Abulafia nunca pretendió salirse de los límites del judaísmo rabínico y aunque su círculo seguía siendo un grupo «selecto», sus doctrinas podían ser llevadas a la práctica por cualquier persona que lo intentase. Tal vez por eso no se difundieron sus libros: el *stablishment* rabínico temía que cualquier judío no formado sólidamente en la tradición talmúdica se dedicara a las prácticas místicas. De este modo la «Cábala profética», como Abulafia la llamó, permaneció en una cierta clandestinidad.

Este cabalista castellano comenzó su andadura mística a los treinta y un años, cuando se sintió iluminado e inundado de Dios y de espíritu profético. Predicó sus doctrinas en diferentes puntos de España e Italia y su pista se pierde en 1291. La mayoría de sus textos místicos no han llegado hasta nosotros, sólo se conoce un extraño y difícil libro, el *Sefer ha-'ot* (*Libro del Signo*). También se transmitieron los manuscritos donde expone sus teorías y enseñanzas. Naturalmente, fue perseguido y atacado. Él mismo lo expresa así:

> Y dominé mi voluntad y osé llegar a lugares que estaban más allá de mi alcance. Me llamaron hereje y hombre de poca fe porque había decidido adorar a Dios en la verdad y no como aquellos que caminan en la oscuridad. Inmersos en el abismo, ellos y la gente de su calaña se hubieran deleitado en hundirme en sus actos vanos y oscuros. Pero no quiera Dios que yo abandone el camino de la verdad por el del error[123].

No obstante no se salió de la ortodoxia, practicó el camino que lleva a la experiencia interior como nadie lo hizo después en la historia del judaísmo[124], y aunque él mismo rechazó la magia, de algún modo puso los cimientos para la verdadera Cábala práctica que se desarrollaría después de la expulsión de 1492.

El otro hito —el principal— en la historia de la Cábala fue la aparición del *Sefer ha-Zohar* (*Libro del Esplendor*) en el último cuarto del siglo XIII, que va adquiriendo predicamento durante los dos siglos siguientes. El problema de su autor es muy discutido. Gershom Scholem se inclina por la teoría de un solo autor y por la autoría del cabalista Moisés de León.

El *Zohar,* más que desarrollar ideas, las aplica a homilías, convirtiéndose en un modelo de pensamiento homilético. Está escrito casi en forma de novela mística e incluye diversos y muy variados materiales[125]. Aparecen elementos gnósticos ya muy evolucionados, elementos de la Cábala sefirótica, y la terminología usada a lo largo de toda la obra supone una evolución de la empleada por los cabalistas de Gerona.

Esta interesantísima obra, como hemos afirmado repetidas veces, viene a marcar el mayor grado de elucubración teórica en esta materia, pese a que después de la expulsión de España la Cábala experimente profundas transformaciones. Sobre la finalidad que impulsó a su autor a componerlo he aquí su propio testimonio:

123. Cit. por G. Scholem, *Las grandes tendencias...*, cit., p. 152.

124. *Ibid.*, p. 168.

125. Existe en castellano una antología de textos de este importante libro realizada en la Universidad de Barcelona y publicada en 1996, que consignaremos en la selección bibliográfica.

> Sobre este tema existen misterios ocultos y cosas secretas desconocidas para los hombres. Verán ahora que estoy revelando misterios profundos y secretos que los santos sabios consideraron sagrados y ocultos [...] Una generación muere y otra generación le sucede, pero los errores y falsedades perduran. Y nadie ve ni oye, nadie despierta, pues están todos dormidos; un sueño profundo enviado por Dios ha caído sobre ellos, y les impide preguntar, leer, buscar. Cuando vi todo esto me sentí obligado a escribir sobre estos misterios, a ocultarlos y a meditar sobre ellos a fin de revelarlos a todos los hombres que piensan y para transmitir todas esas cosas a las que dedicaron su vida los sabios del pasado [...] Aunque ahora revelo sus misterios, el Dios Todopoderoso sabe que mi propósito al hacerlo es bueno, a fin de que muchos puedan volverse sabios y conservar su fe en Dios, oír, aprender, sentir temor en sus almas y regocijarse porque conocen la verdad[126].

En su conjunto la teoría teosófica del *Zohar* es opuesta a la de Abraham Abulafia. La de éste estaba concebida como una filosofía pragmática del éxtasis para los elegidos y se basaba exclusivamente en la meditación para llegar a la unión con Dios, mientras que la del *Zohar* trata sobre todo del objeto de la meditación, es decir, de los problemas del mundo y del hombre. En otras palabras, el misticismo profético de Abulafia era una forma más «aristocrática»; el del *Zohar* supone que su autor era un hombre que había sufrido profundamente las angustias y miedos inherentes a cualquier ser humano, de ahí que llegara al alma de la gente común y lograra una popularidad de la que no habían gozado las anteriores modalidades cabalísticas.

Otra diferencia relevante es que mientras Abulafia presenta una especie de pensamiento, el *Zohar* presenta un estilo homilético acerca del texto bíblico y ajeno a cualquier sistematización. Esta obra representa, en una palabra, una forma de teosofía judía[127] y supone un intento de conservar la sustancia de la fe popular sencilla, cuestionada en ese momento por la teología racional de los filósofos[128].

También existen diferencias entre el antiguo misticismo de la *Merkabah* y las doctrinas cabalísticas españolas.

Para el cabalista (usando ahora esta palabra en su pleno sentido) ya no es fundamental el mundo de los «palacios», ni el camino del iniciado para contemplar el Trono divino, pues antes la visión no podía ir más allá de la

126. Cit. en *Las grandes tendencias...*, pp. 224-225.

127. Entendiendo el término *teosofía* en el siguiente sentido: doctrina mística o escuela de pensamiento que trata de conocer y describir los misteriosos modos de acción de la Divinidad y que considera que el hombre es capaz de ser absorbido por la contemplación de esta Divinidad.

128. *Ibid.*, p. 228.

percepción de la Gloria. Ahora se trata de algo más: de la *penetración* en el interior de esta Gloria de Dios.

El Dios oculto, el Ser más recóndito de la divinidad, no tiene atributos; a ese Dios oculto el *Zohar* lo llama *'En-Sof* (Infinito)[129], pero en la medida en que actúa en el universo posee atributos que, a su vez, representan ciertos aspectos de la naturaleza divina, de tal manera que son manifestaciones de su vida oculta. De ahí que allí donde los filósofos veían metáforas y alegorías, los cabalistas vean realidades superiores y no simplemente recursos retóricos.

El *Zohar* distingue dos mundos que representan a Dios: el mundo oculto del *'En-Sof* y otro mundo ligado a éste que hace posible un conocimiento, el de los atributos, que son como esferas de luz en las que se manifiesta la naturaleza oculta del *'En-Sof*.

Hay, pues, diez atributos fundamentales de Dios (*sefirot*) que constituyen a la vez diez estadios por los que circula la vida divina[130]. Estas *sefirot* no coinciden con las «etapas intermedias» de los neoplatónicos situadas entre el Uno y la materia, pues en este caso las emanaciones están fuera del Uno. El *Zohar* considera estos estadios como las diversas etapas de la manifestación de la divinidad. Este proceso tiene lugar *en Dios*, por ello en su interpretación de la Biblia los cabalistas se basan en la afirmación de que cada versículo no sólo describe un hecho histórico, sino que también es un símbolo de una de esas etapas del proceso divino. He aquí la concepción mística de la *Torah*: es un vasto *corpus symbolicum* que representa la vida oculta de Dios que la teoría de las *sefirot* trata de describir. El cabalista supone, pues, que cada palabra o letra del texto bíblico puede ser un símbolo que encubra realidades fundamentales.

Se combinan en esta obra cuatro métodos de interpretación del texto sagrado: el literal, el homilético o agádico, el alegórico y el místico, pero sólo este último le interesa al autor. Su simbolismo tiene precedentes en otra obra cabalística, el *Sefer ha-Bahir*[131], y especialmente en el centro cabalístico de Gerona, pero aquí adquiere su fase final de desarrollo.

La relación entre el *'En-Sof* y sus cualidades místicas (las *sefirot*) es comparable a la de los miembros de un hombre místico, el *'Adam Qadmon* (el hombre primigenio); a la vez ellas representan las distintas manifestaciones del poder divino (Sabiduría, Eternidad, Gloria, etc.).

Además de ese simbolismo orgánico existen para los cabalistas otros

129. Este término se usa en hebreo sin traducirlo al arameo. Fue usado antes por Isaac el Ciego y sus discípulos (siglos XII-XIII).

130. Véanse sus nombres en D. Gonzalo Maeso, *infra*, pp. 170-171.

131. El *Sefer ha-Bahir* es el más antiguo tratado cabalístico en el que aparece la clásica estructura de la Cábala dinámica. Apareció al final del siglo XII en el sureste de Francia, pero se desconoce su autor.

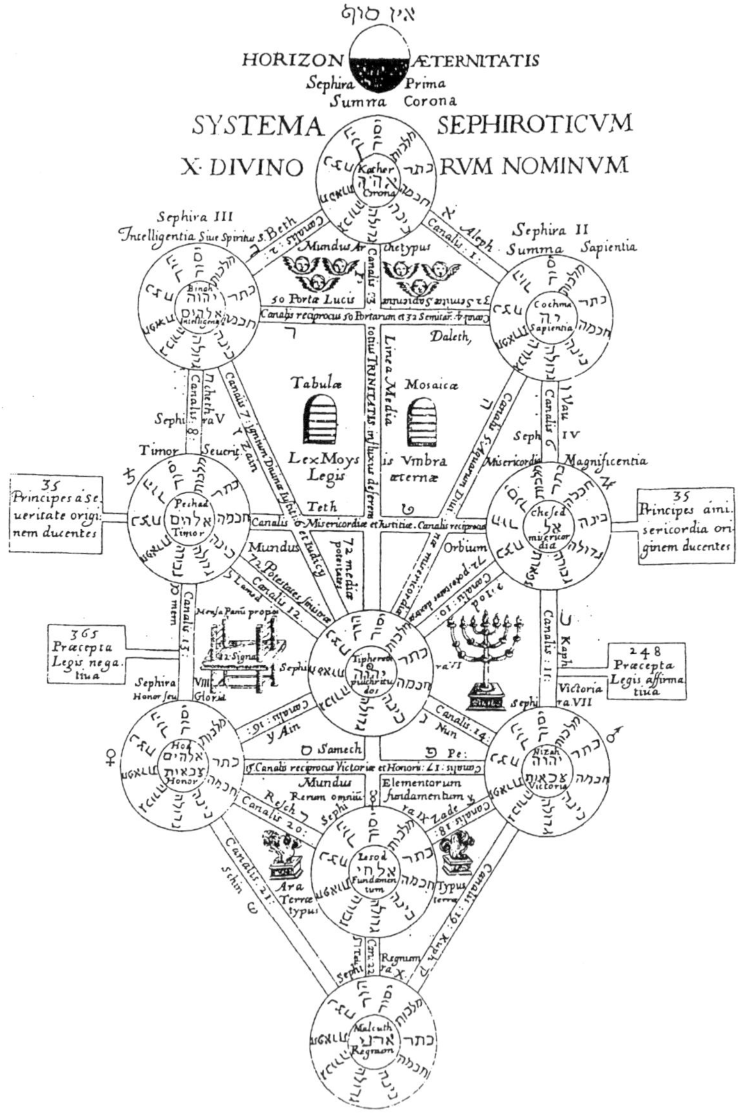

Árbol sefirótico, *Oedipus aegyptiacus,* de Athanasius Kircher; vol. III, p. 216.

modos de expresión simbólica: el mundo de las *sefirot* es el mundo del lenguaje, las esferas son los nombres creadores que Dios se dio a Sí mismo. El atributo primordial se identifica con la esfera llamada *Ḥoḵmah* (sabiduría), y todo lo que existe procede de la sabiduría divina.

Dando un paso más respecto a la teoría estática de la *Merkabah*, el *Zohar* concibe las *sefirot* como algo dinámico: forman combinaciones, se iluminan entre sí, ascienden y descienden, y esas fluctuaciones representan el proceso real de la vida en Dios.

En algún caso el *Zohar* se refiere a la unión mística con Dios (con la *Šeḵinah*, término femenino en hebreo) con un simbolismo sexual[132] en términos de matrimonio místico entre Moisés y la *Šeḵinah* (Divina Presencia).

El misterio del sexo tiene para los cabalistas un significado sumamente profundo: la unión sagrada entre el Esposo celestial y la Esposa celestial es el punto central de toda la cadena de manifestaciones del mundo oculto. En Dios hay una unión de lo activo y lo pasivo, una procreación y una concepción de donde procede la vida. La fuerza vital procreadora que actúa en el universo proviene de la *sefirah* llamada *yesod* (fundamento, raíz, fuente); desde la profundidad oculta de esta esfera se desborda la vida divina en un acto de procreación mística.

En los círculos jasídicos, de marcada orientación mística hasta hoy, en la fiesta de *Šabbat* se debe realizar el acto sexual en el matrimonio para unirse a este acto procreador de la divinidad.

Asimismo, como consecuencia de la importancia que la Cábala concede a este simbolismo, ha habido momentos en la historia judía en que se ha incurrido en una abierta heterodoxia, como el caso del pseudomesías Jakob Frank, que, basándose en textos cabalísticos, llegó incluso a promover la prostitución y la orgía sagradas[133].

En relación con lo dicho es necesario detenerse en una idea introducida en el judaísmo por la Cábala: la *Šeḵinah* como representación del elemento femenino de Dios. Esta idea logró una gran aceptación popular ante el horror del sector tradicional culto, de tal modo que a pesar de la fuerte oposición de éste, se convirtió en una parte esencial de la doctrina de amplios círculos judíos de Europa y de Oriente.

Cuando los recipientes que contienen las *sefirot* se rompen por el pecado de los hombres (desde Adán en adelante) la *Šeḵinah* se exilia de la tierra y el mundo se queda fragmentado y roto. Pero llegará el *tiqun 'olam* (la corrección del mundo), se restaurará la armonía original, la *Šeḵinah*

132. *Zohar* I, 21b-22a.

133. Cf. R. J. Z. Werblowsky, «O Messianismo da História Judaica», en *Vida e valores do Povo Judeu*, Sao Paulo, 1972, pp. 19-38.

volverá y todos los mundos estarán unidos en uno solo. Hasta que eso ocurra la *Šeḵinah* sólo está presente en la comunidad de Israel, cuya vida en el mundo refleja el ritmo oculto de la ley universal revelada en la *Torah*.

Aunque el supremo valor religioso del *Zohar* es la *deḇequt* (unión mística), que es un rasgo contemplativo, en la Cábala española se insiste en que la verdadera unión mística *puede tener lugar en la vida normal del individuo en el seno de la comunidad*, por lo tanto puede convertirse en un valor social; de ahí el éxito y el arraigo que tuvo la Cábala en la moral popular. Los demás valores, como el temor de Dios, la pureza de pensamiento, la castidad, la caridad, el estudio de la *Torah*, la pobreza[134], la penitencia, etc., están relacionados con ese ideal superior y alcanzan en él su verdadero sentido.

Otra de las ideas más controvertidas y originales del pensamiento cabalístico es la misma que se han formulado filósofos y teólogos desde la antigüedad: ¿cuál es la fuente del mal?

Ya mencionamos anteriormente la respuesta que ofrece Maimónides desde la filosofía. Pero frente a los filósofos, que abordan el problema de un modo intelectual, relativizan el mal e incluso hay algunos que niegan su existencia, todos los cabalistas absolutamente admiten su realidad. A veces lo identifican con un reino metafísico de tinieblas y tentación independiente del hombre. Otras lo relacionan con la perversidad del hombre.

Según el *Zohar*, las causas fundamentales del mal están directamente relacionadas con una de las manifestaciones o esferas de Dios. Su autor lo explica así:

El conjunto de las potencias divinas constituye una totalidad armónica, y mientras que cada una se mantenga en relación con todas las demás será sagrada y buena. Así, la cólera de Dios la simboliza su mano izquierda, mientras que la derecha simboliza la misericordia, de tal modo que la izquierda no se puede activar sin activar también la derecha, para que la cólera vaya siempre acompañada de misericordia, que atenúa los efectos de la ira divina. Si ambas cualidades dejan de ir unidas y se separa la cólera de la misericordia, aquélla se desprende totalmente de Dios y se convierte en el Mal radical: el mundo de Satanás nace de la hipertrofia de la ira, «la fuerza del juicio severo»[135].

134. Por primera vez se le confiere en el judaísmo valor ético a la pobreza. Se cree que la influencia del movimiento franciscano fue decisiva en este sentido. Esta influencia cristiana pudo llegarle a través del franciscano español Pedro Olieu, que vivió en la misma época de la composición del *Zohar*. Moisés de León, el probable autor de esta obra, en otros escritos suyos llama a los pobres *bene heḵala' de-malka'*, la «verdadera corte de Dios». Cit. en *Las grandes tendencias...*, p. 258.

135. *Zohar* I, 17a-18a.

Acerca de las causas de ese desequilibrio existen varias teorías. El *Zohar* no ofrece respuesta segura; hay cabalistas que afirman que ocurrió por el pecado de Adán, otros parecen inclinarse por otra teoría: el mal descendió sobre el mundo no porque la caída de Adán actualizara la presencia del mal —en potencia hasta entonces—, sino porque debía ocurrir así, ya que el mal tiene una realidad propia. Del mismo modo que el árbol no puede existir sin su corteza o que el cuerpo humano tiene que verter sangre «impura», aquello que es demoníaco, el *Sitra aḥra'* (el otro lado), tiene su raíz en algún lugar del misterio de Dios[136].

4. *La Cábala moderna*

La expulsión de España en 1492 supuso para los judíos una catástrofe de descomunales dimensiones, que venía a completar la ocurrida un siglo antes con las matanzas y las conversiones forzadas de 1391 que conllevaron el problema de los criptojudíos. Este suceso alteró de forma radical el aspecto externo de la Cábala, pues a la tradicional preocupación cabalística sobre la Creación se unía ahora la del Fin de los Tiempos.

La dialéctica Exilio-Redención (*Golah-Ge'ulah*) entró a formar parte del pensamiento cabalístico, adquiriendo éste el elemento mesiánico y apocalíptico derivado de la gran catástrofe sufrida.

Los efectos de la expulsión no se limitaron a los propios exiliados, fueron necesarias varias generaciones para anular las consecuencias de ese suceso. En este tiempo se fueron fusionando las ideas mesiánicas y cabalísticas, la Cábala mesiánica adquirió una dimensión popular, y la doctrina de la Redención unida a la venida del Mesías preparó el terreno para que en el siglo XVII se produjera el movimiento shabbetaísta.

La actividad cabalística se concentró en Safed. Allí se instalaron muchos de los expulsados y sus dos grandes figuras fueron Moisés Cordovero (sefardí) e Isaac de Luria (ashkenazí). La nueva tendencia cabalística centra sus esfuerzos en difundir sus doctrinas entre la comunidad y prepararla para la venida del Mesías.

Después del fracasado movimiento del pseudomesías Shabbetay Zvi[137], tras la convulsión que experimentan las comunidades por la conversión de éste al islam, el judaísmo no volvió a seguir a mesías individuales, pero en el siglo XVIII vuelve de nuevo la Cábala a estar presente en un gran movimiento pietista, el *jasidismo*, tan popular entre los más pobres e incultos como lo fue en su momento el movimiento franciscano, y en el

136. *Zohar* III, 192.
137. Véase R. J. Z. Werblowsky, *op. cit.*

cual no nos detenemos por tratarse de un fenómeno ashkenazí que se sale de los límites de este trabajo[138].

Igualmente no entraré en las teorías de Luria y el círculo de Safed a pesar del interés del tema, por salirse de los ámbitos geográfico y cronológico que acotó el autor de *El legado*.

Obviamente, si sobre filosofía judía medieval no se ha investigado en España, por lo que se refiere a la Cábala la investigación en este ámbito es nula, entre otras cosas porque no existen equivalentes nacionales de Scholem o Idel. No obstante se han hecho valiosas aportaciones con la traducción de las obras de estos grandes estudiosos de la Cábala. Merecerían traducirse también del hebreo las de Tishby y las de Yosef Dan.

A veces se publican obras sobre la Cábala que desde mi punto de vista no son serias. Me explico: dando por supuesta la fuerte experiencia mística del cabalista, su dominio absoluto de la lengua hebrea y su conocimiento de la Sagrada Escritura, al trabajar místicamente con los textos hebreos se vale de una *metodología* relacionada con los significados ocultos de las letras hebreas, su valor numérico, las combinaciones entre ellas para formar determinados nombres, etc.

Entre esos métodos están, por ejemplo, la *Guematriá* (computación de los valores numéricos de las letras hebreas), el *Notarikon* (basado en las iniciales de las palabras, lo que sería el sistema de siglas), la *Temurah* (formación de anagramas, alteraciones diversas, etc.)[139].

Por ejemplo, a la pregunta ¿qué es el hombre? el cabalista recurre a la palabra hebrea *'adam* (hombre), y valiéndose de sus letras *', d, m* deduce lo siguiente: *'* (inicial de *'efer*) = polvo; *d* (inicial de *dam*) = sangre; *m* (inicial de *marah*) = hiel. Luego el hombre es esencialmente *polvo*, *sangre* y *hiel*.

Ahora bien, esto es pura metodología que responde a todo lo que anteriormente hemos expuesto. Si se hace consistir la Cábala exclusivamente en hermosos juegos de palabras, privándola de su contenido se le hace un flaco favor.

Existen numerosas obras pretendidamente «cabalísticas» y que se reducen a una serie de combinaciones metodológicas y de imaginaciones libres en cuanto a los resultados. Lamentablemente la mayor parte del público es ésa la única cara de la Cábala que conoce.

Considero que el único modo de estudiar la Cábala es hacerlo como los autores que he venido citando, es decir, desde un punto de vista descriptivo e histórico. No niego que en nuestros días pueda haber cabalistas

138. Para el interesado en este movimiento, cf. M. ª. E. Varela, *Historia de la literatura hebrea contemporánea*, Octaedro, Barcelona, 1992, cap. I.

139. Cf. D. Gonzalo Maeso, *Manual de historia de la literatura hebrea*, cit., p. 417.

—en Jerusalén y en Safed hay centros dedicados a estas elucubraciones—, pero para *ser* cabalista se requieren varios requisitos: una fuerte experiencia mística; un dominio absoluto de la lengua hebrea; un perfecto conocimiento de los textos bíblicos, a todos los niveles; un estudio de las propias teorías cabalísticas; finalmente (sólo como último paso), una exposición de las teorías deducidas.

Generalmente esto implica un proceso largo y laborioso, tal vez de toda una vida, pero sin esos requisitos es muy probable que se caiga en un simple juego y en libres imaginaciones.

Jorge Luis Borges, a quien en numerosas ocasiones han querido relacionar con la Cábala, dejó este punto muy claro en uno de sus escritos: «no quiero reivindicar su doctrina (de la Cábala) sino los procedimientos herméuticos o criptográficos que a ella conducen», porque el escritor es consciente de que tiene una limitación esencial: «mi inocencia casi total del idioma hebreo»[140]. De ahí que use procedimientos cabalísticos con fines literarios —algo muy legítimo—, pero en ningún momento pretenda ser cabalista ni impartir enseñanzas en esa materia.

BIBLIOGRAFÍA

He citado el *Zohar* según la traducción inglesa *The Zohar,* de H. Sperlin y M. Simon, London, 1931.

Recientemente ha sido publicada en castellano una antología de 288 páginas de textos de esta obra, con introducción y notas, realizada por un alumno de la Universidad de Barcelona, Carles Giol, y publicada en esa ciudad en 1996 con el título *El Zohar. El Libro del Esplendor*. Existe una versión castellana completa del *Zohar* (5 vols.) realizada por León Dujovne y disponible en Riopiedras Ediciones, Barcelona.

En cuanto a bibliografía, además de la ya citada agregaré otros títulos de los cuales no conozco algunos, creo que son serios; en todo caso no me hago responsable más que de las obras de Tishby, Idel, Vajda y Dan:

Abelson, J., *Jewish Mysticism: An Introduction to the Kabbalah*, New York, 1981.
Ashlag, Y., *An Entrance to the Zohar*, Jerusalem, 1974.
Bension, A., *The Zohar in Moslem and Christian Spain*, New York, 1974.
Dan, Y., *Studies in Mysticism and religion Presented to G. Scholem on his Seventieth Birthay*, Jerusalem, 1967.
Idel, M., *Abraham Abulafia's Works and Doctrine*, Jerusalem, 1976.

140. J. L. Borges, *Una vindicación de la Cábala*, en *Obras completas,* Buenos Aires, 1987, p. 209.

Raskin, S., *Kabbalah in Word and Image; with the Book of Creation and from the Zohar*, New York, 1952.
Ruderman, D. B., *Kabbalah, Magic and Science*, London, 1988.
Schaya, L., *L'Homme et l'Absolu selon la Kabbale*, Paris, 1958.
Sed, N., *La mystique cosmologique juive*, Paris, 1981.
Tishby, Y., *Misnat ha-Zohar*, Jerusalem, 1949.
Vajda, G., *Recherches sur la Philosophie et la Kabbale dans la pensée juive du Moyen Âge*, Paris, 1962.

VI. MEDICINA Y OTRAS CIENCIAS

Aunque es necesario remontarse al menos a la antigua Grecia para llegar al origen de las ciencias, los griegos en su momento persiguieron en general una meta puramente teórica: la ciencia como contemplación, el placer del *eureka* científico, pero la aplicación práctica de las ciencias no era objeto de su interés. Cuando esos conocimientos llegan al mundo árabe experimentan una transformación: se busca el aspecto práctico, su utilidad; en medicina se disecciona, en farmacología se experimenta, en matemáticas se inventan complicados instrumentos, la astronomía se acompaña de la astrología, y en general la ciencia abstracta se convierte en praxis[141].

En esta línea comienzan las aportaciones científicas y tecnológicas de árabes y judíos en la Edad Media al mundo occidental: las cifras árabes con valor posicional, la elaboración y uso del papel, fabricado por los chinos en el siglo VIII, que llega a España a través de Bagdad, Túnez y Sicilia[142], los molinos de viento, la idea de conservar los alimentos con nieve, diferentes sistemas de riego, una serie de aparatos para la industria textil, tintorera, harinera, etc., y una de las más importantes contribuciones en el siglo XI: el invento del astrolabio en el siglo XI, que dará lugar a considerables avances astronómicos[143].

Es evidente que la ciencia hispano-hebrea le debe mucho a la árabe y que nunca llegó a estar tan desarrollada como ésta; de hecho en los siglos del poder musulmán en la Península debieron de tener los judíos comunicación oral con científicos árabes, mientras que la producción de aquéllos por escrito es escasa, si exceptuamos la grande y polifacética figura de Maimónides. En estos siglos de convivencia parece que asimilaron mucho y produjeron poco[144]. No obstante, tampoco puede decirse que los judíos

141. Cf. J. Lomba, *La raíz semítica de lo europeo*, Akal, Madrid, 1997, pp. 20-22.
142. La primera fábrica de papel de Europa se construye en Xátiva a comienzos del siglo XI.
143. J. Lomba, *op. cit.*, p. 24.
144. D. Romano, *La ciencia hispano-judía*, Mapfre, Madrid, 1992.

permanecieran excluidos del saber de su tiempo, al menos en lo que se refiere a la ciencia médica, que, desde mi punto de vista, fue una de las disciplinas más relevantes que cultivaron y tal vez la más estudiada hasta la fecha. Los siglos de permanencia judía en los reinos cristianos de la Península aparecen como más prolíficos en el ámbito científico.

En conjunto puede decirse que los escritos que han llegado hasta nosotros se encuadran en varios grupos: *a*) obras originales, *b*) compendios o resúmenes, *c*) traducciones de obras científicas. Y según esos escritos las ciencias más cultivadas son: la medicina, las matemáticas, la astronomía y la astrología. Las aportaciones a las llamadas ciencias ocultas (alquimia, nigromancia, etc.) son poco conocidas; tal vez debido a su mismo carácter se impidió su difusión.

1. *La medicina*

Esta disciplina gozó de gran prestigio entre los judíos de la Edad Media, relacionada con la ética y con las preocupaciones teológicas y antropológicas propias de este tiempo.

Aunque hasta el siglo XII aproximadamente no tuvieron una participación relevante en Al-Andalus en este campo, lo cierto es que desde fechas muy tempranas existen judíos versados en medicina según las concepciones de sus contemporáneos. Uno de sus rasgos característicos es la insistencia en servir a la comunidad y en el buen comportamiento ético y social del médico. Existen aforismos al respecto desde Asaf (siglo VII) hasta Maimónides[145].

A medida que avanzaba la ciencia médica las comunidades judías sentían la necesidad de asistir a personas escasas de medios, y se crearon casas anejas a la sinagoga que luego iban convirtiéndose en hospitales.

El factor religioso y social ejercía un fuerte influjo sobre los pacientes, los médicos observaban ese influjo, lo estudiaban y analizaban a diversos niveles. Del mismo modo que los filósofos, impulsados por el deseo de buscar la verdad, los que entraban de lleno en el ámbito de las ciencias estudiaban medicina, astrología, ciencias naturales, etc., aunque destacando siempre la superioridad de la metafísica, objetivo final de todos los estudios.

Esa preocupación teológica básica hace que el judío medieval cultive todas las ciencias conocidas buscando una explicación satisfactoria al problema religioso, que es el que le preocupa por encima de todo. Es frecuente encontrar autores literarios que a la vez son exegetas, médicos

145. H. Friedenwald, «The Ethics of the Practice of Medicine from the Jewish Point of View», en *The Jews and Medicine. Essays*, Baltimore, 1944, p. 1830.

o filósofos; pensemos por ejemplo en Maimónides o en Abraham ibn Ezra. Este carácter polifacético del hombre medieval se mantendrá por otros motivos en el hombre renacentista. Hoy resulta inexplicable cómo podía una sola persona cultivar tantos ámbitos de las ciencias y las letras llegando a tan gran altura en algunos de ellos; la única explicación es que su mundo estaba entero, no fragmentado, no dividido en compartimentos, donde la condición religiosa del hombre frente a Dios —en el caso del medieval— o frente a su condición humana que se empezaba a descubrir —en el caso del renacentista— posibilitaba la búsqueda de la verdad desde ángulos distintos. De este modo se tiene en gran consideración el factor psicosomático, o la influencia que ejercen los astros en la vida del hombre, en su salud y en su carácter, la repercusión que esta influencia puede tener en la ética individual y comunitaria, etc. Siglos más tarde, Baruk Spinoza, el filósofo judío condenado como hereje por su comunidad, lo formulaba así:

> De cualquier modo que concibamos la naturaleza, o bajo el atributo de la extensión, o bajo el atributo del pensamiento, o bajo cualquier otro, siempre encontramos un único y mismo orden, una única y misma conexión de las causas, esto es, una sola e idéntica realidad[146].

Y unos siglos después, J. L. Borges le daría a este pensamiento una forma literaria:

> Decir tigre es decir los tigres que lo engendraron, los ciervos y las tortugas que devoró, el pasto de que se alimentaron los ciervos, la tierra que fue madre del pasto, el cielo que dio luz a la tierra...[147].

Esta concepción unitaria e integradora del hombre con el mundo da como resultado que el judío medieval, lo mismo que el árabe, se interese en el estudio de los clásicos elementos constitutivos de la naturaleza (fuego, agua, aire y tierra) en relación con un quinto elemento «supralunar» objeto de la metafísica, que tendrá una repercusión decisiva en lo referente a la concepción fisiológica del hombre. El médico egipcio Isaac Israeli (siglos IX-X) compuso a este respecto su *Libro de los elementos*, ejemplo típico de estas disquisiciones en las que se relacionaban los fenómenos físicos con sus posibles implicaciones filosóficas.

La biología, la zoología y la botánica despertaron asimismo un profundo interés, de ahí que abunden los libros de dietética en los que se aconseja desde el modo de alimentarse según el clima hasta las características geográficas del país y las condiciones meteorológicas que pueden

146. *Ética* II, 7 escol.
147. *La escritura del dios*, en *Obras completas*, cit., pp. 597-598.

afectar a la salud del individuo. Los libros de distintos autores denominados *Régimen de salud* son sumamente frecuentes. En el siglo XI el médico judío egipcio Salama ibn Mubarak analizaba los efectos producidos en el hombre por la escasez de lluvias en Egipto.

En cuanto al estudio directo de los seres humanos —vivisección, autopsias—, era prohibido tanto por la legislación árabe como por la judía, de ahí que los médicos tuvieran que analizar con la mayor profundidad posible el mundo animal y el vegetal. No obstante, ambas legislaciones eran propicias y tolerantes para con las investigaciónes médicas, sobre todo si pensamos que en el campo cristiano la intolerancia era la norma común[148].

Han llegado hasta nosotros pocos libros de medicina escritos por judíos. Parece que muchos de ellos desaparecieron debido a las circunstancias sociales y políticas de las comunidades en la época de aparición y desarrollo del islam. Las primeras conocidas son las del médico Asaf Judeo. Gran parte de la información sobre escritores de obras médicas judías se debe a un destacado historiador de la medicina árabe, Ibn Abi Utsaibia, que estudió en Damasco y tuvo como maestro al médico judío Imram ben Sedaka, colaborador de otros médicos musulmanes en Damasco y El Cairo alrededor del año 1200.

Se cree que Asaf Judeo vivió en el siglo VII, que no conoció el árabe pero sí el griego —aún no había progresado la ciencia árabe—. Los sucesores de Asaf, ya bajo régimen islámico, tuvieron contacto con la medicina árabe, e hicieron a ésta algunas aportaciones en los siglos VIII y IX.

En el siglo X destacan Isaac ben Salomón Israeli de Egipto y Shabetai Donnolo de la Italia meridional, filósofos y médicos contemporáneos de los árabes Razi y Avicena, de quienes recibieron un considerable influjo. Sin embargo la gran figura ligada a los estudios de la medicina fue el filósofo y médico cordobés Maimónides.

Maimónides reconoció, al igual que sus colegas árabes, los logros de la medicina greco-romana, aunque no utilizaba las enseñanzas de Hipócrates y Galeno de modo acrítico, y así, por ejemplo, refuta a este último en el capítulo 25 de su obra *Pirqe Mošeh* (*Aforismos de Moisés*), pero parece que se basaba en ellos más que en la medicina árabe de su tiempo[149].

La tradición judía en general y Maimónides en particular aportaron la preponderancia de la dimensión ética en el ámbito de la medicina, y éste,

148. En el canon 22 del IV concilio Lateranense (1215) se prohibía a los médicos atender a los pacientes sin consultar antes con las autoridades eclesiásticas, así como recetarles remedios prohibidos por la Iglesia.

149. S. W. Baron, *Historia social y religiosa del pueblo judío* VIII, Buenos Aires, 1968, pp. 58 ss.

como filósofo aristotélico, el énfasis en la higiene mental del individuo —producto de la higiene física— para la recta conducta ética, es decir, la interrelación entre el funcionamiento del cuerpo y el del alma dirigidos a la recta conducta de la persona.

El judaísmo no era una religión determinista, pero, como ya se ha dicho, tuvo influencias del *Kalām* islámico, que se ocupaba de la duración predeterminada de la vida. Era necesario buscar el medio de armonizar el conocimiento anticipado que Dios tiene de la muerte de una persona con la capacidad para retardar ese momento. Los autores judíos se vieron interpelados por ese problema, pero Maimónides lo elude afirmando que el conocimiento de Dios tiene un carácter distinto del conocimiento humano y por tanto no es posible aplicarle los criterios del hombre. Ante la consulta de su discípulo Yosef ben Yehudah sobre si la longevidad del hombre está predeterminada Rambam le responde: «Nosotros los judíos no reconocemos un final fijo y predeterminado de la vida»[150].

La combinación de ciencia y teología impidió que los médicos se limitaran a simples técnicas sin conocer los principios fundamentales, por eso se trataba al paciente no como un caso aislado, sino como un ser dotado de una personalidad integral situada en un marco cultural y social. De ahí que el elemento espiritual, la observación y la comprensión fuesen más importantes que el recurrir a drogas y a cirugía. La inquietud teológica hizo que se tomara conciencia de la importancia que en medicina tiene el factor psíquico, hasta el punto de que Maimónides llegó a aconsejar al sultán egipcio Al-Afdhal curas psicológicas cuando éste le consultó sobre sus depresiones y malas digestiones. Escribe en *Hanhagat ha-beri'ut* (*Régimen de salud*):

> Como sabe mi señor, a quien Dios conserve sus días, las actividades del alma pueden producir grandes cambios en el cuerpo, así está ya explicado y todo el mundo lo sabe. Puede verse a un hombre de recia contextura, de buena voz y rostro brillante, que cuando sucede algo que le desagrada profundamente empalidecerá y su rostro perderá el brillo, la luz de su cara se extinguirá, se encorvará su cuerpo, su voz se pondrá ronca, su fuerza se esfumará; aun cuando quiera alzar la voz no podrá por su gran debilidad, y temblará hasta en sus arterias, que se contraerán. Cambiarán sus ojos y se le pondrán pesados los párpados, se enfriará su cuerpo y perderá el apetito. El motivo de todo esto es que se pierde la temperatura natural y la sangre riega menos el cuerpo[151].

150. Mošeh ben Maimon, *El cese de la vida*, p. 1. Esta breve obra fue descubierta en 1879 por M. Steinschneider. En 1953 Weil lo publicó por primera vez con un interesante aparato crítico.

151. *Hanhagat ha-beri'ut*, sección 3.ª, cap. 12, Jerusalem, 1957, p. 58. Este libro fue escrito en árabe en el siglo XIII y traducido al hebreo por Mošeh ibn Tibbon en 1244. Está en

La misma línea siguen los discípulos de Maimónides, uno de ellos, Šem Ṭoḇ ibn Falaquera, hace hincapié en la influencia de los procesos psicológicos en los desórdenes somáticos[152].

Todos estos autores se basan en la teoría griega tradicional de los *humores*, resumida y explicada por Avicena en su *Canon de la Medicina*. Los autores griegos encontraban una equivalencia perfecta entre la naturaleza y el cuerpo humano. Así como existen cuatro elementos componentes principales del mundo natural (agua, fuego, tierra y aire) hay también en el hombre cuatro elementos de cuyo equilibrio depende en gran parte su estado de salud. Esos elementos son los llamados *humores*, fluidos corporales o sustancias físicas en que se transforman los alimentos que el hombre ingiere. Esas sustancias o humores son necesarios en su debida proporción para el buen funcionamiento fisiológico, mientras que la parte de ellos no necesaria es expulsada del cuerpo. De ahí que en la medicina de la época se dé tanta importancia a un plan dietético conveniente a fin de mantener en equilibrio los humores corporales y se facilite la expulsión de los que son nocivos[153].

No siempre coinciden los autores clásicos en la clasificación, nomenclatura y utilidad de las sustancias humorales. Galeno, por ejemplo, considera como único humor «normal» el humor sanguíneo, mientras que todos los demás serían superfluos y destinados a la expulsión fuera del cuerpo. No obstante se impuso la teoría de Hipócrates, ya que si sólo hubiera un humor suficiente no se podrían explicar las distintas funciones de los órganos ni sus distintas características.

La teoría de Hipócrates, recogida por la medicina árabe y por la judía, afirma la existencia de cuatro humores fundamentales o primarios: *sangre, flema, bilis amarilla (bilis)* y *bilis negra (atrabilis)*[154]; y lo mismo que los cuatro elementos de la naturaleza, los del cuerpo humano tienen también sus características peculiares: la sangre es caliente y húmeda, la flema es fría y húmeda, la bilis amarilla, caliente y seca, y la bilis negra, fría y seca. De ahí que al pensar en un plan dietético apropiado para cada persona habrá que tener en cuenta esas propiedades para aconsejarle tomar alimentos más o menos calientes, más o menos húmedos, de modo que estos cuatro humores se hallen en equilibrio, ya que la desproporción

primera fila con las obras filosófico-médicas de la época, con fuertes influencias de Séneca, Galeno y sobre todo Averroes. Fue traducida al latín por Juan de Capua con el título *De Regimen Sanitatis Diaeta*.

152. Cf. M.ª E. Varela, *Versos para la sana conducción del cuerpo. Versos para la conducción del alma, de Šem Ṭoḇ ibn Falaquera*, Universidad de Granada, 1986.

153. M. Ullman, M., *Islamic Surveys. Islamic Medicine*, Edimburgh, 1978, pp. 59 ss.

154. Averroes les llama: sangre, flema, melancolía y cólera (cf. *Colliget* cap. XII, ed. de E. Torre, *Averroes y la ciencia médica*, Madrid, 1974, p. 127).

de uno de ellos por defecto o por exceso puede traer graves consecuencias para la salud. Ésa sería también la causa de que cada persona tenga un temperamento distinto según predomine un humor u otro. La medicina, pues, tendrá como misión facilitar el poder que posee el cuerpo para mantener el equilibrio humoral si es que algún factor anómalo se lo estorba.

Además de estos fluidos primarios existen en el cuerpo otros secundarios, como son las secreciones de los pequeños vasos capilares, el fluido liberado en el parto, los excrementos, etc.

El *humor sanguíneo* se encuentra predominantemente en la sangre. Es caliente y húmedo, rojo en su forma normal, tiene sabor azucarado y olor no desagradable.

El *humor seroso* o *flema* suele ser dulce, frío y húmedo, no tiene un lugar fijo en el cuerpo pero entra a formar parte de los tejidos y puede transformarse en sangre. Su función es subvenir a las necesidades de los tejidos, que estarían anormalmente regados de sangre sana si este humor faltara, cargar el humor sanguíneo —antes de que pase a los tejidos— con afinidades linfáticas y facilitar la articulación de los tejidos y órganos puestos en juego por el movimiento.

El *humor amarillo (bilis* o *bilis amarilla* o *humor biliar*) se caracteriza por su naturaleza caliente y seca. Es como una especie de espuma en la sangre y tiene sabor picante. Se forma en el hígado y circula por la sangre o pasa a la vesícula biliar. Las funciones principales de la bilis son: contribuir a la asimilación de la sangre por los tejidos y ciertos órganos, como los pulmones, y volver más fluida la sangre, ayudando así a irrigar los vasos más pequeños del cuerpo. La bilis que pasa a la vesícula elimina ciertos residuos purificando las paredes intestinales, y estimula los músculos abdominales para hacer más fácil la expulsión de excrementos. También tiene este humor sus formas anormales, bien por la introducción en él de una sustancia extraña (bilis «amarillo-limón», amarillo-vitelina, «oxidada», amarillo-rojiza), bien por la modificación externa de algunas sustancias (bilis «hepática», «gástrica», «gris-mildeu»).

El *humor negro* (*humor atrabiliar, bilis negra* o *atrabilis*) es frío y seco. Se forma en el hígado y luego se bifurca en dos partes, una va a la sangre y otra a la bilis. Entra a formar parte de la alimentación de ciertos elementos del cuerpo, como los huesos, da a la sangre vigor y consistencia, estimula el apetito, facilita la digestión de alimentos en el estómago y, lo mismo que la bilis, también facilita la evacuación[155].

Éstas son en síntesis las concepciones médicas de la época, y de un modo u otro los médicos se rigen por esos principios, empezando por Maimónides.

155. Seyyed Hossein Nasr, *Sciences et savoir en Islam*, Paris, 1979, pp. 239 ss.

La obra médica del autor cordobés es muy variada en cuanto a temas. Escribía opúsculos relacionados con temas concretos: el asma[156], o el coito, o las hemorroides[157]. Otras veces se ocupa de temas generales más cercanos a la farmacología, por ejemplo sobre los nombres de las drogas y sobre toxicología (venenos y antídotos) en su *Explicación de los nombres de las drogas.*

Como indicábamos anteriormente, Maimónides es bastante independiente respecto a los aforismos clásicos; los tiene en cuenta, los respeta, pero no tiene inconveniente en criticarlos cuando lo ve necesario. Por ejemplo, ante la afirmación supuestamente hipocrática de que «los niños nacen del ovario derecho y las niñas del izquierdo», el Rambam comenta con una cierta ironía: «para saber esto un hombre debería ser profeta o genio»[158].

Lo más extenso de su obra es sin duda la colección de *Aforismos de Moisés*, donde recoge unos 1.500 aforismos griegos después de haberlos observado prácticamente:

> Se puede pronosticar acerca de un ataque llamado apoplejía. Si el ataque es grave, el enfermo indefectiblemente morirá; pero si es menos grave, entonces la curación es posible, aunque difícil [...] la peor situación que puede producirse a raíz de un ataque es la completa e irreversible supresión de la respiración; las señales básicas que se aprecian en una neumonía y que nunca faltan son: fiebre aguda, dolor punzante en el costado, respiraciones breves y rápidas, pulso entrecortado y tos, la mayoría de las veces asociada a esputos[159].

Y de ese estilo son los aforismos referentes a otras enfermedades tales como diabetes, hepatitis, etc. Todos sus consejos están basados en una experimentación que resulta verdaderamente «moderna»:

> El ejercicio de la medicina no es un simple hacer calceta o tejer con las manos, sino que debe estar imbuido de alma, debe cumplirse con comprensión y ha de ir dotado del don de la observación aguda. Estas facultades, unidas a un correcto conocimiento científico, son requisitos imprescindibles para ejercer debidamente la medicina [...] una profesión difícil para quien es concienzudo y meticuloso, y para quien se niega a hacer una

156. Cf. L. Ferre, *El libro del asma* (traducción e introducción), El Almendro, Córdoba, 1996.

157. L. Ferre, *El régimen de salud. Tratado sobre la curación de las hemorroides*, El Almendro, Córdoba, 1991. La intención de Lola Ferre (Universidad de Granada) es ir traduciendo y publicando toda la obra médica de Maimónides, lo cual constituye una gran aportación a la historia de la medicina hebrea.

158. Cit. por D. Romano, *La ciencia hispano-judía...*, p. 194.

159. *Ibid.*

> afirmación sin poderla demostrar con razones o con la autoridad de su fuente de información[160].

Otro médico y filósofo cuya obra se ha estudiado es Ibn Falaquera, autor maimonidaino del siglo XIII, que se dedica principalmente a divulgar la obra del gran maestro. En su obra *Versos para la sana conducción del cuerpo*[161] describe las enfermedades que pueden acarrear al cuerpo los desequilibrios humorales.

Por lo que se refiere a la sangre, hay veces que un exceso de ella (caso de los hipertensos) o de una fiebre muy alta (hay que sangrar) produce estos síntomas: jaquecas fuertes, mucho sueño, cabeza cansada y pensamiento torpe, miembros «como golpeados», alucinaciones, bostezos, hemorragias nasales, sentidos débiles, eructos, amargo sabor de boca y orina de color rojo.

Para el diagnóstico del exceso de bilis, los síntomas que expone son: cuerpo intensamente verde, al vomitar expulsa hiel, ardor de estómago, inapetencia, boca amarga y lengua seca, insomnio y pesadillas (referentes a fuego, llamas, etc.), diarreas frecuentes, fatiga ante cualquier esfuerzo, orina verdosa. Así como en el caso de exceso de sangre hay que sangrar, ahora habrá que provocar vómitos para extraer el exceso de bilis.

Entre los síntomas que alertan sobre el exceso de bilis negra están: agitación excesiva, boca con sabor ácido, corazón amargo, cólera, melancolía, preocupación y angustia[162], insomnio e intranquilidad, pesadillas nocturnas (referentes a luchas y riñas), ojos opacos y sin brillo, dejadez, sangre muy oscura, casi negra, orina tendiendo a negra, aspecto envejecido y débil, facilidad para enfadarse, falta de voluntad y debilidad de carácter.

Los síntomas de la bilis blanca o flema son: pereza y sueño, boca llena de saliva, falta de sed, sensación de que el cuerpo está lleno de líquidos, malas digestiones e inapetencia, modo de caminar lento para no cansarse y preferencia por estar sin hacer nada, cuerpo flojo y orina blanca y turbia[163]. La flema, como la bilis negra, debe extraerse en invierno (no dice el autor cómo hacerlo).

Esta obra de Ibn Falaquera contiene un tratado sobre alimentación conveniente según las edades y el trabajo de cada uno; domina en todos los consejos la idea de equilibrio, templanza y mesura, y, como es inevitable, se acompaña de un breve tratado titulado *Versos para la conducción*

160. *Ibid.*, p. 196.

161. M.ª E. Varela, *Versos para la sana conducción del cuerpo...*, cit.

162. Entra aquí en el campo de lo psicosomático, cuestión que explicitará en otras obras como *El Libro del alma* (traducción de A. Riaño, Universidad de Granada, 1990).

163. Cf. M.ª E. Varela, *Versos para la sana conducción del cuerpo...*, pp. 39-42.

del alma, pues el hombre es un todo unitario y ambas dimensiones no se pueden separar.

Independientemente de las obras escritas sobre medicina hay que subrayar el hecho de que la práctica de esta profesión fue sumamente frecuente entre los judíos. Ya la encontramos en el califato de Abderramán III con Ḥasday b. Šaprut, que ejerció la medicina y sus derivados (se le considera el redescubridor de la tríaca, cuya fórmula se había perdido); también se sabe que Sancho I el Craso de Navarra visitó la corte cordobesa para que Ḥasday le curara la obesidad[164].

Se conocen otros nombres de médicos en la época de los Taifas, como el de Menaḥem ibn al-Fawwal en el reino de Zaragoza, el de Isaac ibn Qustar, médico en la corte taifa de Denia, el de Abraham ibn Zarzal, médico de Muhammad V en el reino nazarí de Granada.

Ya en la España cristiana es relevante la figura de Moisés Sefardí, un converso bautizado en la catedral de Huesca en 1106 con el nombre de Pedro Alfonso, que además de a la medicina se dedicó a la astronomía y a las matemáticas relacionadas con la ciencia médica:

> La astronomía se vale de las matemáticas para calcular las constelaciones, los signos del Zodíaco, los grados de los ángulos, así como las pequeñas diferencias de los planetas y demás astros [...] gracias a esa astronomía se fijan las épocas más apropiadas para cauterizar, sajar, perforar abscesos, dónde es preciso aplicar sangrías y ventosas, dar pociones, así como los días y las horas de las crisis de las fiebres, y se hacen otras muchas cosas útiles relativas a la medicina, que sólo pueden conocerse por medio de la astrología[165].

Quizá la última gran figura de la medicina hispano-judía sea Abraham Zacuto, uno de los expulsados en 1492, también médico, aunque sus mayores aportaciones pertenecen al campo de la astronomía.

2. *Matemáticas y astronomía*

Ya observábamos antes la valoración de estas ciencias por parte de Moisés Sefardí con relación a la medicina. También Maimónides las valora como ciencias de observación con diversas aplicaciones, aunque deja muy claro que una cosa es la astronomía o la astrología matemática y otra muy distinta la astrología práctica orientada a la predeterminación del individuo según la constelación bajo la cual naciera, y que desprecia al máximo:

164. J. Peláez del Rosal, *Los judíos en Córdoba...*, p. 67.
165. Cit. por D. Romano, *op. cit.*, p. 91.

> Sabed que la astronomía, que es una ciencia cierta, consiste en el conocimiento de la forma, del número, de las dimensiones, de los movimientos y del tiempo de revolución de cada una de las esferas, así como de su inclinación hacia el norte o hacia el sur, de su rotación al este o al oeste, de la órbita de cada astro y de cómo es su curso. Sobre estas cosas y otras semejantes, los sabios de Persia, de Grecia o de la India han escrito muchos libros, puesto que se trata de una ciencia muy importante. Gracias a ella sabemos la causa de los eclipses así como en qué momento y en qué lugar ocurrirán. Gracias a ella sabemos por qué la luna aparece en forma de arco y crece hasta hacerse llena, menguando a continuación. Gracias a ella sabemos cuándo saldrá la luna, o bien si no saldrá; por qué hay días largos y días cortos [...] La ciencia astronómica nos proporciona datos sorprendentes, pero ciertos sin duda alguna [...] todo lo contrario de las quimeras de los astrólogos, que no son nada[166].

En los reinos de Taifas aparecen dos figuras relacionadas con las matemáticas y la astronomía: Isaac ben Baruk Albaliá (1035-1094) y Abu-l-Fadl ibn Ḥasday (segunda mitad del siglo XI).

Albaliá vivió en la corte zirí de Granada en tiempos de Samuel ibn Nagrela. Cuando a la muerte de éste le sucede su hijo Yosef y tiene lugar el gran pogromo contra los judíos, por la lamentable actuación del nuevo visir[167], Albaliá se traslada a Sevilla, donde ejerció como astrólogo del rey-poeta Al-Mutamid. Se conoce una obra suya dedicada a Yosef ibn Nagrela, el *Maḥberet ha-'ibbur* (*Tratado sobre la intercalación del calendario*).

Abu-l-Fadl ibn Ḥasday, convertido al islam, fue visir bajo la dinastía de los Banū Hūd, y en esa corte realizó sus trabajos como astrónomo y matemático.

En los reinos cristianos fueron más numerosos los judíos dedicados a estas ciencias, especialmente bajo el reinado de Alfonso X de Castilla. Se han conservado una serie de obras científicas originales; las más relevantes son las de Abraham ibn Ezra (hacia mediados del siglo XII), que son unas tablas astronómicas conocidas por el nombre de *Tablas Pisanas*, y las de Isaac ben Sayyid (entre 1263 y 1272), las llamadas *a posteriori Tablas Alfonsíes*. En la segunda mitad del siglo XIV aparecen las *Tablas de Perpiñán* y las *Tablas de Barcelona*, de Bonet Bonjorn y Jacob Corsuno respectivamente, y a fines del XV y principios del XVI las de Abraham Zacuto, pero se sabe que hubo otras más.

Además de las tablas se han conservado obras astrológicas de Abraham ibn Ezra. Este científico nacido en Tudela en 1089 fue un autor

166. *Epístola a los rabinos de Marsella sobre la astrología*, cit. por D. Romano, *op. cit.*, pp. 191-192.
167. Cf. D. Gonzalo Maeso, *Garnāta al Yahūd*, cit., p. XXXVI.

Año	Lugar	Fecha *radix*	Meridiano	Denominación	Observaciones
¿1126?	Mošé Sefardí	1.10.1116			
¿1110-1135?	Abraham bar Ḥiyya	21.9.1104	Raqqa	*Tablas del Nasí*	Copia a al-Battānī, usa calendario judío
¿1110-1135?	Abraham bar Ḥiyya	28.2.1110	Toulouse	*Tablas del Nasí*	Usa calendario cristiano
1143 o 1145	Abraham ibn ʻEzra	1089	Pisa	*Tablas Pisanas*	Hechas en Lucca
1263-1272	Iṣḥaq ben Sayyid	1252	Toledo	*Tablas Alfonsíes*	Ayuda de Yĕhudá ben Mošé
	Yaʻaqov ibn Tibbón	1301	Montpellier		¿Tablas o almanaque?
	Jacob Corsuno	1320	Barcelona	*Tablas de Barcelona*	
	Bonet Bonjorn	1361	Perpiñán	*Tablas de Perpiñán*	
1357-1358	Yosef ibn Waqqār	1320	Toledo		Inéditas, cánones en árabe
siglo XIV	Yĕhudá ben Ašer				Las cita Zacuto
1395-1396	Yosef ibn Waqqār	1320	Toledo		Inéditas, cánones en hebreo
2.ª mitad XV	Yĕhudá ben Verga				Las cita Zacuto
1473	Abraham Zacuto	1473	Salamanca		Usa calendario cristiano
1513	Abraham Zacuto	1501	Jerusalén		Usa calendario judío

prolífico en muchos campos: gramático, teólogo, exegeta bíblico y poeta. Uno de los que cultivó con más acierto fue el científico: las matemáticas, la astronomía y su aplicación astrológica[168].

Su gran apertura ideológica le hace abrirse a distintas corrientes, por lo que se le califica de ecléctico y armonizador, así como de carecer de orden metódico por introducir disgresiones variadas en sus textos. Tiene varias obras de temas matemáticos: *Libro del uno*, donde describe las características de los nueve primeros números, *Libro del número*, donde explica las operaciones aritméticas básicas (multiplicación, división, suma, resta, quebrados, proporciones y raíces cuadradas), y otro que se le atribuye con un título en latín *Liber argumenti et disminutionis vocatus numeratio divinationis*, sobre las aplicaciones de la regla de la falsa posición.

Se ocupó igualmente de instrumentos de cálculo, sobre todo del astrolabio, objeto muy en boga en esa época porque facilitaba el trabajo astronómico. En 1146 escribió en hebreo un tratado titulado *Instrumento de latón*, y parece que más tarde volvió sobre ese tema en varios tratados. Sin embargo su principal aportación corresponde al campo de la astronomía y como consecuencia también al de la astrología. Sus *Tablas Pisanas* (1143 o 1145) se hicieron en Italia, y Pisa fue el meridiano para el que se calcularon; estas tablas tuvieron amplia difusión y fueron muy valoradas hasta el siglo XVI, en que cayeron en desuso.

A Abraham ibn Ezra se le conoce tal vez más por su faceta de astrólogo tanto en círculos judíos como cristianos. Sus obras en esta materia (siete en total) fueron leídas, copiadas y traducidas en diversas ocasiones, especialmente la titulada *Rešit Ḥoḵmah* (Principio de la sabiduría). En ellas expone los temas clásicos de la astrología judiciaria, la que se refiere a los juicios y predicciones astrológicas: natividades y horóscopos; la primeras parten del nacimiento de un personaje para averiguar qué le ocurrirá, y los horóscopos enseñan la técnica para saber qué sucederá en un año determinado a partir del equinocio de primavera.

También fue traductor del árabe al hebreo. Entre sus obras científicas traducidas la de mayor interés es la que hizo en 1160 en Narbona del comentario de Ibn Al-Matanna a las tablas astronómicas de Al-Jwarizmi.

Este tipo de astrología no tiene nada que ver con las ciencias ocultas, sus investigaciones son de carácter matemático y, como siempre, persiguen como objetivo principal el conocimiento de temas metafísicos:

> Sólo quien conoce la ciencia de los astros con pruebas aritméticas ciertas, y además la ciencia de la geometría [...] podrá elevarse a un alto nivel y

168. Véanse las actas del Simposio Internacional (Madrid, Tudela, Toledo, 1-8 de febrero de 1989), con el título *Abraham ibn Ezra y su tiempo*, Asociación Española de Orientalistas, Madrid, 1990.

> conocer el secreto del alma y los arcángeles y el mundo del más allá [...] y así comprenderá los profundos secretos que han escapado a muchos[169].

Otra figura del siglo XII en el campo científico es Abraham Bar Ḥiyya, que vivió en Barcelona en tiempos del conde Ramón Berenguer IV (1131-1162).

Bar Ḥiyya tiene una intención fundamentalmente didáctica, y su función es compendiadora y co-traductora al latín. Se han conservado de él seis obras científicas: una de carácter general y enciclopédico, otra de matemáticas, otra matemático-astronómica y tres astronómicas, una de ellas otras *Tablas*.

La última figura de entre los científicos hispano-hebreos es sin duda Abraham Zacuto, nacido en Salamanca en 1452. Con la expulsión de 1492 sale hacia Portugal, permaneciendo en Lisboa como astrónomo de los reyes Juan II y Manuel I, pero en 1497, al ser expulsados también de Portugal, Zacuto marcha a distintos lugares de la zona islámica: Túnez, Jerusalén y Damasco, donde posiblemente murió. Su producción científica abarca ambas etapas, la castellana y la del exilio.

Además de sus obras cabalísticas, lexicográficas, geográficas e históricas, cuenta con trabajos en los campos de la astronomía y la astrología. Su *Compilación Magna* (1478) fue traducida al castellano, latín y árabe y contó con varias ediciones. Este libro se compone de unos cánones y una parte tabular calculada para el meridiano de Salamanca. En ella se hace referencia al curso del sol y de la luna, se refiere también a los planetas Venus, Saturno Júpiter, Marte y Mercurio, y a los calendarios judío, cristiano, islámico y persa.

Zacuto se vale de diversas fuentes: Abraham ibn Ezra, Maimónides, Yaakov ibn Tibbón, Yehudah ben Ašer, Bonet Bonjorn, Isaac ben Sayyid e Isaac Israeli. Menciona asimismo a Yehudah b. Mošeh ha-Kohen, de la corte alfonsí y a un autor ya del *Trecento*, Ḥayyim de Briviesca, además, naturalmente, de Tolomeo y de algunos autores árabes.

Por lo que se refiere a la astrología médica (pues ejercía esa profesión) compone en 1486 el *Tratado de las influencias del cielo* y alguna otra que se le atribuye (*Juicios de los astrólogos*), pero en este último punto no hay certeza.

3. *Las traducciones*

Hemos mencionado la importancia que tiene en este momento la traducción para el conocimiento y difusión de los temas científicos. En efecto,

169. Cit. por D. Romano, *op. cit.*, p. 112.

AUTOR	TÍTULO	TEMA	FECHA	OBSERVACIONES
Maimónides	*Maamar bé-hanhagat ha bĕriut*	Medicina	1244	*De regimine sanitatis*
Gémino	*Ḥoḵmat ha-koḵavim o Ḥoḵmat ha tĕḵuná*	Astronomía	1246 Nápoles	Introd. Almagesto
Averroes	compendio	Física	1250	
Al-Rāzī	*ha-ḥil·luq wĕ-ha-ḥil·luf*	Medicina	1257	Antidotario
Al-Biṭrūyī	*Maamar bĕ-tĕḵuná*	Astronomía	1259	Ed. Goldstein (Ralbag n. 47)
Ibn al-Yazzār	*Ṣedat ha-dĕraḵim* (*Provisión de los caminantes*)	Medicina	1259	
Avicena	*Biur urŷūza (Comentario de la urŷūza*)	Medicina	1260	
Pseudo-Aristóteles	*Šĕlot ṭiv'iyot*	Física	1264 Montpellier	
Maimónides	*Comentario a los aforismos de Hipócrates*	Medicina	1257 o 1267	
Euclides	*Šorašim o Yĕsodot Uqlidis* (con comentarios Al-Farābī e Ibn Hayṯam)	Astronomía	1270 Montpellier	(*De horarum electionibus*) Véase explicación en texto)
Teodosio de Bitinia	*Esféricas*	Astronomía	1271 Montpellier	
Muḥammad al-Ḥaṣṣār	*Sefer ha-ḥešbón* (*Tratado del cálculo*)	Matemáticas	1271 Montpellier	
Avicena	*Ha-séder ha-qaṭón* (*El canón pequeño*)	Medicina	1272 Montpellier	
Yābir ibn Aflaḥ	*Corrección del Almagesto*	Astronomía	1274	Dudas
Maimónides	*Ha-maamar ha-niḵbad* (*El tratado importante*)	Medicina	¿1244-1274?	Sobre venenos
Ḥunayn ibn Isḥāq	*Mavó el mĕleḵet ha-rĕfu'á* (*Introducción a*)	Medicina		

Autor	Título	Tema	Fecha	Observaciones
Euclides	*Elementos*	Matemáticas	*ca.* 1255	Véase final VI.3.2.2
Qusṭā ibn Lūqā	*Ma'asé bĕ-kaddur ha-galgal*	Astronomía	1256 (o 1271)	Yĕhudá ben Mošé (Alf. X)
Azarquiel	*Iggéret ha-ma'asé bĕ-lúaḥ ha-niqrá ṣafiḥa* (*azafea de Azarquiel*)	Astronomía	1263	Montpellier [latín con Giov. Brescia]
Euclides	*Séfer ha-matanot* (*Libro de los obsequios*)	Matemáticas	1272	
Autólico de Pitana	*Maamar bĕ-kaddur ha-mitno'ea'* (*Sobre la esfera móvil*)		1273	Trad. latín Gerardo de Cremona
Menelao de Alejandría	*Esféricas*	Astronomía	*ca.* 1273?	Trad. latín Gerardo de Cremona
Ibn al-Hayṯam	*Séfer ha-tĕḵuná*	Astronomía	1271 o 1275	Trad. Abraham de Toledo (Alf. X)
Averroes	*Comentario a la Zoología de Aristóteles*	Zoología	1302	
Yābir ibn Aflaḥ	*Correcciones al Almagesto*	Astronomía	sin fecha	Trad. Mošé ibn Tibbón/ Gerardo de Cremona
Ibn al-Ṣaffār	*Biur kĕlí ha-aṣṭurlab*	Astronomía	sin fecha	Trad. latín Platón de Tívoli

en una sociedad donde se manejaban obras en árabe, hebreo, latín y romance la labor traductora era esencial.

En general el judío que conocía el árabe y el hebreo era co-traductor con algún cristiano que conocía el latín, y la versión se hacía a través de la lengua romance (castellano o catalán) en la que ambos se entendían. Algunos de los científicos citados hacían traducciones (no se sabe hasta qué punto las obras de Abraham Bar Ḥiyya eran traducciones u originales).

Pero entre todos los traductores ocupa un lugar de privilegio la familia Ibn Tibbón, que realiza (excepto Yehudah) su actividad a lo largo de todo el siglo XIII en Languedoc (Montpellier, Béziers y Lunel). Todos los Ibn Tibbón ejercieron la medicina, pero se les conoce sólo como traductores.

Yehudah ibn Tibbón procedía de Granada, de donde emigró en 1150 al sur de Francia, y allí se convirtió en el creador de toda una dinastía de traductores (Moisés, Yaakov, Yehudah ibn Mošeh y algunos más). Moisés es el que ocupa el primer puesto en número de obras traducidas.

Es evidente que el papel del traductor judío fue esencial en la Edad Media. Aun si no hubiera habido aportaciones originales —que las hubo— esta sola actividad serviría para considerar capital la contribución judía al campo de la ciencia y de la cultura en todo el Occidente de Europa.

BIBLIOGRAFÍA

Además del libro repetidamente citado de David Romano *La ciencia hispano-judía*, que ofrece una interesante panorámica general, véanse los citados a pie de página y estos otros:

Obras generales como enmarcación de la ciencia judía

Baron, S. W., *Historia social y religiosa del pueblo judío,* VIII (Filosofía y ciencia), Paidós, Buenos Aires, 1968.

García Ballester, *Historia social de la medicina en España de los siglos XII al XVI*, Madrid, 1976.

Sáenz-Badillos, A. y Targarona, J., *Diccionario de autores hebreos*, El Almendro, Córdoba, 1988.

Samsó, J., *Las ciencias de los antiguos en Al-Andalus*, Mapfre, Madrid, 1992.

Vernet, J., *Historia de la ciencia española*, Madrid, 1976.

Sobre ciencia judía medieval

Actas del VII Congreso Internacional Encuentro de las Tres Culturas, *La ciencia en la España medieval*, Universidad de Granada, 1992 (con una selecta bibliografía).

Ferre, L., «Las traducciones hebreas de la obra médica de Arnau de Vilanova», en *Ir. Col·loqui d'història dels jueus a la corona d'Aragó*, Lleida, 1991.
Ferre, L. y García Sánchez, E., «Alimentos y medicamentos en las tres versiones medievales de *El régimen de salud* de Maimónides», en E. García Sánchez (ed.), *Ciencias de la naturaleza en Al-Andalus*, ²1992.
Hilty, G., «El libro conplido en los iudizios de las estrellas»: *Al-Andalus* XX (1955), pp. 1-74.
Olmo Lete, G. y Magdalena Nom de Déu, J. R., «Documento hebreo-catalán de farmacopea medieval»: *Anuario de Filología* 6 (1980).
Shatzmiller, J., *Jews, medicine and Medieval Society*, University of California Press, Berkeley-Los Angeles-London, 1994.

VII. SEFARDISMO

El profesor Gonzalo Maeso termina su libro recordando a los judíos expulsados de España con un bello título: *Una gran familia desgajada del tronco ibérico*, y explica que no es posible aludir a ellos más que a modo de apéndice, pues el sefardismo requeriría por sí mismo una obra independiente.

Con ocasión del aniversario recordatorio de la expulsión, en 1992 se realizaron actividades alusivas en numerosos lugares de España y del extranjero en torno al legado sefardí. Me limitaré por tanto a enumerar algunas obras aparecidas que reflejan esas actividades, así como la bibliografía más relevante que sobre este tema se ha publicado en nuestro país en las dos últimas décadas.

Desde que en la Universidad de Granada los profesores Gonzalo Maeso y Pascual Recuero realizaran sus trabajos sobre el *Me'am Lo'ez*[170], los sefardistas han ido haciendo valiosas aportaciones en este sentido. He aquí algunas:

Díaz-Mas, P., *Los sefardíes: historia, lengua y cultura*, Riopiedras, Barcelona, 1993. Esta obra es especialmente interesante para aquellos que deseen tener una visión global de la trayectoria histórica y cultural de los judíos sefardíes, además de estar bibliográficamente bien documentada. Permite conocer los núcleos judíos principales del Oriente europeo, Marruecos, América e Israel.
Díaz-Mas, P. (ed.), *Poesía oral sefardí*, Sociedad de Cultura Valle-Inclán, Ferrol, 1994.
Hassan, I. M., «Transcripción normalizada de los textos judeo-españoles»: *Estudios Sefardíes* 1 (1978), pp. 147-150.
Hassan, I. M., «Hacia una visión panorámica de la Literatura sefardí», en *Actas de las Jornadas de Estudios Sefardíes*, ed. de Antonio Viudas Camarasa, Cáceres, 1981.

170. Gredos, Madrid, 1964, 1969, 1970 y 1974.

Hassan, I. M. (ed.), *Actas del Simposio Internacional: Introducción a la Biblia de Ferrara*, Sevilla, noviembre de 1991. Además de los artículos publicados en dichas actas, puede encontrarse interesante bibliografía en torno a distintos temas relacionados con el mundo sefardí.
Martínez, R., *Un marido entre dos mujeres*, Ameller, Barcelona, 1978 (novela en ladino: transcripción y estudio).
Pascual Recuero, P., *Diccionario básico ladino-español*, Ameller, Barcelona, 1977.
Pascual Recuero, P., *Antología de cuentos sefardíes*, Ameller, Barcelona, 1979.
Pascual Recuero, P., *Ortografía del ladino. Soluciones y evolución*, Universidad de Granada, 1988.
Riaño, Ana M.ª, *Isaac Mikael Bodhab, un tratado sefardí de moral*, Ameller, Barcelona, 1979.
Romero, E., *El teatro de los sefardíes orientales*, 3 vols., CSIC, Madrid, 1979.
Romero, E., *Repertorio de noticias sobre el mundo teatral de los sefardíes orientales*, CSIC, Madrid, 1983.
Romero, E., *Coplas sefardíes: Primera selección*, El Almendro, Córdoba, 1991.
Romero, E., *La creación literaria en lengua sefardí*, Mapfre, Madrid, 1992.
Saporta, E. *Refranes de los judíos sefardíes*, Ameller, Barcelona, 1978.
Shalom Sefarad. Suplemento extraordinario del diario *Ideal* de Granada, 29 de marzo de 1992. Con artículos de: Samuel Toledano, Eloy Benito Ruano, Angel Sáenz-Badillos, Isaac Misitrano, María Antonia Bel, María Encarnación Varela, Carlos Carrete, Luis Suárez, José Luis Lacave, Henry Kamen, Ana Riaño, Antonio Gallego Morell y Antonio Domínguez Ortiz.

BIO-BIBLIOGRAFÍA DE DAVID GONZALO MAESO

Leí una vez una declaración del escritor argentino Jorge Luis Borges que sin ningún reparo podría ser aplicada al autor de *El legado*: «El libro es ese instrumento sin el cual no puedo imaginar mi vida y que no es menos íntimo para mí que las manos o que los ojos»[171].

Esas palabras definen exactamente al profesor que conocí ya próximo a su jubilación, pero han debido pasar muchos años para poder abarcar en una ojeada de síntesis la magnitud de la obra que llevó a cabo a lo largo de toda su vida.

Don David Gonzalo Maeso era un castellano viejo, había nacido en 1902 en Hontoria de Cantera (Burgos), y se había educado en la *Schola Puerorum Oblatorum* del monasterio de Silos, donde además de aprender el canto gregoriano tuvo ocasión de formarse en una sólida cultura humanística.

171. Entrevista con J. L. Borges, citada en E. Peicovich, *El palabrista*, Madrid, 1980, p. 68.

Vivió después en Madrid, donde cursó el bachillerato en el Instituto Cardenal Cisneros. Luego llegó el servicio militar, la carrera de Filosofía y Letras, el trabajo y el intenso estudio en horas que le robaba al sueño. En esos años —los de la dictadura de Primo de Rivera— fue traductor, taquígrafo y encargado de la Secretaría Técnica en la Dirección de la Compañía Metropolitano de Madrid. Su afán de estudioso se centra en las lenguas clásicas, modernas y semíticas.

En 1928-1929 decide dedicarse plenamente al doctorado y publica su primer libro de poesía, *Flores de la alborada*, una afición que le acompañó toda su vida. Tres años después marcha a Marruecos para ocupar el puesto de Interventor Civil Adjunto del Protectorado de España en ese país (1932-1933), y allí convive con judíos y musulmanes, lo cual le proporciona valiosos datos para su tesis doctoral, *El matrimonio hebreo y sus relaciones con el cristiano y el musulmán*, que defendería en 1936 en la Universidad Central de Madrid.

Mientras tanto ha tenido ocasión de ejercer la docencia en el Instituto Murillo de Sevilla como profesor de Latín, y después de la tesis, ya en plena guerra civil, en el Instituto Bernardo de Balbuena de Valdepeñas (Ciudad Real), donde conoce a la que sería la compañera de su vida, Engracia Rubio, por entonces profesora de Literatura Española en el Instituto Beato Juan de Ávila de Ciudad Real.

Después de casarse (1940) y terminada la guerra, ocupa un puesto de Auxiliar de Lengua Hebrea en la Universidad de Madrid (1939-1941) mientras prepara las oposiciones que le llevarían a la cátedra de Lengua Latina en el Instituto de Aranda de Duero (Burgos). Un año después gana las oposiciones a la recién creada cátedra de Lengua y Literatura Hebreas de la Universidad de Granada (1942), y en ella permanecerá hasta su jubilación en 1972. Transitoriamente había obtenido por concurso-oposición la plaza de Lengua Francesa del Instituto de Idiomas de esta Universidad, ocupación que iba haciendo compatible con la cátedra de Hebreo, hasta que en 1957 cesó a petición propia.

Durante sus treinta años de catedrático universitario atendió las distintas materias hebreas de Filología Semítica prácticamente solo. No fueron años fáciles: casi acababa, al terminar la guerra con la devastación que supuso la contienda, de crearse la cátedra y había que empezar desde la nada. Lengua y Literatura Hebreas, Arameo, Historia de Israel y del Pueblo Judío, y otra serie de asignaturas que hoy imparten ocho o diez profesores como mínimo, eran entonces una responsabilidad exclusivamente suya, a la que tuvo que hacer frente a base de trabajo personal y contratando esporádicamente algunos ayudantes cuando la burocracia universitaria se lo permitía. Uno de aquellos ayudantes fue Pascual Pascual Recuero, colaborador y amigo fiel hasta el final de su vida.

Es prácticamente imposible citar aquí cada una de sus actividades académicas y de perfeccionamiento profesional[172]: viajes al extranjero para realizar distintas actividades, congresos, participación en revistas y, a la vez que cumplía su función docente e investigadora, implicación en los temas y preocupaciones del momento a través de periódicos, boletines y revistas universitarias.

Algo que un intelectual no puede olvidar nunca es que está al servicio de la sociedad. Lamentablemente, a veces el intelectual se recluye en su castillo científico y su discurso sólo les sirve a los iniciados. Y es ésta una faceta que desearía destacar en nuestro catedrático: no hubo nunca una cuestión humana que le resultara ajena o indiferente. Desde su puesto académico, donde escribía naturalmente temas de su especialidad, podía igualmente enviar a un periódico local su opinión sobre alguna película controvertida, o sobre algún fenómeno social del momento, o, después de un viaje a Israel, reflexionar sobre los aspectos cotidianos del «nuevo» Estado surgido en 1948. Con el mismo interés con que escribía una comunicación para el Congreso Mundial de Estudios Judíos que se celebraba en Jerusalén aceptaba colaborar con algún artículo en una revista estudiantil (*Vientos del Sur, Ágora*, etc.).

Esa personalidad integrada, no desarticulada, entre los distintos niveles que conforman la vida de un ser humano es lo que le hacía estudiar *de todo*, escribir *de todo*, tratar de ofrecer respuestas a *cada interrogante* social con el que se enfrentaba y enfocar desde su punto de vista intelectual la totalidad del panorama que se presentaba ante sus ojos.

Hoy son muchos los teóricos que se plantean esta cuestión; el universitario —dice P. Bordieu— deberá ser un ser bidimensional que ejerza dos funciones: pertenecer a un campo del saber inmune a influencias religiosas, políticas o económicas (es decir, preservar su *autonomía* y su tensión cultural, crítica y moral) y a la vez *implicarse* activamente en toda confrontación social[173].

Puede decirse que la bidimensionalidad que actualmente preocupa a los teóricos de la Universidad ya la vivía el profesor Gonzalo Maeso con toda naturalidad.

Otra de sus facetas interesantes es la docente: *comunicaba* lo que sentía.

Uno de los grandes desgarrones que hoy sufre la docencia universita-

172. Una bio-bibliografía bastante completa fue recogida por el profesor Pascual Recuero en dos libros: *Elenco bibliográfico y didáctico del Dr. D. David Gonzalo Maeso* (Universidad de Granada, 1972), publicado con motivo de su jubilación, y *Homenaje a David Gonzalo Maeso en su 75 aniversario* (Universidad de Granada, 1979).

173. P. Bordieu, «The Corporation of the Universal: the Role of Intellectuals in the Modern World»: *Telos* 81 (1989).

ria es la desarticulación de las distintas etapas del proceso cognitivo. Este proceso parte de lo *epistemológico* (la filosofía intrínseca de la disciplina), va a lo *específico* (lo que llamamos disciplina científica), crea su propia *metodología*, se desarrolla y comunica por la *pedagogía* y responde a una *deontología*. Si falta una de esas etapas el proceso queda quebrado. En un gran número de casos en la universidad española hoy se atiende sólo al *contenido de la disciplina* y a su *metodología*, pero al faltar la raíz epistemológica falla del todo la proyección pedagógica, de ahí que también falte la *motivación*: los alumnos se limitan a «saber» el contenido y a «usar» una determinada metodología, sin implicarse en la filosofía de la disciplina en cuestión. El resultado es bastante negativo: doctos especialistas que no sienten el menor entusiasmo por aquello a lo que se dedican.

Cuando don David Gonzalo Maeso explicaba sus asignaturas vibraba vitalmente, de tal modo que conseguía que sus alumnos se entusiasmaran, y aunque por la diferencia de edad no siempre estuvieran al cien por cien de acuerdo con sus opiniones lo cierto es que los que pasaban por sus manos salían enamorados de su carrera. Por otra parte era un profesor muy exigente, pero nadie se cuestionaba su «derecho a exigir», pues su propia dedicación justificaba largamente esa exigencia.

Seguramente todo lo dicho era también la razón de la amenidad de sus clases y el interés de sus conversaciones entre amigos: siempre la anécdota precisa contada con un ritmo peculiar y con una mezcla de buen humor y de sobriedad castellana.

Tal vez una de sus empresas más arduas fuera la creación y el mantenimiento de la revista *Miscelánea de Estudios Árabes y Hebraicos* (*MEAH*). En el año 1951, junto con el catedrático de Árabe, don Luis Seco de Lucena, decidió crear una revista que recogiera aportaciones de los ámbitos árabe y hebreo en dos volúmenes anuales dedicados a ambos campos de investigación.

El primer número apareció en 1952, y el volumen dedicado a Hebreo fue inaugurado con el artículo de Gonzalo Maeso *La Guenizá de El Cairo y sus exploraciones*. A partir de entonces ha seguido apareciendo ininterrumpidamente hasta la fecha.

Cuando comenzó a publicarse *MEAH* tanto el catedrático de Hebreo como el de Árabe trabajaban prácticamente en solitario. Había pocos hebraístas que apostaran por la revista de una universidad de provincias; por otra parte ya existía *Sefarad* desde los años cuarenta y tenía más solera. Tampoco los alumnos que se doctoraban eran tantos como en la actualidad, por lo tanto los colaboradores no abundaban.

Así pues, ellos dos tuvieron que sacar a pulso la revista a base de tenacidad y trabajo, a veces preparando cada uno varios artículos para el mismo número, haciendo frente a innumerables problemas económicos y de distribución, en un momento en que aún no existía el Servicio de Publicaciones de la Universidad ni el sistema de promoción del profesorado le daba mucha importancia a las publicaciones.

Hoy día *MEAH* es una revista de prestigio en la universidad y fuera de ella, tiene difusión internacional y en ella publican hebraístas tanto nacionales como extranjeros, pero como ocurre en toda empresa pionera los comienzos fueron duros, y es justo recordar que sin el esfuerzo de sus fundadores a lo largo de bastantes años la revista no existiría.

Después de su jubilación en 1972, el profesor Gonzalo Maeso continuó en Madrid trabajando y publicando. En 1985 participó todavía en un congreso internacional que se celebró en Córdoba como conmemoración del 850 Aniversario de Maimónides, y allí fue presentada y admirada su última obra, la traducción de *Moreh nebukim* del filósofo cordobés.

En 1990 fallecía en Madrid a la edad de 88 años.

Bibliografría

De entre los más de seiscientos títulos entre libros, artículos, traducciones, artículos de enciclopedias, recensiones, etc., que recogió el profesor Pascual Recuero en su libro dedicado al profesor Gonzalo Maeso con motivo de su jubilación y en el libro de artículos como homenaje a sus setenta y cinco años, destacaré, agrupadas por materias, las publicaciones que me parecen más relevantes.

Arte

«Remansos de Arte y Cultura I: Entre el ensueño del ritmo»: *Ilíberis* 25 (1954), pp. 59-60.

«La modulación salmódica gregoriana y sus relaciones con la métrica bíblica»: *Cultura Bíblica* XVII/173 (1960), pp. 234-237.

«El arte plástico en el antiguo pueblo de Israel»: *Miscelánea de Estudios Árabes y Hebraicos (MEAH)* XII-XIII/2 (1963-1964), pp. 227-235.

Biblia

«La elocución oratoria en el Antiguo Testamento I. El discurso de Judá ante José»: *Sefarad* VI (1946), pp. 3-19.

«Los salmos en la liturgia II. En las horas canónicas»: *Cultura Bíblica* IV/33 (1947), pp. 41-44.

«La observancia penitencial en el Antiguo Testamento»: *Cultura Bíblica* IV/34 (1947), pp. 82-88.

«Sentido nacional del libro de Job»: *Estudios Bíblicos* IX/1 (1950), pp. 67-81.

«La Sabiduría bíblica: su concepto, naturaleza y excelencias». Conferencia inaugural del curso académico 1953-1954 en la Universidad de Granada, *Boletín de la Universidad de Granada* (2.ª época) II (1953), pp. 1-51.

«La exégesis rabínica en lengua sefardí. Fuentes para su estudio»: *MEAH* II (1953), pp. 15-40.

«Una lección de exégesis lingüística sobre el pasaje evangélico de las bodas de Caná»: *Cultura Bíblica* XI/122-127 (1954), pp. 352-364.

«Alonso de Madrigal (Tostado) y su labor escrituraria»: *MEAH* IV (1955), pp. 143-185.

«Lengua original, autor y estilo de la Epístola a los Hebreos»: *Cultura Bíblica* XIII/146-151 (1956), pp. 202-215.

«Una nueva solución exegética de Génesis 4, 7b» (resumen de la comunicación presentada en el II Congreso Mundial de Estudios Judíos de Jerusalén): *La Ciencia Tomista* 264 (1957), pp. 53-58.

«Hacia una nueva técnica en las versiones bíblicas»: *Cultura Bíblica* XV/158 (1958), pp. 14-21.

«La creencia en la vida futura a través del Antiguo Testamento»: *Cultura Bíblica* XV/159 (1958), pp. 85-93.

«La Biblia en el nuevo Estado de Israel»: *Cultura Bíblica* XV/60 (1958), pp. 129-147.

«El Decálogo y la terapéutica psico-física»: *Cultura Bíblica* 163 (1958), pp. 327-337.

«Disquisiciones filológicas sobre el texto hebreo del Eclesiástico»: *MEAH* VIII/2 (1959), pp. 3-26.

«Notas para una aportación a la crítica de la obra masorética»: *MEAH* IX/2 (1960), pp. 115-120.

«La Biblia en el cine»: *Norma o Forma* 15-16 (1960), pp. 19-20.

«La legislación mosaica y el Código de Hammurabi»: *Cultura Bíblica* XX/189 (1963), pp. 89-108.

«Valores de la exégesis escrituraria en lengua sefardí»: *MEAH* XII-XIII/2 (1963-1964), pp. 211-225.

Me-'am lo'ez: El gran comentario bíblico sefardí. Tomo preliminar: Prolegómenos (en colaboración con P. Pascual Recuero), Gredos, Madrid, 1964.

«La clave principal de la exégesis escrituraria», *Cultura Bíblica* XXII/205 (1965), pp. 323-328.

«Concepto de la *Yešu'ah* («salud», «salvación») bíblica», en *XXVI Semana Bíblica Española*, CSIC, Madrid, 6 a 11 de septiembre de 1965.

«Versiones unificadas de la Biblia»: *MEAH* XIV-XV/2 (1965-1966), pp. 23-32.

«Puntualizaciones sobre Gn 2, 20-24: Formación de la primera mujer y concepto del matrimonio», en *XXIX Semana Bíblica Española*, CSIC, Madrid, 1967, pp. 235-244.

Me-'am lo'ez: El gran comentario bíblico sefardí. Tomo I, 1.ª parte: Bere'šit (Génesis 1-25, 18), Gredos, Madrid, 1969 (en colaboración con P. Pascual Recuero).

Me-'am lo'ez: El gran comentario bíblico sefardí. Tomo I, 2.ª parte: Bere'šit (Génesis 25, 19-50, 26), Gredos, Madrid, 1970 (en colaboración con P. Pascual Recuero).

«Intemporalidad, poesía y otros factores en la exégesis de Génesis I»: *Cultura Bíblica* XXVII/235 (1970), pp. 331-336.

«Algunos defectos de la exégesis bíblica actual»: *Cultura Bíblica* XXVIII/241 (1971), pp. 362-368.
«Três novos livros poéticos da Biblia: Rute, Jonas e Ester», en *Homenaje a Frei Joao José Pedreira de Castro*, Petrópolis-Río de Janeiro, 1971, pp. 69-83.

Filología general

«Dos aspectos preteridos en el estudio del lenguaje»: *Boletín de la Universidad de Granada* XVII/79 (1945), pp. 113-135.
«Antropología lingüística y Lingüística antropológica»: *Boletín de la Universidad de Granada* XXI/87 (1949), pp. 241-248.
«La onomatopeya o armonía imitativa en Virgilio», en *Actas del III Congreso español de Estudios Clásicos* II, CSIC, Madrid, 1968, pp. 334-341.
«Una regla de oro de toda traducción», en *Actas del III Congreso español de Estudios Clásicos* II, CSIC, Madrid, 1968, pp. 419-425.
En este campo es relevante su aportación a grandes trabajos de equipo, como al *Diccionario Enciclopédico Labor* (Labor, Barcelona) con las siguientes voces: «Diccionario básico», t. III, 1966, pp. 187-188; «Estilística», t. III, 1966, pp. 602-604; «Etimología y semántica», t. III, 1966, pp. 620-622; «Filología», t. III, 1966, pp. 743-744; «Filosofía del Lenguaje», t. III, 1966, pp. 744-746; «Fonética», t. III, 1966, pp. 780-783; «Gramática», t. IV, 1966, pp. 202-203; «Lenguaje», t. V, 1967, pp. 98-100; «Lexicografía», t. V, 1967, p. 132; «Lexicología», t. V, 1967, pp. 132-133; «Lingüística», t. V, 1967, pp. 167-168; «Morfología», t. V, 1967, p. 671; «Onomatología», t. VI, 1967, pp. 134-135; «Poliglotía», t. VI, 1967, pp. 623-624; «Sintaxis», t. VII, 1967, pp. 704-708.
La piel en las lenguas y las literaturas iberopeninsulares del Medievo, 2 vols., Colomer Munmany, Vich, 1975 y 1976.

Filología hebrea

«Contribución al estudio de la métrica bíblica. Sobre la verdadera significación y alcance del «paralelismo»»: *Sefarad* III (1943), pp. 3-39.
«Estudio estilístico del primer capítulo del Génesis»: *Boletín de la Universidad de Granada* XV/74 (1943), pp. 443-452.
«El nombre de Sefarad»: *Sefarad* IV (1944), pp. 359-363.
«Principios fundamentales del verso hebreo»: *Sefarad* V (1945), pp. 3-47.
«La lira y el salterio. Apunte sobre los orígenes de la métrica bíblica y sus relaciones con la helénica»: *Boletín de la Universidad de Granada* XVIII/81 (1946), pp. 67-78.
«La elocución oratoria en el Antiguo Testamento II. Apólogos»: *Sefarad* VII (1947), pp. 31-48.
«Dualismo ideológico y lingüístico en Génesis I»: *La Ciencia Tomista* 234 (1949), pp. 249-259.
«Los acentos hebreos-bíblicos y el arte de la lectura»: *MEAH* IV (1955), pp. 129-141.

«La elocución oratoria en el Antiguo Testamento III. Elocución profética»: *MEAH* 5 (1956), pp. 133-161.
«Apuntes para una antropología lingüística I. Prosopología hebrea»: *MEAH* VII/ 2 (1958), pp. 7-28.
«Cuestiones y problemas de la onomástica bíblica»: *Cultura Bíblica* XVI/164 (1959), pp. 18-28.
«Hebreo, Israelita, Judío (breve disquisición filológica)»: *Cultura Bíblica* XVIII/ 176 (1961), pp. 3-14.
«Harmonie et expressivité de la langue hébraïque», en *Tesoro de los judíos sefardíes* V, Jerusalén, 1962, pp. 75-82.
«Proemio al estudio de los hebraísmos en la lengua española»: *MEAH* XVIII-XIX/2 (1969-1970), pp. 155-175.

Filosofía

«El amor a la sabiduría»: *Vientos del Sur* 2 (1943), pp. 25-27.
«La verdad os salvará»: *Norma o Forma* 6 (1943), 1 y 10.
«Materia y espíritu»: *Ágora* 1 (1959), p. 4.

Historia

«En torno a un milenario. Elogio de españa y de Castilla en el poema de Fernán González»: *Norma o Forma* 5 (1943), pp. 1-2.
«Un jaenés ilustre, ministro de dos califas (Ḥasday ibn Saprut)»: *Boletín de Estudios Giennenses* VIII (1956).
«L'Espagne, centre d'attraction et d'irradiation des cultures méditerranéennes»: *Études Méditerranéennes* I/3, pp. 29-40, y II/4 (1958), pp. 112-120.
«Un dramático episodio de la historia de Granada y Almería en el siglo XI (1028-1038)»: *MEAH* IX/2 (1960), pp. 81-98.
«Lucena en su época de esplendor»: *MEAH* XI/2 (1962), pp. 121-142.
Garnāta al Yahūd (Granada en la historia del judaísmo español), Universidad de Granada, 1963. En 1990 el Servicio de Publicaciones de la Universidad de Granada publicó una edición facsímil de este libro con estudio introductorio de M.ª Encarnación Varela. Es de destacar el hecho de que es la única obra que existe donde se trata la historia de los judíos granadinos desde los primeros documentos conservados (cánones del concilio de Elvira) del siglo IV hasta la expulsión de 1492.
«Semitismo cartaginés»: *Boletín de la Asociación Española de Orientalistas* (Madrid), III (1967), pp. 151-174.
«Orientalismo: su concepto, características y cohesión»: *Boletín de la Asociación Española de Orientalistas* (1972).

Judaísmo

«La medicina y los médicos hispano-judíos en la Edad Media»: *Actualidad Médica* (octubre de 1946), pp. 553-578.

«La Guenizá de El Cairo y sus exploraciones»: *MEAH* I (1952), pp. 3-25.
«Algunos aspectos de la poesía sinagogal»: *MEAH* III (1954), pp. 5-22.
«Sobre la etimología de la voz "marrano" (criptojudío)»: *Sefarad* XV (1955), pp. 373-385.
«Religión y cultura en el nuevo Estado de Israel»: *MEAH* VII/2 (1958), pp. 119-142.
«Ecos varios del Estado de Israel (Poliglotismo, Prensa, Teatro, Cine, Música y Folklore)»: *MEAH* IX/2 (1960), pp. 99-113.
«Figuras sefardíes de actualidad: Don Isaac Rafael Molho»: *MEAH* IX/2 (1960), pp. 127-130.
«Pervivencia judaica en Granada (España)»: *Tesoro de los Judíos Sefardíes* III (1960), pp. 14-16.
«Reliquias del pasado en tierras marroquíes»: *MEAH* X/2 (1961), pp. 139-152.
«La polémica religiosa entre Ibn Ḥazm y el judío Šemuel ibn Nagrella, visir de Granada, en *II Sesiones de Cultura Hispanomusulmana (IX Centenario de Aben Hazam)*, Córdoba, 1963, pp. 27-38.
«Averroes (1126-1198) y Maimónides (1355-1204), dos glorias de Córdoba»: *MEAH* XVI-XVII/2 (1967-1968), pp. 139-164.
«La judería de Oporto»: *MEAH* XVI-XVII/2 (1967-1968), pp. 165-182.
«El malagueño Šelomoh ibn Gabirol, poeta y estilista árabe»: *MEAH* XVIII-XIX/2 (1969-1970), pp. 155-175.
«La judería de Soria y el rabino José Albo»: *MEAH* XX/2 (1971), pp. 119-141.
El legado del judaísmo español, Editora Nacional, Madrid, 1972.
De nuevo encontramos en este apartado la participación del profesor Gonzalo Maeso en una obra de equipo, la *Gran Enciclopedia Rialp* (Madrid, 1971). Son de su autoría los siguientes artículos: «Auiba, Rabbí», t. II, 1971, pp. 546-547; «Cabalismo», t. IV, 1971, p. 639; «Gamaliel», t. X, 1972, p. 679; «Guerra santa», t. XI, 1972, pp. 423-424; «Hillel», t. XI, 1972, pp. 800-801; «Judaísmo», t. XIII, 1973, pp. 608-615; «Mesianismo», t. XV, 1973, pp. 592-595; «Midrás», t. XV, 1973, pp. 777-779; «Sionismo», t. XXI, 1975, pp. 435-438; «Talmud y talmudismo», t. XXII, 1975, pp. 47-49; «Teocracia», t. XXII, 1975, pp. 208-211.
«El sefardí toledano R. José Caro, talmudista y místico (Homenaje en el IV centenario de su muerte: 1575-1975)», *MEAH* XXIV/2 (1975), pp. 75-110.

Literatura

Sobresale en este apartado su libro *Manual de historia de la literatura hebrea. Bíblica, rabínica, neojudaica*, Gredos, Madrid, 1960. Fue el libro de texto de muchas generaciones de estudiantes de Filología Hebrea; está ordenado cronológicamente y según géneros literarios. Hoy día sigue siendo un valioso instrumento de consulta, y al igual que *El legado* se trata de una visión sintética de toda la literatura hebrea, desde el Génesis hasta autores de nuestro siglo como Raquel, Alterman o Ygal Mossinsohn.

«Semblanza literaria de Mošeh ibn Ezra»: *MEAH* IV (1955), pp. 241-255.
«Menéndez Pelayo y la cultura hispano-semítica»: *MEAH* V (1956), pp. 225-248.

«Una oda de Yehudá ha-Leví en honor del visir Ibn Nagrella»: *MEAH* VI (1957), pp. 189-216.

El tema del amor en los poetas hebraico-españoles medievales, Biblioteca Orientalista Granadina. Serie B, vol. II, Anejos de MEAH, Universidad de Granada, 1971.

«La "Esperanza" en el mundo futuro (*'olam ha-ba'*) en la literatura rabínica», en *XXX Semana Bíblica Española*, Madrid, 1972, pp. 93-108.

«Šelomoh ibn Gabirol, filósofo y teólogo»: *MEAH* XXI/2 (1972), pp. 61-86.

«Homenaje a Ḥayyim Naḥmán Bialik (1873-1973. Redacción»: *MEAH* XXII (1973), pp. 5-6.

«Bialik y la Biblia»: *MEAH* XXII/2 (1973), pp. 73-82.

«La métrica de Bialik»: *MEAH* XXII/2 (1973), pp. 97-116.

«La poesía hebrea actual»: *Revista de la Universidad Complutense* XXIII/93 (1974), pp. 65-95.

«La novela hebrea actual (últimos cincuenta años: 1925-1975): *Revista de la Universidad Complutense* XXV/103 (1975), pp. 7-33.

«El teatro hebreo actual (1917-1977)»: *Revista de la Universidad Complutense* XXVI (1977).

Selección de perlas (Mibḥar ha-peninim), de Šelomoh ibn Gabirol. Introducción, traducción y notas. Ameller Editor, Barcelona, 1977.

A esta relación de publicaciones podríamos añadir las traducciones al castellano realizadas desde el hebreo, francés, alemán, inglés e italiano, así como las numerosísimas recensiones de obras de distintos autores.

Dejo para el final deliberadamente dos obras que me parecen muy significativas. Una es *Guía de perplejos (Moreh nebukim)* de Maimónides, traducción, introducción y notas, que publicó en 1984 la Editora Nacional y ha sido reeditada por la Editorial Trotta en 1994 (^{3}2001). Es sin duda esta obra la que corona toda una vida consagrada al hebraísmo, y a la vez una gran aportación a la filosofía judía medieval.

La otra obra es su último artículo: «Reflexiones sobre la poesía bíblica», en el *Libro-homenaje al profesor Pascual Pascual Recuero*, fallecido en 1988 (número extraordinario de *MEAH*, Granada, 1988-1989). No es su mejor artículo, todo hay que decirlo, ya estaba don David muy anciano y enfermo, pero tiene un gran valor testimonial: el recuerdo emocionado a un colaborador y amigo que le ha precedido. Fue una manera consecuente y hermosa de terminar su andadura. A veces echamos de menos figuras de ese temple.

EL LEGADO DEL JUDAÍSMO ESPAÑOL

A cuantos estudiaron conmigo con amor y devoción
la cultura hebraica y a todos los amantes de ésta
dedico este El legado del judaísmo español
deseando que el libro sea al mismo tiempo mi propio y modesto legado
de treinta años de absoluta dedicación al profesorado universitario
en la noble rama hebreo-bíblica.

Kî léqah ṭōb nātattî lākém:
tôrātî 'al ta 'ăzôbû

(«Un caudal os legué de doctrina excelente:
no abandonéis mi enseñanza» Prov 4, 2).

PREFACIO

El término «legado», que encabeza el título del presente libro, encierra la idea fundamental de «manda que se deja a alguien en un testamento» (*Diccionario de la Academia*), «don fait par testament» (*Larousse*): es una de las varias acepciones del verbo latino *legare*, que pasaron a las lenguas romances, así como también al inglés (*legacy*) y al alemán (*Legat*) en sus diferentes formas.

En sentido traslaticio significa: «cosa material o inmaterial transmitida por predecesores» (*Diccionario Oxford*). Éste es claramente el sentido de cualquier transmisión de valores espirituales, intelectuales, artísticos, morales, fuera ya del ámbito meramente material, aunque por la naturaleza de las cosas aparezcan tales valores plasmados en realidades tangibles u objetos palpables, como son los monumentos arquitectónicos, escultóricos, históricos o incluso los mismos documentos escritos, códices o libros, que contienen las producciones del ingenio humano de pretéritas edades.

Tal es precisamente la significación que encierran los títulos de esas obras magistrales que constituyen los conocidos *Legados* de Oxford, entre los cuales figura también el *Legado de Israel*[1], cuya evocación es obvia al

1. Los títulos de los 13 estudios, además del Prólogo y el Epílogo, que integran el volumen, obra de otros tantos colaboradores, son suficientemente expresivos de las materias tratadas, que no constituyen ciertamente un todo exhaustivo, pero sí se contraen a los puntos nucleares del tema. Son los siguientes:

Prólogo, por J. D. Lindsay.

I. *El genio hebreo visto a través del Antiguo Testamento*, por G. Adam Smith.

II. *El judaísmo helenístico*, por E. R. Bevan.

III. *Deuda del cristianismo al judaísmo*, por F. C. Burkitt.

IV. *Influencia del judaísmo sobre los judíos desde Hil·lel hasta Mendelssohn*, por R. T. Herford.

enunciar la titulación de la presente obra: *El legado del judaísmo español.* Semejante asociación de títulos, que de intento no hemos querido soslayar, señala a un tiempo evidentes analogías y notorias diferencias de alcance y contenido entre la obra inglesa y esta nuestra, que aspira a ser una exposición más amplia y sistematizada de uno de los sectores, el más amplio sin duda a partir del siglo X, de ese vasto complejo del judaísmo medieval: el representado por la cultura hebraicoespañola.

Como fácilmente se deducirá del simple enunciado de esos títulos, dicha obra no invalida nuestro intento, más bien lo justifica, puesto que el enfoque de los asuntos en ella tratados presenta más ancho marco: unos son de dimensiones universales; otros, de grandes perspectivas en el tiempo y en el espacio, que abarcan uno y hasta dos milenios, y grandes comarcas, numerosos países y hasta Europa entera. Nuestro plan, limitado al judaísmo español, a pesar de su capital importancia y amplias proyecciones, es lógico encierre menor *extensión* —en su acepción filosófica— que esas irradiaciones del hebraísmo universal, bíblico y postbíblico; pero, en cambio, el desarrollo de sus temas puede y aun debe abarcar alguna mayor *comprensión* y presentar facetas más particulares e íntimas, aunque de trascendencia ecuménica no pocas veces, de la vida e historia interna del pueblo judío en su dilatada y activa permanencia de veinticinco siglos, sobre todo en los seis últimos (X al XV), en la península Ibérica, que vino a ser, según ellos mismos reconocen con especial emoción, su segunda patria.

Como puede advertirse, no existe ninguna interferencia de temas entre los 13 expuestos en el *Legado de Israel* y los 16 desarrollados en nuestro *El legado del judaísmo español*, salvo las obvias alusiones y esporádicas coincidencias de una y otra parte en determinados capítulos. Hasta pudiéramos creer que esas 16 magnas concreciones de la actividad, en el solar ibérico, de un pueblo que hubo de abandonarlo totalmente, constituyen con más justo título un verdadero legado, incluso en su sentido literal.

V. *Influencia del judaísmo en el islam*, por A. Guillaume.
VI. *El factor judaico en el pensamiento medieval*, por Ch. Singer.
VII. *La erudición judaica en los siglos medios entre los cristianos latinos*, por Ch. Singer.
VIII. *Los estudios hebraicos en el período de la Reforma y el posterior: su lugar e influencia*, por G. H. Box.
IX. *Influencia del judaísmo en el Derecho de Occidente*, por N. Isaacs.
X. *Influencia del Antiguo Testamento en el puritanismo*, por W. B. Selbie.
XI. *El pensamiento judaico en el mundo moderno*, por L. Roth.
XII. *Influencia de la Biblia hebrea en las lenguas modernas*, por A. Meillet.
XIII. *El legado judaico en la Literatura moderna*, por L. Magnus.
Epílogo, por C. G. Montefiore.
Glosario e *Índice de materias*.

Sin embargo, estimamos inoportuna, en este caso, cualquier discusión u objeción acerca de la procedencia o supuesta impropiedad —según como se considere— del título de *Legado* apelando a su significación originaria o etimológica, que tampoco es única, de «manda efectuada por testamento», lo cual parece implicar necesariamente la idea de óbito o desaparición perpetua del testador. El sentido figurado, anteriormente expuesto, de gran amplitud, prescinde en absoluto de ese aspecto; no hay, pues, por qué plantear cuestiones ociosas, como sería la de si ese Israel, o ese judaísmo hispanomedieval, feneció o sobrevive. De todos modos, si se quiere plantear tal cuestión, la respuesta afirmativa es bien clara y contundente: Israel, el pueblo de la Biblia, pervive, y el judaísmo español tiene su clara descendencia en la gloriosa estirpe sefardí. Ello no obsta, sin embargo, para que con absoluta propiedad pueda hablarse, en general, de «legado de Israel», el Israel cuatrimilenario de los tiempos bíblicos y la diáspora, y, en particular, de «legado del judaísmo español» como síntesis de toda la vida espiritual, estratificada e irradiada durante numerosas generaciones en el suelo ibérico.

Ya en la imprenta este *Legado*, llegó a nuestras manos un magnífico libro[2], estrechamente relacionado con el tema, como puede colegirse del título. Abarca un total de 17 trabajos (incluido el *Foreword*), de la extensión aproximada de una conferencia —algunos lo fueron efectivamente—, por otros tantos profesores e investigadores de la cultura hispanojudía medieval.

Ociosa y odiosa sería por nuestra parte cualquier forma de comparación a fondo entre dicha obra y la presente. Únicamente diremos, con fines informativos, que, aparte de los acotamientos marcados por los respectivos epígrafes, el plan general de una y otra, lengua o lenguas en que van escritas, unicidad y multiplicidad de autores, homogeneidad o heterogeneidad consiguientes, estructura en bloque o conjunto de monografías, lectores destinatarios en primer término (especialistas o gran público), atendiendo a la naturaleza, enfoque diverso y pormenores de cada una, pese a la coincidencia general de la materia tratada, son dos obras marcadamente distintas, que en nada se contrarrestan y, en cierto modo, más bien se completan en cuanto a su utilidad.

El citado libro constituye una meritísima contribución al conocimiento y difusión de la preciada herencia sefardí, y nos congratulamos sincera-

2. R. D. Barnett (ed.), *The sephardi heritage* I: *The Jews in Spain and Portugal before and after the expulsion of 1492. Essays on the history and cultural contribution oí the Jews of Spain and Portugal*, Vallentine, Mitchell, London, 1971, 639 pp. en 4.º. La distribución por idiomas en que están escritos los trabajos es la siguiente: 10 en inglés, 4 en español, 2 en francés y uno en hebreo.

mente de su aparición casi simultánea, por lo que al primer volumen se refiere. Desgraciadamente, más de uno de los autores ya hace algunos años pagó su tributo a la muerte. Ciertas aportaciones, al parecer, o según se indica en las mismas, fueron elaboradas hace algún tiempo; pero estos u otros detalles en nada oscurecen el valor de la obra, tratándose de una «herencia» perdurable. Ojalá sigan apareciendo estudios similares que de forma total a fragmentaria den a conocer más y mejor, en diversos sectores, el rico patrimonio que nos legaron los judíos sefardíes.

Alguien podría pensar, como consecuencia de los términos «legado» y «herencia» particularizada, en una especie de Israel múltiple, manifestado a través de las edades, como sucesivas encarnaciones de un mismo espíritu —al menos en apariencia—, bien que revestido con variedad de características y colores, o como una especie de ave fénix, que periódicamente renace entre sus cenizas. Pero admitir esto implicaría el reconocimiento de la muerte, al menos temporal, de ese pueblo justamente calificado de «inmortal». No; la historia universal de Israel no ofrece solución de continuidad en el curso de cuatro milenios. No se trata, por tanto, de ninguna especie de metempsícosis o sucesivas reencarnaciones.

Moldeado paulatinamente, primero por obra directa de Dios, que lo eligió como pueblo suyo, y por ministerio de los profetas y preclaros varones que esmaltan la historia bíblica, y luego también por las circunstancias, adversas o prósperas, que matizan su vida milenaria de dispersión por todo el mundo, ha seguido siendo, en gran parte, fiel a sí mismo, mostrando en todo momento, incluso en medio de las tremendas hecatombes que lo han diezmado en tantas ocasiones, y hasta casi mediado —en la todavía reciente tragedia hitleriana—, una vitalidad humanamente inexplicable y un idealismo prodigioso. «Aunque me mate, en él [Dios] esperaré», podría afirmar con Job (13, 15), y de hecho ha repetido muchas veces como una oración en el fondo de su alma y entre los muros de sus sinagogas, a lo largo de su accidentada historia.

Como quiera que sea, en los anales de todos los pueblos, y señaladamente en los de Israel, de tan profundos altibajos, se distinguen claramente edades, épocas, períodos, que no son solamente cómodos jalones didácticos para su estudio, sino que cuando su estructura obedece a realidades históricas de honda significación, nos presentan al pueblo protagonista, el hebreo en nuestro caso, como uno y múltiple a la vez, persistente y evolutivo, estático y dinámico, con sus ciclos de cultura bien marcados y distintos. El que, iniciado a mediados del siglo x y clausurado a fines del xv (1492), será objeto de nuestro estudio tiene entidad y perfiles más que suficientes para considerarlo como un todo armónico y sustancial, de enorme trascendencia. Aunque tenga sus precedentes, que se hunden, como es lógico, en la entraña misma del «eterno» Israel, sus conexiones con el islam y el cristianismo, y su concatenación posterior con el mundo sefardí, la verdad es que el judaísmo español, por toda una serie de favorables circunstancias, constituye un conjunto cultural único en la historia de Israel, de relevantes méritos, que no volverá a repetirse: esos valores son precisamente los que integran el glorioso legado, transmitido, en primer término, a Sefarad, esa segunda patria del judaísmo, y en definitiva, como todas las grandes aportaciones humanas, a todo el mundo.

Dada la neta especificación del título, prescindiremos aquí, salvo en la medida necesaria para encuadrar y coordinar los diversos temas tratados, de todas esas consideraciones de tipo general, siempre tan aleccionadoras y sugestivas, sobre el pueblo hebreo, que podrían denominarse Filosofía y Teología del misterio de Israel, su destino singular, su aislacionismo y su simbiosis con otras naciones. Centraremos, por tanto, toda nuestra atención en los cuantiosos y ricos valores del judaísmo hispano, trascendencia de su aportación al común acervo cultural de nuestra patria, y, de rechazo, por los valores ecuménicos que atesora, al magno patrimonio de toda la humanidad.

Aunque el marco y las perspectivas de nuestro estudio sean precisamente las diversas actividades judaicas y sus concreciones particulares en el aspecto de legado, no consideramos necesario insistir constantemente en este punto o ángulo de visión: el avisado lector podrá educir fácilmente en cada caso las obvias consecuencias, así como las lecciones o aplicaciones y las notorias influencias.

La magnitud de este legado no es fácil calcularla *a priori*: más bien ha de calibrarse tras el detenido estudio de cada una de sus partes. Durante siglos se desconoció lastimosamente la magna aportación realizada por el judaísmo y el islam, dos focos luminosos proyectados desde la península Ibérica, a lo largo de la Edad Media, sobre la cultura cristiano-occidental, y, como consecuencia, se abrigaba en grandes sectores, además de la masa general, un juicio equivocado y paupérrimo acerca del nivel intelectual, científico, literario, etc., alcanzado por los judíos y musulmanes durante ese milenio, y de sus ilustres escritores. Ese desconocimiento, que aún perdura en algún grado, pero que urge rectificar plenamente, se traducía en infatuado desprecio: los árabes y musulmanes eran hordas salvajes, incapaces de cultura; los judíos seguían siendo el pueblo proscrito, que después de la Biblia, el libro de las revelaciones divinas, nada había producido en el orden científico y literario. El Talmud, para algunos eruditos, era un rabino; para otros, la «bestia negra», objeto preferente de la furia pirómana, lo mismo que la Cábala.

Afortunadamente, ese injusto y vacuo concepto peyorativo y denigrante se ha ido rectificando gracias a los meritísimos trabajos de sabios investigadores y laboriosos eruditos, que han conseguido poner en claro los grandes valores de esos dos mundos y los preclaros personajes que los encarnan. Mas aún quedan sombras que atenúan y desfiguran su visión, y, de rechazo, oscurecen los campos sobre los cuales irradiaron su influencia. Se impone, por tanto, la doble labor de esclarecimiento de ese noble legado en toda su magnitud, como de su irradiación en la historia, sociedad, literatura, política, derecho y demás ámbitos del mundo cristiano medieval y posterior.

Ni siquiera se ha expuesto de un modo directo y completo la trascendental preponderancia del mundo representado por la Biblia en tantísimos aspectos de la civilización y cultura occidentales, Pero estas proyecciones ecuménicas rebasan el área de nuestro intento; por eso nos limitamos a señalarlas como un panorama mucho más amplio, verdadera cosmovisión, donde *El legado del judaísmo español*, con sus naturales acotaciones de tiempo y espacio, es tan sólo una parte, aunque destacada y brillante.

Importa, pues, darlo a conocer más y más, no solamente como constitutivo de legítimos blasones nacionales, sino para admiración, provecho y enseñanza de todos los amantes de las Bellas Letras, la cultura y la alta espiritualidad en todos los aspectos que integran el complejo social y humano.

Los 16 capítulos en que se divide nuestro estudio creemos abarcan todos los campos y facetas, o al menos los fundamentales, del judaísmo español, tanto en lo bíblico y religioso, como en lo jurídico, laboral, profesional, político, literario y científico, en sus respectivas ramas. Y como, al hablar de esos enfoques, forzosamente hay que mencionar a los personajes más representativos en cada cuadro, resultará un trasunto bastante completo, aunque en perspectiva panorámica, de la historia del judaísmo hispano, máxime teniendo en cuenta que por la especial situación político-social de los judíos en la España medieval, como en todos los demás países de la diáspora, su historia no puede ser política, sino más bien meramente —y no es poco, siendo tan densa y profunda— interna y cultural.

Su importancia, debidamente justipreciada, es grande y de muy peculiares características dentro de la historia de España en todos sus aspectos. Pero, naturalmente, la orientación que hemos de dar a nuestro estudio será la proyección de todas esas actividades como legado a los siglos futuros, lo cual implica tres enfoques: 1) una visión general de conjunto sobre la naturaleza y características de cada una; 2) algunas *consideraciones filosóficas* en torno a las mismas, y 3) el señalamiento de los *campos en que esa manda espiritual irradió* de modo especial su influencia.

Una vez más recordaremos, y nunca más oportunamente que en este caso, como preámbulo al estudio de *El legado del judaísmo español*, el acertado consejo del gran vindicador de la ciencia española, el maestro Menéndez y Pelayo, cuando afirmaba[3] que debemos «buscar los orígenes de nuestras cosas donde realmente se encuentran, es decir, en las ideas e instituciones de todos los pueblos que han pasado por nuestro suelo y de los cuales no podemos menos de reconocernos solidarios».

3. *Estudios de Crítica literaria*, 4.ª Serie.

NOTAS PRELIMINARES

Para mejor inteligencia de los capítulos subsiguientes e ilustración del lector no especializado en los estudios hebraicos, creemos conveniente insertar aquí algunos datos de carácter general relativos a los judíos españoles, delineados con suma brevedad.

El primero es el relativo a la *venida de los hebreos* a la península Ibérica. Su presencia, prescindiendo de fantásticas y ya totalmente desacreditadas leyendas, se atestigua, con textos bíblicos, desde los tiempos mismos del rey Salomón, mediados del siglo x a.C. Esos contingentes, cualquiera que fuese su número y su problemática consolidación en la Península como colonias o núcleos estables, se acrecentaron posteriormente en varias ocasiones históricas, como son la destrucción de Jerusalén y el derrumbamiento de la nación judía por Tito (70 d.C.), el subsiguiente aniquilamiento de los secuaces del pseudomesías Barcoquebas (o Bar Koseba, 135 d.C.) y las invasiones de los pueblos bárbaros del norte de Europa (siglo iv).

Sin embargo —extraño fenómeno en la historia de Israel—, hasta mediados del siglo x de nuestra era, es decir, unos dos mil años después de esas primeras venidas de mercaderes hebreos arribados a Tarsis (Tartesos) y otros puntos de las costas meridionales de la Península, ese pueblo, llamado con razón y en varios sentidos «Pueblo del Libro», no dio aquí ostensibles señales de su dedicación a las tareas del espíritu. El primer personaje de nombre conocido, por cierto de gran talla, es Ḥasday ibn Sapruṭ (915-975), famoso ministro de ʻAbd-al-Raḥmān III y de su hijo y sucesor Al-Ḥakam II; de él nos ocuparemos con la atención que se merece.

La conjunción de varias circunstancias excepcionales en la indicada fecha motivó el inicio de una espléndida floración literaria, poética y científica como jamás conoció el Israel de la diáspora, en la España medieval, la musulmana primeramente y la cristiana después, durante más de cinco siglos.

En el benéfico ambiente cultural del Califato, por obra de R. Mošé ibn Hanok y otros tres maestros de la Academia de Sura (Mesopotamia), llegados a España en azarosas circunstancias, y precisamente bajo los auspicios del mencionado Ibn Šapruṭ, empieza a florecer la cultura hebraicoespañola con gran ímpetu creador, de tal manera que tras una rápida iniciación, que apenas dura medio siglo, brilla una época áurea durante dos (siglos XI-XII), seguida de un descenso que alcanza tres (siglos XIII-XV). Se da el curioso fenómeno de que los primeros géneros cultivados, simultáneamente son la gramática (con su inseparable, la lexicología) y la poesía. Otra particularidad todavía más sorprendente: esos estudios lingüísticos rayaron pronto a tanta altura que quizá todavía no han sido superados en algunos aspectos, a pesar de los grandes avances del siglo pasado y el presente, y, no obstante, eran para sus cultivadores hispanojudíos solamente un medio, una meta provisional; la definitiva, su fin último, era la exégesis bíblica, la elucidación literal del sagrado texto, base de toda auténtica exégesis escrituraria, como han reconocido siempre los grandes doctores cristianos. De esa manera fueron los fundadores de la exégesis científica bíblica, como hoy día está plenamente demostrado; ello representa un timbre de honor para la Escriturística hispanojudía, la cual se mantendrá fiel durante los cinco siglos siguientes a estas dos características: firme base lingüística (gramatical y lexicológica) e interpretación literal como punto de partida de cualquier clase de elucidación o comentario del texto bíblico.

Otro aspecto de sumo interés, y también de curiosa novedad para la Escriturística hispanojudía, es la íntima relación que se estableció entre la poesía y la sagrada Escritura. Los poemas de tema religioso, y en algún grado también los profanos, se esmaltaron con frases bíblicas por los más diversos procedimientos (estribillos variados, inserción textual en los versos, acomodación de sentido, etc.), hasta el extremo de convertir muchas composiciones poéticas en abigarrados centones escriturarios. De este modo la poesía añadió a sus propios primores y ornatos estos otros dos méritos inusitados: convertirse en instrumento de exégesis bíblica y ser vehículo de difusión de las doctrinas, preceptos y oráculos de los sagrados libros. Con frecuencia esas perlas engastadas en los poemas religiosos o profanos son versos o fracciones de versos de los libros poéticos de la Biblia, con lo cual ambos géneros de poesía se fusionaron en estrecho abrazo.

Otra advertencia importante se refiere a la onomástica judía, de indudable importancia para la neta discriminación de personajes, máxime teniendo en cuenta que a su natural complicación y exotismo, como ocurre con los antropónimos árabes, se une el hecho de que unos mismos personajes aparecerán con frecuencia en varios capítulos de nuestra obra —circunstancia que procuraremos consignar con las oportunas llamadas—, y que no pocos usaban doble onomástica, una judaica y otra arábiga, lo cual podría ocasionar al lector lamentables confusiones. Así, por ejemplo, *Mošé ben Maimón* (Maimónides) *ha-sefardí,* como él se firmaba, es conocido entre los escritores árabes por *Abū Imram Musa ben Maimun ibn Abdalá.* En gracia a la claridad, evitaremos generalmente los nombres árabes, salvo en casos excepcionales, y aun en éstos poniendo al lado los equivalentes hebreos.

En cuanto a la composición de esos nombres, nótese que el primero es el personal o individual (equivalente al nuestro «de bautismo»); el segundo, precedido de *ben* («hijo de», en hebreo), es el patronímico, es decir, el del padre, y el tercero, precedido de *ibn* («hijo de», en árabe), el de familia o apellido. A veces se omite el segundo o el tercero; otras, el primero y segundo, quedando solamente el apellido, como es frecuente entre nosotros. En ocasiones, como en el ejemplo citado, se agrega el denominativo del lugar de origen o procedencia.

Notemos, finalmente, que a veces, en lugar de *ben,* aparece el arameo *bar,* con idéntica significación de «hijo», del cual encontramos seis ejemplos en patronímicos del Nuevo Testamento (cf. Pr 31, 1: *berî,* «hijo mío»).

ECUMENISMO HEBREO

CONCEPTO Y EXTENSIÓN

«Ecumenismo» es uno de esos términos de alto coturno hoy día muy en boga, de reciente acuñación —tanto que aún no figura en el *Diccionario de la Academia Española*[1], aunque sí hace tiempo el adjetivo «ecuménico»—, pero que tiene una significación bien clara y precisa, no sin cierta prestancia y especial valoración espiritual, o al menos cultural, particularmente en algunas de sus matizaciones.

A tenor del citado adjetivo, que ha precedido en las lenguas modernas al sustantivo y que significa, conforme a su etimología helénica (*oikouméné,* «tierra habitada o habitable»), pura y simplemente «universal, que se extiende a todo el orbe», la voz *ecumenismo* podría aplicarse a cualquier doctrina o teoría religiosa, filosófica, política, social o cultural, que tiende a su expansión o adopción por toda la humanidad.

Como puede observarse, encierra un sentido algo más denso y específico que la pura y simple «universalidad», «calidad de universal», y tampoco se identifica absolutamente con «universalismo», que tiene asignada en la Lógica su significación propia de «género supremo, que comprende otros géneros inferiores que también son universales» (*Diccionario de la Academia*). Sin embargo, en gracia a la variedad léxica y múltiples dispo-

1. ([19]1970). El curioso *Suplemento de todos los diccionarios enciclopédicos españoles publicados hasta el día* (julio 1918), por Renato de Alba (Eugenio Subirana, Barcelona), con el subtítulo «Más de 10.000 palabras que no figuran en la XIV edición de la Real Academia», incluye «ecumenicidad», «calidad de lo que es ecuménico o universal», vocablo abstracto, de matiz más específicamente filosófico, que no ha tenido aceptación hasta la fecha.

nibilidades de expresión a que tiene derecho todo escritor de cualquier materia, o todo hablante, y el margen que el idioma otorga, creemos que debidamente puntualizadas las respectivas acepciones estrictas, no hay inconveniente en emplear ocasionalmente los vocablos «universalidad» y «universalismo» como más o menos sinónimos de «ecumenismo». De hecho, ya se viene usando hace tiempo, por ejemplo, cuando se enfrentan «particularismo» y «universalismo» como dos ideologías contrapuestas, representadas en ciertos libros del Antiguo Testamento.

Lo propio que el susodicho adjetivo «ecuménico»[2], el término «ecumenismo» hasta ahora ha tenido un empleo casi exclusivamente restringido al ámbito de la Iglesia católica, actualizado sobre todo después del Concilio Vaticano II (1962-1965), como una de sus principales conclusiones.

Fijado, pues, claramente el sentido del vocablo, añadamos que su extensión o aplicación, a pesar del indicado matiz religioso, o, más concretamente, católico —adjetivo este último que, a su vez, etimológicamente significa, como es sabido, «universal, que comprende y es común a todos» (*Academia*)—, a otros campos es perfectamente lícita y entra en las leyes o normas usuales del vocabulario o lexicología. Por consiguiente, su matización en nuestro caso mediante el adjetivo «hebreo» *(ecumenismo hebreo,* es decir, del hebraísmo) no admite duda ni reparos en cuanto al campo particular a que se restringe y que vamos a exponer como preámbulo a los varios aspectos de *El legado del judaísmo español.*

Pero antes digamos que «ecumenismo» es un término de tal categoría y densidad, que admite muy pocos especificativos: trátese de religión, cultura, civilización o cualquier otra faceta humana, pocas son las que realmente han merecido el dictado de ecuménicas o universales en toda línea. Por eso, a fin de justificar el «ecumenismo hebreo», de que vamos a ocuparnos, procede en primer término elucidar las dimensiones ecuménicas del término «hebraísmo», para después exponer sus diversas irradiaciones.

«Hebraísmo», además de las tres acepciones (una religiosa y dos lingüísticas) que registra el *Diccionario de la Academia* [1) la profesión de la Ley antigua o de Moisés; 2) giro o modo de hablar propio o privativo de la lengua hebrea; 3) empleo de tales giros o construcciones en otro idioma][3], tiene otra, ya muy extendida hoy día, de mayor amplitud semántica, y es sencillamente la que cuadra a la sustantivación del adjetivo «hebreo» en casi todas sus significaciones, pero, fundamentalmente, la más compleja, que en cierto modo resume las demás, y es «el mundo y la cultura

2. «Aplícase especialmente a los concilios, cuando son generales y en ellos están representadas la Iglesia oriental y la occidental», *Diccionario de la Academia.*

3. El *Diccionario Larousse* no registra más que la segunda citada.

hebraica», en su más universal sentido: del pueblo hebreo. Ahí se incluye, por tanto, la *religión,* con todos sus dogmas y prescripciones; la *civilización,* antigua y posterior, literatura, arte, etc., hasta hoy; toda la trama, en suma, que entreteje la historia externa e interna, características particulares y patrimonio ancestral del pueblo de Israel, acrecentado a lo largo de tantas centurias.

Por consiguiente, al pretender bosquejar —más no se puede en un breve estudio como el presente— el *ecumenismo hebreo,* nos referimos a todos esos complejos y cuanto en ellos se encierra. Nuestro estudio será, pues, una simple contemplación panorámica, retrospectiva e impresionista, a través de cuatro milenios.

HISTORIA Y GEOGRAFÍA

Por su entronque étnico el pueblo hebreo pertenece a la gran familia semítica, que en los milenios IV y III a.C. es la representante casi única de la civilización, dentro de lo que hoy conocemos, aparte Egipto, y además se relaciona con los focos más importantes de cultura dentro de ese círculo (Mesopotamia) o de los próximamente anejos (Egipto), y quizá también con los helenos, pese a las tinieblas que hasta el presente han ocultado estas relaciones culturales, de las que, sin embargo, ya en la Antigüedad y en siglos posteriores tuvieron atisbos y hasta proclamaron paladinamente algunos espíritus perspicaces.

Por tanto, el pueblo hebreo, a pesar de su proverbial aislamiento, ya desde la vocación de su progenitor, Abraham, y demás patriarcas, peregrinos durante doscientos años, con su clan, por el Oriente Próximo, proyecta irradiaciones ecuménicas por grandes sectores del mundo protohistórico. En el siglo X a.C. naves del rey Salomón (cf. 1 Re 10, 22), «el más grande de todos los reyes de la tierra por sus riquezas y sabiduría, a quien todo el mundo anhelaba ver» *(ibid.,* vv. 23-24), asociadas a las de los fenicios, audaces navegantes, surcan el Mediterráneo y llegan en singladuras trienales hasta la remotísima Tarsis (Tartesos). Quizá de entonces daten los primeros colonos y residentes hebreos en la península Ibérica.

Desde la deportación a Nínive (722 a.C.) del reino de las Diez Tribus y aun más desde la cautividad de Babilonia, siglo y medio después, del reino de Judá, el pueblo hebreo se derrama por el mundo.

En tiempos de los Ptolomeos —época helenística— y en los de Cicerón, de quien hay testimonios, siglos antes de la diáspora, se registran contingentes judíos muy numerosos en Alejandría e importantes en Roma y otras muchas ciudades del Imperio.

El año 70 d.C. de la *Iudaea capta* la población judía sobreviviente a aquella guerra de exterminio, en la que tantos murieron, fue aventada por todo el orbe, como dijo el poeta latino-cristiano Prudencio en su *Apotheosis:*

> sus miembros extirpados
> doquier por tierra y mar son dispersados,

y antes de otros setenta (135 d.C.) los últimos restos de Israel, milagrosamente conservados o retoñados en la antigua Judea, siguieron los mismos azarosos caminos.

A partir de esas fechas hasta hoy —dos milenios— el pueblo hebreo ha sido un auténtico ciudadano ecuménico; ningún otro pueblo del globo terráqueo puede presentar tan completa ejecutoria de ecumenismo. Por un destino singular, cuyas causas determinantes no hemos de analizar aquí, ése ha sido su sino. Y sigue siendo, pues, como se ha dicho con acierto y es fenómeno evidente, si antes de la creación del nuevo Estado (1948) había un Israel, ahora son dos: el de *Galût,* o la Diáspora, y el de *Yiššûb,* población judía palestinense. Tal situación perdurará Dios sabe hasta cuándo: tal vez hasta la consumación de los siglos. «El que me esparció me recogerá», exclama, resignada y confiada el alma israelita, basándose además en proféticos oráculos; pero la forma, tiempo y alcance de tal reagrupación son un misterio. El hecho indiscutible y palmario es que desde hace dos milenios, y aun tres en cierto modo y medida, Israel es ciudadano del mundo; es el único pueblo, repetimos, auténticamente ecuménico, cuya presencia, además, por todas partes y en tantas esferas se acusa con trazos vigorosos, aunque a veces queden sombreados.

RELIGIÓN

Se ha llamado a Israel «la estrella de Oriente» en tiempos pasados —¿quién sabe si no lo será también en los actuales?— por varias razones. En primer lugar, el pueblo hebreo, como fiel depositario de la Revelación divina, tiene en los tiempos antiguos una hegemonía espiritual incomparable con respecto a todos, absolutamente todos, los demás de la Antigüedad. Ni la mitología griega ni la romana, al fin fusionadas, pese a la propagación por Asia y Europa de la cultura helénica y a la extensión del Imperio romano por todo el orbe conocido, encerraban virtualidad suficiente para un ecumenismo. En cambio, el Dios de la Biblia, el Dios vivo, creador de los cielos y de la tierra y de cuanto en ellos se contiene, manifestose a todos los pueblos en sorprendente epifanía, y al menos por una minoría es en todos conocido.

Otra razón de esa supremacía estelar es la elevada moral que complementa los dogmas teológicos de esa religión, tan encumbrada sobre la vigente en los pueblos antiguos «como los cielos sobre la tierra», en frase bíblica.

La propia legislación mosaica y su complemento la de los siglos posteriores excede a la de Licurgo, la de Solón y la del considerado como el pueblo eminentemente legislador. El famoso verso virgiliano, tan repetido: «Tu regere imperio populos, romane, memento» («Acuérdate, romano, de que debes gobernar con autoridad a los pueblos»), es la mayor acusación de despotismo contra ese pueblo, que no sojuzgó a los demás por la cultura y artes del espíritu, como Grecia, sino por la fuerza y la tiranía, no por la dulzura, sentido humanitario o sabiduría de sus leyes, sino por la arbitrariedad, la ambición, la falacia y la fuerza. Hasta el nombre de Roma parece pregonarlo, pues *rhōmē* en griego significa «fuerza». Pero ¿dónde está el derecho?

Todavía podríamos señalar otros destellos de esa «estrella de Oriente», patentes en su eterna y sublime poesía y su humanísima sabiduría, ambas estrechamente hermanadas en esos libros poéticos que son al propio tiempo doctrinales y sapienciales. Pero el título principal es el de la religión, que por su naturaleza misma excede a todos los demás valores. Repitamos una vez más que de la religión judaica proceden: por línea directa, la cristiana y, por línea colateral, la islámica.

CULTURA

En todos los pueblos y tiempos, sin excepción, la religión ha sido no ya simple concomitante o nutricia de la cultura, sino su verdadera madre; no solamente una manifestación palpitante de la civilización, sino el primer motor y modelador de las formas de vida, de las estructuras ideológicas y de los moldes sentimentales de los pueblos. Incluso la actual civilización del siglo XX en su segunda mitad, tan asombrosa y desconcertante, es una continuación, querámoslo o no y pese a sus complicadas y divergentes derivaciones, de la justamente llamada cristiano-occidental, la cual —huelga decirlo— hunde sus raíces en el mundo de la Biblia.

Ciertamente la Biblia educó y civilizó a Europa, y en la fusión de esos valores con los del mundo greco-romano y otros posteriores que puedan señalarse, constitutivos de la civilización europea, ya verdaderamente mundial y unificada en tantos aspectos, a pesar de las hondas diferencias nacionales, raciales u otras, es decir, netamente universal, la hegemonía del complejo bíblico sobre todos los demás es incuestionable.

Ahora bien, expuestos los valores ecuménicos de la religión hebraica. se sigue como necesaria y obvia consecuencia el ecumenismo de esa cultura, entendiendo por tal el vasto campo de todo el conjunto de los saberes humanos y de la civilización en que se plasman esas ideas, creencias religiosas, ciencias, artes y costumbres constitutivas del estado social de los pueblos, razas y naciones.

Esta realidad se patentiza en varios panoramas y estratos; pero, mirada desde el enfoque indicado, podemos señalar, en primer término, su propia virtualidad más o menos eficiente y profunda según los tiempos, lugares y circunstancias; después, como factor ínsito y concomitante de la cultura y civilización cristianas, y, finalmente, como elemento latente asimismo en el islam, no solamente por los principios hebreo-bíblicos recogidos por éste en sus orígenes, sino por las copiosas influencias que en la civilización islámica pueden señalarse a través de las edades. Siglos y siglos de simbiosis, por muchas barreras, incluso materiales —judería, *vicus iudaeorum,* gueto—, que se impongan, tienen forzosamente que dejar su huella.

Recordemos solamente, como ejemplo palmario, la cultura hispano-arábigo-judaica de la Edad Media.

Otros sectores por todo el mundo han experimentado también, en variable escala y profundidad, el influjo de la cultura hebraica, que considerada como tal en los grupos minoritarios afincados en cada país y en cualquier tiempo, presenta sus peculiares características, y como elemento subsidiario, infiltrado en los demás, reviste innegable importancia. El pequeño gran libro del prestigioso historiador Cecil Roth, *The Jewish Contribution to Civilisation* (1938), al que remitimos, nos ofrece una visión de conjunto, aunque sucinta, por el marco del libro, pero convincente y comprobatoria de nuestros asertos.

Faceta de sumo interés para ahondar en el ecumenismo cultural hebraico son las literaturas que podríamos llamar judeo-exóticas, que han florecido durante más de veinte siglos en diversos países del mundo.

En una segunda edición de nuestro *Manual de Historia de la Literatura hebrea*[4] proyectamos incluir, como segundo tomo, esas literaturas tan escasamente conocidas, algunas sobre todo. Incluso la judeo-helenística, cuyo monumento más importante es la venerable versión del Antiguo Testamento denominada de los Setenta (o *Septuaginta*), es totalmente desconocida en los demás aspectos y producciones, aparte de Filón de Alejandría y Flavio Josefo, sus más egregios representantes. No se han estudiado otros autores, de los cuales apenas sabemos más que los nombres, y que, sin embargo, realizaron una labor de considerable alcance y profundidad, por ejemplo, demostrando el influjo ejercido por la Biblia y el hebraísmo en la ideología de los poetas y filósofos griegos, así como también en los historiadores.

Los helenistas se han ocupado muy poco de estos aspectos del hele-

4. Gredos, Madrid, 1960.

nismo y han preferido pregonar a todos los vientos el decantado «milagro griego», que, como agudamente explicó A. Meillet, ha de entenderse en el sentido de la habilidad con que los griegos supieron asimilarse los elementos culturales de los países bañados por el mar Egeo y, por tanto, también del por ellos llamado Palestina. Por mucho que se retrase la composición o redacción definitiva de los libros más antiguos del Antiguo Testamento —llámeselos, si se quiere, *documentos*—, los grandes escritores bíblicos, Moisés, los historiadores, David y otros salmistas, los grandes poetas y profetas, como Isaías, Jeremías, Ezequiel, los doce profetas menores, los sabios de Israel o «escribas inspirados», que compusieron los libros sapienciales, todos ésos, o la mayoría, florecieron mucho antes del siglo de oro (IV a.C.) de la literatura helénica, y no pocos incluso antes que el «padre de la poesía», el sin par Homero (entre los siglos X y VIII a.C.). Con acierto incluye Víctor Hugo entre los que él llama «hombres-océanos», «los gigantes del espíritu humano», a Moisés, Isaías, Ezequiel, al autor del libro de Job, como también a san Juan Evangelista y a san Pablo, «el rabino cristiano».

La literatura judeo-árabe, que tras la brillante floración oriental en que culmina el gran polígrafo Sa'adyá ha-Gaón (882-942), tiene resplandores de época áurea en la España musulmana, cada día va siendo más conocida y estimada en sus altísimos valores, pero aún falta muchísimo por hacer, sobre todo en el terreno de la divulgación de esas obras maestras.

En cuanto a las literaturas judeo-española y judeo-alemana, lo propio que los respectivos dialectos, ladino e *idiš*, en que se plasmaron, por su gran desarrollo y área de extensión se alzan sobre los demás de la Edad Moderna y siguientes con aureola especial; y aunque existe sobre ellas copiosa bibliografía, algunas antologías y compendios historiográficos de autores y obras, dista mucho de haberse agotado el tema y quizá no se han realizado todavía los estudios o tratados de conjunto que se merecen[5].

Mucho menos conocidas son la literatura judeo-persa, la judeo-griega (distinta y posterior a la judeo-helenística), la judeo-china, etc., que, sin embargo, reclaman su puesto en esa nonnata Historia de las literaturas ju-

5. Permítasenos recordar, por lo que al ladino se refiere, que la obra cumbre de esa literatura, el *Me'am Lo'ez*, el gran comentario bíblico sefardí, hasta ahora había permanecido inaccesible, fuera del sector judaico de los iniciados en ese dialecto y en la escritura aljamiada, en que está impreso. El autor de este libro y el profesor doctor Pascual Pascual Recuero han iniciado hace unos años la publicación de esa obra monumental, transliterada en caracteres latinos y anotada, y ya apareció, además del tomo preliminar, «Prolegómenos» (Gredos, Madrid, 1964), el tomo 1, *Me'am Lo'ez Bᵉrē'-šīt* (Génesis), en dos gruesos volúmenes, 1.ª y 2.ª parte (1969 y 1970). De este modo la «universalización» de esta obra, al menos en el mundo erudito, podrá ser más factible que encerrada bajo su coraza aljamiada, juntamente con la abstrusa y arcaica tipografía de los siglos XVIII y XIX, aparte de la en general deficiente conservación de los volúmenes.

deo-exóticas. Todas ellas son, como hemos indicado, magnífico y singular ejemplo de ecumenismo cultural, que ni siquiera el latín podría emular.

JUDAÍSMO Y CRISTIANISMO

El cristianismo, más que una rama de la religión mosaica, es la continuación del tronco, bipartito a partir de la aparición de aquél, por los cristianos llamado Nueva Ley.

Todos los dogmas del Antiguo Testamento, las enseñanzas morales de la Torá y los profetas, las doctrinas de los libros sapienciales se incorporaron a la nueva religión, que se expandió rápidamente por todos los confines del mundo conocido, incluso países a donde no habían llegado la sabiduría griega y las águilas romanas. Desde sus comienzos tuvo como meta la predicación del Evangelio «a toda criatura». «En toda la tierra salió su línea y en cabo del mundo sus palabras» (Sal 19, 5, trad. Biblia de Ferrara), palabras que la Iglesia aplica a los Apóstoles. No cabe mayor ecumenismo, en el que, como es lógico, en vista de lo dicho, cabe una inmensa parte al factor hebreo-bíblico.

Pero conviene añadir que el cristianismo tomó del Antiguo Testamento, además de los elementos fundamentales susodichos, acrecentados por su fundador, tal como consta en los Evangelios, un enorme caudal de instituciones religiosas, jurídicas, civiles, sociales, familiares y culturales de todo orden.

En consecuencia, cuando se afirma, como antes dijimos, la acción trascendental de la Biblia como educadora y civilizadora de Europa, que andando el tiempo había de ser la maestra suprema del mundo, no ha de entenderse pura y simplemente del Evangelio o a lo sumo el Nuevo Testamento, sino también, en el mismo plano respecto a autoridad divina, todo el Antiguo, la Ley y los Profetas, cuyos valores no han prescrito ni prescribirán. Aquí es donde brilla con mayores resplandores y más amplios horizontes el ecumenismo hebreo, entreverado en apretado consorcio espiritual con el cristiano.

JUDAÍSMO E ISLAMISMO

El entronque de la religión musulmana con el mundo hebreo-bíblico es una verdad fuera de duda. Ya san Juan Damasceno, que vivió en la primera mitad del siglo VIII, afirmó rotundamente, como saben muy bien los cultivadores e investigadores de la cultura arábigo-islámica, que la religión musulmana es una mezcla —sincretismo diríamos hoy— de judaísmo y cristianismo, aparte de otros elementos que se hayan infiltrado.

Sobre este tema existen abundantes escritos, debidos sobre todo, por no decir exclusivamente, a orientalistas o arabistas no-musulmanes que han tratado esta materia con la objetividad e imparcialidad que quizá sería más difícil para un autor musulmán. La verdad ante todo, y ni el chauvinismo político ni el chauvinismo religioso —si cabe hablar así, haciendo extensivo el vocablo a este campo— deben oscurecer jamás la realidad de las cosas y su auténtica explicación, sea cual fuere el ángulo de su perspectiva.

La obra clásica *Judaism and Islam* (1970) —según la versión inglesa, de Abraham Geiger, que él tituló en el original alemán *Was hat Mohammed aus dem Judenthume aufgenommen* (*Qué tomó Mahoma del judaísmo*)— antes presentada en latín como tesis a un concurso anunciado por la Universidad de Bonn (1833), y las numerosas aportaciones posteriores de otros autores, reúnen cuanto de sustancial pudiera desear acerca de la materia. Lo que nos interesa resaltar es esta forma latente, si se quiere, pero real, del universalismo hebreo-bíblico, que irá a todas partes donde arraigue el islam. Se da la curiosa circunstancia de que dicha traducción inglesa se efectuó (1896) para que pudiera servir de ayuda a los misioneros cristianos en sus relaciones con los mahometanos de la India.

JUDAÍSMO Y AMÉRICA

La importancia y difusión del elemento judaico en toda América arranca del descubrimiento mismo del Nuevo Mundo. Recientes estudios han aportado copiosa información respecto a los acompañantes judíos de Colón en su primero y posteriores viajes; y no solamente no se ha descartado la tesis de Colón judío, popularizada sobre todo por Salvador de Madariaga, entre las múltiples lanzadas sobre la estirpe y oriundez del descubridor, sino que persona tan calificada en el campo de los estudios hebraicos como el profesor Millás Vallicrosa la defendió en la revista *Tesoro de los judíos sefardíes*[6] en un artículo titulado «Solución definitiva del problema de la patria de Colón». Y empieza por decir que «la bibliografía en torno a este problema es grande, una verdadera literatura».

La crecida demografía judaica en América del Norte es del dominio público, como también su trascendencia en numerosas y capitales actividades del país: industriales, comerciales, bancarias, financieras de toda laya, periodísticas, políticas, culturales, etc. En un artículo publicado en la revista española *Palabra*[7], titulado «Los judíos hoy», hemos expuesto con abundantes datos numéricos este y otros aspectos del judaísmo en América y en todo el mundo.

6. VI, 1963, pp. VII-XV.
7. 67 (1971).

Por lo que se refiere a América del Sur, prueba palmaria de la relevancia del factor hebraico constituye la Primera Conferencia Internacional de Lengua y Cultura hebrea en las Universidades latinoamericanas, celebrada en el verano de 1971. Numerosas e importantes empresas y realizaciones editoriales en Méjico, República Argentina y otras sudamericanas no solamente atestiguan la presencia, sino también la eficacia del elemento judaico en esas latitudes. Es de justicia recordar la gran *Enciclopedia judaica castellana*[8], de la cual fue colaborador el autor del presente libro, obra que hace digna y fraternal compañía a las varias enciclopedias judaicas aparecidas en los postreros cien años. Notemos que esta clase de obras por su naturaleza misma, refrendada en cierto sentido hasta por su nombre, ostentan un marcado carácter ecuménico.

También cumple mencionar la benemérita labor de divulgación de las obras maestras o especialmente representativas o simplemente interesantes del judaísmo de todos los tiempos que llevan a cabo varias empresas editoriales, especialmente argentinas.

JUDAÍSMO Y ESPAÑA

En la proyección ecuménica de Israel por todo el orbe, desde hace varios milenios, cupo a España, o mejor dicho a la península Ibérica, un destino singular. Por testimonio explícito del Libro I de los Reyes (10, 22), antes mencionado, se demuestra la presencia en ella de mercaderes hebreos en tiempos del rey Salomón. En las crónicas y cronicones medievales e incluso en historias posteriores se relatan fantásticas leyendas, que merecen en su mayoría escaso o ningún crédito, sobre la venida a España de contingentes hebreos en tiempos muy remotos y en otros posteriores al Rey Sabio. Como quiera que sea, hemos de admitir la irradiación de Israel hasta el Extremo Occidente, el *Finis-terrae* por donde se pone el sol, como una trayectoria más de ecumenismo, durante muchos siglos.

En la época romana y Edad Media los primitivos núcleos judaicos fuéronse acrecentando sucesivamente hasta llegar a constituir comunidades en casi todas las poblaciones importantes de la Península. Hasta la invasión almohade, los contingentes radicados en la España musulmana revisten mucha mayor importancia que los del Norte; pero, a partir de mediados del siglo XII, cambia la suerte, y ante la alternativa a que esa secta africana, movida por el fanatismo, puso a los judíos —como igualmente a los mozárabes— de «islam o muerte» originóse un éxodo hacia

8. México, 1948-1951, diez tomos más otro posterior sobre «Judaísmo contemporáneo», 1961.

los reinos cristianos y la ruina de las prósperas aljamas de Andalucía, si bien en siglos posteriores hubo retorno a las ciudades de esta región.

En una y otra España, la islámica del Sur y la cristiana del Norte, el elemento judaico revistió notoria importancia y florecieron ilustres personajes y eximios escritores, algunos de ellos de fama mundial no eclipsada hasta el día de hoy; hubo durante los siglos XI y XII una verdadera época áurea para las letras hebraicoespañolas y se formó una literatura judeoárabe de subidos quilates. La irradiación por todo el mundo, de las obras de esa pléyade gloriosa de escritores geniales, es una nueva forma de ecumenismo.

Con la expulsión de 1492 no acabarán las relaciones entre España y el judaísmo; de su cuantía y variedad ofrece testimonio fehaciente la voluminosa historia de *Los judíos en la España moderna y contemporánea* (1962), en tres tomos, por el concienzudo investigador Julio Caro Baroja, quien volvió sobre el tema en *La sociedad criptojudía en la corte de Felipe IV* (discurso de ingreso en la Real Academia de la Historia, Madrid, 1963). Notables son, asimismo, los numerosos trabajos del profesor Antonio Domínguez Ortiz sobre los conversos, materia en la que es un autorizado especialista.

Mención especial merece la amplísima y misteriosa acción de los conversos, desde los siglos medievales, que tan hondamente penetró en la entraña nacional, y que aun infiltrada en el área del cristianismo, o precisamente por eso, se presenta como otra forma de ecumenismo más recóndita, derivada, en definitiva, del tronco original.

El legado multiforme del judaísmo español se ha perpetuado, con caracteres de universalidad, desde la Edad Media hasta nuestros días.

EXPANSIÓN MUNDIAL

El padre Lacordaire, el mayor orador, por lo menos sagrado, del pasado siglo, a juicio de muchos, definió a Israel con estos dos términos: «Ce peuple immortel, répandu partout». Ambos conceptos encajan perfectamente en el ecumenismo que proclamamos, e incluso lo definen, puesto que abarca las dos coordenadas de tiempo *(immortel)* y espacio *(répandu partout)*. Israel es, en efecto, como ya dijimos, el único pueblo, en el sentido étnico, que ha tenido esa prerrogativa de inmortalidad.

Israel tiene grabada en su frente una señal que le hace imperecedero. Bien lo demuestran las tremendas hecatombes que ha sufrido —aún nos estremecen los horrores de la mayor y más terrible— y que no han hecho más que reanimar con nueva vitalidad ese cuerpo, en vez de aniquilarlo. Ya en los tiempos bíblicos proclama el salmista como triste sino de Israel, en tono doliente: «Por tu causa somos degollados cada día y somos considerados como ovejas para el matadero» (Sal 44, 23). Pero la confianza en Dios no le abandona, ella es su fuerza, Porque él mismo prometió, por boca de Isaías: «Como los cielos y la tierra nueva, que yo voy a crear, subsistirán ante mí —dice Yavé—, así subsistirá vuestra progenie y vuestro nombre» (Is 66, 22).

CONCLUSIÓN

En rápida visión panorámica, de grandes horizontes, como preámbulo para la exposición de las varias facetas que vamos a considerar en *El legado del judaísmo español*, hemos tratado de bosquejar las irisaciones y trascendencia de la historia de Israel en su marco de cuatro mil años, destacando la nota sobresaliente de su ecumenismo espiritual y terrenal, geográfico e histórico, religioso y cultural en muchos órdenes, su influencia, aunque en muy diverso grado y profundidad en el cristianismo y el islam, sus elementos sociales de gran alcance en el Nuevo Mundo, su expansión por todo el orbe. Es una forma especial, bien destacada, de su incontrovertible grandeza, que hace de Israel el pueblo más singular y admirable de la tierra.

No se trata, pues, de una de esas teorías especiosas, más o menos ingeniosas, elaboradas de modo apriorístico o arbitrario, cuando no con secretas intenciones, y que a menudo no pasan de ser flor de un día, sino realidades históricas, innegables y evidentes.

Las conclusiones que de estos hechos se deducen son varias, y advertimos precavidamente que no se trata de proclamar ninguna especie de panhebraísmo, en que nadie ha pensado ni pensará, al estilo del que otros pueblos proclamaron o proclaman, sino de ahondar en el sentido auténtico de los fenómenos universales y trascendentes de la historia del mundo y de los valores humanos, para mejor comprenderlos y educir las obvias consecuencias.

En primer término, se trata de reivindicar el prístino origen de esos elementos hebraicos diluidos en tantos estratos milenarios, sin mengua del justo reconocimiento de otros valores particulares concomitantes en los diversos pueblos y culturas. En segundo lugar, es de justicia reconocer que esa magna aportación de Israel a la civilización universal le hace acreedor al reconocimiento de la gran deuda que las naciones tienen contraída con ese pueblo. La atenta consideración de estas realidades palmarias puede sugerir a todo espíritu reflexivo y ecuánime diversas otras deducciones y consecuencias, en las que no entramos por no rebasar los límites del presente estudio, ni salirnos del ámbito estrictamente cultural.

1

ESCRITURÍSTICA

I. TRASCENDENCIA DE ESTA RAMA; SU DIVISIÓN

Toda la literatura hebrea medieval, como la de los siglos anteriores, hasta las nuevas orientaciones que en ella se introducen en la Edad Moderna, al aparecer toda clase de escritos por obra de toda clase de personas ya fuera de la tutela rabínica, que se venía proyectando sobre el judaísmo desde los tiempos de Esdras, e incluso en algún grado desde esa etapa del siglo XVI hasta nuestros días, está saturada de esencias bíblicas. Podría, por tanto, estudiarse esa literatura judaica medieval, que además de los géneros propiamente literarios, comprende el derecho, lingüística y filología, filosofía y ciencias, a través de la Biblia. De ahí la dificultad de abarcar en toda su complejidad y derivaciones un campo tan inmenso y variado como es el de la escriturística. Fuerza es, por consiguiente, restringirse todo lo posible en este amplio panorama, el más trascendental, sin duda alguna, del *legado del judaísmo español*, ateniéndonos a lo más específico y más conexo con ese tema y dejando para los capítulos correspondientes las oportunas alusiones a los aspectos escriturarios que los otros puedan ofrecer.

Mas no es solamente la literatura, encuadrada en el anchuroso marco que hemos dibujado, la beneficiada de esa profunda infiltración bíblica. La historia entera cuatro veces milenaria de Israel, su vida política, social, familiar, individual y, ante todo, la religiosa, su lengua, justamente llamada «santa», su misión trascendental en el mundo y, en definitiva, la suprema razón de su existencia, la clave de sus misterios, todo lo suyo está cifrado en ese libro inmortal y sagrado, o más bien conjunto de libros estrechamente unidos entre sí, único en el mundo, que llamamos la *Biblia*.

Por eso parece conveniente, no ya sólo por razones jerárquicas, sino incluso de claridad expositiva y buscando el más sólido fundamento de todas las excelencias que prestigian al pueblo de Israel, comenzar el estudio de una porción tan importante y representativa en la historia y la literatura, el pensamiento y la acción, como es el «legado» que nos transmitieron los judíos de la España medieval, por un tema que, además de las razones generales apuntadas, se presenta en la escuela hebraicoespañola aureolado de singular prestancia e insuperable calidad: es la escriturística, con su cohorte de prestigioso exegetas y las doctrinas de sus métodos magistrales.

Para orientarnos en ese abigarrado conjunto, se impone una *división* de esa historia de la exégesis escrituraria, que no coincide con la clásica de la literatura hispanojudía en tres períodos (*iniciación,* siglo X; *florecimiento,* siglos XI-XII; *descenso,* siglos XIII-XV), sino más bien en los seis siguientes períodos o grupos:

a) *Exégesis indirecta:* gramáticos y poetas, siglos X-XII, desde M^e^naḥem ben Saruq hasta Abraham ibn ʻEzra.

b) *Comentarios directos:* siglos XII-XIII, desde Abraham ibn ʻEzra hasta Naḥmánides (m. 1270).

c) *Talmudismo, filosofía y controversias:* siglos XIII-XV.

d) *Comentarios científicos y diversos:* final del siglo XV a principios del XVI, y comprende, entre otros, a Isaac Aboab e Isaac Abravanel (m. 1508).

e) *Texto y traducciones:* conversos y criptojudíos, siglo XVI; Políglota Complutense (1517), Biblia de Ferrara (1553).

f) *Sefardismo:* siglos XVI-XX; *Me'am Lo'ez,* el gran comenta bíblico sefardí, etc.

II. MÉTODOS EXEGÉTICOS

Antes de proceder al estudio del proceso evolutivo seguido en escriturística hispano-judaica, conviene una exposición sucinta de métodos exegéticos que implantaron o siguieron esos denodados cultivadores de la viña del Señor.

Empecemos por advertir que la exégesis o elucidación de cualquier texto literario suele ofrecer múltiples dificultades, intrínsecas y extrínsecas, máxime cuando a las complicaciones naturales se añaden la lejanía, secular o milenaria, las oscuridades de la lengua, los azares de la transmisión del texto y otros eventuales problemas. En el caso de la Biblia, o Sagrada Escritura, esa ardua labor se agrava por la especialísima y singular naturaleza del texto. No es un libro como otro cualquiera; es único, de venerable antigüedad (en algún sentido podría afirmarse que es realmente el más viejo), de multiforme contenido y multiplicidad de autores en su aspecto humano, de profundidad teológica y doctrina sobrenatural en cuanto mensaje de la divinidad a los hombres, primeramente al pueblo de Israel y, en último término, a los de todos los tiempos y lugares.

Todas estas circunstancias explican el gran tesón puesto a contribución por los doctores hebreos para la recta comprensión y adecuada interpretación de ese libro a través de las edades. Con razón se ha dicho que «la exégesis de la Biblia ha sido el esfuerzo intelectual de mayor envergadura del pueblo judío en el exilio (Diáspora), especialmente durante los mil años que siguieron al agrupamiento y canonización de los libros de la Biblia»[1].

Esa labor gigantesca gravita fuera de nuestra órbita, pero entra de lleno, como tema del presente capítulo, la realizada durante los quinientos años siguientes (mitad del siglo X a final del siglo XV) por los escrituristas hispanojudíos.

En la interpretación escrituraria los judíos españoles cultivaron los cuatro métodos rabínicos sintetizados en la sigla PaRDéS («paraíso»):

a) *Pěšaṭ,* «simple», consistente en la exposición lisa y llana del texto, a base de su significado genuino.

b) *Rémez,* «alusión», explicación alegórica y filosófica, la preferida por los esenios y por Filón de Alejandría, que tanto influyó en algunos doctores de la Iglesia, por ejemplo san Ambrosio.

c) *Daráš,* «exposición» *halákica* o legalista, *y hagádica* u homilética, que tanta aplicación tuvo en los *midrašîm* (tercera rama de la literatura estrictamente rabínica, fusión en cierto modo de la *Halaká* y la *Haggadá*) y las exhortaciones sinagogales.

d) *Sôd*, «misterio», que cristalizó en la cábala y el misticismo, y que, formulada en los siglos VIII al X, alcanzó un gran desarrollo en el XIII, con la aparición del *Zóhar* («Esplendor», el segundo gran libro cabalístico).

Estos cuatro métodos o irradiaciones exegéticas coinciden en líneas generales con los cuatro sistemas o tendencias de interpretación cristiana sintetizados en estos dos versos:

> *a) Littera* gesta docet, *b*) quid credas *allegoria,*
> *c) Moralis* quid agas, *d*) quo tendas *anagogía*[2].

Pero los exegetas hebraicoespañoles no se contentaron con seguir y aplicar en sus comentarios, a tenor de las circunstancias corrientes de la época y gustos personales, esos cuatro métodos, sino que, partiendo del

1. *Enciclopedia Judaica Castellana*, México, 1948-1952, t. 11, p. 250.

2. *a*) Hechos enseña la *letra, b)* creencias la *alegoría, c)* normas de acción la *moral, d)* nuestra meta, *anagogía.*

Pešaṭ, convirtieron la exégesis en un estudio sistematizado y fundaron la exégesis *científica,* mérito que hoy día universalmente se les reconoce. Se adelantaron, pues, en cierto modo, casi un milenio a la exégesis actual, lo propio que en los estudios gramaticales lexicológicos dieron pasos de gigante todavía no superados en muchos aspectos, a pesar de los avances efectuados por la lingüística y la filología hebraica en los últimos cien años. Mencionamos esta rama no por mera coincidencia en ese aspecto, sino más bien por la estrecha relación que tiene en la escuela española con la exégesis bíblica, como seguidamente pondremos de relieve.

a) Exégesis indirecta (siglos X-XII)

Al amparo de la beneficiosa influencia cultural que irradiaba la España del Califato con el valimiento y poderoso mecenazgo de Ḥasday ibn Šaprut, prestigioso ministro judío de ʻAbd-al-Raḥmān III y su hijo y sucesor Al-Ḥaham II, como también por la providencial llegada a España de cuatro sabios maestros de las otrora brillantes, pero a la sazón ya decadentes Academias rabínicas de Oriente, principalmente R. Mošé ben Ḥanok, fundador de la Academia talmúdica en Córdoba (*ca.* 965), se produjo en el suelo ibérico, ya tácitamente preparado sin duda durante las épocas anteriores, una súbita eclosión literaria en el área del judaísmo, que, tras medio siglo de iniciación, empezó a producir opimos frutos de una auténtica edad de oro.

Los dos pioneros de estos estudios en la España judaica medieval, pertenecientes al siglo X, fueron: *Mᵉnaḥem ben Saruq* (910-970) y *Dunáš ben Labraṭ* (¿920?-¿980?), ambos en diversa escala gramáticos y poetas, que escribieron en hebreo. El primero, en su *Maḥbéret* (*Reunión*, *sc.* de palabras), primer diccionario hebreo en su clase, incluye por orden alfabético la lista de todas las voces hebreas que se encuentran en los libros sagrados, con la explicación del significado propio de cada una, así como de sus derivadas, haciendo uso del arameo y del hebreo mišnaico. Las citas que el famosísimo Raší, el exégeta de mayor talla de la escuela francesa (siglo XI), toma de la obra de Mᵉnaḥem, son prueba fehaciente de su valía.

Otro mérito especial de éste, que es de justicia resaltar, es haber sido el primero en descubrir el llamado «paralelismo» de la poesía bíblica, teoría que ocho siglos después sistematizó y puso en boga Roberto Lowth (1753)[3].

3. En cuanto al valor que, a nuestro juicio, debe darse al paralelismo, remitimos a nuestros estudios: «Contribución al estudio de la métrica bíblica. Sobre la verdadera significación y alcance del "paralelismo"» y «Principios fundamentales del verso hebreo», en la revista *Sefarad*, III (1943) y V (1945).

En cuanto a Dunáš, sus escritos gramaticales, en gran parte de polémica con Mᵉnaḥem, que continuaron los discípulos de uno y otro, y sus poesías, género en el que pasa por ser el introductor de la métrica árabe y de sus temas profanos, se desenvuelven dentro de la tónica y caracteres que hemos indicado para ambos géneros, en relación con la escriturística.

Durante esta primera época, de iniciación, que llega hasta los albores del siglo XI, floreció una nutrida pléyade de gramáticos y poetas, que siguieron las huellas de los iniciadores. Entre sus obras, de una y otra clase, algunas se han conservado, otras se perdieron; pero ello no obsta para que conozcamos su estimable aportación al común acervo del glorioso legado que estamos historiando.

En el segundo período, de esplendor, que empieza entrado el siglo XI, encontramos varias figuras cumbres de la exégesis bíblica, que plasmaron sus conocimientos escriturarios, fruto de constante meditación y estudio de la sagrada Escritura, en obras gramaticales, poéticas, filosóficas, saturadas todas ellas, cada una dentro de su propio género, de esencias bíblicas. Por ser el árabe la lengua vernácula de las regiones donde escribían y con el fin de dar mayor difusión a sus obras, compusieron sus tratados gramaticales en ese idioma hasta la época almohade; en cambio, sus creaciones poéticas fueron redactadas en su lengua ancestral, el hebreo —aunque también poetizaban en árabe—, por tratarse de un género literario más íntimo, sobre todo tratándose de las poesías líricas y más todavía las religiosas.

El primero, en el orden cronológico, es *Yoná ibn Ŷanaḥ* (¿985?-1050), nacido en Córdoba y residente, desde 1012, en Zaragoza. Las dos partes, gramática y léxico, que abarca su *opus magnum,* el *Kitab al-tanquiḥ* (*Libro de la crítica*) o investigación minuciosa del lenguaje, del que nos ocuparemos con más detalle en el capítulo 11 («Lingüística y lexicología»), encierran una aportación extraordinaria a la exégesis bíblica. Porque «conjuntamente con sus títulos y méritos de gramático en el más noble sentido del vocablo, R. Yoná es un gran exegeta bíblico, un verdadero *tannakî* u "hombre de la Biblia". Siguiendo la trayectoria ya iniciada por sus antecesores, la meta final a donde convergen sus investigaciones no es otra que la más exacta y completa interpretación escrituraria; es la orientación que seguirán también sus sucesores»[4]. Su influencia en este terreno de la exégesis y crítica textual escriturarias ha sido enorme, y gran número de sus observaciones han sido recogidas por los exegetas e incorporadas en las versiones del Libro sagrado.

De *Šᵉmuel ibn Nagrella* (993-1056), el famoso visir de dos reyes ziríes de la taifa granadina, uno de los cuatro primates de la poesía hebrai-

4. *Manual de historia de la literatura hebrea,* Gredos, Madrid, 1960, p. 468.

coespañola medieval, basta decir como prueba de su aportación a la escriturística, aun cuando no compusiera ningún tratado sobre esta materia ni gramatical o lexicológico del orden de los indicados, que «a imitación de los tres libros sapienciales de tendencia más directamente moralizadora y religiosa de la Biblia hebraica, Salmos, Proverbios y Eclesiastés, dio a las tres colecciones que integran su *Diván*, variado florilegio de sentencias y alegorías inspiradas en los sagrados Libros, los títulos de *Ben T*^{e}*hil-lîm* (*Nuevo o pequeño Salterio*), *Ben Mišlê* (*Nuevo o pequeño libro de los Proverbios*) *y Ben Qohèlet* (*Nuevo o pequeño Eclesiastés*), títulos que se acomodan a su peculiar carácter y significación de su contenido, puesto que el primero comprende oraciones; el segundo, enseñanzas y moralidades, y el tercero, poemas de tendencia filosófica»[5].

Š^{e}*lōmō*^{h} *ibn Gabirol* (¿1020?-1058), altísimo poeta, filósofo y teólogo, de tanta autoridad que muchas de sus poesías religiosas se incorporaron a los rituales sefardíes, en su magno poema, de 400 versículos en forma rimada, titulado *Kèter Malkût* (*Corona real*), se eleva a las cimas de la poesía mística; está entretejido de frases y referencias escriturarias, principios y dogmas teológicos y gran caudal de la filosofía peripatético-alejandrina.

El moralista y asceta *Baḥya ibn Paquda* (¿1040?-1110), zaragozano, aporta un copioso material escriturario en su popularísimo *Ḥobôt hal*^{e}*bābôt* (*Deberes morales*) (lit., «de los corazones»), en el que se propuso levantar la espiritualidad y la piedad sobre el mero formalismo religioso. Se le ha llamado el «Tomás de Kempis judío», por una cierta analogía de orientación y contenido entre la obra del uno y del otro. Recordaremos que el libro de la *Imitación de Cristo,* como hemos indicado en alguna ocasión, es como una «pequeña Biblia».

El mayor poeta lírico de la literatura hebraicoespañola fue, sin duda, *Y*^{e}*hudá ha-Leví* (¿1075?-¿1161?), tudelense, que rayó a gran altura en sus poemas religiosos, por ejemplo, el conocido *Himno de la creación,* traducido a las principales lenguas, por Menéndez y Pelayo, en verso, a la española —además de otras varias versiones—. Su célebre *Cuzarí,* titulado en su original arábigo «Libro de la prueba y del fundamento de la religión menospreciada», es la obra cumbre de la apologética judaica, con lo cual ya está dicho el cuantioso fondo escriturario que en él se encuentra.

«El poeta de los poetas» fue llamado por su primorosa dicción el granadino *Mošé ibn 'Ezra* (¿1055?-1135), que tras una juventud alegre a estilo horaciano, que se refleja en las poesías de su primera época, ante las penalidades y azares de la segunda parte de su vida, se convirtió en el «poeta penitencial» por excelencia de la Sinagoga.

5. *Ibid.*, p. 472.

b) Comentarios directos (siglos XII-XIII)`

El segundo período que hemos distinguido en la historia de la exégesis escrituraria hispanojudía es el de los *comentarios directos* del texto bíblico, en sus diferentes libros, cuyos valores literales —base y fundamento de toda exégesis— descansan sobre los cimientos asentados por los mencionados gramáticos, filólogos y poetas, y han ejercido una influencia extraordinaria en la escriturística judaica posterior. Lástima grande que por hallarse escritos en dos lenguas de difícil acceso, árabe y hebreo, y tratarse de obras de ardua consecución, hayan sido hasta ahora libros sellados con siete sellos y, como consecuencia, por añadidura, desconocidos sus valores y hasta negados. Rarísimos han sido los exegetas cristianos que han ido a beber a esas fuentes; entre ellos podríamos citar tal vez al famoso Tostado, cuyas obras escriturarias yacen sepultadas en los imponentes infolios latinos que atesoran las bibliotecas españolas ricas en fondos antiguos.

Abraham ibn 'Ezra (1092-1167), nacido en Tudela, no en Toledo, como se venía creyendo, fue el mayor polígrafo hispanojudío después de Maimónides. Entre sus títulos de poeta, gramático, matemático, astrónomo y astrólogo, filósofo, que acreditan sus numerosas obras, sobresale el de comentarista bíblico. Su labor en este campo representa la cumbre de la exégesis judaico-española y es un resumen de la misma, escrita principalmente en árabe, y que él, por su nacimiento en la España cristiana y fecha del mismo —época almohade—, compuso en hebreo, con lo cual hizo accesibles esos tesoros a las comunidades de países europeos por los que peregrinó gran parte de su vida y en los que elaboró sus comentarios bíblicos, que se extienden a casi todos los libros del Antiguo Testamento. «Manifiesta penetrante sentido crítico, que en parte preludia la crítica moderna», como afirma el profesor Millás Vallicrosa.

La figura más grande del judaísmo español, que incluso rompe estos moldes, para convertirse en figura mundial como científico, filósofo-teólogo, talmudista y astrólogo y, sobre todo, escriturista, fue *Maimónides* (1135-1204) —Rabbí Mošé ben Maimón, y, en sigla, RaMBaM, entre los judíos—, nacido y educado en Córdoba, fugitivo con su familia por diversas localidades españolas a causa del fanatismo almohade, residente algún tiempo en Fez y afincado finalmente en Egipto, donde tuvo la fortuna de llegar a ser médico de la corte del famoso Saladino. Sus profundos conocimientos de la Escritura se difunden por todas sus numerosísimas obras; pero la más conocida y quizá la de más altura entre todas —aunque resulta difícil el cotejo y valoración entre las de dispar contenido, como son las suyas— es la universalmente citada, aunque mucho menos conocida, pues, al menos entre los no-judíos, no ha trascendido del reducido círculo de los especialistas y grandes teólogos: la titulada en su versión hebraica *Moréʰ nᵉbûkîm* —en el original árabe *Dalālat al-ha' irīn*— (*Guía de perplejos*). Es una obra de difícil clasificación por su contenido filosófico, teológico, científico, filológico; pero lo fundamental de su contenido y su misma finalidad la sitúan de lleno dentro de la escriturística, y el propio autor la conceptuó como «verdadera ciencia bíblica». Se han hecho de ella traducciones a varias lenguas y muchos más estudios, resúmenes de su contenido y comentarios a los que remitimos[6]. Es una verdadera *Summa* teológico-filosófica del judaísmo, aun cuando su forma de exposición nada absolutamente se parezca a la de santo Tomás y estilo de la Escolástica. H. Graetz, el gran historiador judío alemán, afirma, con fundamento, que «los pensadores judíos de tiempos ulteriores proceden todos de Maimónides». En la Escolástica cristiana ejerció gran influjo, sobre todo en san Alberto Magno y su discípulo el doctor Angélico, quien a menudo le cita. En su tiempo había ya una traducción latina del *Moréʰ* con el título *Dux neutrorum sive dubiorum.*

Entre los fugitivos de la persecución almohade merece especial mención *José Qimḥí* (1105-1170), que se estableció en Narbona (Mediodía de Francia), donde desarrolló multiforme y provechosa actividad literaria y didáctica en el campo del hebraísmo, así como también sus dos hijos, *Moisés y David Qimḥí.* Los tres realizaron, aparte de sus obras gramaticales y lexicológicas, valiosos comentarios bíblicos sobre el Pentateuco (éste, de José, perdido), Proverbios, libro de Job, Salmos, libros proféticos, Esdras, Nehemías y Crónicas. David, el más importante de los tres, compuso también un libro de controversia judeo-cristiana.

Cierra este ciclo el gerundense *Mošé ben Naḥmán,* llamado *Naḥmaní* y más comúnmente *Naḥmánides* (1194-1270) y en sigla RaMBaN, considerado como la personalidad más relevante del mundo judío en las déca-

6. Puede verse el de A. Bonilla y San Martín en su *Historia de la Filosofía española* II: *Judíos* (Madrid, 1911, pp. 297-310, pero los capítulos 12 a 18, pp. 283-415, están íntegramente dedicados a Maimónides), con interesantes y copiosas notas eruditas acerca de la obra, traducciones, etc. Un resumen del contenido se incluye en nuestro *Manual de Historia de la literatura hebrea,* pp. 516-519.

La versión francesa de S. Munk, «primera del original árabe», de la cual decía el citado Bonilla (*loc. cit.*): «Es obra ya rara en el mercado, que se paga a muy elevado precio», es probablemente la mejor, salvo el desacertado título *Guide des égarés* (*Guía de los extraviados*).

«La más antigua de las versiones en lenguas vulgares es la española», nota Bonilla, refiriéndose a la de Pedro de Toledo, manuscrita en un códice del siglo XV, existente en la Biblioteca Nacional de Madrid, KK-9. J. Suárez Lorenzo publicó la primera parte, con el título *Guía de los descarriados* (s. f., 192..., «Instituto Maimónides», Madrid).

[En 1983, con posterioridad a la primera publicación de *El legado*, el propio David Gonzalo Maeso llevaría a cabo la primera traducción moderna española de la obra con el título de *Guía de perplejos* (Trotta, Madrid, ^{3}2001). *N. del E.*]

das centrales del siglo XIII. A la cabeza de sus numerosas obras, talmúdicas, cabalísticas, morales, poéticas, religiosas, figuran las exegéticas, entre las cuales se destaca su *Comentario al Pentateuco,* obra que le ocupó gran parte de su vida; otro al libro de Job, que figura en la Biblia Rabínica de Bomberg (1518), y un tercero al de Rut. En su restante producción, sobre todo la de índole cabalística y dentro de esta línea, hay muchísimo fermento bíblico; una de ellas lleva como título *'Eden, gan Elohîm,* «Edén, paraíso de Dios».

c) Talmudismo, filosofía y controversias (siglos XIII-XV)

Estas tres áreas, a las que pudiera agregarse también la cábala, que estudiaremos en el capítulo 3, constituyen, dentro de las peculiares características, contenido y finalidad de cada una, campos anejos de la escriturística, saturados de sus esencias y recíprocamente fuentes interesantes y valiosas de exégesis bíblica. El *Talmud,* en sus dos partes integrantes, *Mišná y Guemará,* es propiamente *Talmud Torá,* es decir, «Enseñanza y estudio de la Torá», la Ley de Israel contenida primordialmente en los cinco libros de Moisés. La filosofía se funde y hasta se confunde con la teología, cuyos dogmas y principios morales radican en la Escritura. Y en cuanto a las *controversias* religiosas los temas fundamentales que en las mismas se trataban, ya en *disputas* públicas, organizadas y presididas por las autoridades eclesiásticas y civiles, como la famosísima de Tortosa (febrero 1413 a noviembre 1414), ya en los numerosos escritos que se compusieron con esa orientación y finalidad, eran netamente bíblicas, por ejemplo, advenimiento del Mesías, demostración de la religión verdadera, etc.

Debemos advertir al lector que la variedad de ramas científicas de este apartado supone paralelamente la inclusión de algunos escritores que figuran en otros apartados o capítulos. Debido al polifacetismo de los judíos medievales, por una parte, y a la estrecha conexión que tienen entre sí casi todas las ramas científicas y literarias de la cultura judaica bajo la inspiración rabínica, es decir, hasta la Edad Moderna, por otra parte, resulta imposible una separación absoluta de personajes en cada rama. Por fuerza hay que repetirlos a veces, o limitarlos a una de esas esferas, la más importante para cada uno. La separación por razón del carácter fundamental del contenido, de la forma y de los siglos en que se desarrollan los diversos escritos de contenido exegético que hemos adoptado facilita nuestra labor de exposición y, lo que es más importante, la captación por parte del lector.

Notemos, por tanto, que en este apartado, de amplio margen, pues abarca los siglos XIII a XV, es decir, algo del anterior y también del siguiente, hay que tener en cuenta que varios personajes caen dentro de dos círculos, por ejemplo Maimónides. Por tal motivo, nuestra enumeración de autores y obras será más somera que en otros apartados.

Considerado el Talmud en su enorme y mejor diríamos sustancial sustrato escriturario, tanto en su contenido jurídico *(hălaká)* como, en menor escala, pero aun así abundantísimo, moral, ilustrativo y adoctrinador *(haggādá),* hay que mencionar, por la aportación que representa al complejo escriturístico, aun cuando todavía resulte campo vedado a los exegetas cristianos que no conozcan a fondo el hebreo y el arameo, la brillante cadena de talmudistas españoles, que en el capítulo 4 desarrollaremos con más detalle.

Aunque Šemuel ibn Nagrella demostró su profundo saber talmúdico en su librito sobre metodología del Talmud *Mebo' ha-Talmûd* (*Introducción al Talmud*), declaración concisa y clara de sus expresiones técnicas, hasta fines del siglo XI, con la venida de *Isaac al-Fasi* (1013-1103) de Kairauán a Lucena, donde estableció una escuela talmúdica y actuó como rabino (1089) hasta su muerte, no hay memoria de ningún talmudista importante en España, por más que esta rama tan imprescindible en la vida entera del judío de la Diáspora siempre fue objeto de meticuloso estudio desde los siglos de su elaboración. Al-Fasi intentó una sistematización de las *Hălakôt,* o decisiones jurídicas, y por constituir su obra como una síntesis del Talmud se la ha llamado «pequeño Talmud». Maimónides, que superó con creces la labor de Al-Fasi, le llama «nuestro gran maestro Rabí Isaac». De su sucesor, Yosef ibn Migáš en la Academia lucentina, del cual recibió enseñanza Maimónides y que gozó de gran fama como talmudista, nada nos queda.

El gran sistematizador de la vasta e inextricable enciclopedia talmúdica fue Maimónides, que superó a todos los anteriores y no ha sido superado por ninguno posterior; más bien ha servido de base para las codificaciones que después se han hecho, como la famosísima de José Caro, que ha venido a ser el *Código rabínico* por antonomasia, de la cual nos ocuparemos en el capítulo 4. Las dos grandes obras jurídicas del polígrafo cordobés son: el comentario a la Mišná, titulado *Mišnayyôt* (pl. de *Mišná*), cuya elaboración le ocupó once largos y azarosos años y en el cual muestra su autor los vastos conocimientos que poseía en todas las ramas del saber, principalmente en la escriturística, *y Mišnèh Tôráh* (*Repetición de la Ley*), llamado también *Código de Maimónides*, etc. Dado el carácter de ambas obras, no es menester ponderar el caudal ingente de doctrina escrituraria que contienen, dado que el Talmud no es, en definitiva, sino la exposición de los preceptos y deberes que prescribe la Torá, un reflejo, a veces amplificado, de ésta.

Al lado de RaMBaM ocupa un puesto de honor RaMBaN (Naḥmánides), que nació diez años antes del óbito de Maimónides: una nueva lumbrera del judaísmo hispano aparecía al extinguirse la otra, ausente de España desde los veinticinco años de edad. Ya hemos hablado de la variedad y mérito de sus escritos, entre los que ocupan la primacía los exegéticos. Los comentarios talmúdicos, muy apreciados por los eruditos, constituyen una aportación más a la exégesis escrituraria, de especial valor por elegir para su dilucidación los pasajes de especial dificultad, siempre esmaltados de referencias bíblicas. R. Ašer (1250-1327) y su hijo Ya'aqôb ben Asĕr (1280-1340), egregios representantes de la escuela alemana, se establecieron en Toledo, huyendo de la difícil situación creada a las comunidades judaicas de su país, y en esa ciudad, donde el padre fue elevado a la dignidad de Gran Rabino, fundó una academia. De su interés particular por la Torá, aparte de las esenciales conexiones de ésta con el Talmud, dan fe las anotaciones al Pentateuco que escribió. Ambos compusieron sendos «testamentos éticos», sembrados de enseñanzas y sentencias bíblicas. Del hijo, Ben Asĕr, trataremos más extensamente en el capítulo 4.

El ciclo de los talmudistas hispanos se cierra con broche dorado en la persona de José Caro (1488-1575), nacido en Toledo, exiliado en 1492, residente en los Países Balcánicos y, finalmente, en Palestina. Su obra más popularizada es *Šulḥān 'Arûk,* (*La mesa preparada*), conocida también por *Código rabínico*, cuyo contenido escriturario se inscribe en la línea de los autores precedentes, y del cual nos ocuparemos en el capítulo del *Talmudismo.*

La filosofía en el judaísmo, como queda indicado, dentro de los límites que quieran señalársele, está fuertemente vinculada con la teología, la cual descansa, lo mismo que la cristiana, sobre el sólido fundamento de la sagrada Escritura. Modernamente se va prestando preferente atención a la teología bíblica, ya casi del todo estructurada, por más que, a nuestro juicio, en realidad de verdad, la teología, cualquiera que sea la forma que adopte, y tanto la dogmática como la moral, no puede tener otro cimiento que la Biblia, aun cuando se admitan otros complementos. Claramente nos lo demuestran Ibn Gabirol, Yᵉhudá ha-Leví, Maimónides y demás escritores señeros de la literatura judaica, en cuyas obras se funden en apretado haz filosofía, teología y, en los talmudistas, el derecho.

La ética es, entre las ramas encuadradas en el campo filosófico, la más cultivada por los judíos; sus postulados se entroncan en el gran libro de moral que es la Biblia, continuando por el tratado mišnaico *'Abôt*, hermoso florilegio de principios morales de los «Padres» del judaísmo postbíblico. El ilustre hombre de ciencia que fue Abraham bar Ḥiyya (1065-1136), barcelonés, compuso, entre otros tratados filosóficos, *Meditación del alma*, de contenido principalmente ético. Naḥmánides tiene numerosas obras morales sobre temas diversos, virtudes, santidad del matrimonio y asidua lectura de la Torá. También compuso un sermón acerca de la excelencia de la Ley divina.

Las *controversias* religiosas reavivaron entre los judíos el estudio a fondo de la Escritura. José Albo, perteneciente a la segunda mitad del siglo XIV y primera del XV, fue uno de los ocho doctores judíos que intervinieron en la gran Disputa de Tortosa, tras la cual se retiró a Soria, donde escribió la obra que le ha dado fama: *Sefer 'Iqqārîm* (*Libro de los principios o dogmas*). Ḥasday Crescas (1340-1410), de Barcelona, y su coetáneo Profiat Durán (¿1350?-¿1415?), de Perpiñán, a la sazón perteneciente a la corona de Aragón, son figuras destacadas en la historia de las controversias. El primero compuso un *Tratado de la refutación de los dogmas cristianos*, en castellano, original que se perdió y cuya versión hebrea se ha conservado; es una obra vigorosa de polémica que indujo a los teólogos cristianos a escribir numerosos tratados apologéticos. El segundo, en su *K^{e}limmat ha-gôyîm* (*Ignominia de los cristianos*), hace una crítica de la doctrina evangélica y supuestas contradicciones de la teología cristiana.

d) Comentarios científicos y diversos (finales del siglo XV-principios del XVI)

En el período crucial que abarca estas décadas brillan todavía algunas figuras de gran relieve en el judaísmo hispano, que realizan obras de gran envergadura. Mencionemos dentro del campo de la escriturística a Isaac Aboab (1433-1493), natural de Toledo, autor de sendos *supercomentarios* a los comentarios pentatéuticos de Raší y Naḥmánides, de algunos libros de homilías, y de la famosa *M^{e}nôrat hamā'ôr* (*Candelabro de la luz*), una de las obras ético-religiosas que mayor popularidad alcanzaron; y al célebre Iṣḥaq Abravanel (1437-1508), nacido en Lisboa, afincado en Toledo y ministro de Hacienda de los Reyes Católicos, que compuso numerosas obras de alto nivel científico, filosóficas, teológicas y escriturarias, consistentes éstas en comentarios a gran parte de los libros del Antiguo Testamento, entre los cuales destaca el muy apreciado al Deuteronomio.

e) Texto y traducciones

Dentro del rico *legado del judaísmo español* ha de encuadrarse asimismo la meritísima labor escrituraria realizada por algunos conversos de la talla de Alfonso de Zamora (1474-desp. de 1544), hombre de gran formación orientalista y clásica, que prestó decisiva colaboración en la gigantesca empresa de la Biblia Políglota Complutense, magnífico exponente de la escriturística española en los primeros años del siglo XVI, en que se recoge de alguna manera los frutos sazonados de la escuela hebraicoespañola medieval. Otro fue Paulo Coronel, primeramente distinguido rabí y, después de converso, catedrático de Sagrada Escritura en la Universidad salmanticense, y el tercero, Alfonso de Alcalá (la Real), ambos eminentes también por su saber hebreo-bíblico y clásico, y colaboradores eficaces en la Políglota. La ardua labor de la esmerada impresión de los textos originales, hebreo, arameo y griego, y sus respectivas traducciones latinas corrieron en su máxima parte a cargo de estos beneméritos operarios venidos del judaísmo.

Mención de honor merece también la famosa *Biblia de Ferrara* (1553), traducción del Antiguo Testamento al castellano, o más exactamente al ladino, «palabra por palabra, de la verdad hebraica, por muy excelentes letrados» (Duarte Pinel —alias Abraham Usque— y Jerónimo Vargas —alias Yom-Tob Athías—).

f) Sefardismo

«Entre las varias ramas todavía casi inexploradas, al menos para los eruditos e investigadores cristianos, de la filología hebraica y la escriturística..., ocupa un lugar destacado la *exégesis rabínica,* cuya investigación y cultivo ofrece vario e innegable interés»[7]. La gran familia sefardí, desgajada del tronco ibérico en la expulsión de 1492 (de Portugal en 1497), ha conservado hasta hoy fielmente el tesoro de su habla, un dialecto hispano en el que creó una literatura atrayente, valiosa y estimable, escrita generalmente en aljamiado, que por diversas razones ha sido muy escasamente conocida hasta nuestros días fuera del ámbito sefardí[8].

Limitándonos al campo de la escriturística, a tenor de lo indicado en el estudio consignado en la nota precedente, podría englobarse la copiosa bibliografía escrituraria compuesta en *ladino* o judeo-español en los ocho apartados siguientes, que indican de por sí su cuantía y variedad: I) traducciones bíblicas; II) el *Me'am Lo'ez*; III) comentarios sueltos a diversos libros o pasajes del Antiguo Testamento; IV) compendios del Antiguo Testamento; V) obras varias originales con referencias o amplio contenido exegético; VI) versiones sefardíes de diversas obras judaicas de fondo

7. David Gonzalo Maeso, «La exégesis rabínica en lengua sefardí. Fuentes para su estudio», en *Miscelánea de estudios árabes y hebraicos*, II (1953), pp. 15-40.

8. En *Me'am Lo'ez, el gran comentario bíblico sefardí*, tomo preliminar «Prolegómenos», por David Gonzalo Maeso y Pascual Pascual Recuero (Gredos, Madrid, 1964), pueden verse estudios sobre esta obra, el dialecto sefardí o judeoespañol y copiosa bibliografía.

exegético; VII) comentarios de obras «clásicas» judaicas, y VIII) homilías sinagogales y textos similares.

La obra cumbre no solamente de esta rama, sino de toda la literatura sefardí, es el *Me'am Lo'ez*, el gran comentario bíblico sefardí, que abarca numerosos volúmenes y recoge en cierto modo todo el caudal de la exégesis judaica anterior, es decir, de unos dos milenios. Esta sola consideración da idea de su extraordinaria importancia, y es de justicia reconocer la magna aportación plasmada en esa y en las demás obras incluidas en los ocho apartados precedentes como un precioso suplemento al gran legado que en el presente capítulo dejamos expuesto.

2

RELIGIÓN

I. OJEADA HISTÓRICA

Tan amplio o más que el tema de Escriturística es éste de la religión judaica en la bibliografía universal, donde aparece tratado desde diversos puntos de vista: teológico, histórico, comparado, etc. Las enciclopedias y obras generales traen largos elencos de obras de todas clases sobre la religión hebrea.

No es del caso exponer aquí, ni siquiera sumariamente, los principios básicos de la religión mosaica, sino más bien reflejar de la manera más clara y convincente la especial importancia que el factor religioso judaico representa en la simbiosis con otras dos religiones, procedentes de aquélla, imperantes en las dos Españas del Medievo: la musulmana y la cristiana, juntamente con las vicisitudes a que esa larga convivencia dio lugar, y el «legado religioso» que el judaísmo hispano nos dejó como lección de alta espiritualidad y noble ejemplaridad.

Cumple advertir, en primer término, que entre todos los numerosos pueblos que invadieron la península Ibérica en la Edad Antigua ninguno se caracterizó específicamente por su preferencia religiosa, aun cuando todos, cual más cual menos, tuvieran sus creencias y observancias en ese orden, sus mitologías y ritos; en cambio, el pueblo hebreo representa esencialmente una *religión*. Israel se define fundamentalmente por su religión mosaica o antiguotestamentaria, fielmente conservada, en la que se entroncan con profundas raíces su historia y su cultura. Cierto que algo semejante ocurrirá también a los arábigo-musulmanes en los albores de la Edad Media; pero hay que reconocer que a pesar de enarbolar la bandera del islam en todas las comarcas que fueron ocupando y de la indudable importancia que la religión tenía para ellos, era mucho más profundo y de mayores quilates el sentimiento anidado en el alma del pueblo judío y de mayor trascendencia en la esfera de sus actividades de todo orden. Aparte de eso, sabida es la dependencia ideológica, jurídica y en diversos otros órdenes del mahometismo respecto al judaísmo.

Prueba fehaciente del arraigo que el factor religioso y sus derivaciones presentaban en los judíos residentes en España a principios del siglo IV —retrotrayéndonos a los datos más antiguos conocidos en este punto— son los cuatro cánones del concilio de Ilíberis (300/303), tendentes a poner prudentes cortapisas en la convivencia de judíos y cristianos, por temor a posible proselitismo por parte de aquéllos o inmoderada influencia en la vida social.

El rigor con que los monarcas visigodos católicos trataron a los judíos pone de relieve la firme fidelidad de éstos a su ancestral religión, a pesar de las medidas persecutorias de que fueron víctimas, sobre todo a partir de Sisebuto (612-620) y durante los siguientes reinados, es decir, en el último siglo de los tres que abarca la época visigoda.

En la primera década del siglo VIII cambia radicalmente el mapa de la península Ibérica con el advenimiento de los árabes: nuevos habitantes, nuevos dominadores, con su lengua, religión, costumbres y cultura totalmente dispares de las que tenían los hispanorromanos. Éstos, católicos oficialmente desde hacía más de un siglo, quedarán divididos geográfica y políticamente en dos grupos bien marcados: los que seguirán viviendo bajo el dominio musulmán, tolerados en el orden religioso, salvo eventuales persecuciones y la definitiva de los almohades, los llamados *mozárabes*, y los fugitivos, que se harán fuertes en Asturias y otros lugares del Norte y Nordeste, con el firme propósito de iniciar la reconquista del suelo y expulsar a los invasores, tarea que durará ocho siglos.

Los judíos, por su parte, cambian de dominadores, pero siguen como rocas aferrados a su antigua Ley y su religión, benignamente tratados, en general, durante los primeros períodos (Emirato, Califato, Taifas, almorávides) en la España musulmana, y acogidos desde mediados del siglo XII en los reinos cristianos, principalmente por Alfonso VII de Castilla, al ser expulsados violentamente de las comarcas del Sur por el intransigente fanatismo almohade, que puso a judíos y cristianos ante la alternativa de «el islam o la muerte».

En Castilla, Aragón y Cataluña seguirán practicando fielmente su religión durante tres siglos y medio; mas tampoco allí gozarán paz duradera. Por diversas causas, no tardará en incubarse contra ellos grave animosidad, que culminará en las terribles matanzas del año 1391; y un siglo después exactamente, finalizada la Reconquista con la toma de Granada, los Reyes Católicos, Fernando e Isabel, firmarán en esa ciudad un fulminante decreto de expulsión de todos los judíos radicados en el suelo patrio que no renuncien a su religión y abracen la cristiana.

Vemos, pues, claramente que la vida de los judíos españoles, como los de casi todas partes, gira en torno a su religión: las persecuciones, sean cuales fueren los móviles que las aticen, suelen siempre producirse so color de intempestivo celo religioso, tanto en la España musulmana como en la cristiana. Pero ocurre que esa misma religión es la base y razón de su existencia y persistencia como minoría típica, bien diferenciada de cualquier otra. Viven mezclados con los musulmanes o los cristianos, aunque no sin ciertas restricciones y oprimidos por impuestos especiales; su lengua es la vernácula correspondiente, el árabe o el romance; usan la indumentaria común, bien que con una discriminación ominosa en ciertos períodos —las famosas «divisas»—; figuran, oficialmente al menos, con nombres y apellidos árabes —de ahí la doble onomástica con que se conoce a ciertos personajes famosos—; escriben sus libros en lengua arábiga o, en menor escala, en romance; y, análogamente, en los reinos cristianos se atienen a los usos y costumbres, hablas y normas de convivencia en cada región. ¿Por qué, al cabo de tanto tiempo, no se realiza la fusión con el substrato de una y otra España? Sencillamente, por la *religión,* que opone una fuerza irresistible a esa mezcla, que implicaría fatalmente la autoaniquilación como entidad propia, llámese pueblo, comunidad, minoría, familia, etc.

Los conversos, en número muy difícil de precisar a lo largo de esos ocho siglos, pero indudablemente muchísimos menos al islam que al cristianismo, se fusionaron en uno y otro ámbito muy pronto con la masa general islámica o cristiana; es ley ineludible de toda asimilación. Si todos los judíos españoles, por hipótesis, hubieran abjurado en masa de su religión, al cabo de dos o tres generaciones, como máximo, habrían quedado completamente incorporados a la sociedad nacional.

En nuestro siglo vemos minorías étnicas incrustadas en la población numerosa de un país, que logran conservar sus características sin diluirse en la masa general, y no precisamente por tener una religión distinta, pues muchas veces no la tienen. El caso del judaísmo es distinto, sobre todo en la Edad Media, pues hoy día habría que hacer un detenido estudio especial respecto a ciertos países. La religión, repetimos, ha sido la gran salvaguardia de las comunidades judaicas y el fermento que ha impedido su descomposición.

Los judíos que por auténtica convicción, no por miedo o intereses bastardos, abrazaron la fe cristiana, merecen plácemes y admiración, máxime teniendo en cuenta lo que este paso les suponía generalmente en su vida familiar y economía privada. No es tan loable, ni mucho menos, el inoportuno celo de neófitos que a menudo desplegaron y que hizo de ellos

los peores enemigos de sus antiguos correligionarios. Pero la actitud inflexible y constante, a prueba de persecuciones y torturas, odios y crueldades de quienes de buena se creían estar en posesión de la verdad, manteniendo con fidelidad la religión de sus mayores, es indudablemente merecedora de no menor admiración. Hoy día el respeto a la libertad de conciencia, a condición, repetimos, de que se proceda con absoluta sinceridad y consecuencia en la conducta, es una de las mejores conquistas de que puede enorgullecerse el cristianismo, y ha sido proclamada solemnemente por los últimos soberanos Pontífices.

Amador de los Ríos afea la intolerancia de que dio pruebas el mencionado concilio de Ilíberis en relación con los judíos; «echando los cimientos al divorcio social que en futuras edades iba a ser funesto para la civilización española, fomentaban dolorosamente entre ambos pueblos el naciente odio y antagonismo de religión y raza»[1]. Recordemos, asimismo, que Isidoro de Sevilla, figura cumbre de la Iglesia visigoda, halló también reprensible el proceder del rey Sisebuto, al poner a los judíos la terrible alternativa de abrazar la fe cristiana o ser expulsados del país.

Esa religión, tenazmente conservada y defendida en el sagrado de la conciencia y en el recinto del hogar, no era una creencia vacía o meramente especulativa sin trascendencia en el orden práctico, sino que, muy al contrario, informaba la vida entera, intelectual, afectiva, operante, social, familiar e individual del judío, y era el alma y norma de su orientación profesional.

II. SINAGOGAS

Difícil resulta concebir una religión sin templos, donde hacer ostensible la fe y la solidaridad con los correligionarios, prestando a Dios el debido acatamiento. El mahometismo prescindió del sacerdocio, quizá por influencia del judaísmo, de quien tanto tomó y que a la sazón, en la Diáspora, había tenido que sustituirlo por el rabinismo; pero no pudo prescindir del lugar sagrado de «reunión» *(ŷamā‘* = mezquita) y oración. La sinagoga, como sustitutivo del Templo, tiene sus remotos orígenes en la cautividad de Babilonia, y en el gran exilio de la Diáspora ha sido en todos los lugares y sigue siendo el corazón de toda comunidad israelita. Sobre los varios sentidos y funciones de la sinagoga como institución, lugar del culto, centro de la celebración de las festividades, empezando por la fundamental y más frecuente del sábado, obra arquitectónica en los diferentes países habitados por judíos, cátedra de enseñanza y tantos aspectos más,

1. J. Amador de los Ríos, *Historia social, política y religiosa de los judíos de España y Portugal* I, Madrid, 1875-1876, p. 73.

se ha escrito bastante, y es un tema de gran amplitud, interesante y sugestivo. Además, en su acepción abstracta de «congregación de los judíos», conjunto general de sus dogmas religiosos, observancias, adeptos, como la Iglesia dentro del cristianismo, la sinagoga encierra una significación de trascendencia ecuménica.

Tanto en los reinos musulmanes como en los cristianos, los judíos construyeron muchas sinagogas, aun cuando solamente se hayan conservado tres en toda la Península, dos en Toledo, verdadera metrópoli del judaísmo hispano, y una en Córdoba[2]. Como dato comprobatorio de ese gran número, consta que en Valladolid, ciudad no tan poblada como otras por judíos, se destruyeron ocho sinagogas en los tres años que duró la lucha fratricida entre Pedro I y Enrique de Trastamara (1366-1368). En las matanzas y saqueos de 1391 fueron muchísimas las sinagogas incendiadas. En Córdoba, por ejemplo, fueron destruidas todas menos una, la más reciente, que aún perdura y es la única en España que ostenta una inscripción en árabe. También en la ola de matanzas, devastaciones, incendios y desmanes que suscitó el advenimiento de los almohades quedaron arrasadas muchas sinagogas. En Córdoba, la magnífica que había donado Isaac ibn Šapruṭ, padre del gran estadista Ḥasday, ministro que fue de dos califas, fue saqueada y demolida por las turbas.

De gran número de sinagogas españolas se encuentran referencias en los autores, y aunque no constituyan, salvo las tres mencionadas, más que un recuerdo histórico, éste pervive como un testimonio elocuente de la religiosidad hispanojudía.

Añadamos que las dos grandes inscripciones en hebreo que figuran en la sinagoga toledana llamada del Tránsito, al ser convertida en templo cristiano, y que fue «acabada en muy buen año para Israel» (1360), «constituyen hoy dos importantísimos monumentos de la epigrafía rabínica»[3], pero también podríamos añadir que, pese a su redacción en prosa, son *dos magnos poemas* —cabría, en efecto, hacer de ellas una gran paráfrasis completa en verso—, que respiran *religiosidad, humilde rendimiento y acción de gracias* a Dios, «por las misericordias que quiso hacer con nosotros», concepto que se repite, y *confianza en la protección divina* «para librarnos de nuestros enemigos y angustiadores». El final de la grabada al lado del Evangelio —en su transformación posterior— es del tenor siguiente: «Ésta es la *casa de oración* que fabricaron tus siervos para invocar en ella el nombre de Dios, su redentor» (cf. Jer 7, 11; Is 56, 7; Mt 21, 13, etc.).

2. F. Cantera Burgos, *Sinagogas españolas*, Instituto Arias Montano, CSIC, Madrid, 1955. Sobre sinagogas en España *vid.* «España», en la *Enciclopedia Judaica Castellana*, México, 1948-1952, t. IV, número 31, «Sinagogas», pp. 218-219, y t. IX, «Sinagoga»; «Toledo», t. X, y «Córdoba», t. III.

3. *Vid.* nota anterior.

Naturalmente, a los indicados méritos y otros, señaladamente los de tipo artístico, hay que añadir el que dichas inscripciones se hallan esmaltadas de frases bíblicas, como no podía por menos, según la costumbre, en toda clase de escritos rabínicos.

III. LITERATURA

Todo el que tenga un conocimiento algo más que superficial de la Biblia y haga de ella la justa valoración reconocerá no hay en el mundo ni hubo jamás literatura *religiosa* comparable, ni siquiera remotamente, a la que encierran esos libros, que todos juntos forman la más maravillosa unidad en la variedad. Su luz celestial, y también sus extraordinarios primores estético-literarios humanamente considerados, se proyectan sobre la literatura hebraicoespañola, a la que prestan sutiles irisaciones y valores eternos.

La *poesía* fue el género literario más universalmente cultivado por los escritores hispanojudíos, hasta el extremo que quizá no podría citarse uno solo, cualquiera que fuese la actividad ejercida en el campo de las letras, que no compusiera algún poema. Nos consta de Yoná ibn Ŷanaḥ, por testimonio de él mismo, a pesar de que polarizó toda su vida en los estudios lingüísticos y, como fin último, la exégesis del texto escriturario. También Maimónides consagró en su juventud alguna atención, aunque exigua, al ejercicio de la poesía.

Dentro de la poesía lírica, que cultivaron los vates hispanojudíos en todas sus modalidades, rivalizando con los árabes, se destaca la *religiosa,* que les inspiró sus más excelsas composiciones. Más de cien poetas menciona el profesor Millás Vallicrosa en su magnífica obra *La poesía sagrada hebraicoespañola,* copiosa antología al par que estudio, donde figura cerca de medio centenar de poetas seleccionados, con un total de 135 poemas, en general, sobre todo algunos, de bastante extensión.

En esas poesías religiosas expresó el genio hispanojudío sus más altos ideales y nobles sentimientos. Como afirma el citado investigador, «en nuestra España judaica hablaron con gran voz la Filosofía, la Exégesis bíblica, las Matemáticas y la Medicina; pero acaso ninguna de ellas alcanzó el tono mayor, el alto vuelo con que los poetas hebraicoespañoles cantaron al Señor»[4].

Todas esas composiciones forman copiosos divanes, y no pocas figuran en los *maḥzores* o devocionarios litúrgicos, prueba fehaciente de la gran estima en que las tenían los piadosos judíos; pero hasta nuestros días

4. Millás Villacrosa, *La poesía sagrada hebraicoespañola*, Madrid, 1949, p. 7.

fuera del judaísmo eran casi del todo desconocidas, con pocas excepciones, no ya sólo del gran público, sino de la mayoría de las personas cultas, aparte del reducidísimo número de los especialistas, los cuales, por otra parte, tropezaban con muchas dificultades para conseguir alguna edición o siquiera traducción.

Bien es verdad que a partir de *Samuel David Luzzatto* (1800-1865), uno de los más ilustres promovedores de la moderna *ciencia del judaísmo* y «verdadero restaurador del gusto por la gran poesía hebraica»[5], fueron apareciendo numerosos y concienzudos trabajos; cerca de veinte investigadores nombra el profesor Millás, con indicación de su obra principal sobre esta materia, «por citar sólo los estudios más destacados». A continuación menciona una docena de traductores a distintas lenguas europeas, correspondientes al primer tercio de nuestro siglo. Pero, como el mismo autor consigna, la verdad es que esta poesía «durante los siglos de la Edad Moderna fue casi del todo olvidada, fuera del angosto ámbito de la Sinagoga; en nuestra época, si bien la poesía de los autores hebraicoespañoles ha sido estudiada con todo cariño por diversos historiadores, de linaje israelita la mayor parte, es lo cierto que su conocimiento no ha trascendido como debiera». Es de reconocer que la obra del profesor Millás ha contribuido en estimable medida a difundir esos tesoros.

IV. PROSELITISMO

Prosélito se define hoy como «partidario que se gana para una facción, parcialidad o doctrina» (*Diccionario de la Academia*), y aun se va ensanchando su empleo a otras cosas o ámbitos totalmente ajenos a la significación primitiva, por ejemplo a los deportes. *Proselitismo* es el «celo de ganar prosélitos», y aun podría señalarse, como ocurre a veces en los derivados de este tipo (-ismo), cierto matiz de exageración intempestiva.

El término es de origen netamente judaico; fue elegido, con propiedad, conforme a su significación en griego, por los Setenta (*prosēlytos*) para traducir la voz hebrea *gēr*, que en el lenguaje bíblico designa pura y simplemente *advena, peregrinus,* es decir, «el que vive en tierra extranjera durante algún tiempo o a perpetuidad». Posteriormente adoptó una nueva acepción de claro matiz religioso, y vino a significar entre los judíos al pagano que abrazaba la religión mosaica. San Lucas, médico de Antioquía, empezó siendo un «prosélito». Onqelos, autor de la más importante paráfrasis aramea del Pentateuco, lo fue igualmente.

En principio casi podría afirmarse que el proselitismo es una tendencia inherente a los adeptos de cualquier religión o credo preferentemente,

5. *Ibid.*

pero también de un régimen o partido político, cuando los sienten con vehemencia, desarrollada con mayor o menor celo según las circunstancias o personas.

En la época bíblica apenas podría hablarse de proselitismo en Israel, puesto que el típico hermetismo que caracteriza a este pueblo representa una tendencia opuesta, sobre todo en quienes se aferraban al particularismo reprobado en varios libros y no pocos pasajes del Antiguo Testamento.

La dispersión judaica desde la época helenística en países griegos, acrecentada después en la romana durante el siglo I a.C. y primera mitad del siguiente por todo el Imperio, favoreció el proselitismo y hasta pudo ser éste un aliciente de esa difusión que tanto favoreció la propagación del cristianismo. Pero desde Adriano, y más aún bajo los emperadores cristianos, se persiguió severamente el proselitismo judaico, llegándose hasta a imponer la pena capital por la conversión al judaísmo. Varios cánones del anteriormente citado concilio de Ilíberis, orientados a evitar la confraternidad y trato amistoso con los judíos peninsulares, tendían evidentemente a cortar toda ocasión de proselitismo por parte de éstos entre los cristianos:

> El proselitismo judío de la Antigüedad se había llevado a cabo en gran escala en Europa y el Próximo Oriente, sentando así las bases de las grandes religiones monoteístas, el cristianismo y el islam, que habían de cosechar frutos. Con la adopción del cristianismo como religión de Estado en el Imperio romano, la situación cambió radicalmente. La situación social de los judíos se hizo paulatinamente más difícil[6].

Importa recordar que al principio era frecuente confundir a los judíos con los cristianos, confusión que se refleja hasta en historiadores de la categoría de Tácito, y que motivó corrieran a veces unos y otros idéntica suerte.

Por lo que se refiere a los siglos medios, «pese a los peligros, se registraron casos de proselitismo judío en Europa medieval»[7]. Aunque en pequeña escala, se citan casos ocurridos y sancionados en Tarragona, Tarazona y Calatayud en el siglo XIV. Con todo, en las acusaciones lanzadas contra los judíos españoles en momentos de exacerbación de la furia popular no aparece taxativamente la de proselitismo, aun cuando algunas persecuciones fueran motivadas por el fanatismo religioso o desmanes, reales o inventados, de esta índole.

6. *Enciclopedia Judaica Castellana,* cit., t. VIII, p. 637.
7. *Ibid.*

V. PERSECUCIONES

Con gran verismo mirando al pasado y al presente, cuando se compuso el Salmo 44, y con espíritu profético oteando el futuro, decía su autor («de los hijos de Coré»): «Por tu causa nos entregan a la muerte cada día; y somos reputados como ovejas que al matadero se envía» (v. 23). Tal ha sido muchas veces el sino de Israel en la Diáspora.

No hay memoria de ninguna persecución sangrienta, con anterioridad a la venida de los árabes a la Península, aunque sí vejaciones y expulsiones en la época visigótica.

Amador de los Ríos consigna listas de las *matanzas ejecutadas en los judíos y conversos en los dominios ibéricos* durante la Edad Media, con indicación de las causas, lugar y fecha por musulmanes o cristianos —5 y 42, respectivamente—, de *judíos* desde 1013 a 1482, y de conversos, en los reinos cristianos, en número de 17, desde 1449 a 1531[8].

Las causas predominantes, aunque no únicas, fueron el fanatismo religioso y castigo o venganza por sacrilegios atribuidos a los judíos. En las que el autor califica como «odio de raza», «odio popular», se mezclaba también la animosidad de tipo religioso y otros móviles más inconfesables como la codicia y la envidia de situaciones prósperas logradas por los judíos.

En este tipo de persecuciones, que desgraciadamente perduran hasta nuestros días en diversos campos, siempre odiosas porque, en primer lugar, representan un atentado a la libertad de conciencia, sean promovidas por la fuerza de la autoridad civil o bien por la incontrolada vesania popular, máxime cuando no existen, aunque a veces se vociferen calumniosamente, crímenes ni ilegalidades, hay que admirar la entereza de quienes prefieren ser víctimas de tropelías, desmanes y desafueros y hasta la misma muerte antes que apostatar de una religión sinceramente sentida y honradamente profesada.

VI. CONTROVERSIAS

En las públicas controversias que en el siglo XIII se pusieron de moda en los países cristianos de Europa donde existían importantes comunidades judaicas y que eran organizadas y estaban presididas por las autoridades civiles y jerarquías eclesiásticas, los temas que se discutían eran estrictamente religiosos y entraban en juego los escritos que los contienen y defienden, señaladamente el Talmud, blanco principal de los ataques por la parte cristiana.

8. *Historia...*, t. III, Apéndice XI, pp. 643-650.

No se puede negar que la intervención de los judíos en esas lides, en notorias condiciones de inferioridad, revelaba una gran valentía y convicción en su fe, al par que sólida instrucción, si tenemos en cuenta que debían enfrentarse no solamente con doctos y hábiles predicadores, como un Raimundo de Peñafort, sino también con antiguos hermanos de raza y religión que habían abrazado la fe cristiana y tenían, amén de un celo ardiente de neófitos, doble formación cultural y religiosa, judaica y cristiana.

Famosa y memorable entre todas por su duración, aparato externo y número de participantes, fue la *Disputa de Tortosa* (febrero de 1413 a noviembre de 1414), organizada por el antipapa Benedicto XIII, el cual asistía con frecuencia a las sesiones, rodeado de su colegio cardenalicio, y al final ordenó la destrucción del Talmud y dictó medidas opresivas contra los judíos del reino de Aragón.

VII. CRIPTOJUDÍOS Y CONVERSOS

La necesidad de la propia defensa en momentos, que a veces fueron épocas, de persecución religiosa originó la natural actitud de reserva y cautela ante el peligro: tal era el caso de los primitivos cristianos bajo el Imperio romano cuando estallaron las cruentas persecuciones.

Los judíos, en esas circunstancias críticas, adoptaron varias actitudes: unos huyeron a comarcas más propicias, otros afrontaron la situación heroicamente, y no pocos, como Maimónides y su familia durante la época almohade, aparentando observar —en lo que fuera indiferente o intrínsecamente loable— la religión musulmana, seguían profesando la suya en el secreto de la conciencia y el hogar.

Durante la Edad Media, en la España musulmana, salvo la época almohade y eventuales disturbios en las otras, y análogamente en la cristiana, también con las debidas salvedades, por ejemplo las matanzas de 1391, la práctica de la religión judaica estaba salvaguardada por las leyes.

El problema surgió con caracteres de extrema gravedad después de la expulsión de 1492, dado que la condición expresa para poder continuar en España era abjurar del judaísmo y abrazar la fe cristiana. La historia de las actuaciones del Tribunal de la Inquisición o Santo Oficio contra los judíos aparentemente cristianos, pero que «judaizaban» en secreto, los llamados *marranos*[9], es larga y dolorosa, y es mucho lo que se ha escrito sobre el particular. Remitimos a esas obras.

9. Acerca de la significación de esta denominación puede verse nuestro estudio «Sobre la etimología de la voz "marrano" (criptojudío)»: *Sefarad*, XV (1955), pp. 373-385.

Frente a la insignificancia numérica de convertidos al judaísmo en España y demás naciones cristianas en la Edad Media, hay que consignar una cantidad extraordinaria de judíos que fueron abrazando la religión cristiana, muchos de ellos de alto rango intelectual, como la familia Santa María y tantos más que ascendieron a altos puestos de la jerarquía eclesiástica, en términos que se llegó a formar una clase especial, la de los «cristianos novos», cuya actuación y procedimientos tuvieron graves consecuencias en el régimen interior del país. Ciertamente esos neófitos fueron en ocasiones los más acérrimos enemigos de sus antiguos hermanos; entre ellos cabe mencionar a algunos miembros de la citada familia Santa María, radicados en la capital burgalesa.

VIII. SEFARDÍES

Sobre este amplísimo tema, que tan variadas y sugestivas facetas nos ofrece, y al cual dedicamos el capítulo 16, tratamos ocasionalmente en diversos otros lugares. Restringiéndonos aquí a lo religioso, como legado, diremos solamente que la profunda religiosidad mantenida hasta hoy por esta noble rama del judaísmo, desgajada de la península Ibérica, es quizá su nota más destacada, patente en la vida familiar, observancia de sus leyes y costumbres ancestrales, incrustada en su habla melosa y manifestada *ex professo* en la copiosa literatura sefardí de múltiples ramificaciones, pero sobre todo en su monumento principal, el gran comentario bíblico, anteriormente aludido, el *Me'am Lo'ez*, y sus libros de rezo.

CONCLUSIÓN

La primacía absoluta de la *religión* sobre todos los demás factores humanos aparece con luz meridiana en toda la historia de Israel y se hace ostensible con plena claridad en el judaísmo español, tanto en el sector musulmán como en el cristiano, durante los ocho siglos de la Edad Media.

Como corolario del presente capítulo, haremos resaltar los valores excepcionales que representa esta porción del legado que nos ocupa y sus extensas ramificaciones sobre toda la vida y actividades de ese pueblo que durante muchos siglos compartió nuestros destinos. Otros aspectos, de indiscutible valía, sin duda, en el campo de la ciencia, las letras, la política, la economía, a pesar de su trascendencia, siempre serán meramente humanos de por sí; en cambio, todo lo que se relaciona directamente con la religión ha de ponerse siempre en un plano de superior elevación, y más en este caso por evidentes razones intrínsecas y extrínsecas, que dejamos apuntadas.

3

MISTICISMO Y CÁBALA

I. EL MISTERIO Y LA CÁBALA

Para entender bien lo que el misticismo religioso o cualesquiera otras formas de doctrinas y prácticas esotéricas, que en el mundo del judaísmo se engloban bajo la denominación general de «Cábala», significan realmente, y los fundamentos en que se basan, hay que partir, como base fundamental, de la atracción que ejerce el misterio en el espíritu humano.

El mundo que nos rodea se encuentra todo él envuelto en misterios; éstos son como la atmósfera espiritual que nos envuelve y condiciona gran parte de nuestras actividades, pensamientos y afectividad. Pero, ante todo, ¿qué es el misterio? Recurramos al también generalmente misterioso sentido etimológico de las palabras, limitándonos a las dos grandes familias lingüísticas, la indoeuropea y la semítica. En latín *arcanum,* sustantivo neutro procedente del adjetivo *arcanus, -a, -um,* activo y pasivo, que significa «oculto, secreto» y «discreto, que encubre», y, en la lengua religiosa, «misterioso, mágico», se deriva de *arca,* «cofre, caja» (sobre todo de dinero, es decir, de objeto valioso), de la misma raíz que *arceo,* «contener, mantener, alejar, reprimir».

El misterio semántico empieza a desvelarse, y, como suele ocurrir cuando del orden moral o abstracto se desemboca etimológicamente en el mundo concreto, material, plástico, se deshace el encanto, y la aureola de lo ultraterreno con sus emotivas irradiaciones parece esfumarse. La etimología resulta a menudo una ciencia desilusionante y hasta cruel; pero la solidez de la verdad siempre estará muy por encima de los rosicleres de la fantasía.

Al par que esta voz, netamente latina, y quizá con mayor frecuencia, se emplea la griega *mysterium,* derivada del verbo *mýō,* «cerrar, ocultar» (it. «guiñar los ojos», de donde miope, *mýops,* adj. y sust., «que guiña los ojos, para ver mejor»[1].

En hebreo existen varios términos para designar el misterio en general y, sobre todo, la doctrina *mystikōtéra,* comúnmente denominada *Cábala: sôd, sôdîyût, ta'ălûmāh, raz, séter, mistorîn* (mod. *misṭî,* adj., *misṭîkān,* sust.). *Sôd,* derivado de *yāsad*: 1) «fundar, construir, constituir, consultar», y 2) «cerrar», significa «coloquio, deliberación, conciliábulo, cosa secreta» (cf. ár. *sāwuda,* «hablar en secreto»). *Raz,* aram. (de *rûz,* «ocultar»), «secreto».

En todos los términos la etimología envuelve la idea fundamental de *secreto, oculto, recóndito, confidencial,* como característica, lo cual nos sugiere un aspecto esencial, muy destacado del *misterio* en cualquiera de sus formas. La forma, el contenido de éste, puede variar *ad infinitum.*

El *misterio* existe por doquier, y siempre existirá, puesto que radica en la incorregible limitación humana para explicarse el mundo material, el espiritual y el divino en que el alma y la humanidad entera se hallan inmersas. La Cábala se funda en él, como indican sobradamente sus nombres antes indicados; sus dominios constituyen un mundo abstruso, sugestivo, fantástico y hasta deslumbrante: es, en definitiva, el *misticismo judaico* en sus múltiples formas.

En torno al cabalismo existe una copiosa literatura, y ha sido objeto de concienzudos estudios y también de encontradas opiniones acerca de su auténtica valoración. A esas obras remitimos, puesto que no podemos detenernos aquí en una disquisición pormenorizada, siendo además la materia tan vasta y compleja. Nos ceñiremos, pues, como es lógico, a la importancia enorme que alcanzó en la España judaica medieval y a la influencia que ejerció en diversos estratos dentro del judaísmo, sobre todo en la literatura y corrientes culturales, en la religión y en la filosofía, así como también en la literatura y la religión cristiana.

Sintetizando, diríamos que lo difícil, pero absolutamente necesario y hasta urgente en el estudio de la Cábala, sobre todo en un plano de divulgación para el gran público, sería discernir entre lo acertado y lo claramente erróneo, desde el punto de vista científico y religioso, entre lo puramente fantástico, carente de base real, y lo que representa una positiva aportación, un vuelo del espíritu hacia lo desconocido cognoscible, siquiera sea por vía de tanteo o, como dice san Pablo, *per speculum in aenigmate,* con arreglo a nuestra visión actual del mundo sobrenatural, sea en el orden filosófico-teológico, sea en el ámbito de la exégesis bíblica, pues en los dos se ha desenvuelto el cabalismo.

1. Por curiosa coincidencia, *mystērion* significa también «caza de ratones», derivado de *mŷs*, «ratón o rata», y *tēréō,* «guardar, vigilar».

En el trasfondo de esos *cuatro firmes pilares de la Cábala* que son: la *biblia*, la *cosmología*, la *antropología* y la *teología*, los cabalistas supieron crear todo un mundo vistoso y sugestivo de verdades y fantasías entreveradas, comparable en el orden puramente intelectual con el mundo encantado y encantador de la poesía en el terreno del sentimiento. Apurando el parangón podemos añadir que la poesía de por sí no influyó en la Cábala; en cambio, la Cábala, con su orientación mística y sus lucubraciones cosmológicas, influyó poderosamente en la poesía, como se observa en la brillante floración poética que se manifestó en la España del siglo XIII, y, posteriormente, en los místicos de Safed (Galilea) durante el siglo XVI.

En otros términos podríamos también afirmar que los cabalistas se propusieron llenar de alguna manera, al menos parcialmente, esos grandes vacíos que un espíritu atento e inquisitivo observa en todas las ramas de los conocimientos humanos, empezando por la misma *exégesis bíblica.*

Se explica perfectamente que un espíritu sutil, investigador de la verdad hasta sus postreros confines o al menos hasta donde se pueda llegar poniendo en juego todas las facultades anímicas, dado que la verdad es insondable y en último término infinita, puesto que se enlaza con la infinita sabiduría de Dios, no pudiera satisfacerse, por ejemplo, con una frase, al parecer, tan sencilla, por maravillosa y sublime que sea, como ésta: «En un principio creó Dios el cielo y la tierra», como síntesis de toda la creación. Esa frase, cuajada de misterios y dogmas, suficiente en su diáfana sencillez para la generalidad de las inteligencias, no podía bastar a las mentes más elevadas y capaces de escudriñar más recónditos misterios. Por eso los cabalistas se encumbraron con las dos alas de la *razón y la fantasía* a las etéreas regiones, y fueron exegetas y poetas al mismo tiempo, dando rienda suelta a la imaginación creadora, que tan fundamental papel representa en todo linaje de poesía. En el amplísimo campo de la filosofía fueron asimismo filósofos-poetas, como se vio claramente en algunas egregias figuras, tal, por ejemplo, Š^{e}lomo^{h} ibn Gabirol.

Quizá por estrecha conjunción de la poesía, de la fantasía creadora, con la ciencia en sus varias ramas, que caracteriza las actividades y orientaciones de la Cábala, no fue debidamente comprendida y estimada por muchos escritores ilustres, faltos tal vez de ese sentido poético que alienta en la Cábala.

Para ser justos digamos también que en las disquisiciones cabalísticas faltó muchas veces la debida ponderación entre ciencia y poesía, razón y fantasía; y, al sobreponerse ésta a aquélla, sufrió quebranto la verdad y el equilibrio científico que deben presidir toda clase de actividad intelectual. Por eso creemos que la labor de las generaciones más cerebralistas y con un bagaje científico sólido como el que hoy día posee la humanidad ha de ser clarificar, decantar y acrisolar esas doctrinas, separando las escorias y todo lo que repugne a la sana razón y contradiga a la ciencia. Pero en todo aquello a donde no lleguen ni la una ni la otra, ni se opongan los postulados de la filosofía perenne ni los dogmas revelados, los atisbos geniales y las audaces construcciones de la Cábala pueden ser un valiosísimo *suplemento* de la ciencia, la filosofía y la teología.

II. FUNDAMENTOS DE LA CÁBALA

El hombre, «medida de todas las cosas» en el ámbito de nuestro mundo, que hoy quizá temerariamente pretenden ensanchar la ciencia y la audacia humanas, es también en la Cábala el centro del universo, del mundo espiritual y moral, con irradiaciones sobre el cosmos, con lo cual se demuestra el sólido fundamento antropológico y cosmológico de las doctrinas cabalísticas y su destacado humanismo.

Las potencias del alma son: *n^{e}šāmā^{h},* «respiración», que representa el intelecto; *rû^{a}ḥ,* «soplo, aliento, espíritu», cualidades morales; *nèfeš,* «fuerza vital», que anima al cuerpo y dirige sus actividades superiores: esta división corresponde fundamentalmente a la antigua de los griegos. Los cabalistas agregaron: *rû^{a}ḥ ha-ḥiyunî (o ḥayyā^{h}),* «espíritu de vida», inferior a *nèfeš y ṣèlem,* «imagen, forma del cuerpo», que, según los místicos, lleva una existencia separada de él. Es de advertir que la metempsicosis, de procedencia brahmánica, fue incorporada a la Cábala.

Factor capital dentro del complejo ideológico de la cábala son las diez *s^{e}fîrôt,* «esferas, categorías», base de la doctrina de las *emanaciones,* que según el *Séfer y^{e}ṣîrā^{h},* «Libro de la creación», el más antiguo, que vino a ser como la base y doctrina de la Cábala, constituyen el fundamento de toda existencia. Son los principios que median entre Dios y el universo y comprenden las tres principales emanaciones procedentes del Espíritu de Dios, a saber: el aire espiritual, el agua primaria y el fuego. Otras seis consisten en las tres dimensiones extendidas a la derecha y otras tres a la izquierda: altura, longitud y anchura. Estas *nueve,* junto con el Espíritu de Dios, que es el *diez,* forman las *Diez s^{e}fîrôt*, que son eternas.

En el *Hombre primordial ('Adam qadmôn)* las *Diez s^{e}fîrôt* se estructuran al tenor siguiente:

PRIMERA TRÍADA

1. *Kèter,* «corona»	Correspondiente a la totalidad de la cabeza.
2. *Ḥokma^{h},* «sabiduría»	Correspondiente al lado derecho de la cabeza (o, según otros, al cerebro, y *Bîna^{h}*, al corazón).
3. *Bîna^{h},* «comprensión»	Correspondiente al lado izquierdo de la cabeza.

SEGUNDA TRÍADA

4. *Tif'èret,* «gloria»	Correspondiente al pecho o torso.
5. *Hèsed,* «bondad» (o *G*^{e}*dûlā*^{h}, «grandeza»)	Correspondiente a la mano derecha.
6. *Gebûrā*^{h}, «poder» (o *Dîn,* «justicia»)	Correspondiente a la mano izquierda.

TERCERA TRÍADA

7. *Nèṣaḥ,* «victoria, firmeza».	Correspondiente al pie derecho.
8. *Hôd,* «esplendor»	Correspondiente al pie izquierdo.
9. *Y*^{e}*sôd,* «fundamento»	Correspondiente a los órganos genitales.
10. *Malkût,* «reino»	Correspondiente a las plantas de los pies.

III. LA CÁBALA Y EL MISTICISMO JUDAICO EN LA ESPAÑA MEDIEVAL

A mediados del siglo X el centro y cetro de las letras hebraicas se traspasa de Oriente a Occidente y más concretamente a España, debido a una serie de favorables circunstancias, claras y notorias, que facilitaron ese trasplante y esa eclosión, y florece durante dos siglos largos —tras una rápida iniciación— una verdadera *edad de oro* literaria, cual no ha conocido jamás el judaísmo de la Diáspora.

En ese trasiego de ideas y fermentos espirituales de todo orden llegan asimismo a España (como también a Italia, Francia y Alemania) reflejos de la literatura mística que hacía siglos pululaba entre los judíos de Oriente, doctrinas esotéricas que se venían transmitiendo oralmente entre los adeptos y que cristalizaron a partir del siglo VII en varios libros, el principal de todos titulado *Séfer y*^{e}*ṣîrā*^{h}, (*Libro de la creación*).

En la primera mitad del siglo XI brilla en la España judaica musulmana un astro de primera magnitud en el cielo de la poesía: *Š*^{e}*lōmō*^{h} *ibn Gabirol,* filósofo también neoplatónico de altos vuelos, el cual introdujo en su poesía religiosa una gran dosis de misticismo, que irradiará posteriormente su influencia sobre los cabalistas.

También el polígrafo barcelonés *Abraham bar Ḥiyya* (1065-1136), un siglo después, en sus varios tratados filosóficos se muestra neoplatónico con influencias de dichas doctrinas y orientaciones.

Tres decenios posterior a él, *Abraham ibn 'Ezra* (*ca.* 1092-1167), de compleja personalidad y asombrosa fecundidad como escritor: poeta, gramático, matemático, astrónomo y astrólogo, filósofo y comentarista bíblico, y en todos estos campos eminente, une a un espíritu que se diría racionalista cierta tendencia mística, en el polo opuesto. «Muchas expresiones suyas recuerdan a los cabalistas y su estilo propende a las interpretaciones místicas», decíamos en nuestro *Manual de historia de la literatura hebrea...*[2].

El filósofo moralista y también poeta *Baḥya ibn Paquda* (¿1040?-¿1110?), adscrito igualmente al neoplatonismo a la sazón imperante, y célebre por su *Ḥôbôt ha-lᵉbābôt* (*Deberes morales*), tan popular entre los judíos, figura también en el número de los que influyeron en el desarrollo posterior del misticismo. Aunque su libro y sus poesías se encuadran propiamente en el ascetismo, sabido es que los límites entre éste y el misticismo nunca han sido ni pueden ser tajantes ni absolutos.

Respecto a la figura cumbre del siglo XII, si no de todo el judaísmo español, *Maimónides* (1135-1204), diremos sencillamente que fue enemigo acérrimo de los cabalistas, o más bien de sus doctrinas, por temperamento y por su formación intelectual, dentro del más riguroso aristotelismo. Menéndez y Pelayo le enjuicia así en este aspecto: «Estas fantasías encontraron rudísima oposición en el talento más dialéctico y positivo que produjo la raza hebrea: en su Aristóteles, de los tiempos medios, el cordobés Maimónides, fundador de la exégesis racionalista»[3]. Nótese, sin embargo, que G. Scholem le cita en más de veinte páginas de su libro más importante sobre el misticismo judío[4].

Como no pretendemos hacer aquí ninguna especie de apología, mucho menos de un modo apriorístico, de la Cábala o misticismo judaico, sino destacar en todas sus facetas los valores del judaísmo español, importa mucho poner de relieve la probidad intelectual de esta gran gloria hispanojudía, que no se doblegaba ante otras autoridades que la revelación y la razón, a cuya armoniosa concordia dedicó su magna *Suma teológica*, filosófica y escrituraria *Guía de perplejos* y todos los esfuerzos de su mente privilegiada.

En el siglo XIII tiene lugar en España la misteriosa aparición del segundo gran libro de la cábala, el *Zóhar* (*Esplendor*), cuyo autor no se conoce con seguridad, pues mientras algunos creen se trata de una compilación de textos de diverso origen, ya que recoge todas las enseñanzas anteriores, otros, por ejemplo, G. Scholem, señalan las estrechas relaciones del cabalista español Mošé de León con el libro, su aparición y contenido.

Mošé ben Naḥman (1194-1270) es el más glorioso representante de la escuela gerundense, llamado *'Abî ḥokmāʰ*, «padre de la sabiduría», y la figura de más talla de su tiempo. Numerosas son las obras cabalísticas que compuso. En su notable comentario al Pentateuco, *Bi'ûr 'al ha-Torāʰ*, supo aunar la elucidación literal, fin primordial que se propuso, «para una

2. Gredos, Madrid, 1960, p. 506.
3. *Historia de las ideas estéticas* I, p. 363.
4. *Major trends in Jewish Mysticism*, London, ³1955.

mejor inteligencia del texto», con las tendencias místicas, «para alegrar el corazón con explicaciones gratas y gustosas», como él mismo afirma en la Introducción.

En la célebre familia *Abū-l-'Afia* (en árabe «padre u hombre de la salud»), apellido que aparece por primera vez en escritos judíos del siglo XII y perdura en nombres conocidos hasta el siglo XVIII (el rabino palestinense Ḥayyîm ben Ya'ăqob Abū-l-'Afia), figuran distinguidos sabios poetas, talmudistas y cabalistas, así como también cortesanos, entre ellos el tesorero y consejero de Pedro I de Castilla. Famoso fue *Abraham ben Š^{e}muel Abū-l-'Afia,* nacido en Zaragoza (1240) y muerto en Barcelona (1292), cabalista y pseudomesías, inquieto y trotamundos. Compuso numerosos libros de enfoque profético y otros netamente cabalísticos. G. Scholem le dedica íntegramente una de las nueve *lectures* de su libro[5], prueba de la importancia de su personalidad. Destaquemos la observación que hace respecto a la gran admiración que sentía este cabalista hacia Maimónides, convencido de que no existe antinomia entre el misticismo y las doctrinas del gran filósofo[6].

En la segunda mitad del mismo siglo XIII y primer quinquenio del siguiente vivió el poeta toledano *Todros ben Y^{e}hudá ha-Leví Abū-l-'Afia* (1247-1306), que figuró en las cortes de Alfonso el Sabio y Sancho IV y simpatizó con las corrientes cabalísticas de su tiempo, como se trasluce en no pocos poemas de su espléndido diván, cuyo título es ya bastante significativo: *Jardín de alegorías y sentencias.*

Cabalista cien por cien fue *Yosef ibn Chicatella* (1248-1305), coetáneo del anterior, y no solamente en sus tratados específicamente cabalísticos, sino también en sus obras poéticas y en sus comentarios al Cantar de los Cantares y al *Morè^{h} n^{e}bûkîm.*

IV. INFLUENCIAS EN EL JUDAÍSMO Y EL CRISTIANISMO

Todos cuantos se han ocupado de la Cábala y el misticismo judaico reconocen la extraordinaria aportación de los escritores hispanojudíos, desde Ibn Gabirol hasta los místicos de Safed.

El citado Scholem dedica *tres* de sus nueve *lectures*[7], es decir, algo más de un tercio del total de su libro, a los cabalistas españoles. El mismo, en su extenso y perfectamente documentado artículo «Kabbala» de la *Encyclopaedia Judaica* (1932), presta a esta parte del tema análoga aten-

5. *Ibid.,* pp. 119-155.
6. *Ibid.*, p. 126.
7. *Ibid.*, pp. 119-155.

ción. En *The Jewish Encyclopedia* leemos lo siguiente: «Las doctrinas de Ibn Gabirol influyen en el desarrollo de la Cábala más que ningún otro sistema filosófico; sus puntos de vista sobre la voluntad divina y los seres intermedios entre Dios y la creación fueron objeto de especial valoración»[8]. Y el mencionado Scholem, en el artículo de referencia, insiste igualmente en la gran influencia ejercida por Ibn Gabirol, Bar Ḥiyya, Baḥya ibn Paquda, Y^{e}hudá ha-Leví incluso y Abraham Ibn 'Ezra en el desarrollo de la Cábala con sus escritos, que fueron muy estudiados y utilizados en el siglo XIII.

Sabemos que hubo también una Cábala cristiana, que se inspiró en la judaica en cuanto a sus directrices y métodos. El iniciador fue el famoso Pico de la Mirándola (1463-1494).

Entre otros muchos de menor talla cabe destacar al gran humanista y hebraísta Juan Reuchlin (1455-1522), autor de la obra *De arte cabbalistica.* Pero también aparecieron impugnadores, por ejemplo, Knorr von Rosenroth (siglo XVII), que escribió la *Kabbala denudata.* Finalmente es digno de mención, entre los que han defendido la Cábala, el rabino converso *Drach,* autor de *La Cabbale des Hébreux vengée* (1843), contra la obra de A. Franck: *La Cabbale ou Philosophie des Hébreux* (1843).

Podemos afirmar que la Cábala, en sus más nobles y abstrusas manifestaciones, presenta luces y sombras: no se la puede abominar ni rechazarla de plano, pues indudablemente encierra profundos valores. Pero se impone, para que éstos no se malogren, un severo control por obra de la razón, sin borrar por eso los claroscuros en que tan relevante papel desempeñan la fantasía, la intuición y el afán por descubrir los ignotos arcanos que, pese a las ciencias y las lucubraciones filosóficas, siguen encerrando para la mente humana el mundo, el hombre mismo y, sobre todo Dios.

8. Tomo III, p. 464.

4

DERECHO

I. DERECHO MOSAICO Y TALMÚDICO

Hay que reconocer en el judaísmo una gran unidad de origen, histórica, ideológica e institucional en sectores tan fundamentales como son la religión, el derecho, la sociología, la literatura y hasta el arte, que en otros pueblos, aunque tal vez la tuvieron originariamente, presentan ya en su posterior estructura y proyección una gran autonomía, cuando no incluso notorio antagonismo. Fácil es averiguar la razón de esa unidad, al menos de entronque, ya que indiscutiblemente radica en la *Biblia.*

El derecho hebraico tiene su fundamento y formulación bien patente en el Pentateuco, la Torá de Israel, «Ley» al par que «Enseñanza», donde se halla entreverado con la historia y la religión del pueblo de Israel, formando un conglomerado tradicionalmente atribuido a Moisés, el primer historiador del pueblo hebreo y su legislador; él es el personaje clave de ese pueblo hasta el extremo que si no constara claramente, como sin duda alguna consta, su existencia, habría que adivinarla, y aun así, por su extraordinaria magnitud resulta difícil de concebir.

Considerando a Moisés a través de las investigaciones y opiniones más modernas, que se apartan de la tradicional adjudicación íntegra y literal de todo el Pentateuco a Moisés, y, por tanto, la legislación contenida en los cuatro últimos libros del mismo, encontramos acertado el juicio de Montefiore, que aun los que más minimizan o niegan rotundamente la intervención directa, ya que no total, de Moisés en la estructuración y promulgación de los estatutos y preceptos legales incluidos en el Pentateuco, deberán suscribir:

> Aunque Moisés no fue —no *fuera,* podríamos decir también— el autor de la Ley escrita, él fue indiscutiblemente el fundador de la enseñanza oral, o Torá, que precedió y llegó a ser la base de los códigos del Pentateuco[1].

En definitiva, es casi lo mismo, al menos en parte, que con mayor detalle y especificación, en fecha mucho más reciente, exponía H. Cazelles, profesor del Seminario de Issy:

> La sustancia del Pentateuco es mosaica. A Moisés remontan, en su originalidad básica, la religión de Moisés y el Pentateuco, que la expresa. La Revelación hecha a Moisés, y recibida y consignada por escrito por él, se ha hecho explícita en las leyes posteriores contenidas igualmente en el Pentateuco. Moisés es el fundador de la comunidad[2].

En la Torá o Pentateuco, mezcla de historia y leyes, que hace de esos libros una creación singular, aparte de otros muchos y trascendentales aspectos que en ellos deben considerarse, podrían acotarse, como especialmente legislativos, los capítulos siguientes: *Éxodo,* 20-23, Decálogo y Código de la Alianza; 25-31, prescripciones respecto al Tabernáculo, ornamentos sacerdotales, consagración de los sacerdotes, sacrificios y algunas otras disposiciones; 34-35, algunas leyes rituales y ofrendas para la construcción del Tabernáculo; *Levítico,* Código Presbiteral, de los sacerdotes y levitas, que trata principalmente de los derechos y deberes de los varones de la tribu de Leví, 1-7, leyes cultuales; 8-10, consagración del sacerdocio; 11-16, leyes sobre la pureza legal y religiosa; 17-27, Código de santidad, que es una miscelánea de prescripciones en parte ya promulgadas, pero vistas a través de la santidad que Yavé inculca a su pueblo; *Números*, 5-6, leyes varias, celotipia y nazareato; 15, sobre los sacrificios y filacterias; 18-19, derechos y deberes de sacerdotes y levitas y agua lustral; 27-30, herencias, fiestas y sacrificios, votos; *Deuteronomio*, 4-31, reiteración de leyes y prescripciones, en el tono parenético que distingue a este libro, especialmente estimado por los israelitas de todos los tiempos.

Ésta es la «Ley de Moisés», como se la denominará tanto en el Antiguo como en el Nuevo Testamento y en el Israel de la Diáspora; ella será la indefectible norma de vida de todo israelita. Los profetas y los Libros Sapienciales, en el orden jurídico, no harán más que inculcarla, enseñarla, desentrañarla y aplicarla; y la inmensa literatura postbíblica, en el orden civil, penal y religioso, sobre todo hasta la Edad Moderna, bajo la égida del rabinismo será como un vasto comentario de la misma, y en torno a ella girará como un sistema planetario en derredor de su sol.

1. «Torah» en *Jewish Encyclopedia* XII, p. 199.
2. Biblia de Jerusalén, *Les Nombres,* Introd., Paris, 1952.

Biblia y Talmud sintetizan los dos mundos concéntricos del hebraísmo, pero advirtiendo que el Talmud, con todo su imponente, variado y caótico contenido, es solamente un satélite de la Biblia, cuya luz recoge y refleja, principalmente en el orden jurídico, y, por extensión, en el religioso y cultural, con los aditamentos propios de la época en que se compone.

Lo primero que ha de tenerse en cuenta, para tener idea clara de lo que el derecho judaico representa, es su íntima conexión con la moral, como ocurre entre los musulmanes, quizá precisamente por influencia hebraica. Este aspecto diferencia profundamente, en cuanto a su enfoque y estructuración, al derecho judaico del cristiano-occidental, y mucho más, como es lógico, del romano.

El Talmud, segunda Biblia del judaísmo, en el sentido de creación colectiva y enciclopedia universal del saber hebraico hasta fines del siglo v d.C., abarca la vida entera del judío; él es su norma universal de conducta, lo cual no implica en modo alguno ruptura con la tradición, luz perenne de Israel, puesto que el Talmud, en todo su contenido, tiene su profunda raigambre en la Torá y demás libros del Antiguo Testamento, de donde toma su savia. Por eso todos los asertos y opiniones de los innumerables doctores consignados en ese océano de sentencias, dictámenes y controversias se refrendan con dichos escriturarios, característica muy marcada en el estilo talmúdico. Tan estrecha es la unión entre Torá y Talmud que propiamente el nombre de éste es *Talmud-Torá,* «Enseñanza o estudio de la Ley».

En cuanto a la proyección de esa Ley perpetua de Israel sobre la historia interna, vida y vivencias de este pueblo, virtualidad operativa y base unitaria en la aplicación consuetudinaria de los principios jurídicos por que se rige, es del todo exacta la afirmación del Talmud (tratado *Rō'š ha-šānā^{h},* «Año nuevo»): «Desde los tiempos de Moisés jamás hubo solución de continuidad en los tribunales de justicia», pero incluso entendiendo, además de esa continuidad material jamás interrumpida, la conexión con la Ley mosaica que late en toda la legislación talmúdica y su encarnación en el alma israelita.

En cuanto a la estructura del Talmud, conviene recordar que comprende dos partes esenciales, bien delimitadas, aunque estrechamente enlazadas: *Mišná* y *Guemará*. La *Mišná*, etimológicamente «reiteración, estudio, ley tradicional, deuteronómica», está considerada como el Código de la Ley oral, extensión y complemento de la Ley escrita, que tras varios siglos de actividades de seis *generaciones* de doctores judíos, llamados *tannaítas,* más un período pre y otro post-tannaítico (200 a.C.-220 d.C.), quedó definitivamente elaborado y concluso por obra de Y^{e}hudá ha-Nasî, en 63 tratados, repartidos en seis «Órdenes». La *Guemará*, «estudio acabado, enseñanza, doctrina» o también «complemento» de la Mišná, es el piélago de comentarios que los amoraítas, «maestros, intérpretes, comentaristas», doctores, en suma, de alto nivel, elaboraron en el decurso de tres centurias (desde la indicada fecha de clausura de la Mišná hasta la conclusión del Talmud babilónico: 500 d.C.), otras seis generaciones, cuyos trabajos cristalizaron en dos magnas compilaciones, denominadas por las Academias donde se realizaron *Talmud jerosolimitano* —o, mejor, *palestinense*— (fines del siglo IV) y *Talmud babilónico* (fines del siglo V). Se trata, por tanto, de dos obras independientes en su elaboración, coincidentes en su base, la *Mišná*, escrita en hebreo, cuyos tratados, perícopa por perícopa, van comentando amplísimamente, y en su plan general, pero dispares por los autores, lenguaje (el primero, en arameo palestino, y el segundo, en arameo oriental) y mérito, aspecto en el que se da la primacía al babilónico.

Considerado en todo su conjunto, el Talmud es «el archivo de diez centurias, en el cual están depositadas las ideas y opiniones, las creencias y veredictos, los errores, transgresiones, esperanzas, decepciones, costumbres, ideales, convicciones e infortunios de Israel: una obra realizada merced al celo y paciencia de treinta generaciones que trabajaron con una abnegación sin ejemplo en la historia de la literatura» (Karpeles).

II. LOS «HALAKISTAS» ESPAÑOLES

Hălākāʰ (sustantivo derivado del verbo *hālak,* «andar, marchar») es el término hebreo más general para designar el derecho judaico, conforme a su etimología de «interpretación, enseñanza legislativa, regla jurídica, ley» y, ahondando más en su raíz, «norma de conducta». En el hebreo bíblico *dèrek,* «camino», significa también muchas veces, como se ve principalmente en los libros sapienciales y proféticos, «conducta, comportamiento». Hay, pues, una línea constante en cuanto al concento del derecho, estrechamente unido con la moral, en la mentalidad hebraica.

«Halakista» es el jurisperito, docto en la ciencia del derecho y en su aplicación práctica, de modo preeminente el codificador, ordenador o compendiador de la jurisprudencia hebraica, que gobierna la vida entera del judío.

Tras las precedentes explicaciones generales, necesarias para la mejor comprensión de lo que el derecho judaico representa y la magna contribución de los juristas hispanojudíos al acervo común, trasfondo en que se apoya, al par que lo enriquece, la ingente labor por aquéllos realizada, vamos a exponer la aportación individual de los más destacados.

Es muy importante recordar que, después de la exégesis escrituraria, la rama de mayor envergadura en toda la literatura rabínica es la correspondiente a la *Halākā*, con su copiosa bibliografía de ediciones talmúdicas, comentarios, *Responsa* (nombre generalmente dado a las *Š*^{e}*'ēlôt û-t*^{e}*šûbôt*, «Preguntas y respuestas»), *Taqqānôt*, «Ordenaciones», y demás escritos de carácter jurídico.

El judaísmo español, que produjo notabilísimos exégetas bíblicos, el poeta-filósofo más grande de todo el Medievo judaico y otro poeta, lírico, de los más eximios que han existido, fue también la patria de muchos y prestigiosos *halakistas*, entre los cuales, incluidos también los de otros países, sobresale con honores de hegemonía la figura cumbre, que en tantas otras ramas *primatum tenet,* de Mošé ben Maimón o Maimónides.

Los estudios jurídicos, a base del derecho mosaico y talmúdico, han sido inseparables, en las Academias judaicas, de la exégesis escrituraria, dado que la Torá, formulación de la religión hebrea, es hasta por denominación la *Ley de Israel;* ambas, pues, se identifican. Ya era éste, por tanto, un primer título, insoslayable para una atenta investigación de todas las prescripciones legales del Antiguo Testamento. Viene luego la *Mišná, o* Ley oral, y su vasto complemento talmúdico, la *Guemará,* cuya trascendental importancia ya hemos expuesto, que ocuparon durante muchos siglos a numerosas generaciones de maestros y estudiosos. Como muestra, baste recordar que en el *Talmud bablí* se mencionan unos 2.200 amoraítas.

Esta actitud tan destacada en las Academias de Oriente, en los primeros siglos subsiguientes a la *Iudaea capta,* seguirá ocupando de una manera preferente las actividades culturales de los gaones *(g*^{e}*'ônîm,* pl. de *ga'ôn,* «excelencia, eminencia, gran maestro», título que ostentaban los presidentes de las Academias judías de Babilonia) y sus numerosos colaboradores, durante otros tres siglos, desde la conquista árabe del Oriente Próximo hasta mediados del siglo x. El gran Ṣ^{e}'adyá ha-Gaón, de la Academia de Sura (Mesopotamia), unirá a sus muchos y relevantes títulos el de *halakista* de primer orden.

En España, donde las comunidades radicadas de antiguo, con anterioridad a la invasión árabe, tenían sus centros de cultura, aunque es muy poco lo que de ellos sabemos, recibe el derecho hebraico un impulso extraordinario con la fundación de la Academia talmúdica de Córdoba (948), por obra de *Mošé Ḥanok,* bajo los auspicios del famoso *Ḥas̱day ibn Šapruṭ,* poderoso y cultísimo ministro de 'Adb al-Raḥmān III.

El ejercicio del cargo de *dayyān,* «juez de la comunidad israelita», especialmente delicado y por ende de capital importancia, requería imperiosamente una constante dedicación al estudio de la *Hălākā*^{h}. Ilustres personajes, tales como *Baḥya ibn Paquda,* desempeñaron este cargo.

Gran fortuna para los judíos españoles, que empezaban felizmente a despertar de su sueño milenario interesándose por las ciencias y las letras, a mediados del siglo x, fue la llegada a Lucena, emporio comercial, que pronto lo sería también del saber, de un gran maestro talmudista, nacido cerca de Fez, de donde su apelativo *Al-Fasi,* en 1013, educado en Kairawán, que tuvo que abandonar esta ciudad y fijó su residencia en la referida Lucena, donde puso una escuela para la enseñanza de la Hălākāʰ, y actuó como rabino desde 1089. Llamábase Iṣḥaq ben Ya'ăqōb ha-Kōhēn. Antes de morir (1103) nombró como sucesor suyo a Yosef ibn Migaš, que fue maestro de Maimónides.

Al-Fasi fue una verdadera lumbrera del talmudismo medieval, y la obra que le dio fama e influyó extraordinariamente en sus discípulos y en las generaciones siguientes fue la titulada *Hălākôt* (pl. de *Hălākāʰ),* a modo de sistematización de todas las leyes y prescripciones jurídicas, es decir, un «pequeño Talmud», como se le ha llamado, por contener todo lo esencial del gran Digesto judaico. Maimónides, que había de superarle con creces, le llama «nuestro gran maestro R. Iṣḥaq», y dice de él que superó a todos los que antes de él habían intentado compilaciones análogas. La gloria principal de Al-Fasi estriba en haber promovido brillantemente el estudio del Talmud en España, creando asimismo un lazo de unión entre las otrora florecientes Academias de Oriente y el rabinismo español y europeo. Todos los talmudistas posteriores se beneficiaron largamente de la obra de Al-Fasi.

Ya en la primera mitad del siglo XI el visir de dos reyes granadinos Šᵉmuel ibn Nagrella une a sus títulos de poeta excelso y conspicuo gramático, competidor de Ibn Ŷanaḥ, el de talmudista de nota, con su *Mᵉbō' ha-Talmûd* (*Introducción al Talmud*), tratado metodológico, que es una declaración concisa y clara de las expresiones técnicas de que aparece erizado el Talmud. Se imprime a veces en las ediciones de éste.

En el siglo XII aparece la figura gigante de Maimónides, que en el terreno jurídico lleva a cabo una obra colosal. Sus comentarios mišnaicos y la sistematización talmúdica le dieron la primacía entre los halakistas de la escuela española. Primeramente compuso una exposición del 2.º, 3.º y 4.º Órdenes o Secciones de la Mišná y del tercer tratado del 5.º, según él mismo afirma en la Introducción a la gran obra de que seguidamente hablaremos; pero o no fueron llevados a término o se han perdido o quedaron refundidos en su obra general.

Su obra magna como comentarista de la Mišná es la titulada *Mišnayyôt*, compuesta en lengua árabe, que en el original lleva como título, quizá no puesto por su autor, *Siraŷ* o *Kitab al-Siraŷ,* (*[Libro de la] Elucidación*), que es un vasto comentario de dicho Código de la Ley oral, en el que su autor hace gala de sus amplísimos y profundos conocimientos en toda la enciclopedia del saber. Empezada en España (1158), fue acabada en Egipto (1168).

Pero su obra genial en el campo jurídico, única, aparte de algunas poesías, que RaMBaM compuso en hebreo, es *Mišnèh Torah* (*Repetición de la Ley*), conocida generalmente por *Código de Maimónides* y también *Yād ha-ḥāzāqā^h* (*La mano fuerte*) (cf. Éx 13, 9; 32, 11 y Dt 7, 8-19), por coincidir las dos consonantes de la palabra *yād,* «mano», con la expresión gráfica de la cifra 14, número de libros en que la obra va dividida, añadiendo el calificativo «fuerte», de la expresión bíblica por la alta categoría de este *opus magnum*, cuyos grandes méritos pondera Graetz en estos términos: «Puede asegurarse resueltamente que Maimónides ha creado un nuevo Talmud. Sin duda alguna los elementos siguen siendo los mismos: conócese su origen, el momento de su producción, su distribución primitiva; pero la superior forma que el autor les ha dado los hace aparecer bajo una luz nueva; toda superfluidad, toda amplificación, ha desaparecido: sólo queda el fondo sencillo, claro, fácilmente comprensible».

En suma, merced a la minuciosa exactitud de análisis junto con un vigoroso poder de síntesis, a la lucidez, perspicuidad y profundidad de su mente, Maimónides consiguió suprimir los defectos del Talmud, confusa amalgama de los más heterogéneos elementos, y formar con ellos una obra de líneas clásicas, lógica ilación y claras estructuras.

La gran autoridad que como jurisconsulto gozaba Maimónides le convirtió en una especie de oráculo universal del judaísmo, y a él acudían de todas partes en demanda de soluciones y fallos jurídicos, cuyas contestaciones o *Responsa* (*Preguntas, respuestas y cartas*). forman una copiosa colección de dictámenes talmúdicos, sobre diversos puntos doctrinales y prácticos, que siempre han consultado los rabinos con singular veneración.

De doler es que toda la producción jurídica de Maimónides sea un coto cerrado para la mayoría de los eruditos, puesto que, en contraste con las numerosas ediciones hebreas, las traducciones a alguna lengua europea son pocas e incompletas.

En el siglo XIII Mošé ben Naḥmán (Naḥmánides, 1194-1270), figura prócer de las letras hebraicoespañolas, natural y rabino de Gerona, descuella en numerosas ramas del saber, entre ellas el talmudismo, en que manifestó particular precocidad, puesto que a los veinte años ya había compuesto algunos comentarios a diferentes tratados. Ya vimos sus inclinaciones místico-cabalísticas. Pero su actividad favorita durante toda su vida fueron el estudio y la enseñanza oral y escrita de la Torá y el Talmud. La gran autoridad de que gozaba fue parte para que, invitado por Jaime I el Conquistador, rey de Aragón, interviniera en la famosa polémica entablada con el converso Pablo Cristiano (1263), a presencia del mismo rey y de su confesor e inquisidor general de Aragón y Castilla, Raimundo de Peñafort, intervención que tuvo como remate posterior el destierro del anciano rabino, quien con tal motivo pasó los últimos años de su vida en Tierra Santa (1267-1270).

Tres son las direcciones de Naḥmánides como talmudista, aparte del constante estudio y diario ejercicio requeridos en el desempeño de su cargo de rabino oficial: a) *obras generales,* de mayor envergadura, como *Milḥāmôt 'Adônay* (*Las guerras del Señor*), compendio y defensa de la obra de Al-Fasi; b) obras *particulares,* de tipo monográfico, las *Ḥiddûšîm* o *Novellae*, y c) *preguntas y respuestas,* en número de 288 las conservadas.

El máximo elogio que se puede tributar a Naḥmánides como talmudista en cuanto al predicamento que alcanzó es que llegó a contrabalancear la autoridad de Maimónides, quizá en parte porque, frente a la posición de éste, que consideraba la filosofía como piedra de toque de las verdades religiosas, para el rabino gerundense la Biblia y el Talmud constituyen la suprema autoridad, el segundo como exposición de los preceptos de la Torá.

Las *controversias religiosas,* iniciadas ya en el siglo XIII, como dejamos dicho, envenenaron las relaciones judeo-cristianas a lo largo del XIV y XV; en gran parte giraban en torno al Talmud, tan perseguido como mal conocido por los cristianos. Para colmo de males, el ensañamiento contra el Talmud acarreó la destrucción de muchísimos códices hebraicos, gran parte de ellos sin duda alguna de gran valor, como ocurrió en la pública quema que tan dolorosamente impresionó al famoso Mē'îr de Rotenburgo y que tuvo lugar la víspera de un sábado de junio (1242 o 1244) en París, en la cual fueron pasto de las llamas 24 carretadas de esos libros, como consecuencia de la condenación del Talmud por la autoridad eclesiástica.

Dignas de mención en el campo de estas controversias, orales y escritas, son las obras del filósofo barcelonés Ḥasday Crescas (1340-1410), autor de un *Tratado de la refutación de los dogmas cristianos*, escrito en castellano, original que se perdió, conservándose su versión hebrea, y asimismo las de Profiat Durán (¿1350?-¿1415?), nacido probablemente en Perpiñán, entonces perteneciente a la Corona de Aragón, quien compuso en hebreo la *Ignominia de los cristianos*, que utilizó el citado Crescas, en la cual se ataca al evangelio y teología cristiana con argumentos a veces arbitrarios e infundados.

A principios del siglo XIV el talmudismo hispano recibió inesperado empuje por obra de dos sabios rabinos, padre e hijo, llegados de Alemania, que se establecieron en Toledo: *Āšer ben Yehiel* (1250-1327), discípulo del mencionado Mē'îr de Rotenburgo, y *Ya'āqob ben Āšer* (1280-1340). El primero, además de diversos comentarios a tratados talmúdicos, redactó un *Compendio,* que se sobrepuso al de Al-Fasi y fue uno de los de mayor autoridad en la época, y numerosas *Responsa.* Toda esa labor preparó la obra magna del hijo, autor de la vasta compilación jurídica, ordenada por materias, que lleva como título *'Arbā'ā^{h} Tûrîm* (*Los cuatro Órdenes*) (cf. Éx 28, 15-16), subdivididos en secciones, por grupos de leyes y capítulos, que tanto influyó en codificadores posteriores.

Dignos de mención asimismo son otros dos talmudistas notables, que florecieron en el nordeste de la Península en la segunda mitad del mismo siglo XIV: *Nissim G^{e}rondí* (antes de 1340-*ca.* 1380), maestro del citado Crescas, y autor de un comentario al *Compendio* de Al-Fasi y de otros a once tratados del Talmud; y su discípulo *Iṣḥaq ben Šešet* (1326-1408), barcelonés (o quizá valenciano), amigo de Crescas y autor de medio millar de *Responsa* y hombre de gran erudición, rabino en Zaragoza y Valencia.

Como remate de esa gloriosa cadena de estudiosos, compiladores y comentaristas del Talmud a lo largo de los seis siglos de florecimiento de las letras hebraicas en la España medieval, cumple mencionar al famoso *Abraham Zacuto* (1452-1522), salmantino, autor, además de diversas obras astronómicas, astrológicas y lexicográficas, del *Séfer yûḥăsîn* (*Libro de los linajes*), que contiene la vida y exposición de las obras de los principales *tannaítas* y *amoraítas*, o sea, una historia de la composición del Talmud, en sus dos partes, Mišná y Guemará.

III. CONTINUACIÓN Y PERVIVENCIA DE LOS CODIFICADORES HISPANOJUDÍOS

No termina la aportación de los judíos españoles al talmudismo con la expulsión de la Península: aun tenía que elaborarse el Código rabínico que se impusiera como norma práctica y consuetudinaria en las comunidades sefardíes y hasta en las aškenazíes (con las adiciones de Isserles, rabino de Cracovia). Fue obra del expulsado *José Caro*, nacido en Toledo (1488-1575), residente algún tiempo en Lisboa y durante muchos años en varias ciudades balcánicas, hasta que se estableció en Palestina y murió en la mística Safed. Su obra de mayor envergadura es la titulada *Bêt Yosef* (*Casa de José*), vasta ordenación talmúdica siguiendo paso a paso la antes mencionada obra de Ben Ašer; sin embargo, alcanzó mayor celebridad y difusión el compendio que de la misma hizo (Venecia, 1565) para ayuda de los estudiosos, y es el *Šulḥān 'Arûk* (*Mesa preparada*) (cf. Sal 23, 5), que durante los siglos posteriores, hasta hoy, ha venido a ser el Código rabínico por antonomasia, de autoridad indiscutible.

Pero, como es lógico, la autoridad de Maimónides y, en menor escala, la de otros egregios talmudistas hispanos que hemos citado, sigue siendo indiscutida, y sus obras son objeto de constante estudio por los talmudistas judíos.

Considerada en su conjunto, la labor ingente, ininterrumpida, con un constante afán de superación, realizada por los sabios hispanojudíos en el campo del derecho durante varios siglos no le va a la zaga a la efectuada en el campo de la escriturística, con la cual tan estrechamente se relaciona, hasta el extremo que una de las orientaciones que privó en el estudio de la Torá, juntamente con la filosófica y la cabalística, fue la *talmúdica.*

Siendo el Talmud la piedra angular del judaísmo en la Diáspora, el ordenador de su vida entera, desde los tiempos mismos de la elaboración de lo que constituye la base y fundamento de aquél, la Mišná, en que podemos decir ya existía virtualmente el Talmud y se fue formando la mentalidad talmúdica, troquel del judaísmo postbíblico, la magna labor llevada a efecto por los halakistas hebraicoespañoles adquiere una valoración extraordinaria, tan grande que resulta difícil de comprender en todo su alcance a quienes no viven dentro del ámbito de esa ordenación jurídico-religiosa que es el Derecho mosaico-talmúdico.

A modo de colofón, es de justicia añadir que el *Me'am Lo'ez,* obra cumbre de la literatura sefardí, recoge infinitas referencias a doctrinas, prescripciones, datos de todas clases del Talmud, haciéndolas así accesibles a la masa popular, a tenor de la índole de ese gran comentario bíblico. Las fuentes principales a donde recurren J. Kul.lí, iniciador de la obra, y sus continuadores fueron las obras de los ilustres halakistas de la escuela española que hemos expuesto.

IV. DERECHO MOSAICO-TALMÚDICO Y DERECHO CRISTIANO

Dadas las numerosas conexiones entre judaísmo y cristianismo, podría plantearse la cuestión de las relaciones o posible influjo entre ambos en el terreno jurídico. La respuesta es clara y convincente. En cuanto el Digesto talmúdico tiene su entronque en la Ley mosaica, de la cual no puede disgregarse, evidentemente la comunidad de origen del derecho canónico con aquél marca una impronta indeleble.

Mas también es verdad la profunda sima, que ya en el evangelio se dibuja, entre muchas de las prácticas, ritos y usanzas acumuladas en el curso de los siglos al primitivo Código mosaico, las llamadas *traditiones seniorum,* y el genuino sentido y alcance de la Ley. El divino Maestro recrimina a los fariseos y escribas que: «Dejando de lado el precepto de Dios —les dice— os aferráis a la tradición humana [...], anulando la palabra de Dios que se os ha transmitido» (Mc 7, 8.13; cf. Mt 15, 2-3.6). Ello no implica, naturalmente, la anatematización de toda clase de tradiciones en el orden religioso como en los demás; san Pablo exhorta a los fieles de Tesalónica a «guardar las *tradiciones* que habían recibido» (2 Tes 2, 15).

Solamente se condena el abuso, y hay que reconocer que la casuística talmúdico-rabínica llega a los límites de extremada exageración detallista y a una sobrecarga de minuciosas prescripciones que empañan la tersura de la legislación mosaica.

Sin embargo, el Talmud es un arsenal inmenso de sabiduría, verdadera enciclopedia del saber judaico en los cinco primeros siglos de nuestra era, y aunque se han publicado algunas antologías de máximas y sentencias espigadas en ese campo abstruso y complejo, todavía sigue siendo para la inmensa mayoría de los no-judíos un libro sellado con siete sellos, que convendría abrir para aprovechar sus tesoros.

5

VIDA FAMILIAR

I. LA FAMILIA EN LOS TIEMPOS BÍBLICOS Y POSTBÍBLICOS

La familia, célula de toda agrupación humana en todos los tiempos y países, ostenta en el pueblo de Israel muy antiguo y noble abolengo. En primer lugar, su constitución por obra directa de Dios, al formar al primer hombre y a la primera mujer y unirlos en matrimonio en el Paraíso terrenal, confiere a esta unión, base de la familia, una categoría sobrenatural. La familia será el eje de la sociedad israelita desde los tiempos patriarcales, y es tal el relieve que alcanza en el Antiguo Testamento, que vanamente buscaríamos una elevación y dignidad semejantes en la historia o la literatura de cualquiera de los pueblos antiguos, incluidos el griego y el romano.

«La familia constituye el eje y pivote de la vida israelita», dice L. G. Lévy al principio de su libro *La famille dans l'antiquité israélite*[1]. Fijémonos solamente, siguiendo a este autor, en los reflejos que ese noble concepto y dignidad de la familia y sus miembros proyectan sobre la fraseología bíblica:

> Para indicar las relaciones del individuo con la Divinidad se dice: *'El, Mèlek, Yavé* es padre, hermano, tío paterno de... Para morir se emplea la locución «juntarse con sus padres, con los suyos». Un personaje distinguido por su posición es un «padre»; una mujer eminente es una «madre en Israel» (2 Sam 20, 19). Se habla de la «madre del camino» (Ez 20, 21). Compárense asimismo las numerosas expresiones en que entra el término *ben*, «hijo de»: «hijo de la muerte», por «reo de muerte»; «hijo de un año», en el sentido «de un año de edad»; «hijo de Adán», por «mortal»; «hijo del arco», por «flecha»; «hija del ojo», por «pupila» (niña del ojo); «hija de

1. Paris, 1905, p. 3.

> Sión», por «la nación israelita»; una ciudad y «sus hijas», por «sus dependencias», etc.[2].

Esas locuciones o expresiones han quedado enquistadas para siempre en el vocabulario hebreo y son testimonio viviente de la antigua importancia de la familia en este pueblo, que, en realidad, se ha conservado hasta el día de hoy. No hay libro ni apenas pasaje escriturario en que no aparezca la mujer, y a menudo en un plano principal, hasta como protagonista. Baste recordar Rut, Ester, Judit, el idílico Cantar de los Cantares, nuestros protoparentes, las esposas de los Patriarcas con sus vicisitudes varias, y numerosísimos episodios de los libros históricos, como también de los sapienciales, sin excluir ninguno, ni siquiera los Salmos y los proféticos.

En la época postexílica la situación de la familia entre los judíos siguió siendo aproximadamente la misma que en épocas anteriores, como se refleja en los libros cuya composición corresponde a esos tiempos, e incluso en los del Nuevo Testamento. En ellos se nos pintan escenas y detalles, usos y costumbres relativos al matrimonio y vida familiar, señaladamente en el de Tobías, llamado «el libro de la familia cristiana», por las grandes analogías que se aprecian en los cuadros representados y el espíritu que anima a los personajes con las características y ambiente de la familia cimentada en el espíritu del evangelio.

En lo que se refiere al judaísmo postbíblico, A. Cohen, doctor en Filosofía por la Universidad de Londres y rabino en la sinagoga de Birmingham, en su obra *Everyman's Talmud,* exposición sintética de éste, dedica un capítulo íntegro a la vida familiar («La mujer», «Matrimonio y divorcio», «Los hijos», «La educación», «Piedad filial»), en que resume el vasto contenido talmúdico relativo al tema, uno de los seis «Órdenes» de la Mišná *(Nāšîm,* «Mujeres» = Derecho matrimonial). Encabeza dicho capítulo con las siguientes consideraciones, a modo de juicio previo acerca de la familia:

> La familia figura como base de la vida social del judaísmo. El Talmud vela constantemente por mantener la pureza de la misma y asegurar su estabilidad. Reconociendo el papel tan importante que la mujer desempeña en la vida familiar, la reconoce un rango en extremo honorable. Sobre todo, si se tiene en cuenta la situación de la mujer en los pueblos de aquella época (*cinco primeros siglos de nuestra era*), la dignidad que la confiere el Talmud alcanza un relieve incomparable. En ningún aspecto la considera inferior al hombre. Si su esfera de acción difiere de la que incumbe al otro sexo, su significación no es por eso menor para la buena marcha de la comunidad.

Hay que reconocer que la firme estabilidad de la familia dentro del judaísmo hasta nuestros días se ha conservado a través de los tiempos y

2. *Ibid.,* p. 4.

lugares. No hay duda que la adhesión inquebrantable a la Torá, en su acepción más amplia, es decir, a las divinas Escrituras, y la santidad del matrimonio tradicional fielmente perpetuado han sido los dos firmes pilares de las comunidades judaicas a través de los siglos.

II. TRADICIÓN FAMILIAR ENTRE LOS JUDÍOS ESPAÑOLES

Los judíos radicados en la península Ibérica conservaban religiosamente esa tradición ancestral de profundo respeto al sagrado del hogar; y aunque no se recuerdan nombres de mujeres famosas, no hay duda que de puertas adentro de la casa la mujer ejercía un importante cometido en diversas esferas e irradiaciones. En cuanto a consideración, derechos y deberes continuaba en una situación bastante similar a la de épocas precedentes, siempre dentro del plano de adaptación a los tiempos, circunstancias y lugares, tanto en las aljamas de la España musulmana como en las comunidades de los reinos cristianos, siempre bajo la peculiar organización y prescripciones exigidas por la minuciosísima legislación talmúdica, especialmente extremosa en lo que atañe a las mujeres, que rige la vida entera de la comunidad e individuos israelitas en ambas Españas del Medievo, al igual que en los demás países. El Talmud estrechó aún más la valla que como salvaguardia del matrimonio y vida doméstica había erigido la legislación mosaica, quizá precisamente por hallarse los judíos viviendo en medio de otros pueblos.

Muy interesante e instructiva sería una selección, lo más completa posible y bien sistematizada, de las máximas, enseñanzas y consejos del Talmud respecto a la mujer, el matrimonio y la familia en todos sus aspectos, en plan de divulgación y excluyendo las farragosas y minuciosas ordenanzas legales, de interés muy restringido, limitado a los judíos —y a menudo ni aun para ellos, en razón de la lejanía del tiempo en que se formularon— o bien para la Historia de la Medicina[3]. Esas advertencias y exhortaciones están llenas de sabiduría y buen sentido, y abarcan todos los carices y facetas, desde el puro sentimiento religioso hasta el eugenésico[4].

3. El *Me'am Lo'ez* contiene un caudal enorme de disquisiciones y datos de positivo interés en esa rama, para el médico y el higienista. En el tomo I, 1.ª parte (Génesis), de nuestra edición, en colaboración con el doctor Pascual Recuero (Gredos, Madrid, 1969) puede verse un larguísimo comentario (pp. 149-197) sobre Gn 1, 28, que contiene todas las prescripciones médico-religiosas judaicas relativas a la vida conyugal y sexual, de fuente talmúdica principalmente, expuestas con extremada meticulosidad.

4. Algunas figuran, en mayor o menor cuantía, en los florilegios generales entresacados del Talmud; pero nuestra sugerencia tiene mayor alcance, pues se trata de un estudio completo, sistematizado y razonado sobre el susodicho tema.

Es muy significativo que el término *Qiddûšîn*, «Santificación» (pl.) sea el que designa el matrimonio en la literatura rabínico-talmúdica, mostrando claramente el alto ideal religioso que le distingue y prestigia.

El consejo talmúdico de que para elegir esposa conviene descender un peldaño en la escala social, y para elegir amigo hay que subirlo, está muy dentro de las normas y principios del *savoir-vivre* («conocimiento de las conveniencias» o usos del mundo) y del *savoir-faire* («habilidad, no exenta a veces de astucia, para triunfar en lo que se emprende», *Diccionario Larousse*), y hay que reconocer que los judíos han sido siempre peritos en ambas artes o saberes.

Mérito preferente se otorgaba a las hijas de los sabios en orden a la cultura e instrucción, bien por imperativo de éstas, o también en previsión de que el padre faltara, por ser desterrado o por fallecimiento. Quizá también pesara la consideración de que, por intermedio de esa hija, especialmente distinguida, pudieran heredar los hijos del matrimonio algo de la capacidad científica o talentos del abuelo materno De hecho, las hijas de los rabinos han gozado generalmente de particular prestigio entre los judíos, como muy recomendables para esposas, quizá por varias razones.

Todos esos principios y otros similares, constantemente inculcados por los rabinos, informaban la trama ideológica y sentimental en torno al matrimonio y la familia en las comunidades hispanojudías.

Abraham Neuman, en su documentada obra, a base precisamente de autores hebraicoespañoles, *The Jews in Spain*[5] dedica tres capítulos (vol. II, caps. XII-XIV) al matrimonio y vida familiar (Galanteo o Noviazgo = *Courtship,* Matrimonio: costumbres y ceremonias, Vida doméstica).

Empieza por una atinada observación respecto a la ausencia, dentro del ámbito judaico, de la galantería caballeresca con su secuela de justas, torneos, amoríos y discreteos, no exentos generalmente de frivolidad y excesos, presentándolos como cosas ajenas al tradicional y austero espíritu hebraico, que hacía más hincapié en el aspecto religioso y trascendental del matrimonio que en el floreo y requiebros amorosos[6].

> Al revés del carácter turbulento y tormentoso que ofrece la vida judía a lo largo del Medievo, el romántico período prenupcial de la juventud era en la mayoría de los casos desilusionadamente plácido. El cortejo amoroso no tenía ambiente propicio en la buena sociedad judía[7].

5. Philadelphia, 1942, ³1948.

6. *«Otia, si tollas, perire Cupidinis artes»,* dijo el autor *del Ars amandi,* y los judíos pocas veces gozaron plenamente de ese *dolce far niente* propicio para los devaneos amorosos.

7. A. Neuman, *op. cit.*, p. 19.

Y a modo de explicación añade: «La vida era evidentemente demasiado breve y sobrado austera para emplearla en devaneos sentimentales». Naḥmánides, adelantándose siete siglos al famoso verso rubeniano «juventud, divino tesoro», y dando mayor amplitud a la expresión, titulará una obra suya *El tesoro de la vida.*

III. MATRIMONIO

El concierto matrimonial dependía principalmente de la autoridad paterna; sin embargo, la intervención materna, siquiera fuese a título de consejo o persuasión, era muy destacada. Lo mismo que ocurría entonces, y también en época posterior, entre las comunidades europeas, eran frecuentes los matrimonios entre menores, sujetos a la tutela familiar, aunque púberes, naturalmente; en tales casos el padre podía casar al hijo o hija con o sin su consentimiento, lo cual —objeta Neuman— implicaba cierto retroceso respecto a la antigua usanza, más liberal, incluso tratándose de la hija, que había cristalizado en el Talmud. Sin embargo, ya sabemos que en éste suelen consignarse las opiniones más variadas y hasta contradictorias; de ahí las diferentes prácticas que, según los tiempos y países, se observaban, siempre bajo la inmediata dirección de los rabinos.

La tendencia al matrimonio en edad temprana se basaba fundamentalmente en razones de índole moral.

Precedían a la celebración de los desposorios las oportunas negociaciones o esponsales, a cargo del padre, o en ausencia o fallecimiento de éste, a cargo de la madre o bien del hermano mayor.

La formalización de las capitulaciones matrimoniales se efectuaba mediante la *k^{e}tubbā^{h},* «escritura», con el sentido específico de «contrato matrimonial» o «acta nupcial». En la Mišná figura un tratado, segundo del *Séder Nāšîm,* titulado *K^{e}tubbôt* (pl.), que regula todo lo concerniente a este asunto, tan fundamental en la vida israelita, y de tanta trascendencia y derivaciones de todo orden: religioso, familiar, social, cultural, económico. Como ese tratado tiene su Guemará en ambos Talmudes, circunstancia que no se da en todos los 63 tratados de la Mišná, puesto que algunos de éstos faltan en el palestinense o en el babilónico, o bien en uno y otro, hay materia copiosa sobre el particular, que expusieron ampliamente los numerosos halakistas y comentaristas del Talmud a lo largo de quince siglos.

Este documento, legal y familiar, la *k^{e}tubbā^{h},* figura en cabeza entre todos los documentos típicamente legales y estaba aureolado de singular honor y estimación entre las comunidades españolas. Solía ornamentarse con artísticas miniaturas y se conservaba con exquisito cuidado[8].

8. El fallecido e ilustre historiador Cecil Roth, profesor que fue de la Universidad de

Recordaremos que la caligrafía hebraica en códices bíblicos u otros escritos o documentos como el que nos ocupa fue muy apreciada y encomiada, y ésta era precisamente una oportunidad para efectuar primores de gran estilo.

En cuanto al formulario de su redacción, los sefardíes han conservado religiosamente el tipo de *k^{e}tubbā^{h}* que tenían sus antepasados en España, y en su texto, a base de fórmulas fijas, como es de rigor en toda clase de documentos oficiales, se hace constar que el matrimonio se celebra conforme a las *taqqānôt,* «constituciones» o «reglamentos» de las antiguas comunidades de Castilla.

Especial mención merece la cuestión de la poligamia, autorizada, como es sabido, por la antigua Ley mosaica, y conservada hasta el día de hoy entre los judíos de ciertas regiones, por ejemplo el Yemen, quizá no tanto por tradición cuanto por el ejemplo de los musulmanes. Importa advertir que el Talmud la autoriza también, pero no la aconseja. Maimónides la permite «en teoría»[9]. De hecho se practicó en la masa popular, pero no hay constancia, sino todo lo contrario, respecto a ningún rabino; hasta se habría considerado tal abuso como una abominación. Los dirigentes espirituales daban ese alto ejemplo de moralidad. Curioso es recordar que el «Rabino cristiano», como se ha llamado a san Pablo, al formular los requisitos que debe reunir el candidato al episcopado, señala que sea *unius uxoris virum* («varón de una mujer») (1 Tim 3, 2).

La influencia islámica se dejó sentir sobre los judíos en la cultura y las letras, como también en no pocos aspectos de la vida y actividades. Concretamente dice Neuman:

> La costumbre varía indudablemente a este respecto: el grado de tolerancia de matrimonios plurales es un indicio de la relativa fuerza de la influencia musulmana en la comunidad judaica. En las comarcas de fuerte influencia islámica la poligamia continuó en los siglos XIII y XIV; pero, al declinar aquélla, ésta disminuyó también[10].

En Castilla era tolerada y no rara en la práctica; en cambio, estaba prohibida en Aragón y Cataluña.

Sobre las repercusiones de la prohibición promulgada por Gersom *(Rabbenû* G.) (960-1040), que el año 1000 dictó sus famosas *Taqqānôt* prohibiendo la poligamia y el divorcio sin consentimiento de la esposa, el halakista barcelonés Adret (*Responsa*) manifiesta que en Cataluña y Ara-

Oxford, poseía una colección de *Ketubbôt,* tan copiosa como valiosa, que tuve el placer de admirar en su casa.

9. A. Neuman, *op. cit.,* p. 52.
10. *Ibid.,* pp. 51 ss.

gón la monogamia era normalmente la regla estricta, es decir, que ya se habían adelantado a esas disposiciones.

En realidad, lo mismo en Castilla que en los reinos musulmanes susodichos, los matrimonios múltiples eran raros, constituyendo más bien la excepción. Prueba elocuente es el hecho de que en la *k*^{e}*tubbā*^{h} se consignaba una cláusula por la que el marido se comprometía solemnemente a no tomar otra mujer mientras viviera su actual esposa.

Como final de este apartado es interesante el párrafo con que Neuman cierra el último de los tres capítulos (XII-XIV) dedicados al tema que nos ocupa, puntualizando la situación real de la mujer judía en las comunidades españolas, pese a ciertas prescripciones legales comunes a todo el judaísmo, según las cuales puede aparecer en condiciones de inferioridad con respecto al hombre, lo cual, después de todo, nada tendría de particular, sobre todo en aquellos siglos, si se repara en que todavía subsisten en la mayoría de las naciones y códigos vigentes situaciones legales de notoria desventaja para la mujer:

> Siempre existió una gran divergencia entre la situación de la mujer judía conforme a la Ley y su rango en la vida, dado que la esposa y madre hebrea estaba salvaguardada por el amor y el respeto más bien que por la Ley. Un principio, en particular, tomado cabalmente de la Ley, merece destacarse como digna coronación de este capítulo: la mujer asciende en dignidad con el matrimonio, no se rebaja a un nivel inferior al asumir los deberes de esposa[11].

Parodiando la famosa frase del pensador judío Ašer Guinzberg, que popularizó el seudónimo *'Aḥad ha-'Am,* «Uno del Pueblo», sobre el sábado, podríamos decir también que «Israel conservó fielmente la familia y la familia conservó a Israel» en los azares de su tormentoso vivir, a lo largo de los cuatro mil años de su existencia. Esta afirmación solemne tiene pleno cumplimiento en la historia del judaísmo español, y nos sirve de testimonio vivo y fehaciente el espectáculo de la mujer y la familia sefardí.

Tras los datos y testimonios presentados acerca de la familia israelita en general y, sobre todo, en el marco de las comunidades ibéricas, bien podemos decir, con A. Neuman[12], que «a través de la prosa de los hechos y conceptos legales se nos ofrece como un trasunto de los ideales y módulos éticos que hicieron de la familia un verdadero exponente de la conciencia moral del judaísmo medieval», que es tanto como decir del judaísmo español y, asimismo, de su continuación el sefardí.

11. *Ibid.*, p. 63.
12. *Ibid.*, p. 19.

Ciertamente esta parte del legado, por los valores espirituales y fuerza vital que entraña, atesora subidos quilates y queda como paradigma ejemplar para las generaciones siguientes.

6

TRABAJO Y PROFESIONES

I. EL PRECEPTO BÍBLICO DEL TRABAJO

La ley del trabajo ha sido como una segunda religión en Israel, promulgada en el mismo Paraíso terrenal, donde Dios situó al hombre, a Adán, «para que lo cultivase y guardase» (Gén 2, 5). Después de la prevaricación, ya con notorio carácter de castigo, Dios intimó solemne y severamente a Adán la ley del trabajo: «Con doloroso esfuerzo comerás de ella *(la tierra)* todo el tiempo de tu vida [...] Con el sudor de tu rostro comerás el pan hasta que vuelvas a la tierra» (Gén 3, 17-19).

Toda la historia de Israel, tanto del Antiguo Testamento como de la Diáspora, quizá en ésta todavía más patente, y no digamos en el actual Estado de *Ereṣ Israel,* es un canto solemne al trabajo en todas sus manifestaciones e infinitas variedades.

Ahora bien, tanto en la literatura bíblica como en la judaica, el término «trabajo» y sus derivados o similares se refieren generalmente al de carácter *manual,* aspecto que debe tenerse en cuenta al aquilatar el sentido genuino de las citas textuales correspondientes, aunque por analogía y extensión muchas veces sea aplicable a toda clase de ocupaciones. Es también lo que ocurre en otras lenguas y ambientes hasta nuestros días, en que la denominación de «trabajadores», «productores», «laboral» como calificativo de entidades u organismos, etc., designa preferentemente las actividades manuales en su variadísima gama de especialidades.

Por lo que se refiere al quehacer intelectual, basta recordar la antítesis que desarrolla el Eclesiástico (38, 25-39) entre las sabias lucubraciones del *escriba* y las faenas materiales del *artesano,* sea agricultor, ganadero, carpintero, albañil, herrero, alfarero, etc. Se reconoce ciertamente el mérito y valores del trabajo de éstos: «Son expertos en sus labores materiales

—se dice— y su pensamiento mira a las obras de su arte; pero muy de otro modo que quien aplica su espíritu a meditar en la Ley del Altísimo» (v. 39).

Por tanto, esa grata, al par que provechosa *ociosidad,* el *otium* latino, contrapuesto a *negotium (= nec otium,* «quod non sit otium», en el sentido de «ocupación, asunto, trabajo»)[1], tarea tan estimada en el pueblo hebreo cual es la actividad del espíritu, máxime cuando está consagrada al estudio o pausada lectura del sagrado Libro, ocupa un lugar aparte, fuera de las faenas y quehaceres manuales, industriales, comerciales o económicos de cualquier clase, un verdadero puesto de honor, que confiere a quien de por vida, y sustrayéndose a esas otras, se consagra de lleno, el rango de una *aristocracia* espiritual.

II. EN LA ERA POSTBÍBLICA

Pero, como acertadamente afirma A. Cohen[2], «aunque se ensalzaba el estudio de la Torá como la más recomendable entre todas las ocupaciones, los rabinos tenían suficiente sentido práctico para comprender que la existencia misma del mundo resultaría imposible si todos los hombres se consagraran exclusivamente a investigaciones idealistas». De ahí este aforismo: «Hermoso es el estudio de la Torá unido al quehacer terreno[3], pues el empeño en ambos hace olvidarse del pecado, y toda lucubración que no va acompañada de una ocupación material acaba por ser ineficaz y acarrea el desorden» (*Abôt*, 2, 2).

En el mismo tratado mišnaico de la cita precedente, que contiene las máximas favoritas de los «Padres» (así se titula) del judaísmo postbíblico, se pone en boca de uno de ellos, entre otras, esta sentencia: «Si no hay harina, no puede haber estudio, y sin estudio, tampoco habrá harina». Por tanto, las dos clases de actividades a que nos referimos tienen su correlación, y no se consideran como irreductibles ni compartimentos estancos. Precisamente sabemos que era lo usual entre los rabinos simultanear el estudio con un *modus vivendi* de tipo manual, como consta también de san Pablo, por testimonio del mismo. Pero de la dedicación a las tareas intelectuales hablaremos en el capítulo correspondiente; aquí hemos de circunscribirnos estrictamente al tema del epígrafe.

Por grande que fuera la estimación de los doctores de Israel hacia los

1. «Nostrum otium negoti inopia, non requiescendi studio constitutum est», dice Cicerón (*De off.* 3, 1).

2. A. Cohen, *Everyman's Talmud,* apartado «El trabajo».

3. El sentido de la expresión hebrea *dèrek 'ères,* a la que se asignan varias acepciones, es aquí el de «empleo, ocupación», de tipo terreno o temporal, es decir, esos deberes que tenernos todos con la sociedad.

quehaceres del espíritu —y no hay duda lo era en grado superlativo— no dejan de ponderar como se merece la dignidad del trabajo, en el sentido indicado: «Grande cosa es el trabajo, pues honra a los que a él se dedican», se dice en el tratado *N*^{e}*dārîm* (49b). «Ama el trabajo», inculca el citado *Abôt* (1, 10).

Esas directrices orientaron a los judíos españoles en el ejercicio de su actividad laboral, practicada con ejemplar constancia y tesón en cuantas profesiones y oficios desempeñaron durante su larga permanencia en la Península, mezclados con la masa ciudadana, tanto en la sociedad islámica como en los reinos cristianos[4].

Pero hay una cuestión batallona, al par que delicada, que conviene abordar de frente. Sobre el judaísmo universal ha pesado durante muchos siglos, y todavía pesa en grandes sectores, una especie de *leyenda negra* —una más, digamos, en la trama de su aciaga historia—, tan injusta como falsa, en orden al trabajo, y es la creencia de que solamente han desplegado su acción y dinamismo, con buenas o malas artes, en el campo del *dinero,* ajenos por completo a todas las demás actividades laborales[5]. Sin

4. *El Legacy of Israel* no trata, ni *ex professo* ni incidentalmente, este tema de las profesiones u oficios de tipo laboral y socio-económico que indudablemente encierra gran importancia en la historia de los pueblos; se ocupa preferentemente de los valores espirituales o intelectuales del judaísmo medieval y su irradiación en la cultura europea.

5. Podrían multiplicarse las referencias. Basten las dos siguientes:

1.ª «Entre las características más salientes de la raza hebrea hay que citar: acentuada aversión a todo trabajo corporal que signifique fatiga...» *(Nueva Enciclopedia Internacional,* ingl.). Y poco después se añade: «Excelente disposición para el comercio, astucia y perspicacia para la especulación, especialmente en asuntos de dinero».

2.ª «Hasta hace poco tiempo el judío en América no se preocupó del territorio rural, lo cual es en él característico, ya que el judío no es agricultor por naturaleza. Importantes sumas se han gastado para educarle y encariñarle con la agricultura; pero la labor productiva nunca plugo al judío, ni hoy le interesa. Sólo estima aquella propiedad que encierra oro en sus minas, o que produce rentas. Un terreno que produzca patatas o cereales no posee nunca atractivos para el judío».

Esto leemos en uno de los libros más antisemitas —mejor digamos antijudaicos— que se han escrito, *El judío internacional (un problema del mundo),* de Henry Ford, Leipzig, ^{3}1932, p. 173. Será instructivo un estudio documentado de las razones y origen de ese antijudaísmo en el famoso magnate de la industria automovilística norteamericana.

No nos compete redargüirle ni, por otra parte, nos mueve ningún afán apologético del judaísmo, pero sí la defensa de la verdad y la justicia. Digamos, pues, brevemente que esa tesitura psicológica del judío, admitiendo sea exacta, o lo haya sido durante siglos, no era su característica en la Antigüedad, cuando tenía una patria, unas tierras, una heredad, reputada como cosa sagrada, en su tribu. Expulsado de su país y disperso por todo el mundo ese pueblo singular, constantemente acorralados sus miembros, perseguidos, vejados, excluidos de toda profesión sedentaria en períodos de animosidad exacerbada, sin un rincón donde refugiarse en tantas ocasiones, ¿cómo podrían afincarse en un lugar, que se les negaba, un pequeño territorio, un poblado tranquilo, para dedicarse a la agricultura?, ¿cómo

embargo, retrotrayéndonos a los más remotos tiempos bíblicos, la época patriarcal, vemos que ni el clan de Abraham, ni el de Isaac, su hijo y sucesor como jefe del mismo, ni el notablemente acrecentado de Jacob y sus doce hijos los filarcos o jefes de tribus, son «nómadas del desierto, amantes de la libertad, enemigos de toda sujeción y prontos a caer sobre los incautos viajeros», como dicen los traductores Nácar-Colunga a propósito de Ismael y sus descendientes (Gén 16, 1). Al contrario, son gente pacífica normalmente, que vive de la ganadería, de moderado nomadismo, pues pasan grandes temporadas en un mismo lugar, como Beerseba y Hebrón, «donde habitaron Abraham e Isaac» (Gén 35, 27). Con toda probabilidad practicaban en algún grado, durante esas estancias, la agricultura y horticultura.

Muy significativa a este propósito es la bendición de Isaac a Jacob (creyendo que era el primogénito Esaú), en su aspecto de prosperidad material, que es la primera parte (Gén 27, 27-28): «¡Oh!, es el olor de mi hijo como el olor de un campo al que ha bendecido Yavé. Dete Dios el rocío del cielo y la grosura de la tierra, y abundancia de trigo y mosto», sin hacer la menor referencia a otras fuentes de riqueza, ni siquiera a la ganadera.

Afincado el clan jacobita en la tierra de Gosen (Egipto), no tardaron en dedicarse, además de la ganadería, al cultivo de la tierra: «Habitó Israel en la tierra de Egipto, en la región de Gosen, y adquirieron allí posesiones, creciendo y multiplicándose grandemente» (Gén 47, 27).

En el Antiguo Testamento son muchos los pasajes donde se menciona toda clase de obreros especializados, aparte del ambiente campestre, agrofílico o netamente agrícola que se respira en la vida israelita desde su asentamiento en la Tierra prometida, la que «manaba leche y miel», según la típica frase bíblica, expresiva de la fecundidad y atractivo del suelo en aquellas edades.

En la literatura mišnaica y talmúdica la enumeración de oficios que ejercían los judíos en la Diáspora es todavía más variada, sin duda por efecto de las nuevas situaciones que la adaptación a tan variados medios, regiones y circunstancias imponía inexorablemente como una ley de existencia. Y es de advertir que tanto en una como en otra fuente se mencionan también ocupaciones femeninas multiformes y variadas, en casa, en talleres, fábricas, el campo, etc. Famoso e interesante por su detalle y extensión es el capítulo 31 de Proverbios, donde se incluye el *Alfabeto áureo de*

no acogerse prudente y hasta desesperadamente al manejo del dinero, como única y última tabla de salvación?

Por lo demás, el mentís más rotundo a esas insidiosas afirmaciones lo ha dado el nuevo Estado de Israel, donde se presta a la agricultura el máximo interés, hasta el extremo que son muchos los graduados universitarios que no dudan en dedicarse de lleno a las faenas agrícolas.

la mujer fuerte —o más bien ejemplar—, dechado del ama o matrona israelita, hacendosa y diligente.

La legislación mišnaico-talmúdica reglamenta minuciosamente todo lo relativo al trabajo, sobre todo en orden a las ocupaciones prohibidas en sábado.

III. EN EL JUDAÍSMO HISPANO

Los judíos españoles, en su milenario asentamiento en la Península, a donde primeramente llegaron, con sus hermanos de raza y lengua, al par que buenos vecinos, los fenicios, como mercaderes y traficantes, practicaron, como era lógico por ley natural, toda suerte de trabajos y las mismas ocupaciones que los nativos, sin exceptuar la agricultura. Precisamente, durante los dos mil años primeros, desde que se acusa su presencia, en la indicada coyuntura (siglo X a.C.), reinando Salomón, hasta el siglo X d.C., en pleno Califato, nada se sabe de sus actividades intelectuales, que, sin negar existieran en cierta medida, parece seguro no brillaron en grado eminente, puesto que no hay de ello ningún recuerdo ni testimonio. Consta, en cambio, que tanto en la época visigoda como bajo los Omeyas y los almorávides, sin excluir los reinos de Taifas, desarrollaban los judíos eficiente actividad como agentes de intercambio comercial dentro del territorio nacional y con el extranjero.

El canon 49 del concilio de Ilíberis, celebrado a principios del siglo IV, prohíbe que los frutos de la tierra puedan ser bendecidos por judíos, prueba evidente de que éstos no eran ajenos a la agricultura.

Hay también escrituras antiguas en los siglos medievales, de compra y venta de fincas rústicas formalizadas por judíos o en que ellos intervienen de alguna manera, que demuestran asimismo sus actividades en este campo.

Pero indudablemente, por las razones apuntadas en la larga nota precedente, las actividades más ejercitadas por los judíos caían en el área de las profesiones relacionadas con la industria, el comercio y las finanzas en general. En la tristemente famosa Pragmática de doña Catalina de Láncaster, reina de Castilla, de 1412, se consigna un largo recuento o enumeración de profesiones y oficios que se les vedaban a los judíos, prueba evidente de que las venían practicando. En adelante no podrían ser: especieros (drogueros), boticarios, cirujanos, físicos, vendedores de pan, vino, harina, aceite, manteca u otras viandas, ni en público ni en secreto, arrendadores, procuradores, almojarifes, mayordomos, corredores, cambiadores, albéitares, herradores, carpinteros, jubeteros, sastres, fundidores, calceteros, carniceros, pellejeros, traperos (o mercaderes de paños), vendedores de zapatos, jubones, calzas, remendones, recueros, conductores de mercancías, traficantes de aceite, miel, arroz u otras cosas de comer. Esa treintena larga de profesiones u oficios es un elenco bastante completo de los usuales en aquellos tiempos.

El círculo de hierro en que se estrechaba tan cruelmente a los judíos de ese modo era verdaderamente angustioso, y hace exclamar al historiador Amador de los Ríos: «No podía llevarse más adelante el empeño de incomunicar a un pueblo que durante tantos siglos había vivido en el seno del castellano, bien que separado de él por las creencias religiosas»[6]. Precisamente esa comunicación y convivencia secular se practicaba a diario e intensamente sobre todo mediante el ejercicio de todos esos oficios o profesiones, que ponen en contacto constante a los hombres, cualesquiera que sean las barreras que en otros órdenes (religioso, social, intelectual, etc.), puedan separarlos, entonces como hoy y como siempre.

Mucho más extensa que la enumerada es la lista de profesiones, complementaria de la precedente, que transcribe la *Enciclopedia Judaica Castellana* de la obra de F. Baer *Die Juden im christlichen Spanien*:

> Si establecemos una lista de profesiones de los judíos que se mencionan en los documentos que se han conservado, resulta evidente que no había en la España medieval actividad económica en que no participaran también los judíos. Eran *agricultores y comerciantes*, médicos y farmacéuticos, artesanos y navegantes, funcionarios y artistas. Había entre ellos ministros de Estado, diplomáticos, altos empleados de Hacienda, bailes y otros oficiales judiciales, concesionarios de salinas y de molinos reales. Había rabinos, abogados, maestros, escribas, notarios, predicadores, cantores, mensajeros, astrónomos, cartógrafos, fabricantes de instrumentos náuticos, relojeros, fabricantes de pergamino, encuadernadores, joyeros, armeros, trabajadores en piel, hierro, madera y otras materias. Eran curtidores, fabricantes de guantes, de vestidos, de calzado y de mil otros artículos. Administraban minas, haciendas y barcos. Comerciaban con toda clase de productos en varias escalas, desde el buhonero, que cargaba con su propia mercancía y la llevaba al mercado, hasta el gran exportador e importador de ultramar. Había entre ellos hasta jugadores profesionales y domadores de leones[7].

En este medio centenar se incluyen enunciados múltiples que encierran gran variedad dentro del ramo. Es una visión caleidoscópica de la sociedad laboral del Medievo español.

La aportación judaica a todas las profesiones comerciales, industriales, económicas y financieras fue de tal envergadura que una de las razo-

6. *Estudios históricos, políticos y literarios sobre los judíos de España*, Madrid, 1984, p. 84.
7. *Enciclopedia Judaica Castellana,* México, 1948-1952, t. 1, pp. 302, 413.

nes principales que se aducen, entre otras de varia índole, al criticar el Decreto de expulsión promulgado por los Reyes Católicos, como lo hacen algunos historiadores, entre ellos el mismo Amador de los Ríos, es precisamente el colapso que en este terreno se produjo al abandonar los judíos el suelo ibérico.

También se notó una gran falta de médicos, profesión especialmente ejercida por los judíos, aun por los que vocacionalmente se sentían atraídos hacia otras actividades intelectuales o artísticas, como el gran filólogo Yoná ibn Ŷanaḥ y el eximio poeta Y^e^hudá ha-Leví. Ello motivó, en esa triste ocasión, diversas quejas de la población, como indicaremos en el correspondiente capítulo.

Como remate de esta cuestión, de tanta trascendencia en la historia interna y económica de la España medieval, es interesante el juicio del citado Amador de los Ríos, una de sus conclusiones acerca del Edicto de expulsión lanzado por Fernando e Isabel:

> Fue, en efecto, el decreto de 31 de marzo (1492) grandemente desastroso para el comercio, la agricultura y no pocas artes industriales, como lo fue también para la población de España, produciendo, en consecuencia, una perturbación altamente nociva en el creciente desarrollo de la nacional cultura[8].

IV. LOS SEFARDÍES

A modo de apéndice, cabría mencionar las actividades del mismo orden que las consignadas en el presente capítulo, que los sefardíes, es decir, los judíos expulsados de España y Portugal o descendientes suyos, ejercieron en las diversas naciones y ciudades donde se establecieron, con idéntico tesón y espíritu de trabajo, y beneficiando así la economía general de esos países.

Muchas importantes firmas, de envergadura internacional, en la industria, el comercio, la banca, tuvieron su origen, a veces modesto, en las empresas y entidades fundadas en Holanda, Francia (principalmente en Burdeos), Inglaterra y, con posterioridad, en los Estados Unidos de América por algunos de esos proscritos o de distinguida ascendencia sefardí.

Finalmente, saludemos con hidalguía española y fraternal afecto, amén del imperativo de la solidaridad humana, a esos varios miles de judíos que, al amparo de una situación de libertad más acogedora que la de siglos anteriores, han vuelto a Sefarad, segunda patria del judaísmo medieval,

8. *Historia social, política y religiosa de los judíos de España y Portugal*, vol. III, p. 431.

como atraídos por misterioso imán, y de nuevo fomentan con su trabajo, diligencia y talento las actividades profesionales de todo orden que tan fructíferamente desarrollaron sus antepasados hispanos.

Como conclusión, se puede afirmar que el trabajo ha sido para Israel como una segunda religión, cuyo resplandor brilla en todas las etapas de su historia, matizado en cuanto a su índole por las circunstancias tan variadas de ésta.

En España los judíos ejercieron toda clase de profesiones, desde las más bajas hasta las más elevadas en la escala social. Los sefardíes han seguido dando un magnífico ejemplo de ese espíritu de trabajo, heredado de sus mayores como valioso patrimonio.

7

POLÍTICA EN LOS REINOS MUSULMANES Y CRISTIANOS

I. SEFARAD, SEGUNDA PATRIA DE LOS JUDÍOS

Si por política entendemos la gobernación de un Estado o de una ciudad (*pólis*), conforme al concepto más restringido, estrictamente etimológico y de acuerdo con la historia griega, pero siempre enfrentados ante una realidad estatal, una comunidad social o autónoma, con sus fines propios, podría parecer éste un tema extraño y totalmente fuera de lugar tratándose del pueblo judío en la Diáspora, carente de nacionalidad y viviendo de precario, en plan de minoría meramente tolerada y con derechos muy limitados.

Sin embargo, si «la ley del país es la ley», a la cual hay que someterse necesariamente por ineludible imperativo, conforme al dictado talmúdico, también en cierto modo la patria circunstancial es la patria, a falta de otra, a la cual se debe servir, y cuyos azares, prósperos o adversos, repercuten en todos los individuos que viven en su seno, y respecto a la cual tienen deberes y derechos. *Sefarad*[1], nombre con el que los judíos designan a España, fue la segunda patria de una gran parte del judaísmo medieval, la efectiva y real, en tanto que la lejana y mística Sión era meramente la ideal y religiosa, la perdida hacía siglos, pero siempre suspirada con esperanzas de redención.

Por consiguiente, los avatares políticos de las dos Españas, a los que no podían ser ajenos los judíos en ellas radicados, no solamente influyeron en grado superlativo en la vida y vicisitudes de las comunidades hispanas, sino que en parte fueron también obra de éstas, ora representadas por egre-

1. Véase nuestro estudio «Sobre la etimología de la voz *Sefarad*»: *Sefarad* IV (1944), pp. 359-363.

gios personajes de estirpe judaica, ora por la acción colectiva o gremial de las mismas. Unas veces fueron los judíos un factor agente y otras también paciente en las eventualidades desarrolladas en la vida interna del país.

Incluso muchos piadosos israelitas de las comunidades hispanas cumplirían a buen seguro el precepto o consejo de su Dios, por boca del profeta Jeremías, al ser llevado cautivo a Babilonia el reino de Judá: «Laborad por la ciudad a que os he desterrado y rogad por ella a Yavé, pues su bien será vuestro bien» (Jer 29, 7).

En suma, el cuadro que en este capítulo vamos a desarrollar es sencillamente la intervención judaica en el campo de la política y sus afines, primeramente en los Estados musulmanes durante cuatro siglos y medio, y seguidamente en los reinos cristianos de la Península desde mediados del siglo XII hasta las postrimerías del XV.

II. PRÓCERES DE LA POLÍTICA

Partiendo de la espiritual ciudadela de la escriturística, el santuario misterioso de la religión y el ámbito privado de la familia, después de pasar por los círculos de las actividades profesionales de todas clases en la esfera social de convivencia con los musulmanes y los cristianos, de que anteriormente hemos hecho mérito, vamos a escalar ahora la prominente atalaya del Estado, donde campean sus gobernantes. Allí encontraremos personajes judíos asombrosamente encumbrados y con todo el poderío y la responsabilidad de ministros y gobernantes del país, consejeros o validos de los reyes, hombres de pro que en primera o segunda fila, en el propio escenario político o bien entre bastidores, donde con tanta frecuencia se manejan y resuelven los grandes y los pequeños problemas políticos, dirigen los destinos de la nación.

Importa recordar, como gloriosos antecedentes, que semejantes funciones, y en situaciones no muy dispares, fueron desempeñadas en ocasiones memorables y en diversos países por personajes bíblicos de gran relieve: José, el hijo de Jacob, como virrey auténtico del Faraón en Egipto, durante la dominación de los hiksos; el profeta Daniel, en la corte de Nabucodonosor y en la de Baltasar, reyes de Babilonia; Mardoqueo en la de Asuero (Jerjes I), rey de Persia; Nehemías en la de Artajerjes I (*ca.* 430 a.C.). El recuerdo de esos varones gloriosos constituía un poderoso acicate para imitarlos, prestando así relevantes servicios al país, con honra y beneficio propios, al par que la oportunidad de amparar y favorecer a sus correligionarios, tan necesitados en todo momento de la protección y salvaguardia de la suprema autoridad contra toda clase de desmanes y vejaciones, como aquellos antiguos próceres hicieron.

Aparte de las relevantes dotes personales que a cada uno adornaran, de las favorables oportunidades que supieron aprovechar y la mediación o cooperación eficiente de las personas que contribuyeran a su elevación, nos interesa destacar la base común cultural, adquirida en los centros judaicos de enseñanza, y el bagaje de doctrinas y moralidades recogido en los clásicos libros hebraicos, que les sirvieron para desplegar su actividad política o diplomática.

Ante todo, conviene recordar el gran predicamento de que está aureolada la sabiduría en la literatura bíblica. Es un don relevante de Dios; más todavía, una especie de emanación de la divina esencia: «Yo salí de la boca del Altísimo [...] Yo habité en las alturas [...] En todo pueblo y nación imperé» (Eclo 24, 5.7.10). No existe pueblo alguno, ni antiguo ni moderno, que pueda ostentar un tesoro de sabiduría tan sublime y admirable, ni de tanta utilidad espiritual e incluso temporal, como Israel. No ya solamente los siete libros especialmente considerados y llamados «sapienciales», sino la Biblia entera es el gran poema didáctico y a veces hasta lírico de la sabiduría.

Desde el principio mismo del Génesis, en que aparece la divina Sabiduría, inseparable de la Omnipotencia, creando el mundo, se nos presenta en medio del Paraíso un árbol misterioso, el de la *Ciencia del Bien y del Mal*, cuyos frutos otorgaban la sabiduría práctica de la vida. El prestigio casi sobrehumano que rodea al sabio se proyecta sobre toda la historia y la literatura bíblica, y por la sublimación a lo divino que caracteriza a esa sabiduría, resulta difícil trazar una línea divisoria entre la divina, o inspirada por Dios, y la meramente humana, fruto natural de las adecuadas disposiciones. Sin embargo, a pesar de esos destellos soberanos, con su fuerte matización religiosa y moral, buena parte de los consejos y preceptos de los libros doctrinales se enlazan con la vida práctica: tejen la trama de la sabiduría humana, puesto que a hombres, para su orientación y utilidad, van dirigidos. «Para aprender sabiduría y disciplina, para entender sensatos dichos [...] Para dar prudencia a los inexpertos, perspicacia y circunspección a los jóvenes [...] Para entender las sentencias y los dichos agudos, las palabras de los sabios y sus enigmas» (Pr 1, 2-6): tal es la finalidad que en el encabezamiento del libro de los Proverbios apunta su autor o compilador. Y en el en parte apocalíptico libro de Daniel se promete como rutilante recompensa:

> Los sabios brillarán como el esplendor del firmamento, y los que enseñan la justicia a las muchedumbres resplandecerán por siempre, eternamente como las estrellas (Dn 12, 3).

Esa feliz concomitancia entre la sabiduría y la justicia, como dotes relevantes armonizadas para el gobierno de los pueblos, es la que hace a éstos prósperos y felices, y lo que atrajo sin duda la atención de los reyes y magnates que eligieron a tantos prohombres judíos como eficaces instrumentos de gobierno y administración de sus Estados, dominios o particular patrimonio.

Política de Dios tituló Quevedo su obra, en dos partes, sobre «el arte de gobernar a los pueblos», donde desarrolla aspectos importantísimos relativos a la realeza, sus atributos y deberes, sus consejeros, administración de justicia, distribución y desempeño de cargos, tributos o gabelas, obligaciones de los súbditos y hasta cuestiones sobre el ejército y la guerra, todo ello basado en textos de la Escritura o comentarios de la misma. Y aunque, de acuerdo con el resto del título: *Y gobierno de Cristo*, predominan las referencias del Nuevo Testamento, no escasean las del Antiguo, ni conviene olvidar la estrecha conexión ideológica y doctrinal existente entre ambos. Por tanto, el sólido conocimiento que de la Biblia tenían todos los judíos cultos, sin excepción, les proporcionaba copioso caudal de ciencia política, pues aunque no se ha insistido mucho hasta el presente sobre los valores específicamente humanos que contiene la sagrada Escritura, el mejor manual de humanismo, de perenne actualidad, aparte y sin mengua, más bien como complemento de los eminentemente divinos que atesora, ya es hora de pregonar a todos los vientos que en ella se encierra el mejor doctrinal humanístico y la más certera y sublime política.

Pero los ilustres personajes judíos que fueron llamados por azares del destino, perspicuidad de los reyes y magnates y providencia de Dios, a participar en el gobierno y administración del país, poseían además de esa sabiduría bíblica aprendida desde la infancia la complementaria rabínica, adquirida al par de aquélla en las Academias judaicas que florecían a la sazón en tantas ciudades españolas y eran verdaderos planteles de hombres ilustres en el saber, la ciencia, las letras y la administración. Solamente en el tratado *'Abôt* se encuentran máximas con entidad y en número suficiente para elaborar un sucinto tratado de política, reflejo del doctrinal bíblico y rabínico sobre tan importante materia, de constante actualidad y siempre necesitada de sólida base ideológica y moral.

Naturalmente, no quiere esto decir que todos esos gobernantes fuesen perfectos y cabales en toda línea: eso pertenece a la complicada trama de la conducta, lucha de intereses y pasiones, secretos del éxito y el fracaso, actividades desplegadas por los enemigos y los mil azares que se entrecruzan en el curso de los hechos humanos.

En variable medida y amplitud, según las épocas y momentos, pero con características muy similares, desarrollaron los judíos españoles sus actividades políticas en ambas Españas, musulmana y cristiana, a lo largo de la Edad Media. Estudiaremos su actuación concreta sucesivamente en la una y en la otra.

1. *Emirato*

Encuadrando como siempre nuestras disquisiciones en el esquema histórico-cronológico del judaísmo hispanomusulmán (en este caso, Emirato, Califato, reinos de Taifas, almorávides, es decir, desde 711 hasta 1146), diremos en primer lugar que desde la invasión árabe, durante el Emirato, en sus dos fases, dependiente de Damasco e independiente desde 'Abd al-Raḥmān ben Mu'āwiya, la actividad política de los judíos españoles se manifestó de múltiples maneras y en diversas ocasiones, individual y colectivamente, en guerra y en paz, en tareas económico-sociales y participando también ocasionalmente en las luchas intestinas entre árabes y beréberes.

En el ejército invasor de Tárik figuraban judíos beréberes, y es famoso el caudillo de estirpe israelita Kaula-l-Yahūdī, que intervino eficazmente con sus huestes en la conquista de la Península. Hoy ya nadie pone en duda la eficaz colaboración que los invasores árabes hallaron en los judíos peninsulares, sobre todo en la conquista de algunas ciudades como Granada, Sevilla y, señaladamente, Toledo, de la cual escribe don Lucas de Tuy en su Cronicón: «succubuit per proditionem iudaeorum» («sucumbió por la traición de los judíos»).

Sobre esta actitud y comportamiento, haciendo honor a la imparcialidad y absoluta objetividad que nos guían, diremos que toda traición o conducta aleve es reprensible y odiosa. Sin embargo, importa recordar las persecuciones a que habían sido sometidos los judíos durante el período católico en el reino visigótico, principalmente a partir de Sisebuto (612-620), es decir, en los cien años anteriores a la invasión islámica. Si no se pueden alabar ciertas actitudes, fuerza es reconocer al menos los frutos amargos que se recogen cuando se ha sembrado odio, dolor y despotismo sanguinario, lo cual debe servir de lección y escarmiento. Por otra parte, desde un punto de vista de prudencia humana y calculadora, es comprensible quisieran los judíos granjearse la amistad de los que a todas luces iban a ser sus nuevos amos, como dueños del país y árbitros de sus destinos.

Durante los dos agitados siglos del Emirato —basta recordar que en el medio siglo del dependiente se suceden 22 emires (dos de ellos dos veces), en tanto que en el independiente, que dura siglo y medio, son ocho solamente los príncipes omeyas que ejercen el poder, hasta 'Abd al-Raḥmān III—, los judíos se dedicaron principalmente al comercio e industria, consolidando así su posición social y económica. Es de creer que la no escasa intervención que en este terreno iban ganando les brindaría numerosas ocasiones de participar indirectamente y en un segundo plano en cuestiones de gobierno y administración. El agradecimiento que los invasores conservarían a la eficacísima ayuda prestada a la conquista y ocupación de muchas ciudades, en las que dejaban como guarnición a unos pocos musulmanes con un contingente de judíos, se hizo ostensible durante toda la época del Emirato en un amplio margen de confianza y trato benévolo. La situación angustiosísima a que se habían visto reducidos en los últimos tiempos de los visigodos, como queda dicho, causa principal, sin duda alguna, de que abrazaran en masa la causa de los invasores, hermanos suyos de raza y lengua, se trocó en tranquilidad, optimismo y prosperidad patentes, que prepararon los de otro modo incomprensibles encumbramientos de tantos judíos hasta los altos puestos de la gobernación y administración del Estado, y como consejeros o personas de confianza de nobles magnates.

Aun cuando ningún nombre ilustre haya conservado la historia de personajes judíos relevantes de esta época —sabido es el silencio sistemático de los historiadores árabes, con rarísimas excepciones, cuando no la crítica despiadada respecto a los mismos judíos que prestaban eminentes servicios en los reinos musulmanes de la Península—, bien puede suponerse que la acción política, siquiera sea en el susodicho segundo plano, sería amplia y eficaz durante esos dos largos siglos.

2. *Califato*

Por extraño que parezca, el primer personaje judío de nombre conocido en la historia de España surge dos mil años después del primer arribo a la Península, de navegantes y comerciantes de estirpe israelita, súbditos del rey Salomón (1 Re 10, 22); es un hombre extraordinario, polifacético en grado superlativo, ministro de dos califas, cuya personalidad se reparte en los siguientes aspectos: hombre de letras, políglota e intérprete, médico y farmacéutico, secretario de cartas de la corte, estadista, diplomático, financiero y mecenas propulsor y amparador de la cultura. Tal riqueza de dotes y talentos fue necesaria, al parecer, para que la posteridad conservara su nombre, al que seguirá una larga y abigarrada onomástica de conspicuas personalidades.

Aquí solamente nos interesa poner de relieve su actuación como ministro y brazo derecho, cuando no cerebro inspirador, del insigne fundador del Califato cordobés, ʻAbd al-Raḥmān III, y de su hijo y sucesor Al-Ḥakam II, pacífico e ínclito propulsor de las letras y las ciencias. Este ilustre personaje fue *Ḥasdāy ben Iṣḥaq ibn Šaprūṭ* (915-970), natural de Jaén e hijo de un acaudalado comerciante, que se trasladó a la ciudad de los califas, y del cual dice Graetz: «Era rico, liberal y en cierto grado un Mecenas; su hijo heredó de él el amor a la ciencia y el digno empleo de la riqueza».

Sin ostentar Ḥasdāy el título oficial de visir, fue realmente ministro plenipotenciario del califa y su más estimado consejero. Las varias embajadas que ʿAbd al-Raḥmān III envió a diversos soberanos y las que de ellos recibió, que tanto contribuyeron a llevar lejos de la Península el nombre y la gloria del Califato cordobés, fueron sin duda inspiración y obra del sagaz Ibn Šaprūṭ, cuya discreción, vasta cultura y cortesanas maneras cautivaban a esos embajadores. Sus éxitos diplomáticos fueron resonantes, y tales eran sus dotes y habilidad que el emperador de Alemania, Otón 1 (936-973), declaró no había encontrado un diplomático tan sutil como el judío Ḥasdāy.

Desaparecido éste de la escena política y del mundo, no tardó en surgir otro sagaz político, consejero de Almanzor, el famoso *ḥāŷib* o chambelán del inepto Hišam II, pero en realidad verdadero soberano sin corona del Califato durante el último cuarto del siglo x: fue *Ya ʿaqôb ibn Ŷau,* prestigioso fabricante de tejidos de seda, de personalidad social e intelectual muy diferente a la de Ḥasdāy, pero tan hábil y perspicaz como éste, hasta el extremo que, dicen los historiadores, creció tanto en la estimación y privanza del poderoso Ibn abī ʿĀmir al-Manṣūr («el Victorioso»), que hasta pareció eclipsar la memoria de aquél, al menos por los honores y distinciones que recibía, como la de aparecer en público rodeado de lucida escolta, privilegio nunca anteriormente concedido a ningún hebreo. Sus ideales fueron en todo semejantes a los que siempre persiguió el ministro de ʿAbd al-Raḥmān III; de ahí que empleara noblemente su talento en la prosperidad del Estado, al par que aprovechaba su valimiento y sus cuantiosas riquezas en beneficio de sus hermanos de raza y religión tan ostensiblemente que fue apellidado por éstos «Padre de los pobres y señor de toda hospitalidad». Murió en el año 1000, dos años antes que su protector.

3. *Reinos de Taifas*

En las cortes de los pequeños reinos de *Taifas* o banderías, que en número de unos veinte van surgiendo de entre las imponentes ruinas del Califato, los judíos gozaron generalmente de amplia tolerancia y holgada libertad, y en casi todas ellas hubo destacados personajes que se granjearon la confianza de los príncipes y ocuparon puestos relevantes.

El caso más sorprendente fue el de *Šemuel ibn Nagrella* (993-1056), nacido en Mérida, emigrado de Córdoba, en la que vivió, a Málaga, donde hubo de establecerse como droguero. Su talento abarcaba las más variadas disciplinas, pues, además de excelente matemático y filósofo, escribía y hablaba hasta siete idiomas y era particularmente docto en el árabe y su literatura, poeta de primer orden y habilísimo pendolista, cualidad a la sazón tenida en gran estima, que fue el principio de su encumbramiento. Conocido por el visir del rey de Granada Abū-l-Qāsim ibn al-ʿArif, junto a cuyo palacio aquél vivía, le nombró éste su secretario, y así fue introducido en la corte granadina. La perspicacia política y atinados consejos del judío en punto a la gobernación del Estado le afirmaron en la estimación del anciano visir, que nada hacía sin consultarle y, en su lecho de muerte, lo recomendó al rey Ḥabbūs, el cual, como beréber, receloso de los árabes, al reconocer la valía de Ibn Nagrella, no vaciló en nombrarle visir del reino, cargo que desempeñó igualmente con el sucesor, Badis, hasta su muerte, y aun le sucedió en la privanza y visirato su hijo José. El ministro judío gobernó el país con tal sabiduría y acierto, en una época tan agitada como aquélla y rodeada la taifa granadina de reinos hostiles, a los que tuvo a raya y acabó por dominar, que demostró ser un gran estadista, «el último gran político de su pueblo», en frase del historiador judío F. Baer, y una de las personalidades más destacadas del judaísmo español.

En la floreciente corte de los tuŷibíes de Zaragoza encontramos otro judío influyente, *Yĕqutiel ibn Ḥasan,* quien, a ejemplo de Ḥasday e Ibn Nagrella, además de mecenas de brillantes ingenios, fue un hábil consejero del último de los tuŷibíes, Al-Mund̲ir, cuya trágica suerte corrió, al ser asesinado este soberano en su propio palacio (1039) por un general.

En la corte de los Banū-Hūd, que suceden a los tuŷibíes, ocupa el cargo de visir, con tres príncipes consecutivos, en toda la mitad del siglo XI y principios del XII, un esclarecido escritor israelita, filósofo, poeta y polígrafo de talento universal, *Abū-l-Faḍel ibn Ḥasdāy.*

Análoga privanza y altos puestos desempeñaron otros ilustres personajes judíos en la Sahla —Plana de Castellón y norte de Valencia—, en la corte de Badajoz, en la de Denia y en la bulliciosa de los abadíes, de Sevilla, donde *Iṣḥaq ibn al-Bālia,* astrónomo y consejero del rey, aprovechó su distinguida posición para rodearse de sabios, poetas, filósofos y talmudistas de su estirpe, los cuales contribuyeron eficazmente al esplendor cultural que abrillantó la corte de Al-Muʻtamid.

4. *Almorávides y almohades*

Llamados por los reyes de taifas, temerosos por la suerte del islam ante el empuje de los ejércitos cristianos, llegaron a España los almorávides, que a la voz de un *cherif* de la región de Sus, ʻAbdalá ibn Yasin, se habían erigido en dominadores de todo el Magreb, y en poco tiempo sojuzgaron a los pequeños reinos musulmanes de la Península. Los nuevos invasores siguieron la política de aprovechar los excelentes servicios de los judíos, y son muchos los visires, altos dignatarios y médicos de esta estirpe que se encuentran en las cortes de aquende y allende el Estrecho.

Como violenta protesta contra la corrupción, malicia y vana ostentación de los almorávides, surgió la secta de los almohades («unitarios») también al otro lado del Estrecho, y pasaron a la Península decididos a imponer su dominación y la pureza del credo islámico a viva fuerza. «El islam o la muerte» era su terrible lema. «La sangre de hombres y mujeres —dice Abraham ibn 'Ezra, a este propósito— corría como el agua», y ante la terrible persecución y fanatismo de los almohades, muchos judíos perecieron, otros abjuraron su fe, al menos en apariencia, y los más buscaron asilo en los reinos cristianos del Norte. Así se inaugura una nueva época en el judaísmo español, que a partir de este momento, mediados del siglo XII, tendrá especial relevancia en la España cristiana, donde ya de antiguo existían también numerosas comunidades, que, como consecuencia de la destrucción de las aljamas andaluzas, se acrecentaron notablemente.

5. *Reinos cristianos*

a) Castilla

Durante el reinado de Alfonso VI de Castilla (1065-1109) se había instaurado una era de pacífica convivencia cristiano-judaica, consolidándose la situación de los judíos; vemos brillar en la corte de este monarca y de sus sucesores personajes notables de estirpe judaica que desempeñan diversos cometidos y funciones, sobre todo como médicos, consejeros y administradores de la Casa real y del Erario público. Dos judíos ilustres se destacan en la corte del conquistador de Toledo: el famoso Cidello, que gozaba de la confianza del monarca por su habilidad y ciencia médica, y el intendente del fisco real Iṣḥaq ibn Šālib, cuyo celo imprudente, al exigir las parias o tributos debidos al soberano de Castilla por Al-Mutamid, de Sevilla, le ocasionó la muerte por obra del irascible rey poeta, el cual pagó su desafuero viendo asolados sus dominios por el monarca castellano.

Persona de confianza del regio protector de los fugitivos de la persecución almohade, Alfonso VII el Emperador (1126-1157), fue el rabino Yᵉhudá ben Yosef ibn 'Ezra, consejero real, *naśi* de las aljamas e intendente de palacio, el cual, recordando los tiempos de otros egregios personajes judíos que ejercieron valiosa protección en favor de sus correligionarios en las cortes musulmanas, «congregaba —dice Amador de los Ríos— en torno suyo todo lo más ilustre y docto de las renombradas Escuelas de Sevilla y Lucena»[2]. Al amparo de la decidida protección dispensada a los judíos por este soberano, creció la población israelita en la capital castellana, la imperial Toledo, hasta la respetable cifra de *12.000 habitantes*. La ciudad del Tajo fue verdadera *metrópoli del judaísmo*.

2. *Historia social, política y religiosa de los judíos de España y Portugal*, vol. I, p. 314.

El valimiento de los judíos en la corte siguió en auge y llegó a su apogeo durante el período que se extiende desde Alfonso X (1252-1284) a Pedro I (1350-1369). Sin hablar de la irradiación cultural del reinado de Alfonso el Sabio, por obra en gran parte de sabios judíos, consignaremos que durante los azarosos años de Pedro I fue tal la preponderancia judaica en Castilla que, según las Crónicas, él, su casa y su reino se regían y gobernaban por judíos, «qui maxima abundantia erant in Hispania» («que eran muy numerosos en España»). El año 1360 se erigió de nueva planta la famosa sinagoga de Toledo llamada del Tránsito.

El asesino y sucesor de Pedro el Cruel, su hermano bastardo Enrique II de Trastamara (1369-1379), mostró en un principio irreductible antijudaísmo; pero, una vez posesionado del trono, no tardó en confiar la administración de las rentas públicas a arrendadores judíos, que habían sido desposeídos de esos cargos, y reprodujo asimismo la antigua privanza, pues tenía para su servicio y el de la reina médicos y dignatarios hebreos. Notable entre todos fue don Yusaf Pichón, «cuya integridad e inteligencia le abrían, a pesar del veto de los procuradores, las puertas de la privanza», al cual nombró almojarife para la ciudad y arzobispado de Sevilla.

Pero la animosidad antijudaica que con aleves intenciones había explotado Enrique II en sus tiempos de aspirante al trono de su hermano, a fin de eliminarlo por todos los medios, empezó a dar sus funestos frutos, a pesar de los relevantes servicios que los judíos prestaban. La oleada del odio popular iba en aumento, impulsada por *los conversos,* que ejercitaban su celo de neófitos con cruenta saña contra sus hermanos de raza.

En el reinado de Juan I (1379-1390) las Cortes prosiguieron su tenaz insistencia de apartar a los judíos de los puestos que regentaban y, a los pocos meses de la muerte del rey, estalló la terrible matanza general de judíos, que se extendió como un reguero de pólvora por todas las aljamas de la Península, las cuales quedaron aniquiladas en lo material y abatidas en lo espiritual, siendo ineficaces los esfuerzos de los reyes de Castilla y de Aragón en pro del resurgimiento y bienestar de las comunidades hebreas.

Sin embargo, aun en ese estado de desolación, vemos dos nobles personajes de estirpe judía granjearse, con su ciencia médica y altas prendas, la voluntad del rey Enrique III de Castilla (1390-1406): don Mošé Aben Zarzál y don Mayr.

Síntesis y culminación de los odios populares contra la estirpe judaica y presagio de su inevitable ruina fue la *Pragmática* de doña Catalina de Láncaster, gobernadora de Castilla durante la minoría de Juan II, que lleva como título *Ordenamiento sobre el encerramiento de los judíos e de los moros* (2 de enero de 1412), real decreto que tuvo tres años después una terrible confirmación con la Bula de Benedicto XIII (el antipapa Pedro de Luna) contra los judíos españoles.

Aun así vemos durante el largo reinado de Juan II (1420-1453), tras la regencia de la mencionada doña Catalina, nueva intervención judaica de conspicuos personajes en los asuntos del Estado, principalmente en la administración de rentas reales y altos cargos de la corte. La enemiga irreconciliable entre el valido del rey, don Álvaro de Luna, y la familia de conversos Santa María es símbolo del favor y desfavor con respecto a los judíos.

Los veinte años del reinado de Enrique IV (1459-1474) fueron una siniestra cadena de infortunios y desastres. Contábanse a la sazón en el reino de Castilla doscientas diecisiete aljamas, y fue nombrado Rab Mayor el Rabí Jacob Aben Núñez, físico del rey, al igual que otros varios de estirpe judaica. Los asuntos principales del reino, la administración de la hacienda pública, los cargos palatinos, la máquina entera administrativa del Estado, e incluso la gerencia de las casas de los Grandes de Castilla y de la misma Iglesia, a pesar de las leyes en contra, hallábanse otra vez en manos de los judíos, los conversos y los llamados *infieles,* los «judíos públicos» y los «judíos ocultos». La animosidad popular crecía como río caudaloso. Las listas de judíos en los documentos de tipo administrativo de esta época son interminables.

b) Aragón, Cataluña y Portugal

La aljama judaica en el nordeste de la Península era numerosa y pudiente al verificarse la conquista árabe y la población judía se fue acrecentando en la comarca hasta el extremo que alguna ciudad, como Tarragona, recibió también, como Granada, el apelativo de «ciudad de los judíos», y son varios los lugares denominados Montjuic —Monte judío— en los documentos, por ejemplo, en Barcelona y Gerona. Allí vivieron dedicados a las artes industriales, comercio y ciencias en las principales poblaciones, singularmente Barcelona, Gerona y Manresa.

En los fueros y cartas pueblas fueron obteniendo inmunidades y privilegios bajo el amparo de los reyes de Aragón y escalando distinguidos puestos en los palacios de los monarcas y magnates, como en la administración del Erario público, al modo que en el vecino reino de Castilla.

En la corte de los Berengueres vemos al judío Abraham Aben Samuel gozar de extraordinario valimiento merced a sus conocimientos médicos, y en el largo y glorioso reinado de Jaime 1 el Conquistador, que abarca más de medio siglo (1213-1276), la cooperación de los judíos en sus grandes y afortunadas empresas fue de capital y decisiva importancia, como lo prueban los muchos nombres de personajes de esa estirpe que esmaltan las páginas de su regia *Crónica.* Secretarios suyos de cartas arábigas fueron R. Šᵉlomó y su hermano R. Babiel, y como bailes y tesoreros, encargados de la recaudación y administración de las rentas públicas, figuraron R. Abraham y R. Bondía, en Zaragoza y sus territorios; R. Šᵉlomó Vidal y R. Yᵉhudá, en Barcelona y bailía general del reino, respectivamente.

El reino de Navarra, que tan variadas vicisitudes experimentó en la Reconquista, tuvo florecientes aljamas, como la famosa de Tudela, cuna de ilustres personajes, y la de Estella; también contó con hábiles administradores de las rentas públicas, tales como don Judá ha-Leví en tiempos de Carlos II el Malo (m. 1387), y don Abraham Aben Jusef de Estella, en los del hijo y sucesor de aquél, Carlos III (m. 1425) y sabios médicos de la corte de éste, como don Yuzef Orabuena.

En Portugal, cuya historia, sobre todo en la Edad Antigua y Media, está tan íntimamente ligada con la de España, los judíos, desde Alfonso Enríquez (1122-1185), primer rey, gozan de semejante consideración que en los restantes reinos peninsulares. El recaudador mayor de rentas públicas de este monarca fue don Yahya Aben Yaiš, cabeza de una larga cadena de hacendistas que se distinguieron grandemente por sus servicios al país.

En los reinados siguientes podrían asimismo señalarse nombres de judíos conspicuos que desempeñan altos puestos y gozan de la privanza de los soberanos, tal, por ejemplo, Mošé Aben Navarro, almojarife y primer físico de don Juan I el Grande (m. 1433), en quien se entroniza la casa de Aviz, no sin la eficaz cooperación judaica.

Pero el poderío alcanzado en Portugal por los judíos, merced a los relevantes servicios de dicho almojarife y otros notables colaboradores, concitó, como en otros reinos, el odio popular, que, acrecentado por el funesto ejemplo del *Ordenamiento* de Valladolid y la Bula de Benedicto XIII antes citados, minó el bienestar y tranquilidad de las aljamas judaicas bajo el reinado de don Duarte, ensombreciendo el horizonte con lúgubres presagios.

III. CONCLUSIÓN

Es innegable que el genio judaico en la esfera política y financiera grabó fuertemente en la entraña hispánica su vigorosa impronta. Bien puede asegurarse que el curso y caracteres de nuestra historia medieval habrían sido tal vez bastante distintos sin la existencia de ese poderoso fermento.

Es de advertir, además, que otras actividades judaicas, aunque deban considerarse también como glorias hispánicas, por ejemplo, en el campo de las ciencias, la poesía, la escriturística, etc., se desarrollan más bien como satélites al lado de la cultura propiamente nacional; en cambio, la intervención de tantos personajes judíos, de los cuales solamente hemos mencionado una mínima parte, cae completamente dentro de la órbita del Estado, tanto en la España cristiana como en la musulmana, fusionada con el general quehacer y tareas de los demás súbditos y en beneficio de toda la nación.

Tal compenetración representa un legado más hondo, más directo y universal, aunque más difícil por eso mismo de captar, digno de particular atención y perpetuo agradecimiento.

8

CULTURA

I. LA CULTURA ANCESTRAL JUDAICA

Brevísimamente podríamos definir los términos y conceptos, antes usados más o menos como sinónimos, pero hoy bien diferenciados, de *cultura y civilización,* diciendo que propiamente cultura es «un modo de pensar», y civilización, «un modo de vivir». Ampliando la noción del primero de estos dos términos, objeto del presente capítulo, diremos que la *cultura* es el exponente principal del progreso alcanzado por un pueblo, agrupación o individuo en las ciencias y las artes del espíritu, un fermento que se trasfunde en el cuerpo social, transfigurándolo y elevándolo a un plano superior que lo dignifica y exalta sobre los que permanecen inmersos en un nivel inferior, de incapacidad e ignorancia de variables dimensiones.

En nuestro estudio-conferencia «El pueblo del Libro»[1], expusimos una visión panorámica de lo que en la historia milenaria de Israel representa el amor a la cultura. En otros aspectos del *legado* que venimos investigando se tocan asimismo diferentes aspectos culturales, tema básico e inagotable, que extiende sus ramificaciones por todos los ámbitos y facetas de la historia del pueblo judío. A vuelta, pues, de alguna obligada repetición, esbozaremos aquí una síntesis del nivel y visos culturales que nos ofrece el judaísmo español.

El testimonio vivo e irrefragable de la cultura en el antiguo pueblo hebreo nos lo ofrece ese libro, uno y múltiple, historia y poesía, legislación y oráculos, divino y humano, que es un trasunto completo de la vida externa e interna de Israel desde sus orígenes hasta la Diáspora, o la pér-

1. Publicado en *Miscelánea de Estudios Arabes y Hebraicos* XIV-XV (1965-1966), pp. 95-124.

dida de su independencia o de su nacionalidad, según la amplitud que se dé al canon escriturario: la *Biblia,* que hasta en su mismo nombre, como igualmente su sinónimo Escritura (heb. *Miqrā',* es decir, «Lectura»), pregona su nota esencial de «el Libro por excelencia».

Ese libro, de 46 títulos parciales (= Antiguo Testamento, más otros 27 en el Nuevo) es la historia más completa y perfecta, pese a sus grandes lagunas cronológicas, que la de ningún otro pueblo, de la cultura de Israel a lo largo de quince o más siglos a.C. Más todavía: es la filosofía, teología y desarrollo histórico de la misión trascendental de ese pueblo, «el pueblo de Dios», y tal es su amplitud de contenido, que «en la Biblia están escritos los anales del cielo, de la tierra y del género humano; en ella, como en la divinidad misma, se contiene lo que fue, lo que es y lo que será» (Donoso Cortés). Cuando ese Libro maravilloso se clausuró, la actividad intelectual del pueblo que lo había escrito, y, lo que es más, lo había vivido y lo sigue viviendo, irradió en diversas direcciones, alumbrado siempre por sus sobrehumanos resplandores.

El alto concepto de pueblo en el orden religioso, poseedor de la más alta sabiduría, de que se preciaba Israel con noble orgullo, ya en los remotos tiempos bíblicos, se refleja en esta cita de Dt 4, 6, referente a la observancia y mandamientos divinos:

> Guardadlos y ponedlos por obra, pues en ellos está vuestra sabiduría y vuestro entendimiento a los ojos de los pueblos, que al conocer todas estas leyes se dirán: Sabia e inteligente es en verdad esta gran nación.

Acertadamente comentan los traductores Nácar-Colunga a este propósito: «Israel, pueblo pequeño e insignificante, es, sin embargo, en el aspecto cultural religioso, la nación más grande de toda la Antigüedad; y su patrimonio cultural religioso, perfeccionado por el cristianismo, ha venido a ser el de todo el mundo civilizado». Ese sentimiento de altiva dignidad, conjugado con un amor entrañable a la sabiduría, lo ha conservado Israel a lo largo de su asendereada historia.

Numerosas son las antologías y selecciones de sentencias relativas a la ciencia y la ilustración tomadas de la literatura talmúdica y midrášica que demuestran cumplidamente el gran amor y altísima estimación en que siempre tuvieron los judíos a la cultura en todos sus aspectos. Baste como síntesis la siguiente afirmación, tan breve como ponderativa: «El saber supera al sacerdocio y la realeza», que no es ninguna hipérbole, sino auténtica realidad en la consideración de todo israelita. En efecto, desaparecido prácticamente el primero, como consecuencia natural del nuevo y triste orden de cosas creado tras la destrucción del Templo (70 d.C.) e inexistente o falseada la segunda ya desde el último soberano macabeo (Aristóbulo II, 67-63 a.C.), o en todo caso desde la anterior fecha, el rabinismo, que es tanto como decir la clase culta y dirigente espiritual del judaísmo en la diáspora, adquirió una categoría de verdadera aristocracia intelectual.

Toda persona sabia o ilustrada tiene ganada la admiración y el respeto en Israel, y en la precaria situación en que se encontraban los judíos después de la dispersión, la instrucción y la ciencia que cada cual poseyera le confería envidiable superioridad, que era la mejor ejecutoria para ocupar altos puestos y granjearse una situación privilegiada.

Los judíos españoles, cualesquiera que sean los orígenes de las varias inmigraciones efectuadas en la Península, coincidieron todos en el bagaje bíblico de que eran portadores como base de su cultura. Además, mantuvieron constante contacto con su eterna metrópoli espiritual y las academias de Oriente, que conservaron en aquellos países el fuego sagrado del saber hebraico tradicional y lo acrecentaron durante el primer milenio de la era cristiana. Esto confiere a esa cultura, enriquecida en los diversos lugares con nuevos y valiosos elementos, una gran unidad sin solución de continuidad. Las comunidades hispanas, como las de otros países, jamás hicieron traición a su gloriosa tradición cultural y acrecentaron ese acervo teniendo la inestimable suerte de que en España floreciera una época brillante como en ningún otro tiempo y lugar hasta nuestros días en el cultivo de las letras y las ciencias, en casi todas sus ramas, al menos de acuerdo con la particular situación político-social en que aquí se encontraban.

II. PANORAMA CULTURAL JUDAICO EN LA ESPAÑA MEDIEVAL

Ya hemos hecho notar que hasta el Califato —mediados del siglo X— no hay memoria de especial cultivo de las letras ni de las ciencias entre los judíos peninsulares; pero es de justicia reconocer que tampoco hubo ambiente adecuado para ello dentro de la esfera judaica, ni en la época romana, ni menos aún en la visigótica, como tampoco en la primera fase de la España musulmana, el Emirato. Mas tan pronto como alboreó una situación propicia, el soterrado pero nunca extinto amor a la cultura, latente en el alma judaica, se hizo ostensible con caracteres de triunfal epifanía. Eso ocurrió en España a mediados del siglo X, y desde ese momento hasta el fatídico de la expulsión (1492) ni en la España musulmana ni en la cristiana cesaron de florecer ilustres ingenios en el campo de las letras y las ciencias. Además, después de la expulsión, el faro esplendoroso y ya inextinguible de la cultura hebraicoespañola siguió alumbrando a las comunidades de exiliados que se organizaron en diversos países de Europa, África y Oriente.

Ahora bien, ¿cuál era realmente la situación cultural de los judíos españoles durante esos cinco o seis siglos que especialmente nos interesan, como legado a las siguientes generaciones? Sabemos que en ambas Españas los judíos vivían separados del resto de la población en barrios especiales; mas no se piense ni por un momento que tales circunscripciones fuesen un anticipo del posterior y lamentable gueto. Recordemos que en la Alejandría de los Ptolomeos ocupaban los judíos dos barrios importantes de la ciudad y casas principales de los otros; y en Lucena, según testimonio del geógrafo árabe al-Idrīsī (siglo XII), entre otros, dentro del recinto amurallado vivían solamente judíos y no les estaba permitida la residencia a los musulmanes, que moraban *extra muros,* donde tenían también su mezquita.

Siete grandes ramas polarizan las varias direcciones de la cultura entre los judíos hispano-medievales:

1. Religión y ciencias judaicas: Biblia, Talmud, Midráš, Cábala.
2. Lingüística (gramática y lexicología): árabe, hebreo, arameo, latín, ladino (judeo-español), lenguas romances.
3. Letras: poesía, erudición, filosofía y teología, historia.
4. Ciencias: matemáticas, astronomía y astrología, medicina y farmacología.
5. Poliglotía: burocracia (chancillerías, secretarías, etc.), interpretación.
6. Didáctica: escuelas, academias.

Como puede apreciarse, es un cuadro completo de todas las ramas científicas y literarias del saber medieval y las específicamente judaicas, como también las arábigo-musulmanas, ya que los judíos no solamente dominaban la lengua oficial del islam y su literatura, sino que también debían conocer el Corán y la teología islámica para argüir y redargüir acertadamente en las controversias con los musulmanes, e incluso para conducirse como cualquier buen musulmán cuando la prudencia así lo aconsejara y principalmente en los casos de aparente conversión al islam. Lo propio decimos respecto a la religión cristiana y las lenguas habladas en los reinos cristianos.

1. *Religión y ciencias bíblicas*

En el capítulo 2 pusimos de relieve la fidelidad que siempre mostraron los judíos a su religión, a pesar de las duras pruebas y alternativas a que se vieron sometidos en ocasiones tristemente memorables, tanto en la España musulmana como en la cristiana. Ella fue realmente el norte de su vida, y el factor principal que matiza, regula y determina sus actividades intelectuales, como veremos en el presente capítulo.

Entre los numerosos aspectos que pueden considerarse en la religión, el cultural no es el menos importante: toda religión es una forma de cultura en sí, que además, según los casos, influye, en variable medida, en las demás formas de cultura de los pueblos. La religión es, en efecto, una forma de cultura, pero de tales dimensiones y profundidad, que abarca al hombre entero en cuerpo y alma, sentidos, potencias y facultades, su misión y su fin último, sus relaciones con los demás, sus estrechos vínculos con las pretéritas, presentes y futuras generaciones y, sobre todo, sus ineludibles deberes para con Dios.

Los judíos consideraban la religión como el primordial y máximo de los deberes humanos, el primero y fundamental mandamiento de Dios, y por eso lo inculcaban desde la más tierna infancia. Esa educación religiosa imprimía un sello característico en el alma judía hasta el extremo de considerarse el judaísmo, ante todo, como una religión y su distintivo esencial, muy por encima del racial, histórico, ideológico o ancestral. Este concepto continúa en pie todavía: el judío sigue siendo tal mientras no abrace otra religión, pues desde ese momento automáticamente dejaría de ser judío auténtico, aunque no pueda desprenderse de su raza, ascendencia, psicología, hábitos y maneras de ser, pensar y sentir.

Biblia y Talmud, con sus múltiples y variadas ramificaciones, eran los dos ejes de la formación intelectual judaica en la Edad Media; y aunque nada se oponía al estudio de las diversas ciencias profanas que constituían a la sazón el cuadro de las que llamamos hoy noológicas y cosmológicas, así como la filosofía y las artes, aun ésas se orientaban en primer término hacia el mejor conocimiento y elucidación de dichas dos ramas fundamentales y su defensa ocasional en controversias escritas y habladas.

Complemento de la Biblia y el Talmud era esa otra rama de la literatura rabínica denominada *Midráš,* que no es otra cosa sino enseñanzas de tipo homilético, tal como se desarrollaban en las sinagogas, nutridas de doctrina jurídica y moral, muy propias, por consiguiente, para la formación de la juventud estudiosa y aun para la edificación moral de todas las edades y circunstancias.

Finalmente, en un plano especial hay que poner a la Cábala, que sobre todo a partir del siglo XIII adquirió extraordinario auge, infiltrándose en la exégesis bíblica, en la filosofía y en la poesía.

2. *Lingüística*

Una de las sorprendentes curiosidades que ofrece la literatura hebraicoespañola es el hecho de que su repentina eclosión, a mediados del siglo X, se iniciara precisamente con estudios gramaticales y lexicológicos —género que por ley natural suele aparecer al final— y no rudimentarios, sino de alto nivel científico, en el plano que hoy día llamamos lingüística.

M[e]naḥem ben Saruq y Dunaš ben Labraṭ, los dos notables pioneros de las letras hispanojudías medievales, aparte de su condición de poetas, de mayor rango el segundo que el primero, son gramáticos y lexicógrafos, y tras ellos aparecen numerosos discípulos. Y una pléyade de escritos sucesivos, que siguiendo sus huellas avanzan a pasos agigantados por esos caminos durante los dos siglos siguientes y principios del XIII, sin que ya esa antorcha se extinga jamás.

El hecho de que el hebreo no fuera una lengua en formación, sino muy antigua, necesitada solamente de una puesta en sazón, su estrecho parentesco con el árabe, que ya ostentaba una rica literatura e importantes obras de lingüística, y los valiosos precedentes de las academias orientales, donde habían florecido sabios de la categoría de Sa'adyá ha-Gaón, verdadero creador de la lingüística hebraica, que escribió sus obras en árabe, son razones poderosas que explican cumplidamente ese fenómeno.

Los judíos españoles cultivaron no sólo prácticamente y como hablantes ordinarios, sino como científicos y literatos, el *árabe*, que fue, tras la iniciación hebrea de la primera etapa, el vehículo normal de esas producciones de todas clases: lingüísticas, exegéticas, halákicas, filosóficas, científicas, etc. La literatura judeo-árabe vino a ser, en consecuencia, la rama principal de la literatura judaica universal, después de la hebrea, e incluso superó a ésta en la época medieval que estudiamos.

Aun añadiríamos que el cultivo de la lengua árabe en los reinos cristianos durante los cuatro últimos siglos del Medievo fue patrimonio exclusivo de los rabinos y eruditos judíos (cf., *infra*, *Poliglotía*).

Notemos, con todo, que el hebreo, a pesar de ese dominio avasallador del árabe y las restricciones en su empleo, nunca sufrió eclipse total, debido a su uso litúrgico, tesoro ancestral que representa constante estudio y utilización en las academias y poderoso influjo afectivo que hacia él atraía a todo israelita; por esas razones continuó siendo objeto de las afanosas lucubraciones de los estudiosos, aparte de ser el primordial vehículo de la lírica y el único en la poesía religiosa que tan altas cimas alcanzó.

La segunda lengua bíblica es el *arameo*, de rancio abolengo en la historia lingüística y aun racial del pueblo judío, y su habla durante más de mil años, lengua del derecho y el misticismo (Cábala), que siguió ocupando un puesto de honor en la cultura hebraicoespañola y sirvió de útil punto de comparación en los estudios lexicológicos.

Recordemos de pasada que al pueblo judío se debe la conservación de esta lengua semítica, que sin él habría quedado reducida a breves inscripciones que se han ido descubriendo, en vez de la copiosa literatura indicada en dichas dos ramas.

En cuanto al latín, su estudio era indispensable a los rabinos con vistas a la exégesis bíblica y públicas controversias, que durante los siglos XIII al XV tanto se generalizaron y tan graves consecuencias acarreaban, y a las discusiones privadas con los cristianos, particularmente los conversos. Frecuentes fueron, por ejemplo, entre Ibn Adret y Raimundo Martín, el famoso autor del *Pugio fidei.* Este empleo del latín ya alcanza categoría literaria; pero está mucho más patente en la magna labor que realizaron numerosos sabios judíos en la célebre Escuela de Traductores de Toledo, fundada por el arzobispo don Raimundo en el siglo XII y en su continuación bajo los auspicios de Alfonso el Sabio.

Especial y honorífica mención merece, como realización y como muestra de esa clase de actividades, la versión castellana del Antiguo Testamento efectuada por Mošé Arragel de Guadalfájara, a requerimiento de don Luis de Guzmán (1422-1430): es la llamada *Biblia de la Casa de Alba,* publicada en dos enormes volúmenes (Madrid, 1920-1922), en la cual el traductor y comentarista hace gala de su perfecto dominio del hebreo bíblico, del castellano y del latín.

Finalmente, las incipientes *lenguas romances* (castellano, leonés, aragonés, catalán, etc.) atrajeron también la atención de los judíos cultos aun en la época musulmana, máxime cuando ocupaban, como en el caso de Ḥasdāy o de Ibn Nagrella, altos puestos políticos, en los que el dominio de esas lenguas reportaba evidente utilidad en las eventuales relaciones con los cristianos. Era además un utilísimo medio de intercambio comercial, en que tan relevante papel representaban los judíos ya desde la época visigoda. Y, naturalmente, para los radicados en los reinos donde se hablaban esas lenguas o dialectos, antes y después de la invasión almohade y el éxodo subsiguiente hacia aquellas comarcas, eran el habla usual, que imperativamente debían usar; por tal motivo, varios escritores llaman a la lengua en cuestión, en esos casos, «nuestra lengua» o «la lengua de mi país».

Advierten los autores que si no compusieron los judíos españoles más obras en latín o romance fue por temor a las autoridades eclesiásticas o a la Inquisición. Algunas se escribieron, no obstante, por ejemplo, por Ḥasdāy Crescas y su discípulo José Albo.

Problema irresoluble, pero hecho irrefragable, constituye la cuantía de la aportación judaica a la formación de las hablas romances de la Península y su léxico, máxime interponiéndose en tan ardua cuestión la influencia más avasalladora del árabe. La analogía léxica entre ambas lenguas hermanas hace más difícil discernir en cada caso concreto si tal vocablo semítico naturalizado en el castellano u otra lengua peninsular es originario de uno u otro idioma; tal, por ejemplo, *azucena.*

También hay que mencionar en la acción cultural que nos ocupa en este capítulo la formación del dialecto *judeo-español* o ladino, de singulares características, que se fue estructurando siglos antes de la expulsión y han conservado los sefardíes como preciada reliquia hasta el día de hoy. Las cinco mil —o quizá más— obras escritas en esta modalidad lingüística, según el bibliógrafo Yaari, son indicio revelador de la vitalidad y persistencia que ha tenido a lo largo de esos cinco siglos.

Aun donde no llegó a formarse un dialecto de este tipo, a base de la lengua oficial y el hebreo, como Francia, un exegeta bíblico y comentarista talmúdico, el famoso Raší (1040-1105), introdujo en sus obras, escritas en hebreo, un caudal considerable de términos extranjeros *(lô'ăzîm*, pl. *delô'ēz)*, principalmente, como es lógico, del francés. Más de *tres mil* se han registrado. Análogamente, como hace notar A. Neuman, «de las lenguas principales de España, castellano y catalán, hay huellas en las *Responsa*»[2], importante rama jurídica de la literatura hebraica medieval.

3. *Letras*

La Biblia y el Talmud son las dos magnas creaciones colectivas del genio judaico, elaboradas a lo largo de diez o doce siglos la primera, y de siete a diez la segunda, de las que se fueron tejiendo extensos comentarios y supercomentarios —es decir, comentos de esos comentarios— que todavía llenan con aplastante mayoría y voluminosidad los anaqueles bibliotecarios de las antiguas sinagogas, *yᵉšibás* (academias), *ḥebrás* (sociedades) y librerías privadas de las comunidades judaicas.

Difícil resultaría la comparación, pero quizá no sea inferior en cuantía a la patrología cristiana griega y latina y exégesis posterior la mole de los comentarios escriturísticos de todas clases y los talmúdicos, que son en sustancia como un complemento de los otros, elaborados por los doctores y exegetas judíos a lo largo de los siglos. Lástima que hasta el presente hayan podido ser tan escasamente consultados por los eruditos cristianos.

Conviene advertir que la Biblia y el Talmud, contra lo que muchos creen, no son dos campos enteramente distintos o dos círculos excéntricos, en cuanto a su contenido, sino que tienen entre sí estrechas relaciones, salvando siempre el carácter sagrado del Libro de las divinas revelaciones. El nombre completo del Talmud es, como ya indicamos, *Talmud Torá* (*Enseñanza de la Ley*) y la doctrina de las dos grandes compilaciones que llevan ese nombre (Talmud palestinense o *yᵉrušalmî* y Talmud *bablî)* está constituida por vastas y difusas disquisiciones y comentarios a la *Mišná,* parte básica común a entrambos, que, como su nombre indica, es una «repetición» o reiteración de la Ley, en forma oral, complemento

2. *The Jews in Spain,* Philadelphia, 1948, vol. II, p. 102.

de la Ley escrita, recibida también por Moisés en el Sinaí, según creencia rabínica, y transmitida de generación en generación desde Josué hasta la Gran Sinagoga, y, finalmente, a las varias generaciones de maestros que elaboraron la *Mišná,* codificada por escrito, tras algunas tentativas anteriores, hacia el año 200 d.C., por Judá ha-Naśí, y los que compusieron la *Guemará*, o Talmud en su sentido específico, dos o tres siglos después.

Parte capital de esa producción de exégesis bíblica y talmúdica u otros estudios o realizaciones sobre estas materias corresponde a la escuela hebraicoespañola, continuada después de la expulsión, en diversos lugares y con varias modalidades, por ejemplo, los místicos de Safed (Galilea). Como ya hace tiempo está reconocido universalmente, los judíos españoles pusieron los cimientos de la exégesis científica de la Biblia. Inquirieron ante todo el sentido literal, base de todos los demás y de toda la teología y la apologética, y lo aquilataron más y más mediante el estudio profundo de la lengua santa, ordenado en último término al más exacto conocimiento de toda la doctrina escrituraria. Todas las ramas de la actividad intelectual judaica están imbuidas de la savia bíblica, y todas, gramática y lexicología, poesía, jurisprudencia, misticismo, hasta las mismas ciencias puras y aplicadas, así como las artes menores, llevan la impronta bíblica de una u otra forma, y contribuyeron, a su vez, al esclarecimiento de los misterios encerrados en el mensaje divino y a su difusión entre los hombres.

Del misticismo y la Cábala nos hemos ocupado anteriormente, en el capítulo 3, del derecho en el siguiente, de la poesía hablaremos después, como igualmente de la filosofía, lingüística y lexicología, ciencias, medicina, historia y didáctica. Basten, por tanto, aquí las precedentes consideraciones sobre el particular, tendentes a situar las letras hebraicoespañolas en el alto lugar que les corresponde como fruto, al par que instrumento, de la cultura, formación integral del espíritu, escala de dignificación y encumbramiento, y sello característico del gran legado del judaísmo español.

4. *Ciencias*

Es muy corriente marcar una especie de divisoria tajante, casi una antinomia, entre el cultivo de las letras y el de las ciencias, tanto refiriéndose a épocas como a individuos, separación, casi con caracteres de compartimentos estancos, que se ha reflejado en los planes de estudios. Comoquiera que sea, y aun admitiendo algún fundamento a tal dicotomía, que nunca debe degenerar en absoluta incompatibilidad o desvinculación, lo cierto es que en la literatura hebraicoespañola no solamente no se manifiesta semejante antinomia, ni en cuanto a siglos ni en cuanto a personas u orientaciones en los escritos, sino que unas y otras florecen simultáneamente, y tanto los escritores de primera fila como los *dii minores* se nos presentan como doctos cultivadores de uno y otro campo.

Esbozada una visión global de las letras, procede completar ese cuadro cultural con una mirada sobre las ciencias, que tanto auge alcanzaron también entre los judíos españoles.

Si las letras fueron cultivadas por los judíos como floración natural de los vergeles bíblicos, repletos de bellezas literarias, que moldearon en ese troquel el alma hebraica, las ciencias fueron en un principio el exponente de los ideales y actividad halákika necesaria para el desenvolvimiento de la vida religiosa en todas sus manifestaciones. La recta ordenación del calendario con vistas a la celebración del año litúrgico exigía un serio dominio de la astronomía; la dietética, regulada por las prescripciones mosaicas, variadas leyes higiénicas y normas de pureza legal, requería igualmente conocimientos en el campo de las ciencias naturales y medicina. No pocos tratados del inmenso maremágnum talmúdico, donde se habla absolutamente de todo, y por ende también de numerosas e intrincadas cuestiones científicas, imponían una adecuada formación en las matemáticas en las ciencias físico-naturales.

Ya en la época talmúdica goza la astronomía entre los hebreos de tal predicamento que se la llama la «ciencia judaica».

Esta primera directriz bíblico-talmúdica de las ciencias se amplificaría después proyectándose sobre el campo de las ciencias profanas, puras y aplicadas, de que hablaremos en sus correspondientes capítulos.

5. *Poliglotía*

La adaptación permanente y completa a un medio ambiente social determinado exige imperiosamente en la persona o el grupo, sobre todo cuando se suceden varias o muchas generaciones, el dominio del idioma oficial y vernáculo; por eso los judíos deportados a Babilonia por Nabucodonosor II, y sobre todo los que allí nacieron, tuvieron que aprender la lengua de los caldeos, el arameo, muy similar, por lo demás, al hebreo, lo cual facilitó, sin duda, la sustitución, puesto que aquél vino a ser durante el milenio siguiente el habla del pueblo judío. Por lo demás, el reemplazo fue paulatino, y durante varios siglos ambos idiomas convivieron, si bien el arameo acabó por imponerse del todo como habla vernácula, suplantando al hebreo, el cual quedó confinado al área sinagogal y académica en Roma y demás lugares.

En Alejandría y demás ciudades griegas, en Roma y demás lugares donde imperaba el latín, y análogamente en los demás países del Mundo Antiguo, donde existían colonias judías ya antes de la gran Diáspora, la lengua de los judíos era, naturalmente, la oficial respectiva. Pero ni los rabinos, ni incluso la masa popular en algún grado, abandonaron nunca del todo su lengua ancestral, por más que, en ocasiones, los apasionados amadores de ésta, poetas, comentaristas, etc., se lamentaran, tal, por ejemplo, Ibn Gabirol, del escaso interés que el pueblo manifestaba en pro del hebreo. Por otra parte, la constante e incansable movilidad de los judíos medievales y sus actividades como agentes comerciales intermediarios a nivel internacional les imponían la necesidad de aprender diversas lenguas. El resultado fue que una gran parte conocía perfectamente varios idiomas, lo cual les abría cancillerías regias, secretarías particulares de los nobles y magnates, y como intérpretes entre musulmanes y cristianos, principalmente con los almorávides, benimerines en las campañas guerreras, y en las transacciones comerciales y demás actividades de la paz.

Los judíos tenían normalmente acceso a los establecimientos públicos de enseñanza, tanto entre los musulmanes como entre los cristianos, y también como profesores de los mismos. Steinschneider afirma textualmente respecto a los reinos musulmanes: «En los centros públicos de enseñanza encontramos a los judíos como alumnos y también como maestros». Sin embargo, el mismo concienzudo investigador dice en otro lugar: «Entre los judíos arabizantes de que tengo noticia no hay ningún profesor oficial», lo cual parece indicar el restringido número de éstos.

La Academia talmúdica de Córdoba, revitalizada por Mošé ben Hanok, a mediados del siglo x, es la *y^{e}šibā^{h}* más antigua de que tenemos noticia en España; siguió la de Lucena, de fama mundial, en gran parte por obra de Iṣḥaq Alfāsi y de su discípulo y sucesor Yosef ha-Leví ibn Migaš, y también alcanzó especial importancia la de Sevilla. En otras ciudades de Andalucía existieron asimismo centros de cultura, aunque de menor categoría, por eso acudían de esos y de otros lugares, incluso del extranjero, a dichas academias, tal, por ejemplo, el ilustre poeta y preceptista granadino Mošé ibn ʻEzra, que se formó intelectualmente en Lucena, de cuyos maestros habla con gran elogio.

Posteriormente se fundaron academias en Toledo, Gerona, Barcelona, Zaragoza y Valencia, y de menor rango en Alcalá, Calatayud y Tortosa.

Los grandes maestros gozaban de extraordinaria autoridad y eran cada uno el alma de su escuela. El preciado título de *talmîd ḥakam* llevaba anejas importantes prerrogativas y estimación universal.

En cuanto a libros, los alumnos de la escuela primaria los llevaban de casa. Por lo que se refiere a las *y^{e}šibôt,* estaban en general bien surtidas de material bibliográfico gracias a la generosidad de ilustres mecenas. Se recomendaba como buena obra el préstamo de libros a los estudiantes necesitados. Y^{e}hudá ibn Tibbón, patriarca de los traductores arábigo-hebraicos, le recomienda a su hijo en su testamento literario: «No rehúses prestar cualquiera de tus libros a quien no disponga de medios para adquirirlos, a condición de que ofrezca garantías de que te los devolverá». Notemos de pasada que los manuscritos españoles eran especialmente notables por su primorosa ejecución y elegante caligrafía.

El citado Neuman asegura[3] que los fondos de libros de las ciudades españolas tuvieron en general mejor suerte que en otros países europeos; pero añade que en las matanzas de 1391 la furia del populacho se ensañó por igual contra las personas y los libros, que pagaron su tributo a la devastación general.

6. *Escuelas y academias*

La gran preocupación por la cultura ha constituido una sagrada obligación para la comunidad judaica; los padres y maestros rivalizaban en celo por la ilustración de los niños. Frecuentes eran los donativos para ayuda de maestros y estudiantes necesitados.

Con un gran sentido pedagógico, y adelantándose en muchos siglos a las modernas orientaciones y normas, se limitaba a 25 el número de alumnos que podía tener un maestro de primeras letras, pudiendo llegar hasta 40 si disponía de un ayudante.

Los libros de rezos, la Biblia, la Mišná y el Talmud, con los oportunos comentarios de estas obras, eran los primeros libros de texto que se ponían en las manos de los niños. «La finalidad de la educación —escribe A. Neuman[4]— era ilustrar la inteligencia, formar el carácter y preparar el alma para su definitiva unión con Dios».

Aparte de las materias básicas indicadas, la lógica, retórica y poética de Aristóteles, así como la aritmética, geometría, música y astronomía, física, medicina y metafísica, lenguas arábiga y latina eran las disciplinas que integraban los estudios, algo similares, en realidad, al *Trivium* y *Quadrivium* medievales, pero con los importantes aditamentos que hemos señalado.

III. CONCLUSIÓN

La impresión general que se deduce de este rápido tanteo del estado cultural dominante en las comunidades judías de la España medieval es su notable *elevación* en todos los órdenes de la vida y ramas del saber, que en las más egregias personalidades alcanza cimas de extraordinaria grandeza, la *universalidad* de conocimientos, pues ninguna rama dejan fuera de su órbita, y su fuerte *matización religiosa*.

3. *Ibid.,* vol. II, p. 96.
4. *Ibid.*, p. 71.

En otros capítulos se ha puesto o se pondrá de relieve aspectos parciales, en las letras y las ciencias, de esa cultura general, patente en el conjunto de la masa. Es indudable que la razón principal de la extraordinaria influencia que los judíos ejercieron en ambas Españas durante esos siglos de convivencia con musulmanes y cristianos fue debida ante todo y sobre todo, juntamente con su denodado espíritu de trabajo, a su destacada preparación cultural, que hizo de ellos, en muchos aspectos y oportunidades, los hombres idóneos para el desempeño de tantos puestos, incluso los de máxima responsabilidad.

La porción no exigua, aunque incompleta, de su actividad en el campo de las letras y las ciencias, que se nos ha transmitido por diversos conductos, es un testimonio fehaciente de esa superior cultura que, aprovechando favorables circunstancias y con el impulso de su rico bagaje cultural anterior, supieron conservar y acrecentar, y que tan positiva influencia ejerció en múltiples direcciones.

Hoy día en que la máxima preocupación de todos los países civilizados, e incluso de los de mínimo desarrollo, pero con afanes de mejoramiento, es la cultura, como base de todo progreso, resulta interesante contemplar el ejemplar panorama que nos ofrece el pueblo judío en los oscuros siglos medievales, con su alto nivel cultural y su afán acucioso de ilustración.

9

POESÍA

I. EXCELENCIAS DE LA POESÍA HEBRAICOESPAÑOLA

La poesía, cuando es auténtica expresión del alma, con todos sus resplandores, claroscuros y ensueños de belleza; de la humanidad o un núcleo importante de ella, con sus ideales, aspiraciones, triunfos o fracasos; de la naturaleza vista a través de un prisma genial, y de lo divino, constituye la visión más sugestiva, densa y abigarrada que nos puede ofrecer la mente humana en el mundo de las letras y del arte.

Cuando alcanza las cimas de espiritualidad, riqueza de contenido, nobleza de sentimientos y perfección formal de la hebraicoespañola en los siglos XI y XII debe considerarse y estimarse como el más espléndido legado, de valoración ecuménica, que un pueblo, máxime en las precarias condiciones político-sociales del hebreo en aquella sazón, pueda regalar a sus allegados —en este caso España, su segunda patria, en primer término— y, en definitiva, a la humanidad entera.

Eso fue la poesía hebraicoespañola medieval, verdadero milagro literario, por las circunstancias de su aparición súbita, rápido y pujante desarrollo, abundancia y variedad de sus poemas, numerosidad de los vates y altura de su numen creador. Apenas iniciados sus primeros balbuceos, a mediados del siglo X, surge una proliferación tal de poetas, en sucesivas generaciones, que se cuentan por decenas los que florecieron en las postreras décadas del primer milenio.

Afortunadamente tenemos un eximio historiador de esa poesía y la subsiguiente en la persona del gran preceptista llamado «el poeta de los poetas», el granadino Mošé ibn ‘Ezra, que vivió en la segunda mitad del siglo XI y primer tercio del XII (¿1055?-1135), por lo cual su información abarca el primer período, de iniciación, y el segundo, de esplendor, en el que vivió y fue *pars magna.* Un siglo después, el último gran prosista, poeta también, Yehudá al-Ḥarizí (1170-1230) confirmará y completará esos preciosos datos. Son las dos fuentes primordiales de historia y crítica literaria, que, con algunas breves noticias de cronistas hispanojudíos, como Abraham ben David, y, naturalmente, las poesías mismas conservadas, que son muchas, aunque no pocas se perdieron —u otros escritos de sus autores—, han servido de información a los eruditos posteriores que se han ocupado de esta importantísima floración literaria de los judíos hispano-medievales. Varias son sus notas más destacadas.

En primer lugar, el *rápido ascenso*, de apenas medio siglo, desde sus comienzos, a la perfección formal que caracteriza la época áurea en las literaturas. Por eso, hablando de los poetas hebraicoespañoles, dice el citado Abraham ben David[1]: «En los días de Ḥasdāy (ibn Šaprūṭ: 915-970) comenzaron a balbucear, y en los de R. Šemuel ha-Nagid (993-1056) alzaron la voz». Es decir, solamente unos decenios de separación entre ambos personajes, siete u ocho como máximo. No es necesario recordar que ese período de iniciación suele durar siglos en todas las literaturas, por ejemplo, en la latina y las romances; mas también es verdad que el vehículo de esas composiciones literarias, la lengua santa, existía va desde hacía muchos siglos y en ella se había plasmado la sin par literatura bíblica, con sus grandes producciones en prosa y verso, y después la postbíblica. Con todo, no es menos cierto que el viejo idioma bíblico era en aquella sazón un instrumento arcaico, necesitado de una transformación a fondo y una adaptación a las exigencias ideológicas y verbales de la época. Tal fue la labor previa o simultánea que hubieron de realizar gramáticos y poetas y, posteriormente, completaron los traductores. Precisamente la simultaneidad en el cultivo de la lingüística (gramática y lexicología) y la poesía, con una orientación manifiesta hacia la escriturística en la primera, y fuerte inspiración bíblica en la segunda, son otras curiosas facetas que importa destacar.

También es digno de admiración el *crecido número de poetas* que florecieron en el decurso de esos dos siglos. En realidad puede afirmarse que todo escritor hispanojudío, cualquiera que fuese su trayectoria literaria, era *además*, y aun diríamos en la mayoría de los casos, *ante todo*, poeta. Eso demuestra el entrañable amor que sentían hacia la poesía, y la aureola de veneración y alta estima que circundaba al poeta.

Otra consideración de carácter general quisiéramos añadir, y es que tan extraordinaria importancia reviste la poesía en la literatura que nos ocupa, que por la ausencia de algunos géneros literarios importantes en

1. Este autor en su *Séfer ha-Qabbālāh*, «Libro de la tradición», consigna interesantes datos acerca de los judíos españoles, desde «la traslación del Rabinato a España», con la venida de R. Ḥanok (948) hasta la llegada de los almohades (1146), siendo Abraham ibn ʻEzra (1167) el último escritor que menciona.

otras, cual es la dramática, la novelística, la oratoria y hasta la historia, por la especial matización que otros adoptaron en la hispanojudía, la abundancia de obras científicas, jurídicas y las mismas exegéticas, que hoy acertadamente se excluyen del campo literario, y por el influjo omnímodo que en la poesía ejercen todas las corrientes ideológicas y campos del saber, desde la Biblia y sus comentarios hasta los «testamentos literarios», bien puede afirmarse que la poesía en cierto modo *asume la consideración general de literatura*, dado que en ella es la principal y más completa manifestación del genio literario hispanojudío, y a ella convergen todas las corrientes espirituales. Y aun diríamos más: esa poesía, cualesquiera que sean sus modalidades, casi siempre lleva un marcado carácter religioso o va esmaltada al menos de multitud de irisaciones bíblicas, que le confieren especial realce.

II. DIVISIÓN, PERÍODOS Y SUBSIDIOS BIBLIOGRÁFICOS

En ese enorme caudal de poemas suele establecerse una división fundamental entre *Šîrê Qôdeš,* «poesías sagradas» y *Šîrê ḥol,* «poesías profanas», a las cuales convendría agregar un tercer grupo de «poesía mixta», pero la máxima parte de las conservadas son de carácter religioso y tenían como suprema finalidad, aparte de la expansión natural del fervor místico, unción o compunción del poeta, consolar a sus correligionarios. Por eso dice Abraham ben David: «Todos éstos fueron grandes sabios y santos alentadores de Israel con poemas y cánticos de consolación».

Aparte de esa distinción primordial, de especial significación en nuestro caso, resulta difícil una clasificación precisa y completa en el complicado organismo de los géneros y subgéneros literarios, tanto en el orden *histórico*, es decir, atendiendo a su aparición y manifestaciones, como en el aspecto *ideal*, que refleja los infinitos matices y peculiaridades de esas creaciones a tenor de la época, agrupación, escuela e individuos, y en la *realidad viva* y palpitante de cada uno de estos sectores, de la cual se nutre el numen poético.

La voz secreta y al par tonante de ineludible *tradición*, fuerte y sublime cual ninguna en el pueblo hebreo; los ideales de *redención*, acuciados en el mismo por una interminable secuencia de vicisitudes, torturas y sinsabores; una *historia*, divina y humana, tres veces milenaria en la época que nos ocupa; una antigua y soberana *literatura*, entrelazada con esa tradición, esa historia y esos ideales, que sigue siendo el faro luminoso y confortante de ese pueblo; y una falange de *poetas y escritores* de acusada personalidad, abigarrada formación y variado ambiente, que van apareciendo a lo largo de tres siglos, son elementos vitales que intervienen de modo palpable en la gestación de la brillante literatura hebraicoespañola y matizan con especial originalidad su poesía.

Todos estos aspectos particulares, además de los generales o comunes a cualquier literatura, dificultan más y más la *clasificación* de todo el conjunto de creaciones de esa literatura. Sin embargo, por ardua que parezca, sobre todo en nuestro caso, por las razones apuntadas, es de todo punto necesaria, como base de la sistematización propia de todo estudio científico y como jalonamiento didáctico.

Los módulos clásicos y corrientes nos ofrecen menguada y hasta equívoca base; así, de las tres direcciones capitales de la poesía, épica, lírica y dramática, casi únicamente nos sirve la segunda, con las obvias salvedades y distinciones. Ni la épica propiamente dicha, ni menos aún la dramática, tienen lugar en el campo de la poesía hebraicoespañola medieval. Y, sin embargo, a pesar de esa doble amputación o ausencia total, aún queda vigorosa y pujante, ofreciéndonos, en cambio, otras modalidades que no se dieron, al menos en la misma forma, en las restantes literaturas, ni siquiera en la misma bíblica, que tanto influyó en esos nuevos vates hebreos.

Como a pesar de las observaciones precedentes relativas a la clasificación, o más bien como consecuencia de las mismas, los poemas de los vates hispanojudíos presentan en su gran mayoría aspectos múltiples e interferencias omnímodas, religiosas y profanas, cosmológicas y noológicas, líricas y filosóficas, científicas y cabalísticas, narrativas y didácticas, resultaría improcedente y complicado desarticularlos y tratar por separado de cada uno de estos aspectos, a tenor de la clasificación propuesta. Ésta tiene, no obstante, su utilidad, más bien objetiva, en cuanto que expone, en un *conspectus* general, los elementos esenciales y predominantes de esas poesías.

Desde el punto de vista *cronológico,* prescindiendo de otros factores que en otras literaturas influyen poderosamente en el desarrollo y proceso de las mismas, la división por *períodos* en nuestro caso, atendiendo solamente a razones intrínsecas y a los valores que se manifiestan, es bien clara y convincente, por lo cual la siguen unánimemente los autores. Distínguense los tres períodos siguientes: *a*) de *iniciación*, siglo x; *b*) de *florecimiento* (época áurea), siglos XI-XII; *c*) de *descenso*, siglos XIII-XV.

Geográficamente no sería acertado establecer división en relación con estos períodos, pues si bien es verdad que la venida de los almohades, a mediados del siglo XII, marca una divisoria tajante en la historia del judaísmo español, también lo es que antes y después de esa fecha florecieron ilustres ingenios judíos en una y otra España, y a los mismos personajes los vemos en diversas épocas de su vida residiendo en diferentes comarcas de la Península. Así, por ejemplo, Y^{e}hudá ha-Leví nace en Tudela, reside algún tiempo en Toledo, a raíz de la reconquista de la ciudad, viaja por Andalucía (Córdoba, Lucena, Granada), se traslada a Oriente, permanece en Egipto y muere —aunque no es seguro— en Jerusalén. Y a este tenor otros muchos. Con todo, es innegable una mayor conexión, en la primera fase de las dos indicadas, con el mundo arábigo-musulmán, y por tal motivo escriben en árabe, y con el mundo cristiano, en la segunda. Maimónides, nacido en Córdoba, errante por Andalucía como consecuencia de la persecución almohade, residente temporal en Fez, se incorpora definitivamente al mundo árabe, en Egipto, después de renunciar a los halagadores ofrecimientos de Ricardo Corazón de León, el héroe de la Tercera Cruzada, que intentó atraérsele. Consecuencia: toda su producción copiosísima, excepto una obra fundamental, está en árabe.

En cuanto a las fuentes para el estudio de esta poesía y subsidios *bibliográficos* accesibles al erudito o al estudioso lector, diremos que si bien es verdad la observación de Millás Vallicrosa en el Prólogo de su magistral obra *La poesía sagrada hebraicoespañola* de que el conocimiento de ésta «no ha trascendido como debiera», dada su relevante importancia, pero el mismo autor reconoce que, aun cuando «durante los siglos de la Edad Moderna fue casi del todo olvidada, fuera del angosto ámbito de la Sinagoga», en nuestra época, sin embargo, «ha sido estudiada con todo cariño por diversos historiadores, de linaje israelita la mayor parte», desde Samuel David Luzzatto (1800-1865), «verdadero restaurador del gusto por la gran poesía hebraica». Y cita a continuación una veintena de autores, limitándose sólo a los estudios más destacados. Para más información remitimos a nuestra Bibliografía.

III. CLASIFICACIÓN GENERAL

Como coronación de las precedentes consideraciones y a fin de desplegar el panorama de la poesía hebraicoespañola en su conjunto sistematizado, exponemos a continuación la clasificación general de la misma, con las divisiones y subdivisiones pertinentes por géneros, con las salvedades anteriormente indicadas:

SAGRADA: latréutica; litúrgica; hímnica; mística (epitalámica, cabalística); precativa; penitencial; sionista; mesiánica.

PROFANA: lírica (naturalista; floral; báquica; amorosa; hedonística; patriótica; panegírica; amistosa); didáctica; satírica; enigmática.

MIXTA: épico-lírica (elegía de tipo comunal; elegía de tema particular); filosófica (cosmológica; gnómica).

Aunque de categoría muy diferente, si bien todas las modalidades de esta veintena larga de tipos poéticos pueden presentar su dignidad o estimables valores literarios y estéticos, el cuadro precedente refleja las especiales circunstancias político-sociales en que se hallaban sus cultivadores, la peculiar idiosincrasia de éstos y su milenario patrimonio espiritual. Todos estos determinantes propios, aparte de las influencias arábigo-musulmanas de forma y temática, y las características o rasgos individuales de los vates hispanojudíos, confieren típica fisonomía a esa poesía, de eximios valores y cada día algo más conocida, a pesar de la barrera que representa estar plasmada en lengua hebraica.

Insistiremos una vez más en la preeminencia que en rango, cuantía, variedad formal[2] y número de cultivadores —prácticamente todos los poetas hispanojudíos sin excepción— tiene la poesía específicamente *sagrada,* aparte de su influencia en las demás.

La lírica difunde sus vibraciones ante todo en el campo de la inspiración religiosa, y después en el de la profana. A compás de la renovación lingüística que la lengua hebrea experimenta a partir del siglo X, las viejas arpas bíblicas también se remozaron y vibraron con flamantes e insospechados sones, impulsadas y pulsadas por el numen y el entusiasmo de egregios artistas de la palabra, el ritmo y la belleza.

A los tradicionales temas bíblicos, nunca olvidados y a la sazón desarrollados con nuevos elementos, vienen a juntarse otros nuevos: amor, amistad, flores y jardines, el vino y los banquetes, las hazañas y victorias, altos personajes, sucesos nacionales del país donde se vive.

La poesía *didáctica*, sin excluir la satírica y hasta la *enigmática*, tienen noble abolengo bíblico y están ampliamente representadas, sobre todo la primera, en los Libros Sapienciales de la Biblia, particularmente en Proverbios, Eclesiastés y Eclesiástico.

Dentro de la línea didáctica, pero de más altos vuelos, la poesía *filosófica*, que culmina en el incomparable y único libro de Job, saturado de filosofía, teología y ciencia, tuvo un altísimo representante en la persona de Š^{e}lomó ibn Gabirol, a quien Juan Valera no dudó en reconocer como «uno de los más grandes filósofos y poetas que ha habido en el mundo»[3].

IV. ELENCO DE POETAS HEBRAICOESPAÑOLES

Resultaría incompleto este panorama de la poesía hispanojudía si no incluyéramos una lista de sus numerosos e insignes representantes que sin

2. Véase J. M. Millás Vallicrosa, *La poesía sagrada hebraicoespañola*, Madrid, 1949, caps. I y III, donde se consignan 99 esquemas estróficos —«y no pretendemos, dice, que dicha serie sea exhaustiva»— en progresión creciente de complejidad (pp. 57-59), y nuestro *Manual de historia de la literatura hebrea*, capítulos VIII y XIV.

3. *Disertaciones y juicios literarios*, Madrid, 1878, pp. 221-222.

ser exhaustiva —nunca podría serlo, pues se perdieron muchas obras y poemas, y se olvidaron muchos nombres— englobe juntamente a los de primera, segunda y aun tercera fila, consignando al lado de cada uno algún rasgo personal y algún dato bibliográfico a fin de caracterizarlos mejor y omitiendo, como es natural, otros títulos que puedan ostentar. Insertamos unos cuarenta, catalogados conforme a los *tres* períodos anteriormente señalados.

1. *Primer período*

M[e]*naḥem ben Saruq* y *Dunáš ben Labraṭ* son los dos pioneros de la poesía hebraicoespañola, igualmente influenciados por la poesía y la cultura árabes, cuyas formas métricas y temática introduce el segundo.

Yosef ben Sutanas ibn Abi Tur, de quien se conservan más de un centenar de poesías litúrgicas e himnos para las principales festividades hebreas, era natural de Mérida y vivió en la corte de Al-Ḥakam II.

Iṣḥaq ibn Chicatella compuso *Azhārôt,* desgraciadamente perdidas, pero no exentas de mérito, y de *Iṣḥaq ben Mar Saul* nos queda cierto número de poesías sagradas, notables algunas por la emoción religiosa y ardiente contrición.

Entre los epígonos de esta generación son dignos de mención *Iṣḥaq ibn Caprón*, de quien se conserva, entre otras, una *s*[e]*liḥá,* «poesía de perdón», acróstica y amétrica, notable por su esmerado lenguaje e inspiración, y también *Iṣḥaq ibn Jalfón*, autor de un copioso *Diván,* del que solamente hay restos, pero de tal mérito que M. ibn ʻEzra llega hasta considerarle como «el poeta por antonomasia [...] y primero de los poetas hebraicos que hizo de su poesía un medio de vida».

2. *Segundo período*

En la primera mitad del siglo XI se inicia la serie de los cuatro primates de la poesía hebraicoespañola con *Š*[e]*muel ibn Nagrella* (993-1056), poeta lírico y también filosófico, aparte de sus relevantes méritos como estadista y otros. A pesar de las absorbentes ocupaciones y graves responsabilidades inherentes a su cargo de visir de dos reyes ziríes de Granada, compuso muchos y variados poemas, religiosos y profanos —se conocen cerca de dos mil—, clasificados en tres libros, de reminiscencia bíblica, a tenor de su contenido: *Ben T*[e]*hil-lîm* (*Nuevo o Pequeño Salterio*), que son oraciones e himnos de alabanza, *Ben Mišlê* (*Nuevo o Pequeño Libro de Proverbios*), enseñanzas y moralidades, y *Ben Qohèlet* (*Nuevo o Pequeño Eclesiastés*), poemas de tendencia filosófica.

Contemporáneo suyo —dos o tres lustros más joven— fue *Š*[e]*lomo ibn*

Gabirol (¿1020?-¿1058?), el mayor poeta hispanojudío en algunos aspectos, como el filosófico y científico, por su profundidad de pensamiento y alta lucubración. En él se dio la conjunción, no muy frecuente, del poeta y el filósofo; pero, además de los poemas en que se aúnan estas dos cualidades en grado eminente, entre los que *principem locum tenet* el famosísimo titulado *Kèter Malkût, Coronal real* de sus sentimientos religiosos, en 400 versículos rimados, que es un poético resumen de la cosmología peripatético-alejandrina, compuso en prosa árabe la obra de índole filosófica titulada *Yanbū' al-Ḥayya* (en hebreo *Meqôr ḥayyîm,* y en latín, única recensión conservada, *Fons vitae*), el *Libro de la corrección de los caracteres* y una *Selección de perlas*, colección de máximas morales de filósofos griegos, árabes y otras de origen bíblico.

Baḥya ibn Paquda vivió en la segunda mitad del siglo XI y es conocido sobre todo por su popularísimo libro de moral práctica e interior, escrito en árabe y traducido al hebreo con el título (*Séfer tôrat*) *Ḥobôt halebābôt*, (*Libro de la ley o norma de los) Deberes de los corazones*, es decir, espirituales; pero compuso también poesías religiosas de idéntica orientación que su libro.

Yehudá ha-Leví (¿1075?-¿1161?), tudelense, es, a juicio de Menéndez y Pelayo, el «príncipe de los poetas hebraicoespañoles» —ciertamente lo es como lírico—, y le incluye, junto con Ibn Gabirol, en el insuperable elogio de que no hubo poetas mayores que ellos dos desde Prudencio (siglo IV) hasta Dante (siglos XIII-XIV)[4]. Cultivó toda clase de poesías, pero donde más descuella es en las sagradas, singularmente las llamadas *Siónidas,* poesías de añoranza de la amada Sión. Es notable sobre todo por la armonía, la gracia, el arrebatado lirismo y perfecta adecuación de fondo y forma.

El cuarto gran poeta hebraicoespañol fue *Mošé ibn 'Ezra,* granadino (¿1055?-¿1135?), autor de poesías al estilo horaciano, en que canta la alegría del vivir despreocupado, obras de su juventud próspera y placentera, y de otras de carácter penitencial, correspondientes a la segunda mitad de su vida, triste y asendereada, que le han merecido el título de poeta *salḥān*, «penitencial», por excelencia. Por su primoroso estilo y facilidad de dicción se le ha llamado «el poeta de los poetas». Como preceptista —también en esto se asemeja a Horacio— escribió dos obras de gran interés, sobre todo la titulada en su versión hebrea del original árabe (aún inédito) *Širat Yiśra'el*, *Poesía hebraica.*

Los tres *Ibn Gayyat* (Iṣḥaq, Yehudá y Šelomó), de esta misma época, ocupan un lugar destacado en la historia de la poesía hebraicoespañola, principalmente en la religiosa.

4. *Historia de las ideas estéticas*, I, p. 351.

Abū 'Amr ibn Saul (m. 1122), cordobés, fue, a juicio de M. ibn 'Ezra, uno de los poetas más distinguidos de España, autor de poesías profanas y también religiosas, éstas no conservadas.

Šelomó ibn Saqbel, que vivió en la primera mitad del siglo XII, fue el primero que imitó el género misceláneo, mezcla de prosa y verso, de las famosas *Maqamas* de Al-Ḥarīrī.

De *Yosef ibn Šéset,* coetáneo del anterior, se conservan algunas poesías profanas de tipo laudatorio, dirigidas a amigos ilustres, y otras sagradas, de sentida inspiración y estilo fluido.

Al menos para constancia de sus nombres, recordemos asimismo a Ibn al-Tabbán, Abū-l-Ḥasan ibn Ele'azar, Abū Ibrahim ibn Mascarán, Abū Sa'id Farag ibn Ḥasdāy y David ben Ele'azar ibn Paquda, pertenecientes a los siglos XII y XIII.

Abraham ibn 'Ezra (*ca.* 1092-1167), nacido en Tudela, fue el mayor polígrafo del judaísmo español después de Maimónides. A sus títulos de gramático, matemático, astrónomo y astrólogo, filósofo y comentarista bíblico en gran escala une el de poeta, autor de numerosas composiciones que nos han llegado, profanas en su mayoría, y otras sagradas. Aun cuando el cultivo de la poesía fuera para él más bien un ejercicio de juventud y actividad meramente eventual en el resto de sus años, a través de sus poemas, dice Millás, «se descubren las superiores dotes poéticas de Ibn 'Ezra: la fuerza, el fervor y la gracia matizan sus composiciones según sus respectivos géneros».

Aun cuando no fuera el numen poético la cualidad más sobresaliente del incomparable *Maimónides,* vale la pena de incluirle en este elenco, como autor de poesías sagradas y profanas, aunque en número reducido, pues se le han atribuido bastantes más.

José Qimḥí, padre de Moisés y de David, los tres ilustres gramáticos y comentaristas bíblicos, también mostró su inspiración poética poniendo en verso hebreo el susodicho florilegio de sentencias y máximas morales de Šelomó ibn Gabirol; y su hijo *Moisés* compuso asimismo algunos poemas religiosos, dos de los cuales figuran en el *maḥzôr,* o libro de rezos, de Trípoli.

El último gran prosista de la gloriosa escuela hebraicoespañola fue *Yehudá al-Ḥarizí* (¿1170?-¿1230?), oriundo de familia andaluza, pero nacido en la región nordeste de la Península, el cual mostró su brillante ingenio como poeta religioso y profano, sobre todo en el epigrama, magnífico estilista de la lengua hebrea, habilísimo traductor, sugestivo y humorístico narrador, fino crítico literario, traductor primeramente y después imitador de las *Maqamas* de Al-Ḥarirí. Se le considera como el último conspicuo representante del período clásico o áureo de la literatura hebraicoespañola.

3. *Tercer período*

Todavía en este período de declive podemos consignar una pléyade de cultivadores de la poesía que, si no son de superior nivel en este campo, tienen, en cambio, el mérito de haberse destacado en otros, lo cual es indicio de fuerte personalidad, sobre todo el primero.

Mošé ben Naḥmán (Naḥmánides o RaMBaN), ya anteriormente mencionado, autor de gran fecundidad, fue también poeta, y entre su producción se destaca un poema litúrgico para el *Ro'š ha-šānā*^{h} (Primero de año), en el que las concepciones místicas especulativas no han ahogado la fuerza del fervor religioso ni han impedido la bella expresión de las ideas.

Šem Ṭôb ibn Falaquera (1225-1290), poeta y filósofo, es autor de composiciones de todas clases, sobre todo sátiras y epigramas de carácter didáctico y también religiosas.

Todros ben Y^{e}*hudá Abū-l-'Afia* (1247-1306), toledano, que figuró en la corte de Alfonso el Sabio, cuenta en su diván titulado *Jardín de alegorías y sentencias* unas 800 poesías de todas clases: amorosas, elegías, epigramas, dedicatorias y también algunas religiosas, fiel reflejo de su accidentada vida.

Cabalista, comentarista y poeta fue *Yosef ibn Chicatella* (1248-1305), natural de Medinaceli, del cual se conservan 17 composiciones religiosas, entre ellas una *qînā*^{h}, elegía a la «Jerusalén bien amada».

El diván de *Ben Mesu-lam de Piera* (¿1340?-¿1420?), el poeta más importante de fines del siglo XIV y principios del siguiente, aunque apenas conocido hasta hace unas décadas, abarca más de 360 poemas e himnos, pero consta la existencia de muchas más (ms. de Berlín); se distingue por su sentimiento, dominio de la técnica y maestría en el empleo de referencias bíblicas.

Su contemporáneo *Profiat Durán*, conocido principalmente por sus obras gramaticales y de controversia, también compuso poesías.

A la primera mitad del siglo XIV pertenece *Š*^{e}*lomó ben R*^{e}*'uben Bonafed*, cuyo diván (ms. en la Bodleian Library y sólo parcialmente publicado) contiene composiciones de amistad, amorosas, elegíacas, satíricas y didácticas, y también algunas religiosas, como un *R*^{e}*šût* o *Responsorio para la fiesta de la Pascua* y cinco *qînôt*.

V. CONCLUSIONES

Del precedente despliegue general de la poesía hebraicoespañola se deduce:

a) Que la poesía fue el género predilecto de los escritores hispanojudíos, que lo cultivaron con entrañable amor, lo cual nos descubre una interesante faceta del alma hebraica, siempre fiel a la Biblia, donde tan magníficamente está representada la más espiritual de las bellas artes.

b) El destacado lugar que ocupa la *poesía sagrada* en ese rico y variado conjunto, en diversidad de formas.

c) La importancia que presenta asimismo la *poesía profana*, que, a pesar de la fuerte influencia arábiga, tiene su propio carácter, originalidad y notas bien destacadas.

d) Las múltiples vinculaciones que la poesía hebraicoespañola presenta con casi todos los demás géneros literarios, en forma de influencias recíprocas, activas y pasivas, que hacen de ella la más legítima y completa representación de toda esta literatura, y sus conexiones con las ciencias, singularmente la astronomía y la cosmología, así como también con la filosofía y la teología, características que no suelen encontrarse en el Parnaso de otras lenguas, al menos con carácter tan general.

e) La importancia tan extraordinaria y valiosa de este magnífico legado, que por su naturaleza misma encierra siempre una espiritualidad que lo eleva sobre cualesquiera otras formas de las actividades humanas por relevantes que sean.

10

FILOSOFÍA

I. LA FILOSOFÍA EN LA BIBLIA

Mucho se ha repetido, incluso por escrituristas de nota, que el antiguo pueblo de Israel, el de los tiempos bíblicos, careció totalmente de filosofía, como también de arte —se entiende de las artes plásticas—, dos afirmaciones o más bien negaciones que ya no pueden admitirse tan lisa y llanamente, sino que han de someterse al telar de la crítica, y mejor diríamos deben decididamente rectificarse[1]. «No existe, propiamente hablando, una filosofía hebraica», escribía H. Lesêtre en el *Dictionnaire de la Bible*[2], haciéndose intérprete de ese sentir general.

Para sostener hoy tal aserto, como igualmente para rebatirlo, habría que empezar por definir claramente qué debe entenderse por filosofía, dando de lado, por supuesto, al mezquino criterio que restringe su concepto al tradicional y exclusivista de la filosofía griega, en la cual, por otra parte, notoria es la variedad de escuelas y sistemas.

En nuestro citado estudio expusimos las razones que abonan nuestro criterio, poniendo de relieve cómo en la literatura bíblica, sobre todo en los libros denominados sapienciales, palpita una verdadera filosofía de subidos quilates, que en definitiva no es otra sino la *Philosophia perennis*. En los primeros capítulos del Génesis se despliega una cosmología, una concepción clara y espiritualizada del mundo. En múltiples pasajes de Proverbios, Eclesiastés y Eclesiástico se dan normas certeras del bien

1. Sobre las dos indicadas cuestiones, pueden consultarse nuestros estudios *La sabiduría biblica, su concepto, naturaleza y excelencias*, discurso inaugural pronunciado en la Universidad de Granada, 1953, y «El arte plástico en el pueblo de Israel», en *Miscelánea de Estudios Árabes y Hebraicos*, XII-XIII (1963-1964), pp. 227-235.
2. Art. «Philosophie», t. V, cols. 312-318).

pensar (lógica), directrices del buen obrar (ética), explicaciones de lo que es el hombre (antropología, psicología), y en todo el sagrado Libro se proclaman los principios constitutivos y razones supremas del ser (metafísica), y altas consideraciones sobre los atributos de Dios, con tal abundancia y claridad, que no solamente constituyen una luminosa teodicea, sino que son la base más firme de toda la teología y fuente inextinguible a donde han ido a beber todos los teólogos judíos y cristianos desde hace veinte siglos.

Si a todo ese caudal de doctrina incomparable, cuya finalidad es inculcar sabiduría, disciplina y discreción, justicia, probidad y rectitud, prudencia a los inexpertos, perspicacia y circunspección al joven y aumento de conocimientos al sabio, como se indica taxativamente en los primeros versículos de Proverbios, se insiste en no llamarlo filosofía, señal es de un criterio demasiado cerrado y mezquino, si ya no se trata simplemente de una logomaquia, simple cuestión de nombres, más bien que de contenido, ya mandada retirar[3].

Todavía diríamos más. Si los filósofos o sus secuaces se obstinan en no conceptuar todas esas lucubraciones como auténtica filosofía, tendríamos que situarlas en la más alta esfera de la Sabiduría, *Sophía*, de la cual aquélla es simple *ancilla.*

II. FILOSOFÍA HISPANOJUDÍA

Comoquiera que sea, y llámese en todo caso como se prefiera, sobre esa filosofía o Sabiduría bíblica construyó el antiguo pueblo de Israel su ideario, y ella sirvió asimismo de sólido cimiento a la filosofía posterior que, bajo la inspirada dirección de doctos y profundos pensadores, fueron elaborando los judíos, señaladamente los de la España medieval.

Prescindiendo, pues, de la filosofía judeo-helenística, representada por Filón y otros pensadores judíos de Alejandría, y soslayando igualmente las doctrinas y referencias filosóficas diseminadas en el maremágnum talmúdico, como también las sólidas aportaciones de *Sa'adyá ha-Gaón* (882-942), «el padre de la filosofía hebrea», centraremos nuestra atención en los cinco siglos (XI-XV) que corren desde Šᵉlomó ibn Gabirol (1020-1058) hasta Iṣḥaq Abravanel (1437-1508), que voluntariamente se unió a sus hermanos en la expulsión de 1492, aunque estaba autorizado por los Reyes Católicos para quedarse en España por sus relevantes servicios, y

3. Recuérdese que san Agustín, como hacen notar los historiadores de la filosofía, no compuso ninguna obra estrictamente filosófica, en el sentido restrictivo señalado, y, sin embargo, nadie le discute el puesto de honor que ocupa en ese campo del saber humano.

cuyos escritos, elaborados en su máxima parte antes de esa fecha, clausuran con digno broche el ciclo semimilenario que nos hemos trazado en el presente estudio.

Sobre la filosofía hispano-musulmana y judeo-española escribieron brillantes páginas Juan Valera, Menéndez y Pelayo y, posteriormente, A. Bonilla San Martín, entre otros. De ella dice el primero:

> Fue filosofía tan española o más española que la de Séneca. Averroes, Maimónides, Avicebrón, Jehudá ben Leví de Toledo y otros muchos nacieron en España, como Séneca, y sus doctrinas filosóficas tienen más de original y castizo que la del estoico gentil y greco-romano. Como Filosofía, han tenido también las obras de los judíos y mahometanos citados mayor influjo en el mundo que las declamaciones morales del maestro de Nerón. [...] La cultura filosófica, científica y poética de los judíos en la Edad Media, en España, tuvo sobre todo un florecimiento tan extraordinario y de tal valor, que merecía que nosotros nos empleásemos en darla a conocer a nuestros compatriotas. En Francia y en Alemania se publican, se comentan, se traducen y se encomian las obras de los judíos españoles. En España poco se habla de ellas. Se diría que cuando los expulsamos los quisimos expulsar para siempre y borrar hasta su memoria de entre nosotros. Para dar a conocer en resumen la filosofía judaica española en la Edad Media, no se necesita, con todo, acudir a las primitivas fuentes. Los trabajos de Munk, Franck, Sachs, Geiger y Cassel pueden bastarnos[4].

Sin mengua de reconocer todo lo que los judíos españoles debieron a los árabes en el florecimiento de las ciencias y las letras, afirma rotundamente Menéndez y Pelayo:

> Un siglo antes que Tofail y mucho antes que comenzase a filosofar nadie entre los árabes españoles, la misma doctrina neoplatónica había encontrado, entre nuestros hebreos, expositores profundos y originales[5].

III. ESQUEMA DE LA FILOSOFÍA Y ELENCO DE LOS FILÓSOFOS HISPANOJUDÍOS

Dentro del ámbito general de la historia de la filosofía y salvas las particulares características de las escuelas y pensadores hispanojudíos, suelen señalarse estas tres direcciones fundamentales: *neoplatónica* (siglos XI-XII), *aristotélica* (siglos XII-XIV) y ecléctica (siglo XV). Pero es de advertir que, dado el típico polifacetismo de los escritores hispanojudíos, ninguno

4. *Disertaciones y juicios literarios*, Madrid, 1878, p. 217.
5. *Ideas estéticas* I, pp. 349-350, afirmación que repite Bonilla (*Historia de la filosofía española,* Madrid, 1911, p. 97).

de éstos fue meramente filósofo, lo cual en nada merma su mérito, más bien lo acrece y avalora, puesto que cada uno de los que cultivaron la filosofía enriqueció y matizó sus lucubraciones con otros fermentos, como la poesía, las ciencias, la teología, la apologética, etc.

Los veinte nombres que hemos seleccionado, y a continuación consignamos, muestran bien a las claras la importancia real que reviste la aportación hebraicoespañola, la cual, además de lo que en sí representa, influyó notablemente en no pocos filósofos posteriores.

Siglos XI-XII

Neoplatónicos: 1. Š^e^lomó ibn Gabirol; 2. Baḥya ibn Paquda; 3. Abraham bar Ḥiyya; 4. Yosef ibn Saddiq; 5. Y^e^hudá ha-Leví; 6. Abraham ibn ‘Ezra.

Siglos XII-XIV

Aristotélicos: 7. Abraham ben David; 8. Maimónides; 9. Ya‘ăqōb Anatoli; 10. Šem-Tob ibn Falaquera; 11. Nissim Gerondí.

Independiente: 12. Ḥasdāy Crescas (m. 1410).

Independiente. Moralista: 13. Naḥmánides.

Independiente. Moralista: 14. Y^e^hudá ibn Tibbón.

Siglo XV

Eclécticos: 15. Yosef Albo; 16. Šem-Tob ben Yosef ibn Šem-Tob I (m. 1440); 17. Yosef ben Šem-Tob ibn Šem-Tob II (m. 1480); 18. Šem-Tob ben Yosef ibn Šem-Tob III (nieto del homónimo; 1461-1489); 19. Iṣhaq ben Moisés Arama (1420-1494); 20. Iṣhaq Abravanel (1437-1508).

La bibliografía sobre el tema se ha ido amplificando notablemente en los últimos años, señal inequívoca de la importancia que encierra y del interés que despierta. Casi un centenar de páginas, con siete secciones, fraccionadas en 43 apartados, dedica la *Enciclopedia Judaica Castellana* al artículo «Filosofía judía», en el que la hispanojudía, inserta dentro de la tercera sección: «Filosofía judía medieval», ocupa algo más de la mitad de todo el artículo.

Como antes hemos insinuado, también en este campo nos encontramos con ciertas particularidades que le confieren especial fisonomía, además del susodicho polifacetismo ideológico, aspectos que sería vano empeño buscar en la filosofía helénica y en otras cualesquiera, salvo, y no totalmente, en la cristiana, por tener ésta su entronque en las mismas raíces bíblicas.

a) Tenemos, pues, en primer lugar, el fuerte *sedimento bíblico*, que tan poderosamente influye en las doctrinas y formulaciones filosóficas de los escritores que nos ocupan, contrapesando y rectificando a veces las teorías de las escuelas que profesaban.

b) Pero no solamente influye el contenido escriturario, o, dicho de otro modo, el mensaje divino, la verdad revelada, sino también las diferentes formas de su exégesis. Así tenemos, aparte de la exégesis literal (*pěšaṭ*), la interpretación simbólica o *alegórica,* de glorioso abolengo filoniano, la mística o *cabalística,* que tan grande auge toma en el siglo XIII con la aparición del *Zohar*, y la misma *racionalista,* que ya apunta claramente en algunos escritores del siglo XII, como Abraham ibn 'Ezra y hasta en Maimónides, pero sobre todo en el siglo XV, con Yosef Albo.

c) La estrecha conjunción con la teología y precisamente en un plano ya que no de paridad, que ningún filósofo admitiría, coincidiendo en esto con los cristianos, mas tampoco situando a la filosofía en el modestísimo plano de simple *ancilla theologiae,* proclamado como un dogma por los escolásticos.

Con estos tres amplios ventanales, que nos descubren extensos y variados panoramas, creemos podrá apreciarse y valorarse mejor la filosofía hispanojudía, cuyos caracteres y méritos queremos resaltar.

Pasemos ahora revista brevemente a cada uno de los escritores cronológica y sistemáticamente encasillados en el anterior esquema.

1. *Siglos XI-XII: neoplatónicos*

1) Š^{e}lomó ibn Gabirol fue altísimo poeta religioso, y también profano, que «sobresalía a un tiempo en el panegírico, en la elegía y en las meditaciones religiosas», en frase de M. ibn 'Ezra. El antes citado J. Valera le prodiga grandes elogios: «es quizá —dice— el más profundo y original de los filósofos judíos». Adolfo Bonilla llega a proclamar: «Sería suficiente que España hubiese producido tan gran pensador, para que su mención fuera indispensable en la historia filosófica de la Edad Media»[6]. En los últimos cien años se ha escrito mucho sobre la vida, pensamientos y escritos de Ibn Gabirol por numerosos eruditos y todos están acordes con que el gran poema *Corona Real (Kèter Malkût)* es una de las obras maestras de la literatura hebraica, el más sublime poema religioso hebreo de la Edad Media. De él se han hecho traducciones a las principales lenguas[7]. En español, aparte de las varias efectuadas en *ladino,* tenemos dos recientes, una de Millás Vallicrosa y otra de R. Cansinos Assens[8], que fue como el canto del cisne de este fecundo y personalísimo escritor de ascendencia y

6. A. Bonilla, *op. cit.,* p. 97.
7. Véase un minucioso recuento en *Ibid.*, pp. 112-114.
8. Publicada en *Miscelánea de Estudios Árabes y Hebraicos*, XI (1962), pp. 57-59.

alma hebrea. Bonilla enjuicia la obra cumbre de Ibn Gabirol en estos términos:

> Es un himno en prosa rimada, donde canta la unidad de Dios y las maravillas de la Creación; pero es además, como advierte Munk, una meditación piadosa y un poético resumen de la cosmología peripatético-alejandrina. Puede considerársele, por consiguiente, como un verdadero poema filosófico. No sólo habla en él de la unidad divina, en la cual se confunden la eternidad, la existencia, la grandeza, el poder y los demás atributos; no sólo describe las penas y las recompensas de la otra vida, la vanidad de las cosas humanas y los extravíos y debilidades del hombre, sino que trata de la *décima esfera*, o esfera del intelecto, consagrada al Eterno, y de la *voluntad,* como intermediario entre la Sabiduría divina y el mundo creado, doctrinas que, como veremos, constan en el *Makor hayyim* (= *M^eqôr ḥayyîm).* La elevación de los pensamientos, la belleza de las imágenes y la elegancia del estilo hacen del *Cheter Malchuth* (= *Kèter Maḵût)* una de las producciones más sublimes de la poesía filosófica. Yehudá ha-Leví tomóle por modelo en su famoso Himno de la Creación[9].

Millás dedica el capítulo V (último) de su citada obra *Šelomó ibn Gabirol como poeta y filósofo* (pp. 152-197) al análisis y traducción de este poema, ya anteriormente publicado por él en *La poesía sagrada hebraicoespañola,* del cual dice:

> La solera bíblica del poeta se reivindica con entrañable fidelidad, y consideramos que en la *Corona Real* —poesía a la que muy pocas pueden igualarse en todas las literaturas— el judaísmo alcanzó sus más preclaras metas espirituales[10].

Del *Meqôr ḥayyîm,* o *Fuente de la vida*[11], que es «sin disputa la producción más importante que de Abengabirol conservamos, aquella por la cual fue conocido de los escolásticos del siglo de oro, y en la que más resalta su genio filosófico», hace Bonilla una exhaustiva exposición en el capítulo V de su *Historia de la filosofía española*; en el siguiente analiza «las doctrinas de la *Fuente de la vida*», y en el VII proyecta «el sistema de Abengabirol en la Historia de la Filosofía» (en total: cien páginas, un quinto del libro).

Lo más curioso de esta obra es que no se advierten en ella los menores vestigios de su origen judaico, ni, en consecuencia, alusión a la Biblia. Millás insiste, asimismo, en que la máxima celebridad como filósofo no la debió Ibn Gabirol a las dos obras menores, el *Libro de la corrección de*

9. *Ibid.*, p. 112.
10. Para más detalles sobre el poema, *vid. supra*, capítulo 9, p. 238.
11. El título procede de la consideración de la *materia* y la *forma* como base de la existencia, es decir, el origen o «fuente de la vida».

los caracteres y la *Selección de perlas*[12], dignas, con todo, de honorífica mención por sus valores morales y educativos, a cuyo estudio analítico dedica el capítulo III (pp. 70-89), sino a la *Fuente de la vida*. También fue para él, como filósofo, fuente de la inmortalidad[13].

Los datos y juicios precedentes, tomados en parte, de intento, de autores no especialistas en literatura o cultura hebraicas, muestran de manera bien cumplida el destacado lugar que Ibn Gabirol ocupa en la historia de la filosofía y los méritos de su valioso legado.

2) Bahya ibn Paquda (¿1040?-¿1110?) es universalmente conocido por su *Ḥôbôt ha-lᵉbābôt*, título de la versión hebrea efectuada por Yᵉhudá ibn Tibbón del original árabe, afortunadamente conservado[14], que suele traducirse, demasiado literalmente, *Libro de los deberes de los corazones*, pero que, a nuestro juicio, debe entenderse «de los deberes morales» o espirituales, de la auténtica vida del alma en relación con Dios, por contraposición a los rituales o meramente externos.

Sobre él existe copiosísima bibliografía, ediciones comentarios, compendios, versiones (al español solamente en ladino[15]) y estudios diversos, a los que remitimos[16]. Para Bonilla «el libro de Baḥya es la obra más española que ha producido la cultura judía»[17]. Se le ha llamado, con algún fundamento, el Tomás de Kempis judío, y, lo mismo que el libro de la *Imitación entre los cristianos*, la obra de Baḥya ha sido el vademécum de muchas generaciones de piadosos judíos durante siglos. También influyó en los escolásticos, y «es muy probable —afirma Bonilla— que las pruebas de la existencia y unidad de Dios dadas en el *Ḥôbôt* fuesen tenidas en cuenta por santo Tomás de Aquino, al tratar de esas cuestiones en sus obras teológicas»[18].

3) *Abraham bar Ḥiyya* (*ca.* 1065-1136), barcelonés, fue un ilustre polígrafo, matemático, astrónomo y astrólogo, y compuso, aparte de otras

12. El autor de la presente obra tiene en avanzada preparación la edición de la traducción —que sería la primera en español—, con introducción y notas, de este libro titulado en su versión hebrea (el original árabe se perdió) *Mibhar ha-pᵉnînîm*.

13. Sobre las vicisitudes de esta obra, cuyo original árabe se perdió, pueden verse, aparte de Munk, descubridor del enigma (Avicebrón = Ibn Gabirol), los dos citados autores y nuestro *Manual* (cap. XVII, pp. 480-481).

14. Publicado por A. S. Yahuda, Leiden, 1912.

15. (*N. del E.* Sin embargo en 1994, con posterioridad al fallecimiento de D. Gonzalo Maeso, la Fundación Universitaria Española publicó una versión al castellano de esta obra a cargo de J. Lomba Fuentes, con el título de *Los deberes de los corazones*).

16. *Vid.* A. Bonilla, *op. cit.*, pp. 223-225, en extensa nota, y una selección en nuestro *Manual*, p. 709.

17. A. Bonilla, *op. cit.*, p. 223.

18. *Ibid.*, p. 223.

obras científicas, varios tratados filosóficos, el más destacado de los cuales se titula *Hegyôn ha-nèfeš* (*Meditación del alma*), libro fundamentalmente de ética, pero que versa asimismo sobre diversas otras cuestiones.

Es autor también de una obra enciclopédica general científico-filosófica, de gran base exegética, que sólo fragmentariamente ha llegado a nosotros: *Fundamentos de la inteligencia y torre de la fe*, publicada (1952) en edición crítica por J. Millás con prólogo y anotaciones.

Las obras de Bar Ḥiyya, decimos en nuestro *Manual*, «obtuvieron gran aceptación entre los sabios de Europa, no solamente judíos, entre los cuales tantos cultivadores tuvieron las ciencias, sino también cristianos» (p. 502).

4) *Yosef ibn Ṣaddîq* (1080-1149), natural de Córdoba, de cuya comunidad fue *dayyán*, contemporáneo de Y^{e}hudá ha-Leví, Mošé y Abraham Ibn 'Ezra, con los cuales intercambió poesías, además de poeta, profano y religioso, muy alabado como tal por Al-Ḥarizí, fue también filósofo notable.

Aparte de un tratado de *Lógica*, escrito en árabe, es conocido por su *'Olam qāṭān*, *Microcosmos*, obra compuesta en árabe, y traducida al hebreo —único texto que nos ha llegado— por Naḥum ha-Ma'arabi, según Bonilla, pero más bien de autor desconocido, según Millás[19], con el título indicado. Sigue fundamentalmente la dirección neoplatónica, pero con notoria influencia aristotélica así como también reminiscencias talmúdicas y de otras obras rabínicas. Consta de cuatro partes, cuyo contenido resume Bonilla en estos términos:

> En la *primera* trata de los principios del conocimiento de Dios, estudiando al modo aristotélico las teorías de la materia y de la forma, de la sustancia y del accidente, y de la composición de las diversas partes del mundo. En la *segunda* habla del hombre, física y psicológicamente considerado, haciendo ver con ingeniosas comparaciones de qué suerte participa aquél de la naturaleza de los reinos mineral, vegetal y animal; señalando la existencia de tres almas, vegetativa, animal y racional, y diciendo, en cuanto a la naturaleza del mal, que éste no es accidente, sino negación del bien. En la *tercera* parte se ocupa de Dios y de sus atributos, afirmando la unidad de aquél y que sólo tiene atributos negativos, y dando algunos argumentos para demostrar la creación. Critica severamente a los motacálimes o escolásticos musulmanes, que sostenían que el mundo fue producido por la Voluntad *creada* de Dios, y afirma que la Voluntad no puede separarse de la esencia divina. En la *cuarta* y última parte trata de los deberes del hombre, de los premios y castigos, y de la resurrección[20].

19. *La poesía sagrada...*, p. 91.
20. A. Bonilla, *op. cit.*, p. 226.

Como puede colegirse de estas líneas generales, en algunos aspectos fue un precursor de Maimónides, lo cual ya es un timbre de honor. El citado autor llama la atención sobre «la importancia que los misteriosos signos del *makrokosmo* y del *mikrokosmo* llegaron a tener en las fórmulas de las llamadas *ciencias ocultas» y aduce* también una referencia del *Fausto* de Goethe.

5) No parece considerar Menéndez y Pelayo a *Y^{e}hudá ha-Leví* (¿1075?-¿1161?), «el príncipe de los poetas hebraicoespañoles», a su juicio, con la categoría de filósofo; sin embargo, diez años antes de que apareciera el tomo I de las *Ideas Estéticas,* ya don Juan Valera, en su disertación *De la Filosofía española* (1873), había puesto de relieve este aspecto del eximio autor de las *Siónidas,* afirmando que el *Cuzarí* contiene «no corta cantidad de elevados pensamientos filosóficos», y aun podría añadirse abundante material de disciplinas que se encuadran en las específicamente filosóficas. Años antes, Amador de los Ríos, en sus *Estudios históricos, políticos y literarios* (1848, pp. 254-256), había resaltado esta faceta de Y^{e}hudá ha-Leví, haciendo notar además que algunos eruditos, comparando las obras de éste «con las del celebérrimo Maimónides», llegaron a afirmar que «las palabras de éste *se acercan más a la verdad que a la falsedad*, y que las de Leví (ben) Saúl *son todas verdad».* También M. Sachs en *Die religiöse Poesie der Juden* (1845, p. 287), como hace notar Valera, reconoce ese mérito al gran poeta «in der Religionsphilosophischen Litteratur bekannt als Verfasser des Buches *Khuzari»* (conocido en la literatura de la filosofía de la religión como autor de la obra *Cuzarí*).

Por eso Bonilla le incluye en su *Historia de la filosofía española,* dedicándole el capítulo X (pp. 229-258), por más que en la conceptuación del mismo afirme que «Y^{e}hudá ha-Leví es sólo *per accidens* un filósofo, y media un abismo entre su temperamento y el de Abingabirol» (p. 254), lo cual es innegable, pero insiste mucho en la múltiple influencia que el *Cuzarí* ejerció. «Como quiera que sea el juicio que se forme sobre el valor de este gran poeta en cuanto a pensador, no puede negarse que la aceptación de su *Cuzary* llegó a competir con la de la *Guía* de Maimónides». Antes declara, asimismo, que «por sus interpretaciones del *Sepher Yezirah,* por sus ideas sobre el *Mikrokosmos,* por su estudio del simbolismo de los nombres divinos y de las excelencias y virtudes de la lengua santa, aparte de otros motivos, Y^{e}hudá influyó indudablemente en el desenvolvimiento de la Kábbala. En las doctrinas de Abraham ben Daud de Toledo[21] sobre la tradición y sobre el libre albedrío, échase de ver también, como ha notado Kaufmann, el influjo de Y^{e}hudá» (p. 256). Después de señalar

21. *Infra,* núm. 7.

diversas otras influencias, añade el que fue docto profesor de Historia de la Filosofía:

> Y no paró ahí la influencia de Y^ehudá. Al terminar el siglo XVIII, el ilustre J. G. Herder confiesa, en su libro *Von Geist der hebräischen Poesie* (1782): «Mi modelo en muchos pasajes del diálogo no ha sido Platón, sino el libro *Cosri...*» (p. 258).

Sobre todo, al enjuiciar los méritos filosóficos que puedan reconocerse a Yehudá ha-Leví y a los fermentos de esta índole que puedan encontrarse en sus obras, tanto en prosa como en verso, no olvidemos la profunda compenetración que tienen en toda la literatura bíblica poesía y sabiduría, que siempre será la más alta filosofía, la *Philosophia perennis,* máxime si va entrelazada con la teología y religión, como es el caso presente. Por eso parece oportuno cerrar este sucinto apunte sobre Yehudá ha-Leví, en el campo de la filosofía, con las siguientes palabras del traductor español del *Cuzarí* (Abendana): «Encierra este excelente libro la teología judaica, y se tratan en él muy admirablemente las principales y muy graves materias de la ley divina con maravilloso ingenio, deleitoso y agradable estilo».

6) Cerramos este primer período con *Abraham ibn 'Ezra,* «uno de los pensadores más extraños que produjo la raza judía en España; su vida ofrece abundante material para una interesante novela [...] Tuvo además la peregrina cualidad de ser una contradicción viviente: atacó a los karaítas y fue, no obstante, partidario suyo; profesó el dogma, y, sin embargo, le interpretó a veces a su arbitrio; fue científico y astrólogo, racionalista y místico»[22]. Es el polígrafo hispanojudío que abarcó más variadas materias.

Entre las numerosas facetas que en él pueden estudiarse, reflejadas en sus obras: poeta, gramático, matemático, astrónomo y astrólogo, comentarista bíblico, filósofo, no es esta última ciertamente la más destacada, pero, con todo, es digna de mención, como lo acreditan las varias obras que sobre temas filosóficos compuso (*Libro del Nombre*, es decir, «de Dios», *Fundamentos de la reverencia*, o sea, del conocimiento de Dios, *Ramillete de Sabiduría y pensil del pensamiento*, *Casa de las costumbres*, de ética, *Libro de lógica*, etc.), y, sobre todo, los destellos filosóficos que ilustran sus escritos. De éstos, verdadera enciclopedia del saber judaico en la Alta Edad Media, se beneficiaron copiosamente no ya sólo los judíos del norte de Europa, sino también los cristianos de todos esos países, pues hasta ellos irradiaron los resplandores de la gran erudición desplegada por A. ibn 'Ezra.

22. A. Bonilla, *op. cit.,* p. 263; vid. *Ibid.* y pp. siguientes copiosa bibliografía.

Karppe, uno de los investigadores de la Cábala, sostiene que éste fue «el pensador judío que más contribuyó a desenvolver el misticismo de los números y de las letras, misticismo que ocupa un lugar importante en la Cábala teórica, y que constituye casi toda la Cábala práctica». Espinosa, en su *Tratado teológico-político* (1670), cita con frecuencia los comentarios al Pentateuco de este gran exegeta, y «Pico de la Mirándola le menciona con singular respeto» (Bonilla).

2. *Siglos XII-XIV: aristotélicos*

7) *Abraham ben David* (1110-1180), toledano, médico de profesión. de cultura enciclopédica, y de cuya vida apenas se sabe y sí sólo de su muerte —pues Šᵉlomó ibn Verga, en su *Šebeṭ Yᵉhudá* (*Vara, o tribu, de Judá*), la más importante crónica hispanojudía, afirma: «fue ahorcado sacrificándose a su Dios, porque el rey de España (Alfonso VIII) quiso someterle a una ley injusta, y como no pudo conseguir de él su propósito, ordenó que le colgasen», si bien Amador de los Ríos dice: «Fue, dentro del siglo XII, víctima del furor popular en Toledo»—, es más conocido por su obra histórica, de la cual nos ocuparemos, pero también es mencionado por su tratado filosófico *La fe excelsa* (1168), escrito en árabe y conservado en dos versiones hebreas con el título *'Emûnāʰ rāmāʰ*.

De este autor, y del precedente, dice Bonilla que «por varios conceptos merecen figurar en la historia de la filosofía hebreo-hispana». Esboza una «escueta síntesis de su doctrina»[23] y destaca el propósito principal de conciliar la Biblia con Aristóteles, y con este criterio estudia la profecía, la inmortalidad del alma, la cuestión del libre arbitrio y otras. Cuantos se han ocupado de Abraham ben David en su aspecto filosófico ponen de relieve el mérito de haber sido el primero, un siglo antes que el filósofo cordobés, en introducir en el judaísmo la corriente aristotélica, aun cuando, como hace constar Graetz, no fuera un genio profundo ni creador.

8) Muchísimo se ha escrito acerca del genial polígrafo cordobés R. Mošé ben Maimón, RaMBaM en sigla, entre los judíos, y constantemente sigue de actualidad, mencionándosele a cada paso. La bibliografía en torno a él y sus obras es abrumadora[24].

No es el menor de sus gloriosos títulos, varios de los cuales serían suficientes, por separado, para otorgarle la inmortalidad, el de *filósofo*.

23. *Ibid.*, pp. 260-262.

24. *Vid.* A. Bonilla, en *op. cit.*, copiosísimas notas, que cubren totalmente o en gran parte las pp. 288-303. Ítem, *Sefarad* I (1941) y Enciclopedias judaicas. En nuestro *Manual de historia de la literatura hebrea* le dedicamos integro el capítulo XXI (pp. 513-527) de la II parte, el más extenso de ésta.

Bonilla San Martín le dedica más de un tercio del tomo II de su *Historia de la Filosofía*, tantas veces citado. Escribimos en nuestro *Manual*:

> Maimónides fue un gran filósofo sin pretensiones de tal, como ocurre con San Agustín [...]: sus obras teológicas y escriturarias están henchidas de contenido filosófico, pero pocas son las que pueden citarse que versen específica y exclusivamente sobre temas de esta índole (p. 515).

La obra cumbre que suele citarse es la más conocida por el título de su versión hebrea, efectuada por Šemuel ibn Tibbón en 1204, *Môrèh nebûkîm* (*El Guía de los perplejos* [o vacilantes: *Doctor perplexorum,* no precisamente *Guide des égarés,* según la versión de Munk])[25]. Copiamos de nuestro *Manual* (p. 516):

> Es una obra considerada generalmente como filosófica; pero en realidad su carácter predominante, lo fundamental de su contenido y su misma finalidad la sitúan dentro de la exégesis escrituraria [...] Su propio autor la conceptuó de *verdadera ciencia bíblica»* [...] A lo largo de sus obras expuso Maimónides un sistema completo de Metafísica, Física y Ética. Su punto de vista principal es que no puede darse conflicto entre la razón y la revelación. Para él, las verdades asequibles al entendimiento deben buscarse ante todo y sobre todo en Aristóteles.

Él fue entre los judíos españoles el más egregio representante del aristotelismo, y «precursor del Doctor Angélico en la obra magna de éste: armonización de la fe y la filosofía cristiana con la aristotélica; empresa semejante con respecto a la religión mosaica llevó a cabo Maimónides un siglo antes» (*Ibid.,* p. 526).

Menéndez y Pelayo, que hace una breve mención de él, limitándose al tema estricto de su *Historia de las ideas estéticas en España* (t. I, pp. 363-365), le llama «el talento más dialéctico y positivo que produjo la raza hebrea, su Aristóteles de los tiempos medios» y el «fundador de la exégesis racionalista, autor de la insigne Suma teológica y filosófica que se conoce con el nombre de *Guía de los que dudan»*. El citado Bonilla empieza el estudio de las obras de Maimónides diciendo: «Tratándose de una personalidad tan saliente y de un escritor tan fecundo como Maimónides, todo cuanto se diga es escaso, y sería necesaria una extensa monografía para exponer cumplidamente sus trabajos y doctrina», advirtiendo que

25. Advertimos que no es correcto *la,* sino *el Guía,* pues masculino es *Môrèḥ,* con el sentido de «maestro, doctor» («Persona que encamina, conduce y enseña a otra» el camino», *Diccionario Academia* 1.ª acepción) y no en modo alguno considerando *Guía,* aplicado al libro, como «Lo que en sentido figurado dirige o encamina» (7.ª acepción), ni siquiera en la acepción 9.ª de «Tratado en que se dan preceptos para encaminar o dirigir». Los títulos de las versiones latinas, *Dux, Director, Doctor,* dan el sentido exacto del hebreo.

se refiere, como es lógico, únicamente al aspecto filosófico. En capítulos sucesivos (XII-XVIII) va estudiando, después de la vida y obras en general, la psicología, ética, física, metafísica y teología, así como a sus comentadores e influencia. «Maimónides fue quizá —dice— el pensador judío más conocido y citado por los escolásticos»[26]. Seguidamente expone con más detalle «las principales relaciones entre la doctrina de santo Tomás de Aquino y la de Maimónides en los apartados *A*) a *P*)[27]. Como conclusión, transcribe el juicio de S. Munk sobre el gran filósofo cordobés: «La obra de Maimónides es la última fase del desenvolvimiento de los estudios filosóficos entre los judíos, considerados como sociedad aparte». Y por su cuenta añade:

> En efecto, después de Maimónides el pensamiento filosófico judaico decae considerablemente. Sigue habiendo comentaristas, intérpretes, glosadores, eruditos, algunos de ellos importantísimos [...]; pero no se encuentran ya pensadores como Abengabirol, poetas-filósofos como Yᵉhudá ha-Leví, polígrafos del talento de Maimónides[28].

A pesar de las un tanto sombrías observaciones consignadas respecto al cultivo de la filosofía entre los judíos después de Maimónides, no sería acertado dar por concluso ese ciclo y silenciar otros numerosos escritores, los doce siguientes que figuran en el esquema, los cuales mantuvieron todavía con honor la especulación filosófica o compusieron estimables tratados que encajan dentro de las diversas ramas de la filosofía. Por otra parte, algunos de ellos fueron coetáneos del genial filósofo, y otros pertenecen a su escuela como seguidores de sus doctrinas, comentaristas de sus obras o traductores de algunas de éstas, o bien defendieron su causa en la acérrima polémica que en torno a sus escritos se desencadenó después de su muerte.

9) *Ya'ăqōb ben Abba Mari Anatoli* (1194-1258), yerno de Šᵉmuel ibn Tibbón, une al mérito de haber seguido la tradición familiar de los famosos traductores, los Tibbónidas, su afición a la filosofía, en la cual le inició su suegro, precisamente en la línea maimonidista; y aparte de algunas versiones del árabe al latín, en la corte de Federico II de Alemania, compuso unos discursos filosóficos sobre el Pentateuco, que reunió en su obra *Malmad ha-talmîdîm* (*Bastón —o aguijón— de los discípulos*), muy popular y muy combatida por los antimaimonidistas.

26. A. Bonilla, *op. cit.*, p. 405.
27. *Ibid.*, pp. 406-410.
28. *Ibid.*, p. 410.

10) Mucha más categoría tiene *Šem-Ṭôb ben Yosef ibn Falaquera,* que vivió en la región nordeste de España y sur de Francia en la segunda mitad del siglo XIII, y es uno de los escritores hispanojudíos más representativos de su tiempo. Además de variadas poesías, compuso interesantes obras filosóficas y morales, de orientación netamente aristotélica y en plan de compilador. La más importante es la titulada *Séfer ha-m^{e}baqqēš* (*Libro del estudioso o escudriñador de la verdad*, 1264), que es a modo de introducción popular al estudio de la filosofía en forma de *maqamas* (heb. *mahbarôt),* de muy variado contenido.

Como ya se dijo, su recensión hebraica del *M^{e}qôr ḥayyîm*, de Ibn Gabirol, sirvió de base a Munk para identificar a éste con el famoso Avicebrón de los escolásticos.

11) *Nissim G^{e}rondí* (antes de 1340-*ca.* 1380) fue talmudista, astrónomo y filósofo distinguido, francamente aristotélico, maestro del siguiente; pero no nos queda ninguna obra específicamente filosófica suya.

3. *Independientes*

Como tales pueden considerarse en la clasificación ideológica a los tres siguientes escritores del esquema:

12) *Ḥasdāy Crescas* (1340-1410), barcelonés, de ilustre familia de rabinos, y considerado como pensador profundo y original, que ejerció influencia en filósofos posteriores, y escribió *'Or 'Adonāy, La luz del Señor*, impresa en Ferrara (1156);

13) *Naḥmánides,* la gran lumbrera del judaísmo español en el siglo XIII, polígrafo y destacado moralista,

y 14) *Y^{e}hudá ibn Tibbón* (1120-1190), «padre de los traductores» y hombre de gran cultura, al que incluimos también en este grupo no solamente por su meritísima labor en el difícil arte de la traducción de obras filosóficas que figuran entre las que eligió, sino por su testamento ético *Mûsār 'ābîkā, La admonición de tu padre* (Prov 1, 8), que le acredita como gran moralista.

4. *Eclécticos*

Los seis últimos nombres del elenco apuntado podrían ser calificados de eclécticos en punto a su orientación filosófica.

15) *Yosef Albo* (*ca.* 1380-¿1444?), natural, quizá, de Daroca (Zaragoza), intervino activamente en la famosa *Disputa de Tortosa* (1413-1414) y después se retiró a Soria, donde compuso su *Séfer 'Iqqārîm* (*Libro de los principios o dogmas*), que, según testimonio unánime de los autores, llegó a ser la obra filosófica más popular escrita por un sabio judío. Consta de cuatro libros, precedidos de una Introducción. Aun cuando no pueda considerársele como filósofo original, muestra destacada personalidad. U. Cassuto sintetiza en estos términos el juicio que generalmente se ha emitido acerca de este personaje:

> Yosef Albo, aragonés, discípulo de Ḥasdāy Crescas, en su obra sobre *'Iqqārîm* (*Principios de la fe*) combina las concepciones filosóficas de su maestro con las de Maimónides y en parte también con las de Durán, sin dejar por eso de imprimir al conjunto un cierto sello personal con el destacado relieve dado a los dogmas religiosos fundamentales.

16), 17), 18) Todavía en pleno siglo XV los tres *Ibn Šem-Tôb,* padre, hijo y nieto, mantienen algún interés hacia los estudios filosóficos, en un ambiente bien poco propicio y como eco lejano de pasadas centurias. El segundo, *Yosef,* compuso *K^{e}bōd 'Elohîm* (*La gloria de Dios*), sobre el sentido de la vida (1446, impreso en Ferrara en 1555).

19) *Iṣḥaq ben Mošé ibn Arama*, nacido en Zamora (*ca.* 1420) y muerto en Nápoles (1494), director de una academia talmúdica en su ciudad natal y después rabino y predicador en Tarragona, compuso bastantes obras, principalmente de carácter homilético, y un tratado sobre la relación de la filosofía con la teología. «En su pensamiento, Arama parte de Maimónides, el *príncipe y cabeza de todos los filósofos de la nación,* pero no le sigue a ciegas e incluso le contradice en ocasiones»[29].

20) *Iṣḥaq Abravanel* (1437-1508), eminente estadista y financiero en varias cortes regias, principalmente en la de los Reyes Católicos, compuso numerosas y muy estimables obras, que se reparten en dos grandes grupos: Biblia y misticismo, y filosofía y teología. La principal entre las segundas es *Ro'š 'emûnā^{h}* (*Pináculo de la fe*), en la cual acepta la mayoría de los postulados de Maimónides. También compuso un comentario al tratado *'Abôt,* de contenido ético. En sus diversos libros hay mucha doctrina filosófica diseminada.

Como síntesis de la alta estima en que los críticos han tenido a este ilustre personaje como escritor, recordaremos que Nicolás Antonio le califica de «ingeniosísimo y docto»; Constantin l'Empereur afirma que ex-

29. *Enciclopedia Judaica Castellana*, cit.

cedió en erudición a todos los escritores de su tiempo, y el autor de la famosa *Nomología,* «el virtuoso *hākām*» 'Immanû'el Aboab, le proclama «sabio e ilustre entre todos».

IV. CONCLUSIÓN

A la errónea y generalizada opinión de que el antiguo pueblo de Israel no tuvo filosofía dan un rotundo mentís los libros sapienciales del Antiguo Testamento. Entre los judíos españoles florecieron insignes pensadores, cuya valía han reconocido críticos de gran solvencia, según las corrientes de su época y las varias escuelas tradicionales griegas, pero salvando siempre, aun los más racionalistas, los dogmas religiosos. Hubo también espíritus independientes. En la galería de filósofos expuesta figuran algunos de celebridad universal.

11

LINGÜÍSTICA Y LEXICOLOGÍA

I. PRECEDENTES

La lingüística, modestamente llamada «gramática» (heb. *Diqdûq*, «Sutileza») en la época que nos interesa, y la lexicología como estudio científico de las raíces verbales (heb. *Šorāšîm*, «Raíces») y, conjuntamente, de las familias de palabras, ambas ramas inseparablemente unidas en la investigación y exposición didáctica entre los judíos españoles, ofrecen un curioso proceso en sus orígenes y desenvolvimiento, contrastando con el habitual en otras lenguas y literaturas, que importa resaltar.

Ya hacía unos quince siglos que el hebreo había dejado de ser el habla usual de los judíos, confinado al área sinagogal y académica, por razones históricas, desde la cautividad de Babilonia. De pronto, en la súbita explosión cultural del hebraísmo hispano, a mediados del siglo x, empiezan a elaborarse escritos en el viejo idioma bíblico, que desdeñaron o no pudieron emplear Filón de Alejandría y Flavio Josefo, por diversas causas.

Cierto que durante ese larguísimo lapso de milenio y medio, que tanto puede representar en la historia de cualquier pueblo, aun cuando el hebreo no fuera la lengua oficial ni vernácula de los judíos, convivió, no obstante, con el arameo durante algunos siglos desde el exilio babilónico y, al retorno, nunca sufrió absoluto eclipse, y aun después de clausurado el canon bíblico (siglo II a.C.) se siguieron componiendo obras en prosa y verso en el ancestral idioma bíblico. Jesús ben Sirá escribe su gran poema sapiencial (el después llamado por los cristianos *Eclesiástico*) en el primer tercio del siglo II a.C. Unos cien años después se redacta el libro I de los Macabeos en hebreo (el II, en cambio, compendio de una obra larga en cinco libros, que se perdieron, fue compuesto en griego).

A fines del siglo II d.C. o principios del III queda ultimado el mayor monumento literario, lentamente elaborado por seis generaciones de doctores de esos siglos, los «padres» del judaísmo postbíblico, que fija y da nombre al hebreo de la primera época de esa nueva era, la *Mišná*, «Ley oral», hebreo mišnaico, que será la base y armazón del así bilingüe Talmud, cuya parte específica, la *Guemará*, comentario de la *Mišná*, está en arameo.

De análoga estructura a la de la *Mišná*, y en la misma lengua, que bien se puede denominar *meso-hebreo*, considerándolo, como realmente es, intermedio entre el antiguo bíblico o clásico y el moderno, auténtico neohebreo, es otra obra, titulada *Toseftá*, de similar contenido al de aquélla, y en cierto modo su complemento, que fue compuesta entre los siglos III y V.

Vienen después (siglos VII-VIII, período extensible quizá a los siglos IV-X) los inmensos trabajos filológicos de los *masoretas*, que fijan el texto hebreo-bíblico, poniendo así un «valladar» a la Torá y demás libros del Canon, y como consecuencia, sin proponérselo directamente, fijan asimismo la lengua, que será hasta el día de hoy, el «hebreo masorético».

La propagación del islam por los países del Próximo Oriente, en la primera mitad del siglo VII, cambió la faz cultural de esos pueblos, y el árabe se impone como lengua en todos ellos, como ocurrirá en los demás países conquistados del norte de África y la península Ibérica. Las comunidades judías radicadas en Palestina y Mesopotamia sustituyen la lengua aramea por la arábiga, y en ella escribirán sus obras los rabinos. Tal, por ejemplo, la figura más destacada de la época y primer exponente de la cultura judeo-árabe, el eminente polígrafo Sa'adyá ha-Gaón (882-942), el cual compone casi todas sus obras en árabe, sin exceptuar las mismas que versan sobre la lengua hebrea. Se le considera como el creador de la lingüística hebrea, por sus *Libros sobre la lengua* (*sc.* hebraica), primera gramática de este idioma, aunque no completa, y *El colector*, primer diccionario poético del mismo, y sus *Hapax legómena* bíblicos.

Al irse extinguiendo las lumbreras de las academias judeo-orientales, que mantuvieron heroicamente y con honor la antorcha de la cultura hebraica antigua y la acrecentaron durante el primer milenio de nuestra era, se encendieron nuevas luces en el norte de África y sobre todo en el Extremo Occidente, la España arábigo-musulmana, por la favorable circunstancia de existir aquí numerosos contingentes judíos, ser también el árabe la lengua oficial, poseer los musulmanes en aquella sazón una superior cultura y tener a lo largo del África septentrional una vía lingüística y cultural que facilitaba grandemente el intercambio y trasplante de la ciencia de Oriente al Occidente.

Éstas y otras circunstancias que se dieron en la península Ibérica bajo el Califato fueron las causas que hicieron posible y fácil esa eclosión literaria y científica, que empezó precisamente por la lingüística y la lexicología en amistoso consorcio. Visto, pues, a través de ese proceso milenario lo que podría parecer una especie de «milagro literario», aun siendo maravilloso y en cierto modo providencial ese florecimiento, tiene sus obvios precedentes y causas determinantes.

Las dos palancas decisivas de ese repentino resurgimiento de las letras hebraicoespañolas en la España musulmana fueron, sin duda alguna, el beneficioso contacto con la cultura arábigo-hispana y el poderoso mecenazgo de Ḥasdāy ibn Šaprūṭ, ministro de ʻAbd al-Raḥmān III y de su hijo y sucesor Al-Ḥakam II, durante más de treinta años, los más prósperos del Califato cordobés. Durante esos decenios se pusieron los firmes cimientos de la espléndida cultura hebraicoespañola, que florecería durante más de quinientos años, primeramente en la España musulmana y después en los reinos cristianos de la Península.

II. FLORECIMIENTO DE LOS ESTUDIOS GRAMATICALES Y LEXICOLÓGICOS

Los estudios sobre la lengua, en sus dos aspectos, gramatical y léxico, fueron las primeras manifestaciones de dicho florecimiento, junto con la poesía, florón que siempre ha acompañado, indefectiblemente, a Israel desde los albores mismos de su cultura. Ambas manifestaciones, con marcada orientación hacia la exégesis escrituraria y la inmarcesible poesía de la Biblia, aparecen simultáneamente en la persona de los dos pioneros de las letras hispanojudías, Mᵉnaḥem ben Saruq, natural de Tortosa, y Dunáš ben Labraṭ, nacido en Bagdad, donde fue discípulo del citado Saʻadyá ha-Gaón, y residente después en Fez, ambos establecidos en Córdoba, a donde se sintieron atraídos por el brillo y cultura que destellaba la capital del Califato. Tras ellos surgió en seguida una pléyade de gramáticos y poetas, y al cabo de medio siglo apenas, figuras de proyección gigantesca en uno y otro campo.

Desde Mᵉnaḥem ben Saruq hasta Alfonso de Zamora, adalides primero y último de los estudios gramaticales de la escuela hispanojudía, a lo largo de seis siglos de florecimiento de las letras y las ciencias, no dejaron de cultivarse aquéllos con acrecentado interés. El viejo idioma bíblico se fue puliendo y ductilizando progresivamente y enriqueciéndose su léxico de manera que pudo competir con el árabe, tanto en la prosa como en el verso. Lingüística y poesía se beneficiaron mutuamente de esta paralela actividad, tan destacada en el período del renacimiento hebraico de la España musulmana.

En realidad los estudios del lenguaje fueron la base principal del resurgimiento de las letras hebraicoespañolas. La gramática era la disciplina fundamental en la educación literaria. «La gramática es para el lenguaje —dice Mošé ibn ‘Ezra— como la sal para la comida: ni ha de sobrar ni faltar». Por su parte los poetas, primeros beneficiarios de la ciencia del lenguaje, estimularon ésta y contribuyeron a su desarrollo. Más aún, los primeros gramáticos fueron también poetas, pero los poetas subsiguientes fueron también gramáticos. Š^{e}lomó ibn Gabirol, perteneciente ya a la época áurea de la literatura hebraicoespañola, poeta excelso y gran filósofo, inicia su producción literaria, a los diecinueve años, con una obrita gramatical, en verso, de la cual seguidamente hablaremos; Y^{e}hudá ha-Leví se ocupa de diversos aspectos de la lengua hebrea, en el *Cuzarí*; Mošé ibn ‘Ezra, en su *Poética hebrea*, aparte de tratar diversos puntos estrechamente relacionados con la teoría del lenguaje y el idioma hebreo, insiste mucho en la necesidad de aprender bien la gramática. «No ha de desmayar el estudiante ante la gramática, porque la gramática hebrea es una gramática definida, fija, no hay repetición en ella, ni regla a la que se pueda renunciar», dice a este propósito el profesor Díez Macho, comentando el pasaje del preceptista granadino.

La labor de adaptación, pulimento y perfeccionamiento de la lengua hebrea en la Edad Media, iniciada por gramáticos y lexicólogos, fue en realidad una obra mancomunada de escritores de todas clases. Los poetas bruñeron el idioma y enriquecieron su léxico y fraseología; los exegetas escriturarios aquilataron al máximo la semántica de los vocablos de la lengua santa, con el fin de penetrar hasta lo más profundo del sentido del texto sagrado; los filósofos proyectaron sobre esos estudios la luminosidad de los grandes principios y las ideas claves, iniciando ya en algún grado lo que siglos después se llamaría «filosofía del lenguaje»; los científicos de las diversas ramas amplificaron la terminología, que constituye el armazón de toda ciencia; los cabalistas, con sus ingeniosas especulaciones, empezando por los primeros elementos del idioma, las letras, extrajeron nuevas e insospechadas significaciones del tesoro lingüístico, iluminándolo con fantásticos y extraños panoramas; los *halakistas* o jurisconsultos, en fin, acrecentaron también las posibilidades léxicas del viejo idioma al descender en sus disquisiciones y casuismo interminable a todas las circunstancias y momentos de la vida medieval, regulada siempre por minuciosas prescripciones legales y tan distinta en sus manifestaciones de la que caracterizó los tiempos bíblicos.

También la falange de traductores de obras judeo-árabes, en una fase algo posterior a los primeros albores, hubo de aguzar el ingenio y el sentido filológico para trasvasar al remozado hebreo medieval, con todos los matices y valores del texto original, los términos y fraseología de los múltiples escritos, gramaticales, exegéticos, filosóficos, jurídicos y científicos, compuestos originariamente en moldes árabes.

Todo este vasto complejo demuestra la importancia capital que la lingüística hebraicoespañola representa en la historia de la lengua hebrea, y la extraordinaria influencia ejercida en los siglos posteriores e incluso en el reciente renacimiento de esta lengua como vernácula en el Estado de Israel.

III. ELENCO DE LOS PRINCIPALES GRAMÁTICOS HISPANOJUDÍOS

Por razones casi meramente de coetaneidad, podríamos escalonar los quince gramáticos seleccionados por el orden siguiente:

Siglo X: 1. Mᵉnaḥem ben Saruq; 2. Dunáš ben Labraṭ; 3. Hayyuŷ.
Siglos XI-XII: 4. Yoná ibn Ŷanáḥ; 5. Šᵉmuel ibn Nagrella; 6. Šᵉlomó ibn Gabirol; 7. Mošé ibn ʻEzra; 8. Abraham ibn ʻEzra.
Siglos XII-XIII: 9. José Qimḥí; 10. Moisés Químḥí; 11. David Qimḥí.
Siglos XIV-XV: 12. Yosef ibn Chicatella; 13. Profiat Durán.
Siglos XV-XVI: 14. Abraham Zacut; 15. Alfonso de Zamora.

1) *Mᵉnaḥem ben Saruq* (910-970), natural de Tortosa, actuó como secretario de Ḥasdāy ibn Šaprūṭ, y es el autor más antiguo de nombre conocido de la literatura hispanojudía, gramático y poeta, «el primer estilista hebreo» (Graetz) en el orden cronológico. Compuso sus obras en hebreo, al contrario de lo que hizo Saʻadyá ha-Gaón y, posteriormente, la generalidad de los gramáticos residentes en la España musulmana. Su *Maḥbèret* (*Composición* o reunión de palabras) es la primera obra lexicográfica hebrea completa, que comprende todo el campo del lenguaje bíblico, y va precedida de una larga introducción gramatical, con lo cual abarca las dos ramas fundamentales de los estudios lingüísticos.

2) *Dunáš ben Labraṭ* (¿920?-980), poeta y gramático, nacido en Bagdad, se trasladó a Córdoba, y, envidioso tal vez del puesto que ocupaba Mᵉnahem, hizo todo lo posible por desprestigiar a éste y logró indisponerle con Ḥasdāy, el cual incluso le hizo encarcelar. Atacó la obra gramatical del autor de *Maḥbèret*, con notoria injusticia, en unas *Tᵉšûbôt* (*Respuestas*), a las que replicó el gramático tortosino, o sus discípulos, con otras *Respuestas*. Hay que reconocer, con todo, que las *Tᵉšûbôt* de Dunáš no son simple crítica negativa, puesto que después de corregir hasta 160 errores verdaderos o supuestos del *Maḥbèret*, en la explicación de palabras y sus derivaciones llevó a cabo una importante contribución a la teoría gramatical y su terminología.

Aun siendo de positivo valor los escritos gramaticales de estos dos iniciadores de las letras hebraicas en España, quizá reviste todavía mayor interés la *polémica* que suscitaron entre los partidarios de uno y otro en torno a esos estudios, nuevos a la sazón entre los judíos españoles, prueba de que el campo estaba preparado para las investigaciones acerca del lenguaje y existía verdadera ansia de saber. El nunca extinguido amor a su lengua ancestral y el beneficioso contacto con la cultura árabe expoleó el entusiasmo hasta apasionar los ánimos. El ambiente intelectual se iba elevando, y aun cuando, en frase de Mošé ibn 'Ezra, no se destacaran en aquella primera fase personalidades de primera categoría, no hay duda que se iban formando núcleos de sólida consistencia, los cuales pusieron los cimientos del próximo auge, que no tardaron en producir sazonados frutos.

En definitiva, la polémica sirvió para avivar el entusiasmo y la actividad en pro de unos estudios que abrirían la puerta a las investigaciones exegéticas para una más perfecta elucidación literal, base de todas las demás, facilitarían el noble ejercicio de la poesía, tanto en su forma tradicional bíblica como en la flamante adaptación de la métrica y la temática árabe, y ofrecerían insospechadas perspectivas respecto al conocimiento científico de la lengua hebrea. La importancia de este movimiento se revela principalmente por el hecho de que al cabo de medio siglo escaso ya empiezan a manifestarse escritores de alto rango.

3) Nuevo y poderoso estímulo recibieron estos estudios de parte de un personaje ilustre que, procedente de Fez, lo mismo que el jurisconsulto Al-Fasi, se estableció en Córdoba por aquellos años, *Abū Zakkarîyá Yᵉhudá ibn Daud*, llamado *Hayyuŷ* (¿940?-¿1010?), «primero que compuso un libro completo de gramática general hebrea» —dice de él Mošé ibn 'Ezra—. En realidad, no es que compusiera un tratado gramatical acabado, sino que en sus tres libros: sobre los *verbos débiles*, los *verbos geminados* y el libro de la *puntuación* (ár. *Al-tanqīt*, heb. *Séfer ha-niqqûd*), abarca todo lo fundamental de la gramática hebrea. Se le considera como el descubridor del *triliteralismo* de las raíces hebreas y ha sido proclamado por los gramáticos posteriores, que tanto le deben, como el verdadero *fundador de la ciencia gramatical hebrea*, ya que anteriormente tales estudios se habían limitado a la fonética. «Las reglas gramaticales —escribe Mošé ibn 'Ezra— fueron explicadas con ejemplos claros y precisos por Abu Zakkarîyá».

Ejerció con éxito y gran autoridad el magisterio en la capital del Califato, donde tuvo notables y numerosos discípulos, entre ellos Šᵉmuel ibn Nagrella.

Dentro ya de la época áurea, tenemos cuatro grandes escritores, de los cuales dos son gramáticos de gran talla, Yoná ibn Ŷanaḥ y Abraham ibn 'Ezra, y otros dos, egregios poetas, fueron asimismo gramaticos *per accidens*, Ibn Nagrella e Ibn Gabirol.

4) *Yoná ibn Ŷanaḥ* (¿985?-1050), llamado en árabe *Abū-'l-Walīd Marwān*, natural de Córdoba y estudiante en Lucena, discípulo tal vez del referido Hayyuŷ, se refugió en Zaragoza (1012), corte de los Tuŷībīes, grandes protectores de la cultura, huyendo de las luchas intestinas que ensombrecieron los tres últimos decenios del Califato. Allí vivió ejerciendo la medicina y dedicado con toda el alma a sus estudios lingüísticos.

Su aportación a la ciencia gramatical y lexicológica es verdaderamente colosal, como se deduce del siguiente juicio de Munk: «Hay pocas cuestiones relativas a la gramática hebrea que no hayan sido abordadas y profundizadas por Ibn Ŷanaḥ. Algunas materias han sido tratadas en el *Kitāb al-luma'* (*vid. infra*) de un modo más completo que en las mejores obras modernas, al extremo de que hay en este vasto repertorio materiales con que enriquecer los trabajos de un Gesenius y un Ewald», que fueron muy notables hebraístas del pasado siglo.

Sus escritos se dividen en dos categorías: cinco opúsculos, obras menores, que precedieron y prepararon su obra magna, y el *Kitāb al-tanqih* (*Libro de la crítica*) (heb. *Séfer ha-diqdûq*, *Libro de la investigación minuciosa* o *Libro de gramática*).

Consta este último de dos partes fundamentales: *Kitāb al-luma'* (*Libro de los pensiles*) (heb. *Séfer ha-riqmā^h^*, *Libro del recamado*), que es una gramática razonada y completa de la lengua hebrea, y *Kitāb al-ūsūl* (*Libro de las raíces*) (heb. *Séfer ha-šorāšîm*), diccionario hebreo etimológico, con multitud de textos de la Escritura, con lo cual resulta también, indirectamente, un manual de exégesis bíblica. Las dos partes fueron vertidas al hebreo por Y^e^hudá ibn Tibbón, «padre de los traductores»; pero hay que advertir se conocen cuatro traducciones hebreas, de distintos autores, prueba inequívoca de la reconocida importancia de esta obra y del interés suscitado[1].

Como síntesis del juicio que Yoná ibn Ŷanaḥ ha merecido de la posteridad, copiamos de nuestro *Manual*:

> Se le ha llamado con justicia «el más grande de los hebraístas medievales», «príncipe de los gramáticos», «primer gramático», por el genio y por la erudición que desplegó en la elucidación de la ciencia gramatical y lexicológica. Es un auténtico lingüista en el sentido actual del vocablo, que aplica al estudio de la lengua hebrea casi todas las leyes de la moderna ciencia lingüística [...] Con justa razón, por tanto, si comparte con Hayyuŷ los honores de padre y fundador de la ciencia gramatical hebrea, ostenta sin rival el título de creador de la Sintaxis, la Estilística y la Lexicografía hebraicas (p. 467).

1. Existe también versión francesa de la I parte (Gramática), por Metzger, con el título *Le livre des parterres fleuris...* (Paris, 1889).

5) El famoso visir de los dos reyes de la taifa granadina, Habbus y Badis, que fue asimismo uno de los cuatro principales poetas hispanojudíos y el primero de ellos cronológicamente, *Š^emuel ibn Nagrella* (993-1056), tiene también un puesto entre los gramáticos, no ya sólo por los méritos estilísticos de sus poemas, sino por su contribución a la ciencia gramatical y la parte personal que tomó en una polémica con Yoná ibn Ŷanaḥ, que incluso superó en acritud a la antes mencionada de M^enaḥem y Dunáš.

Al aparecer el primero y principal de los cinco referidos opúsculos, el titulado *Kitāb al-mustalhīq* (*Libro complementario*), en el que su autor trataba de completar las doctrinas gramaticales del gran maestro Hayyuŷ, Ibn Nagrella, a fuer de antiguo discípulo de éste, salió a la palestra en defensa del mismo y escribió varios opúsculos en contra de Ibn Ŷanaḥ, el cual contestó a las objeciones formuladas.

Pero, además, el visir poeta compuso un tratado gramatical en árabe, hoy perdido, con el título *Kitāb al-istagna'a* (heb. *Séfer ha-'osĕr*, *Libro de la riqueza*), del cual solamente se han conservado algunas citas.

Alguna relación con la lexicología hebrea tiene, asimismo, otra obra de Ibn Nagrella, titulada *M^ebo' ha-Talmud (Introducción al Talmud)*, declaración concisa y clara de sus expresiones técnicas. Se imprime a veces en las ediciones del Talmud.

Este gran poeta y gran mecenas de los escritores hebreos, y también de los arábigo-musulmanes, no solamente ayudó a muchos de ellos económicamente y con palabras de aliento, sino que también les prodigó a veces acertados consejos literarios, lo cual implicaría a buen seguro la discusión acerca de diversos temas o cuestiones del lenguaje, ejerciendo de este modo, ocasionalmente, un verdadero magisterio. Reunió una espléndida biblioteca, que heredó, a su muerte, su hijo y sucesor en el visirato Yosef, el cual la acrecentó; pero, tras el trágico desenlace de éste, los volúmenes se dispersaron por todas partes, aunque es de suponer no se perdieran totalmente para la cultura hebraica.

6) Anteriormente nos hemos ocupado con la atención que se merece de *Š^elomó ibn Gabirol* (1029-¿1058?), el sublime poeta y filósofo, cuyo interés por los estudios gramaticales hicimos constar, no solamente como estudioso, con vistas al mejor conocimiento de la lengua en que tan maravillosos poemas había de componer, sino también como tratadista gramatical. Precisamente en la precocidad de sus veinte años aún no cumplidos empezó a dar muestras o a confirmar con excelentes augurios simultáneamente su amor a la poesía y a la lengua santa, componiendo una gramática hebrea, verdadero poema didáctico, en 400 versos acrósticos, para facilitar su estudio y retentiva, demostrando de este modo sus dotes pedagógi-

cas de verdadero maestro a la edad en que la mayoría son solamente discípulos. El título, *'Anaq* (*Collar de piedras preciosas*), ya pone un tinte poético y sugestivo, que recalca la forma versificada, a una materia de por sí árida y poco propicia para la efusión sentimental o el floreo poético.

En el prólogo, a fuer de amante apasionado de la literatura y la lengua bíblica, se lamenta del abandono en que sus correligionarios tenían a la sazón, no solamente los Libros sagrados hasta el extremo —dice— de no conocer la *Torá* ni los *N^{e}bî'îm*, sino también la lengua santa, siendo hasta incapaces de leer una simple carta, hablando unos «la lengua de Edom» (cristianos) y otros la de los hijos de Qédar (árabes), que eran los idiomas oficiales y vernáculos en ambas Españas, y como tales las hablas maternas de los judíos radicados en una u otra zona de la Península. Quizá exageraba la nota, o se refería más bien a la masa popular.

Solamente ha llegado hasta nosotros una cuarta parte de esta obra en el *Maḥbèret ha-'arûk* (*Compilación magna*), de Š^{e}lomó Parhón (siglo XII), pero consta fue muy apreciada por los gramáticos hebreos posteriores y muy celebrada por el polígrafo y eminente gramático que después estudiaremos, Abraham ibn 'Ezra.

Pudiera parecer contradictorio, tras las afirmaciones consignadas atinentes a la lengua santa, el hecho de que nuestro poeta filósofo escribiera sus obras prosísticas, y seguramente también no pocas poesías profanas, en la lengua de los «hijos de Qédar». Pero, como advierte A. Bonilla, a este propósito: «Rogaba a Dios en sus poesías para que salvase a su pueblo de la tiranía del asno salvaje (los descendientes de Ismael, cf. Gén 16, 12) y veíase obligado a escribir en árabe para que le entendiesen»[2]. Era éste uno de tantos aspectos del drama espiritual de aquella alma tan sensible.

7) *Mošé ibn 'Ezra* (1055-1135), nacido en Granada y errante en su edad madura por los reinos cristianos, gran poeta y preceptista, figura por derecho propio en el elenco de los gramáticos, aun cuando no compusiera ningún tratado gramatical propiamente dicho. No ya sólo por su exquisito esmero en la composición de sus poemas, por su profundo conocimiento de la estilística, retórica y poética árabe, cuyas galas trasvasó abundantemente a la lengua hebraica, sobre todo en sus poesías profanas, y el extraordinario dominio del léxico hebreo que revela en su *Séfer ha-'anaq*, de 1.210 versos en rimas homófonas, sino principalmente por las interesantes referencias lingüísticas contenidas en su obra de preceptiva e historia literaria, *Libro de la discusión y el coloquio* —así creemos debe tradu-

2. A. Bonilla, *Historia de la filosofía española,* Madrid, 1911, p. 214.

cirse su título—, comúnmente llamado, a tenor del de la versión hebrea de B. Halper[3], *Šîrat Yiśrael* (*Poesía hebrea*), o simplemente libro de *Poética*.

También, al igual que Ibn Gabirol, comienza deplorando en esta obra el descuido y abandono de la lengua ancestral, por parte de los judíos, ya desde los tiempos del exilio babilónico, al regreso del cual hablaban «siríaco y arameo», lo cual, lo mismo que a sus imitadores de los siglos siguientes, que se asimilaron la lengua ajena con olvido de la propia, les hace «acreedores a la reprensión, por haberse descuidado en guardar la lengua hebrea y no haber puesto interés en ejercitarla». Pero, aun cuando esa vituperable conducta se rectificó en el resurgimiento de las letras hebraicoespañolas, el mal estaba hecho durante esos siglos en que «el hebreo se había olvidado y corrompido, y su empleo se había interrumpido del todo, o casi del todo». Así, una de las consecuencias, según nuestro preceptista, fue la escasez del léxico, limitado al de los libros del canon bíblico, acrecentado en alguna medida con el vocabulario de la Mišná.

En su libro se ocupa de los primeros gramáticos, que aparecen en el siglo X, y de los literatos y poetas de las siguientes generaciones, información de un interés capital, sin la cual muchos de ellos apenas nos serían conocidos.

En cuanto a la labor de primera hora, después de la conquista de Al-Andalus por los musulmanes, reconoce paladinamente, después de hablar de la ilustración de éstos, desde los Omeyas, que «los israelitas que había en Al-Andalus, después de cierto tiempo, poco a poco, comprendieron los gustos de los árabes, y, gracias al esfuerzo desarrollado, entendieron su lengua, descollaron en ella, reflexionaron en la sutileza de sus dichos, se familiarizaron con el verdadero sentido de sus flexiones gramaticales y adquirieron perfecta inteligencia de sus diferentes especies de poesías».

Esta influencia árabe en la cultura judaica se manifestó en los diversos países, Palestina, Babilonia, norte de África y, sobre todo, en la península Ibérica, donde se afincaron los árabes y existían ya de antiguo comunidades judías. «Por ese camino —añade Ibn ʻEzra— Dios les reveló los misterios de la lengua hebrea y de su gramática, de las letras quiescentes, de la transformación, moción, reposo, permutación, absorción y otros fenómenos gramaticales, que captaron prontamente, comprendiendo de este modo lo que por tanto tiempo habían ignorado».

Todos estos datos y pormenores, cuyo excepcional interés no es preciso ponderar, tendríamos que haberlos adivinado o supuesto, como explicación razonable del renacimiento literario hispanojudío, a no haberlo consignado de manera tan explícita el preceptista granadino.

3. Leipzig, 1924.

8) *Abraham ibn 'Ezra* (1092-1167), del que no consta tuviera cercano parentesco con Mošé, nació en Tudela, residió en Córdoba y Lucena, y como turista cultural infatigable recorrió diversos países de Europa y Oriente. No pocos de sus comentarios bíblicos y traducciones del árabe al hebreo los realizó para las comunidades judaicas de Italia, Francia e Inglaterra. Entre sus muchos títulos como hombre de letras, no es el menor el de *Gramático*.

Varias son las obras que sobre esta materia compuso, entre las cuales merecen destacarse la titulada *Zakût ha-lāšôn* (*Pureza de la lengua*, [1]1546), que, además de la doctrina gramatical, contiene varios capítulos sobre prosodia y teoría de la métrica, y la todavía inédita *Y*[e]*sōdê Dîqdûq* o *Séfer ha-Y*[e]*sôd* (*Fundamentos de gramática*), que es un tratado gramatical completo.

El juicio sobre Abraham ibn 'Ezra como gramático, tomado de Waxman, lo sintetizamos en nuestro *Manual* en estos términos:

> La contribución de Ibn 'Ezra a la Filología hebraica estriba más bien que en la originalidad de sus teorías en el hecho de que las primeras obras gramaticales sistematizadas, escritas en hebreo, fueron las suyas, y en ellas abarcó el fruto de los trabajos llevados a cabo por los grandes gramáticos y lexicógrafos españoles. Así hizo accesible este cúmulo de conocimientos a los judíos de Europa occidental, que no entendían el árabe. Sin embargo, Ibn 'Ezra no fue un mero compilador, puesto que en todo cuanto escribió estampó el sello de su personalidad (pp. 504-505).

Además tuvo discípulos en el cultivo de esta rama. También se encuentran en sus obras importantes noticias y críticas de autores anteriores,

9), 10), 11) Una tríada interesante de gramáticos, pertenecientes a la escuela española, es la constituida por *José Qimḥí* (1105-1170), que nacido en el Mediodía de España, huyendo de la persecución almohade por los años de 1150, refugiose en Narbona, donde se dedicó, como un *modus vivendi*, a la enseñanza de la lengua hebrea, y sus dos hijos, *Moisés* (¿?-1190), nacido en España o quizá en Narbona, y *David* (1160-1235), natural y residente casi toda su vida de esta ciudad.

Los tres eruditos, con ejemplar espíritu de continuidad y superación, siguiendo los hijos las huellas del padre, compusieron obras gramaticales, recogiendo y perfeccionando la ingente labor de sus predecesores hispanos. Pero, además, continuando, asimismo, idéntica orientación, fueron exegetas y elaboraron doctos comentarios a numerosos libros de la sagrada Escritura, especialmente los sapienciales, a base, sobre todo, del sentido literal.

La primera obra gramatical de *José Qimḥí*, el padre, fundador de la escuela, es *Séfer ha-zikkārôn* (*Libro del recuerdo*), concebida como texto para la enseñanza y plenamente lograda. Obtuvo gran aceptación en las academias, entre judíos y cristianos (por ejemplo, Sebastián Munster, siglo XVI, el cual lo tradujo al latín y lo utilizó en su enseñanza de la lengua hebrea), la obra de Moisés titulada *Mahălak šebîlê ha-dá'at* (*Marcha de las sendas del conocimiento*). Finalmente, la obra principal de David Qimḥí, el más destacado de la familia, fue el *Miklol* (*Compendio o perfección*), dividido en dos partes a imitación de la obra similar de Yoná ibn Ŷanaḥ (Gramática y Diccionario).

La obra gramatical y lexicológica de David Qimḥí marca el apogeo de la filología hebraica, al menos por lo que a la Edad Media se refiere; sus sucesores no hicieron más que recoger los frutos ya maduros.

12) y 13) A modo de apéndice de la reseña precedente, cumple añadir otros dos nombres, pertenecientes todavía a la época anterior a la expulsión: *Yosef ibn Chicatella* (1248-1305) y *Profiat Durán* (¿1350?-1415). El primero, medinacelense, poeta, cabalista y comentador bíblico, por su obra *Séfer ha-niqqûd* (*Libro de la puntuación*, *sc.* vocálica), en el cual se atribuye gran importancia a las letras, singularmente a las del inefable *Tetragrammaton*, y se exponen interpretaciones místicas de las vocales y acentos; el segundo, mucho más importante, es autor de la obra gramatical primera y principal del siglo XV (1403), la titulada *Ma' ăśèh 'Efod* (*Obra de Efod*)[4], la cual consta de una Introducción y 33 capítulos. En su obra gramatical demostró Profiat Durán el mismo espíritu filosófico que en sus restantes escritos.

14) y 15) Un tanto al margen del anterior elenco, por razón de la lejanía y diferencia de ambiente y hasta de circunstancias personales, aparecen dos epígonos de la cultura hebraicoespañola, ya dentro del siglo XVI, aunque nacidos en el anterior: *Abraham Zacut* (1452-1522) y *Alfonso de Zamora* (1474-1544), ambos de muy destacada personalidad en diferentes campos de las letras.

El primero, natural de Salamanca, matemático, astrónomo, quizá también médico, y profesor en la Universidad de su ciudad natal —extremo no del todo probado— y en la de Zaragoza, fue autor de un *Suplemento al léxico* (el *'Arûk*, «el ordenado») de Natán Yehiel (m. 1106). Se le han atribuido algunas otras obras, que Steinschneider rechaza como inauténticas.

El converso *Alfonso de Zamora*, nacido en esta ciudad, primer profesor de hebreo en la Universidad salmanticense y maestro también en la de Alcalá de Henares, fue un distinguido universitario del siglo XVI, con sólida formación en ambos campos, orientalista y clásico. Figuró como uno

4. Cf. Éx 28, 15, así llamada por la delicadeza de su labor y en relación con su seudónimo.

de los principales colaboradores en la magna obra cisneriana de la *Biblia Políglota Complutense*, principalmente en lo relativo al texto hebreo y al arameo del Targum de Onkelos, que vertió al latín, labor que le ocupó quince años.

Aparte de esos arduos trabajos, de gran responsabilidad, fue el autor del *Vocabulario hebreo y arameo* (172 fols.), *Índice de palabras latinas con referencia a las hebreas* (8 fols. a 6 cols.) y *Gramática hebrea*, en latín, lo mismo que el *Vocabulario*, que figura en el tomo VI y último de dicha Políglota (1517).

Además de esto, publicó en Alcalá (1526) unas *Introductiones hebraicae* en tres partes: *Grammaticae libri tres*; *Nominum ac verborum hebraicorum dictionarium copiosum*; *Declarationes vocabulorum artis grammaticae et commentatorum biblicorum* y a modo de apéndice *Tractatus de vera ortographia hebraicae descriptionis.* Se le atribuye, asimismo, una gramática hebrea en lengua vulgar, que se conserva manuscrita en la Biblioteca de El Escorial.

Alfonso de Zamora puede ser considerado como el último gramático hispanojudío, perfecto conocedor de los tesoros gramaticales y lexicográficos de las pasadas centurias, competente exegeta, lo propio que sus antecesores medievales, conocimientos todos que puso de relieve no solamente en su capital cooperación en la Políglota, sino también en su versión latina y comentario del Génesis, traducción latina del Comentario de David Qumḥí a los 59 primeros Salmos, y en la obra apologética *Séfer Hokmat 'Elōhîm* (*Libro de la Sabiduría de Dios*)[5], y alguna obra más. Siguiendo, pues, la línea de los susodichos hebraístas y escrituristas medievales, presenta el triple aspecto de gramático-lexicólogo, exegeta y apologista, y, además, el mérito relevante de haber contribuido poderosamente a la difusión de esos tesoros entre los eruditos y humanistas del siglo XVI. También debe destacarse su magisterio en las dos principales universidades españolas de aquel siglo, en que tantos hebraístas, escrituristas y hombres de letras se formaron.

Con este personaje, menos conocido de lo que en realidad se merece, y que fue, como queda demostrado por su magna y múltiple labor, uno de los principales puentes, si no el principal entre el hebraísmo medieval y el renacentista, se clausura el ciclo semimilenario de la gramática, lexicología y exégesis hispano-hebrea, que tan egregios cultivadores tuvieron y tan valiosos servicios prestaron a los judíos de aquellos siglos medievales y han seguido prestando a todos los hebraístas posteriores, y se abre otro, hasta nuestros días, de casi igual duración, en que numerosos hebraístas y escriturarios han seguido cultivando con amor estos estudios.

5. Trad. por Pérez Castro, Madrid, 1950.

12

CIENCIAS

I. LOS JUDÍOS EN LA HISTORIA DE LA CIENCIA

Hace tiempo está reconocida en la historia de la ciencia la valiosa contribución de los judíos españoles durante los seis últimos siglos de la Edad Media, que pronto trascendió a otros países cristianos, enriqueciendo el patrimonio científico y cultural de Europa. Quizá haya sido esta rama la que primeramente y en mayor escala fue reconocida y aceptada sin reservas, ya que no se interponían en ella los recelos o divergencias irreductibles de índole religiosa o racial, que ponían barreras infranqueables a la irradiación de otras influencias. La positiva e inmediata utilidad, incluso en las ciencias puras, como las matemáticas, astronomía, etc., fue parte para que muchos tratados científicos compuestos por judíos se tradujeran en seguida al latín, la lengua sabia, universitaria y casi diríamos internacional, al menos europea, en los siglos medios y Renacimiento, haciéndolos de este modo accesibles a las universidades, eruditos y personas cultas de cualquier esfera.

Si dirigimos una mirada retrospectiva y lejana, como de costumbre, buscando antecedentes y base primordial al Antiguo Testamento, como fuente inextinguible y primaria del saber hebraico en todo tiempo y lugar, aun cuando no haya, como es lógico, ningún libro de tema u objetivo netamente científico, no podemos por menos de reconocer, sin embargo, que en esos escritos se refleja, según las épocas y circunstancias, el estado de las diversas ciencias en el pueblo hebreo y colindantes del Próximo Oriente, que antes de Grecia fueron la antorcha de la humanidad, y en ciertos libros, como el de Job, de modo eminente, como también, en otros órdenes, en Isaías, Ezequiel y hasta en el mismo Pentateuco. La astronomía, la geología, la paleontología, por ejemplo, están bien representadas, dentro siempre de los módulos bíblicos, en los dos primeros capítulos del Génesis.

Poco a poco, siglo a siglo, primero en Egipto, después en la Tierra de Canaán, asiento de antiguas civilizaciones, posteriormente en Nínive y Babilonia, y más adelante al contacto con el helenismo, la curiosidad e interés por las ciencias se fue despertando entre los hebreos, aunque siempre, en aquellos remotos tiempos y en toda la Edad Media, con una fuerte matización y finalidad religiosa, o al menos exegética, con vistas a la mejor comprensión y exposición de la Biblia, el Talmud y demás literatura rabínica.

En el Talmud se contiene un caudal inmenso de ciencia en todas sus ramas, que estudiaron, meditaron, expusieron y comentaron largamente los doctores judíos. Algunas monografías se han escrito sobre determinadas ciencias, por ejemplo, *La medicina en el Talmud,* pero hay materia para una gran enciclopedia científica en ese arsenal inmenso, síntesis del saber judaico en el siglo v d.C.

Al ponerse en contacto con los restos de las antiguas civilizaciones de Mesopotamia, Persia y Medio Oriente, en los primeros siglos de la era cristiana, y con los árabes de Oriente, norte de África y Occidente, a partir del siglo VII, los judíos fuéronse iniciando e imbuyendo en las distintas ciencias y pronto descollaron en ellas al encontrarse en un ambiente propicio para su cultivo.

Por lo que a España se refiere, nos lo dice claramente Mošé ibn ʻEzra en sus tantas veces citado libro (Cuestión V): los hebreos establecidos en la Península «aprendieron de los árabes, en el transcurso del tiempo, las distintas ramas de las ciencias [...], y se hicieron perfectos conocedores de las diversas disciplinas científicas»[1].

II. LAS CIENCIAS Y LOS JUDÍOS ESPAÑOLES

En el proceso del florecimiento de las letras hebraicoespañolas hay que reconocer que si la gramática, la poesía, la exégesis escrituraria, las tres en amigable consorcio, pese a sus netamente diferenciados objetos, brotaron casi a porfía, influenciándose mutuamente, en aquellos nuevos vergeles, el cultivo de las ciencias y su cristalización en obras de alto nivel tardó algo más, aun cuando ciertas disciplinas fundamentales se estudiaran tiempo

1. Esta cuestión de la influencia árabe en los judíos no solamente en la primera fase aludida, sino también en los siglos subsiguientes, la estudiamos *ex professo* en una comunicación presentada en las *I Sesiones de Cultura hispano-musulmana*, con el título «Los árabes, maestros de los judíos en la España medieval», publicada en la *Revista del Instituto de Estudios Islámicos en Madrid* XI-XII (1963-1964), pp. 169-179, a donde remitimos.

hacía en las academias judaicas, así como también en las arábigo-musulmanas, a donde los judíos tenían oportunidad de asistir.

Hasta siglo y medio después de aquella primera eclosión no da comienzo en realidad la producción científica en el sector que estudiamos, con el polígrafo barcelonés Abraham bar Ḥiyya (1065-1135). Pero una vez iniciada esta corriente, ya no se detendrá, sino que seguirá acrecentándose y multiplicándose a compás de la aparición de nuevas ciencias hasta nuestros días. Las listas de científicos judíos que han descollado en el último milenio, sobre todo en los siglos XIX y XX, son interminables, y entre ellos figuran muchos Premios Nobel.

Diez personajes destacados, desde Ḥasdāy ibn Šaprûṭ (915-970) hasta Abraham Zacut (1452-1522) son los hitos luminosos que hemos seleccionado en este recuento de las actividades científicas de los judíos españoles durante cerca de seis siglos: 1. Ḥasdāy ibn Šapruṭ; 2. Yehudá ha-Leví; 3. Iṣḥaq ben Barûk ibn Albalia; 4. Abraham bar Ḥiyya; 5. Abraham ibn ʻEzra; 6. Abraham ben David; 7. Maimónides; 8. Yaʻăqōb ben Mahîr ibn Tibbón; 9. Profiat Durán; 10. Abraham Zacut.

Ante todo, podríamos preguntarnos cuáles fueron las ciencias, refiriéndonos a las exactas y cosmológicas, no a las noológicas —filosofía, teología, etc.— cultivadas por estos y otros beneméritos sabios; pero la contestación es simple: todas las que privaban en aquellos siglos, es decir, matemáticas (aritmética y geometría), físico-naturales, medicina y farmacología, astronomía y astrología, así como las derivadas de éstas. En todas ellas aparecen cultivadores judíos.

Sobre todo la astronomía, con su inseparable la astrología —que incluso se exigía para el ejercicio de la profesión médica— tuvo tal auge, ya desde los tiempos talmúdicos, que se llamó «la ciencia judía»; y en cuanto a la medicina, fue sin disputa la de máxima preferencia como profesión entre los judíos medievales, y muy estimable también, sobre todo por Maimónides, su aportación científica a la misma con numerosos tratados.

1) *Ḥasdāy ibn Šaprûṭ* (915-970), ilustre personaje a quien reiteradamente nos hemos referido, ocupa también un puesto de honor en la historia de la ciencia medieval hispano-judaico-musulmana, no solamente como médico, aspecto que trataremos en el capítulo correspondiente, sino como propulsor de las ciencias, principalmente con la traducción, en que personalmente intervino, de la famosa obra de Dioscórides (siglo I d.C.), que tanto había de influir en el desarrollo de la medicina y la farmacología en la España del siglo X.

Como bellamente dice Mošé ibn ʻEzra, «él supo extraer para su país las aguas de las fuentes de la ciencia oriental, e importar los tesoros de la sabiduría desde todas las ciudades lejanas; él fortificó las columnas de la ciencia, rodeándose de sabios procedentes de Siria y Babilonia. Los escritores de su época se esforzaron en propagar la ciencia que Dios les había otorgado y los conocimientos con que les había favorecido». Quien así se condujo como verdadero sabio y mecenas de sabios, contribuyendo decisivamente al desarrollo de la cultura en las ciencias y las letras, que hicieron de la península Ibérica durante varios siglos sede gloriosa de un renacimiento intelectual en todas las ramas del saber, es acreedor indiscutiblemente a la eterna gratitud de la posteridad. Esa labor callada, pero fecunda, de una certera y honrada política cultural, vale mucho más todavía que un tratado magistral de los que hacen época en la historia de la ciencia.

2) No dudamos en incluir en este capítulo dedicado a las ciencias al eximio poeta lírico y apologista autor del *Cuzarí,* no ya por haber ejercido la medicina como un medio de vida accidental en Toledo, según él mismo confiesa, sino por los grandes conocimientos científicos que demuestra y expone sobre todo en ese libro[2], sin contar las numerosas referencias de esa índole que esmaltan sus poemas, por ejemplo, su incomparable *Himno de la Creación.*

3) *Iṣḥaq ben Barûk ibn Albalia* (1035-1094), natural de Córdoba, se distinguió como matemático y astrónomo en Granada, donde residió hasta 1066; compuso una obra titulada *'Ibbur,* sobre el calendario judío, y actuó como astrónomo del rey Al-Mu'tamid, de Sevilla. Aparte de otros méritos suyos como halakista y talmudista, fue sobre todo un gran científico, que desarrolló en este sentido notable labor cultural en la comunidad de Sevilla, de la cual era *naśí y rabbí,* contribuyendo al lustre de la corte del famoso rey-poeta de la taifa sevillana.

4) *Abraham bar Ḥiyya ha-Naśí* (1065-1136), notable polígrafo y filósofo, natural de Barcelona, descolló principalmente como científico. El *Tratado de áreas y medidas,* compuesto, como todas sus obras, en hebreo, traducido al latín por Platón de Tívoli en 1166, sirvió de libro de texto durante mucho tiempo en la Europa cristiana. *La forma de la tierra,* otro libro suyo, es el primero de geografía astronómica redactado en hebreo, y está dividido en diez secciones, subdivididas en capítulos. El *Cálculo del curso de los astros,* segunda parte de la obra anterior, se conserva aún en

2. Véanse, como ejemplos: *Discurso* 2.º núm. 6 sobre astronomía; núms. 26 y 38-42 sobre fisiología humana; núm. 64 sobre ciencias naturales y cómputo del calendario; *Discurso* 3.º núm. 23 sobre ciencias naturales; *Discurso* 4.º núm. 25 sobre fisiología y psicología humana; núm. 29 sobre astronomía; núm. 31 sobre fisiología; Discurso 5.º núm. 12 sobre el cuerpo y el alma, etc.

manuscrito. *El libro revelador* es una obra de astrología en el que se vaticinaba el advenimiento del Mesías para el año 1358. *El libro de la intercalación* es la obra hebraica más antigua que poseemos acerca del calendario judaico, del que se ocuparon diversos sabios judíos.

Corresponde a Bar Ḥiyya el mérito de haber sido el primero que escribió en hebreo sobre algunas materias científicas mencionadas, y el no menor de que varias de sus obras fueran prontamente traducidas al latín y estudiadas por los científicos cristianos. La citada obra de geometría y la de astrología fueron traducidas al catalán por Millás Vallicrosa y publicadas en 1931 y 1929, respectivamente.

5) *Abraham ibn 'Ezra* (*ca*. 1092-1167), gran polígrafo, de vida asendereada y compleja psicología, natural de Tudela, residente algún tiempo en Córdoba y Lucena, y viajero inquieto, posteriormente, por el norte de África, Oriente Próximo y tal vez Medio, y después por diversas ciudades de Italia y Francia, ostenta entre sus varios títulos de escritor el de científico en matemáticas, astronomía y astrología. Sobre estas materias compuso las siguientes obras: *Libro del número*, o sea, aritmética; *El uno,* es decir, «la unidad»: sobre las propiedades de los diez primeros números; *Libro del quebrado* o cálculo de fracciones, sobre esta parte de la aritmética; *Instrumento de cobre,* astrolabio, el famoso aparato para determinar la posición de los astros; *Libro del nacimiento* y *Libro del destino,* que contienen normas para adivinar la suerte y sino de las personas según el curso de los astros; *Libro de astrología* y *Libro de las luces.*

El polígrafo tudelense rayó a gran altura como gramático, comentarista bíblico y astrónomo-astrólogo, pero esta doble faceta última es la que mayor fama le granjeó y por la que más influyó entre judíos y cristianos. La mayoría de sus escritos científicos fueron traducidos al latín[3]. Gran número de códices de estas obras se encuentran en la Biblioteca Vaticana y en la citada Nacional de París.

Cuéntanse hasta 108 libros suyos de las materias más diversas; pero hay que advertir se le atribuyeron obras que no eran suyas, lo cual es también indicio de la popularidad alcanzada, como asimismo el que se le designara simple y antonomásticamente por *Abraham Iudaeus.*

6) *Abraham ben David* (1110-1180), toledano, sobrino por línea materna del anteriormente mencionado *Iṣḥaq ben Barûk ibn Albalia,* astrólogo de Al-Mu'tamid, poseyó una ilustración enciclopédica y ejerció la medicina. Haciendo honor a su parentesco citado, compuso el año mismo de su trá-

3. Los tratados astrológicos, por Pedro Paduano, 1293, pero siguen manuscritos: cf. ms. latino núm. 7.438 de la Biblioteca Nacional de París.

gica muerte una obra *astronómica,* de la cual hay mención favorable, pero no conservada.

Su antes citada obra filosófica, *La fe excelsa*, en la cual trata de conciliar la ciencia con la religión, contiene, como es lógico, un gran caudal de materia científica.

7) *Maimónides* (1135-1204). En los siete apartados que abarcan la inmensa producción de este hombre genial, gloria perpetua del judaísmo y lumbrera universal, en nuestro *Manual,* en el segundo, «Matemáticas y astronomía» (pp. 511-527), se consigna una sola obra, y, sin embargo, RaMBaM ocupa un altísimo puesto de honor en la historia de la ciencia. Ésta se encuentra diseminada abundantemente en todos sus escritos, a los que presta un vigor y elevación reveladores de su extraordinaria mentalidad y universal cultura. De sus obras médicas hablaremos en el capítulo correspondiente.

Dado el caudal enorme de cuestiones científicas de todas clases que se ventilan en la Mišná y el Talmud, hubo de tratar el gran polígrafo, en sus comentarios a la primera, y en su refundición del segundo, toda clase de problemas y materias relacionadas con las ciencias exactas, cosmológicas y noológicas.

Su tratado sobre el calendario, *Ḥešbôn ha-'ibbûr,* según la versión hebrea, *Cálculo de la intercalación*, basado en los conocimientos astronómicos de la época, consta de dos partes, cuyos títulos son: *Môlād* (*Nueva Luna*), sobre este satélite y sus fases, y *T^{e}qûfā^{h}* (*Estación*), acerca de las estaciones del año.

Para una visión de conjunto de las ideas expuestas por Maimónides en sus diversos escritos relacionadas con las ciencias (física, cosmología y astronomía), remitimos a la síntesis que trae A. Bonilla en su *Historia de la Filosofía* (II, pp. 331-342), que transcribe el P. Llamas en su librito *Maimónides*[4]. Este mismo autor, en su juicio sobre RaMBaM y sus doctrinas, escribe lo siguiente:

> Las palabras y los pensamientos de Maimónides pueden aprovecharnos para que no nos hagamos ilusiones sobre lo que no conoceremos nunca, y para que amemos la vida y el trabajo que un pesimismo insensato nos hace parecer inútiles. Maimónides concuerda en esto con la tradición judaica: es un optimista; predica el *mens sana in corpore sano* para lograr la alegría del vivir [...] Encuentra el objeto de la vida en la vida misma, porque, para él, vivir es trabajar por la ciencia, y la vida intelectual es la más sublime de todas. Y he aquí cómo la lectura de aquel espíritu equilibrado y cuerdo sirve de sedante para nuestro febril desasosiego (p. 398).

4. Madrid, 1936, pp. 275-282.

8) *Ya'ăqōb ben Maḥîr ibn Tibbón* (1230-1312), llamado también Profeit (lat. *Profatius*) Tibbón, decano de la Facultad de Medicina de Montpellier, donde murió, debe también figurar en este recuento representativo, no solamente por su parentesco con la familia de los Tibbónidas —era bisnieto del «padre de los traductores»—, sino porque durante el siglo XIII y primera mitad del XIV Montpellier pertenecía al reino de Aragón. Compuso y tradujo obras de filosofía, medicina, matemáticas y astronomía, cuyas tablas y tratados, vertidos posteriormente al latín, gozaron de gran popularidad. Prueba del mérito que se reconoció a las obras astronómicas de este personaje durante los siglos siguientes es que le citan el célebre Copérnico (siglo XVI) y otros astrónomos de su época.

9) *Profiat Durán* (1350-1415), nacido probablemente en Perpiñán, antigua capital del Rosellón, estuvo en España como instructor en la casa de Ḥasdāy Crescas. Prueba de sus conocimientos y aficiones a la astronomía es el *Héšed ha-'Efôd* (*Cinturón, adorno artístico del Efod* [Éx 28, 27]), que versa sobre el calendario judío y principios de astronomía.

10) *Abraham Zacut* (1452-1522), salmantino, a raíz de la expulsión se estableció en Lisboa, donde figuró como astrónomo y cronista del rey don Juan y de su sucesor don Manuel, quien le consultó sobre la viabilidad de la proyectada expedición de Vasco de Gama, que él aprobó. Compuso diversas obras astronómicas y astrológicas, tales como el *Ḥibbûr ha-gādôl*, (*El gran tratado*), muy estimado por sus contemporáneos, entre ellos Vasco de Gama y Colón, y el *Tratado sobre las influencias del cielo*[5].

III. CONSIDERACIONES SOBRE EL CULTIVO DE LAS CIENCIAS POR LOS JUDÍOS ESPAÑOLES

Tras este desfile de científicos que, sin mengua algunos de ellos de sus altas dotes literarias, prestaron inequívoca atención asimismo al campo de las ciencias, quizá no sea ocioso formular algunas reflexiones acerca del enfoque, orientaciones, motivos determinantes y características particulares que presenta su cultivo por los hispanojudíos.

Las matemáticas (aritmética, geometría, metrología), cuyo conocimiento entre los antiguos hebreos no pasó sin duda de un grado elemental y empírico, tardaron también más que otras ramas científicas o literarias en atraer la afición y cultivo de los judíos medievales. En cambio, el calendario, sistema de división del tiempo basado en la observación astro-

5. Ms. en la Biblioteca Colombina de Sevilla, con un apéndice sobre los eclipses.

nómica, tuvo desde muy antiguo capital importancia, y la preocupación por el mismo se refleja en numerosos pasajes del Antiguo Testamento, incluso en Gén 1, 14-19.

> En Oriente muy pronto el desarrollo de las instituciones civiles y religiosas, las contribuciones periódicas debidas al Estado, las fiestas culturales, los contratos concluidos entre particulares, exigieron que se fijase la fecha de acontecimientos pasados o de plazos futuros, es decir, que se estableciese un calendario oficial. Los sistemas han variado con los tiempos y las regiones, y la historia antigua del calendario es muy compleja[6].

Con estos precedentes y subsistiendo las mismas razones de tipo religioso atinentes a la fijación de las fiestas, etc., era natural que se conservara entre los judíos una constante preocupación por todo lo relacionado con el calendario y su más esmerada elaboración, que ya se advierte en el Talmud, especialmente en el tratado *Sanedrín*[7].

La afición a las ciencias matemáticas se despertó en los judíos españoles, al igual de otras ramas ya estudiadas, al contacto con los árabes. Pero hay que observar que entre éstos, en los tiempos del islam, por efecto de la intolerancia religiosa, eran miradas con recelo. Por tal motivo, hasta la época del Califato, apenas puede señalarse algún matemático de nota, La política de ilustración y tolerancia que caracterizó a Al-Ḥakam II (961-976) dio como resultado la expansión de la cultura y la búsqueda de la ciencia Maslama de Madrid (m. 1004), autor de numerosas obras matemáticas y astronómicas, marca un hito destacado en la historia de la ciencia.

Los judíos no tardaron en beneficiarse del favorable ambiente que se fue creando, y así vemos que, frente a la laguna en el cultivo de estas ciencias que se advierte en las academias de Oriente (siglos I a X) y en la primera fase del renacimiento hebraicoespañol, aparecen en la segunda mitad del siglo XI científicos de gran talla, como Abraham bar Ḥiyya, que empiezan a escribir sobre estas materias, a los que seguirá toda una falange de ilustres cultivadores.

Las *ciencias físico-naturales,* como ciencias puras y excepción hecha de su estrecha conexión con la fisiología, la medicina y la farmacología, atrajeron menos que otras la atención de los judíos españoles; pero lo propio ocurrió entre los arábigo-musulmanes y en los países europeos. Su desarrollo en gran escala fue posterior en varios siglos, y desde entonces hasta nuestros días la contribución judaica ha sido de gran alcance.

La *astronomía* ocupa un puesto de alto relieve en la dedicación especialísima que a ella consagraron los sabios judíos en los reinos musulma-

6. Cf. P. De Vaux, *Instituciones del Antiguo Testamento*, cap. XV, núm. 2, «Los calendarios religiosos», trad. esp. p. 249.
7. Cf. A. Cohen, *Everyman's Talmud,* trad. fr. *Le Talmud,* pp. 368-369.

nes y cristianos, y se patentizó con caracteres de gran resonancia e irradiación en la llamada Escuela de Traductores, de Toledo, creada por el arzobispo don Raimundo (1126-1152), y un siglo después en la corte de Alfonso el Sabio. Digno de admiración es el ejemplar espíritu de colaboración con que en esos centros de alta cultura e investigación científica laboraron muchos sabios judíos, trabajando en equipo, sacrificando su personal nombradía en aras de la común tarea. Mención particular merece, entre otros, el médico de Alfonso el Sabio y traductor Y^{e}hudá ben Mošé Kohén (Mosca), quien, a petición del rey, vertió del árabe y del latín al castellano algunas obras de astronomía y astrología.

Digamos dos palabras sobre esta última, tan ligada con la otra, que casi se confundían en la Edad Media y sólo convencionalmente puede establecerse neta discriminación etimológica de una y otra, puesto que ambas vienen a significar «ciencia o conocimiento de los astros». De J. Kepler (1571-1630) es la frase: «La madre astronomía habría de pasar hambre, si la hija astrología no gana el sustento para ambas». Esta idea parece haber pesado hondamente en el ánimo de muchos astrólogos judíos del Medievo.

La importancia innegable de la astrología en la Edad Media se manifiesta en su estrecha conexión con la medicina y en el papel destacado que desempeñaba en las cortes reales. Todo soberano tenía un astrólogo —era prácticamente una institución— y cuando nacía un hijo en la familia regia o en cualquier otra de alta alcurnia, se llamaba siempre al astrólogo para que formulara el horóscopo del recién nacido. Por estas razones, lo mismo que abundaban los médicos en esos ambientes, había también astrólogos, muy considerados por la alta misión que se les asignaba en estas y en otras ocasiones de especial trascendencia, por ejemplo, empresas guerreras.

El hecho es que esos astrónomos de la Casa real —«oficiales» diríamos hoy— cumplían eventuales funciones de astrólogos, casi diríamos de «adivinos», revestidos o disfrazados con el prestigioso atuendo de la ciencia astronómica. Naturalmente muchos supieron sacar partido y provecho de esas situaciones y creencias de la época, convencidos o no de la realidad o fundamento científico de las mismas. Es de suponer que no pocos creyeran de buena fe en la verdad y fundamento de tales teorías, como de tantas otras que el progreso de la ciencia ha ido rectificando o clarificando y hasta arrumbando, entre las que figura todo el complejo que se englobaba cómodamente en la denominación general de «fuerzas ocultas». Recordemos que, a propósito de la astrología en sus aspectos de magia y adivinación, en el Talmud existen numerosas referencias donde se condenan tales prácticas[8].

8. Cf. A. Cohen, *op. cit.*, «Magie et divination», pp. 337-349.

Dentro del área judaica, de especial resonancia fueron las predicciones de astrónomos-astrólogos hebreos, más o menos influenciados por la Cábala, que se lanzaron a predecir la fecha del advenimiento del Mesías: Bar Ḥiyya (m. en 1136) la fijó para el año 1358, y Abravanel (m. en 1508), para el 1532.

Terminemos recordando que la supeditación de las ciencias humanas a las divinas e incluso a las normas rituales, según el criterio ortodoxo del judaísmo, se refleja en la siguiente frase del tratado *'Abôt* (III, 23): «Las leyes relativas a los sacrificios de aves y a la purificación de las mujeres son prescripciones importantes; en tanto que la astronomía o la geometría no pasan de apéndices de la sabiduría». El sentido de esta sentencia, bastante clara por lo demás, según Cohen[9] es que «los elementos de la Torá, aun los aparentemente menos importantes, son en realidad esenciales, mientras que las ciencias profanas sólo tienen un valor secundario».

Este alto sentido religioso, que palpita en muchos escritos científicos de los sabios judíos del Medievo hispano, nos brinda una ejemplar lección de espiritualidad, que no está reñida, naturalmente, con los relevantes servicios que esos preclaros cultivadores de las ciencias prestaron a la humanidad. Sin esas beneméritas aportaciones no habrían sido posibles los grandes inventos, descubrimientos y progreso de las ciencias en nuestros días.

9. *Ibid.*, p. 179 n.

13

MEDICINA

El presente capítulo constituye en cierto modo como un apéndice o suplemento del anterior, puesto que *ciencia* es la medicina. Mas como también es *profesión,* muy destacada y frecuente entre los judíos españoles, cuyos adeptos o ejercitantes se convierten a menudo en consejeros de reyes y magnates, alcanzando entonces relevante proyección social y hasta política, y hubo, por otra parte, médicos eminentes que escribieron importantes obras médicas, como los hubo también que descollaron en las nobles artes del espíritu, conviene destacar la medicina en el cuadro preferente que por su categoría le corresponde en el magno legado del judaísmo hispano.

I. PRECEDENTES BÍBLICOS Y TALMÚDICOS

La medicina, como profesión y como ciencia, aparece aureolada de un prestigio incomparable entre los judíos españoles. El fenómeno histórico y científico es tanto más sorprendente cuanto que apenas pueden señalarse antecedentes de gran relieve en la época bíblica ni en los Libros sagrados —al revés, por ejemplo, de la poesía—, como tampoco en los primeros siglos de la era cristiana o de la Diáspora. Se trata, por consiguiente, de una actividad nueva que los judíos, sin previa tradición, empezaron a ejercer con extraordinario ahínco y en la que pronto descollaron notablemente por su número y calidad, tanto en el ejercicio profesional como en el estudio e investigación científica.

Al pueblo de Israel, como a la mayoría de los antiguos, podría aplicarse perfectamente la observación de Plinio (*Hist. Nat.,* XXIX, 5): «Muchos pueblos viven sin médicos, aunque no sin medicina». Lo mismo que ocurría entre los caldeos y egipcios, el arte de curar las enfermedades se basaba en fórmulas mágicas tendentes a expulsar del cuerpo del doliente a los malos espíritus, perturbadores de la salud. Sin embargo, también empleaban los hebreos sencillas prácticas sanitarias, de las cuales encontramos diversas referencias en ciertos libros del Antiguo Testamento, principalmente en la curación de heridas y determinadas enfermedades. Incluso ha sorprendido a los doctos la exactitud de observación así como la acertada reglamentación que en Lv 13 y 14 encontramos con respecto a la lepra.

En la Mišná y el Talmud existen numerosas prescripciones, teorías y sentencias relativas a las ciencias físico-naturales, medicina e higiene. Apenas hay tratado de los 63 que componen la primera donde no se encuentre alguna alusión de carácter médico o profiláctico, por más que esas cuestiones no se estudien *per se*, sino más bien en función de una norma moral, ritual o simple enseñanza de orden práctico. Sin embargo, todo un Orden, de los seis que comprende la Mišná Ṭahărôt, «Purificaciones», con doce tratados, versa sobre cuestiones de orden sanitario. En el Talmud hay materia médica o sanitaria suficiente para elaborar todo un libro, como se ha hecho[1].

La influencia de este substrato ideológico en los siglos posteriores (VI al XV) del judaísmo oriental y occidental es indiscutible.

II. LA MEDICINA Y LOS MÉDICOS HISPANOJUDÍOS

Centrándonos en nuestro tema, nos encontramos en la segunda mitad del siglo X con el famoso Ḥasdāy ibn Šaprûṭ, médico ante todo y después ministro, diplomático, estadista, etc., de los dos primeros califas, Harún de Córdoba (*ca.* 975) y Amram ben Iṣḥaq de Toledo (m. 997).

Ḥasdāy demostró su arte y ciencia médica en dos ocasiones memorables: curación de Sancho I el Craso, destronado por los leoneses a causa de su desmedida obesidad, y traducción, con la ayuda del monje Nicolás, venido a Córdoba al efecto (951), del griego al árabe por intermedio del latín, de la famosa obra de materia médica de Dioscórides, que tanto contribuyó al progreso de la medicina entre los árabes y los judíos españoles. También se le atribuye la invención de una droga muy eficaz en la elaboración de la *triaca*[2].

Posteriormente, en la primera mitad del incomparable siglo XI hispano, Yoná ibn Ŷanaḥ, en el ilustrado ambiente de la corte tuŷībī de Zarago-

1. *Vid.* Bibliografía.
2. En árabe *tiryāq* o *diryāq*, y en hebreo *tiryayq, del* griego *thēriakē,* antídoto o contraveneno.

za, alterna el ejercicio del arte curativo con sus sabias lucubraciones lingüísticas. En Toledo, a raíz de la reconquista de la ciudad por los cristianos, el gran poeta lírico y apologista Y^{e}hudá ha-Leví también ejerce la profesión médica, aunque sin entusiasmo, como simple *modus vivendi,* en un ambiente que le resulta hostil.

Huyendo de la persecución almohade, a mediados del siglo XII, el médico y erudito granadino Y^{e}hudá ibn Tibbón (1120-1190) se trasladó al Mediodía de Francia con toda su familia y su valiosa biblioteca, y allí continuó ejerciendo su noble profesión, realizando además una labor meritísima como traductor y «padre de traductores», la ilustre familia de los Tibbónidas, que siguió sus huellas en las dos direcciones; de ella salieron tres generaciones de médicos.

Abraham ben David (1110-1180), filósofo e historiador, se dedicó especialmente al ejercicio de la medicina en Toledo, y el también toledano Iṣḥaq ben Abraham ibn Latif (*ca.* 1220-1290), filósofo y cabalista, fue asimismo médico de profesión y compuso algunas obras cabalísticas.

Mošé ben Naḥmán (Naḥmánides, siglo XIII), exegeta, talmudista y cabalista de gran talla, ejerce también esa misma profesión, cuyos ingresos le permiten renunciar generosamente a su consignación como rabino oficial de su ciudad natal, Gerona. Aun cuando no figura ningún tratado médico en su larga y variada producción, pueden encontrarse diversas referencias a temas de esta especialidad, como lo es, por ejemplo, el título mismo de una de sus obras cabalísticas, *El tesoro de la vida*. Lo propio decimos de otro ilustre gerundense, Nissim G^{e}rondí (antes de 1340-*ca.* 1380), que vivió en Barcelona y fue también astrónomo y filósofo distinguido.

Abner de Burgos, converso con el nombre de Alfonso de Valladolid (1270-*ca.* 1350), médico distinguido, abrazó la fe cristiana poco después de terminar sus estudios de medicina, según unos, y a los sesenta años, según otros. Fue docto en talmudismo, filosofía aristotélica y astrología, y figura de gran relieve en la primera mitad del siglo XIV. Entre sus obras antijudaicas figura el *Séfer milḥāmôt 'Adōnāy* (*Libro de las guerras del Señor*).

Otro converso todavía más famoso fue Y^{e}hošû^{a}ʻ ben Yosef ibn Vives ha-Lorquí (fines del siglo XIV y primeras décadas del XV), médico y familiar del famoso antipapa Pedro de Luna. Su nombre de bautismo fue Jerónimo de Santa Fe, y tomó parte activísima en la célebre Disputa de Tortosa. Entre sus obras se cuenta el *Hebraeomastix* (*Azote de los judíos*). Probablemente fue padre del anterior, o al menos de la familia, Yosef ben Y^{e}hošû^{a}ʻ ibn Vives ha-Lorquí, médico y erudito, muerto antes de 1372, autor de un tratado filosófico y físico titulado *Séfer ha-y^{e}sôd* (*Libro del fundamento*).

Al siglo XIV pertenece, asimismo, Šem-Tob ben Iṣḥaq ibn Šapruṭ, médico de Tudela, que hubo de participar en las controversias religiosas de la época y escribió algunas obras en esa línea y otras de tema bíblico y talmúdico. Ejerció la medicina en Tarazona y Aviñón.

De tres famosísimos médicos que, además, fueron yatrólogos, hablaremos en seguida.

La enumeración de personajes judíos de alguna significación en el campo científico, literario o político, que ejercieron la medicina, sería interminable. En el artículo «Medicina» de la *Enciclopedia Judaica Castellana*[3] se inserta una lista de unos 60, correspondientes a la época que estudiamos. Steinschneider elaboró un largo elenco de dos mil nombres.

III. EL EJERCICIO DE LA MEDICINA POR LOS HISPANOJUDÍOS

En su interesante y documentada obra *The Jews in Spain* inserta A. Neuman las siguientes consideraciones, que resumen bastante bien la situación de los judíos españoles en el ejercicio de la profesión médica:

> Característica de los rabinos españoles fue la práctica de la Medicina, hasta el extremo que entre los numerosos médicos judíos, que constituían como una clase distinguida, la nobleza y aristocracia de la judería española, resulta difícil distinguir en ciertos casos si el ejercicio de la medicina iba asociado a la dignidad de rabino o no. Aparte del interés por la ciencia —la Medicina era en la Edad Media el equivalente a las actuales ciencias naturales, y formaba parte del plan de enseñanzas de la educación liberal—, un número considerable de rabinos buscaba en la profesión médica un *modus vivendi,* porque eran refractarios a aceptar una retribución en pago del cumplimiento de sus deberes como rabinos. Se podía ser médico sin el obligado requisito de estudios universitarios previos, a condición de conseguir una real licencia para el ejercicio de la Medicina mediante un examen bajo la garantía de un médico solvente[4].

Para muchos fue sin duda esta profesión el principio de su encumbramiento en la esfera social: todo dependía, aparte de los imponderables de la suerte y particular fortuna, de la valía, competencia, dotes profesionales y valores humanos que cada uno demostrara, el prestigio y fama de que gozara. Tales fueron los méritos que ensalzaron a un Maimónides al puesto de médico de cámara del sultán Saladino y de su corte, a pesar de ser judío y extranjero en el país, no exento de los dardos de la envidia y rivalidad de algunos profesionales. En España fueron innumerables los

3. Tomo VII, apartados «España» y «Portugal», pp. 361-362.

4. Puede verse en el mismo capítulo «Rabbinic Culture», pp. 108-112, otras interesantes observaciones sobre la medicina y su ejercicio por los judíos en aquella época (*The Jews in Spain*, Philadelphia, 1948, t. II, p. 108).

médicos judíos que se granjearon la estimación de próceres y reyes, quienes les abrieron las puertas de sus palacios y las aún más difíciles de su confianza y profunda estimación personal, llegando a ser consejeros en los altos asuntos del Estado.

Notemos, asimismo, que en aquellos tiempos el ejercicio de la medicina requería un temple especial, a veces hasta heroico, máxime en los judíos, no solamente por las calumnias a que con frecuencia estaban expuestos, sino porque las leyes castigaban duramente no ya sólo la perfidia o alevosía en la práctica de ese arte, sino hasta las equivocaciones involuntarias, cosa que rara vez ocurre en las leyes modernas o, al menos, en su aplicación ordinaria.

Sobre estos aspectos sociales y familiares escribe el citado autor:

> Los médicos judíos, por regla general, eran más que hábiles facultativos corrientes: figuraban entre la aristocracia intelectual de España. Contábanse entre ellos hombres de negocios y muchas personalidades literarias de mérito relevante: poetas, científicos, exegetas, filósofos. Su conocimiento del árabe y el latín los constituía en nexos importantes entre la cultura de Oriente y la naciente civilización de Occidente. Como médicos, muchos alcanzaron fama internacional. Personajes de estirpe regia de países distantes requerían con insistencia sus servicios en momentos de crítica enfermedad, cuando todo se sobrepone a cualquier forma de fanatismo. Con frecuencia eran objeto de correspondencia diplomática. Apenas había en España rey, reina o noble que no tuviera a su servicio uno o más médicos judíos para atenderle a él y a los miembros de su familia [...] Pero la popularidad de los médicos judíos no se limitaba a los palacios de los magnates. La alta estimación de que gozaban en la masa popular está bien atestiguada por el hecho de que si bien concejos municipales mostraban su hostilidad hacia los intereses judaicos, algunos de ellos tenían, sin embargo, médicos judíos a sueldo, encargados de la sanidad pública (pp. 214-215).

Como comprobación de estos asertos, recuérdese también la frecuencia con que aparecen médicos judíos como personajes importantes en la trama de novelas históricas de ambiente o temas medievales.

IV. YATRÓLOGOS EMINENTES: MAIMÓNIDES, JACOB BEN MAHÎR IBN TIBBÓN Y AMATO LUSITANO

Conviene recordar, primeramente, que se entiende por *yatrología* —voz que no figura en el *Diccionario de la Academia*— la «ciencia de la medicina», y *yatrólogo*, «el que es docto en esa ciencia», o sea, conceptos bien diferenciados de *medicina y médico* pura y simplemente, que se refieren más bien, cuando otra cosa no se especifique, al ejercicio profesional. Yatrólogo, por tanto, es el que se dedica al estudio de los principios y teorías de la ciencia médica, investiga sus problemas y cuestiones, descubre sus secretos, expone sus postulados y hace objeto a esta ciencia de sus doctas lucubraciones.

Presentamos aquí —elegidos por su especial categoría y prestancia, entre otros que también se consagraron al estudio científico de la medicina y compusieron valiosos tratados— a tres insignes yatrólogos hispanojudíos, que, además de ejercer con honor la profesión médica, se dedicaron con amor y vocacional devoción al estudio científico de este noble arte y legaron a la posteridad estimables aportaciones de tipo general o monografías sobre diversas enfermedades o aspectos.

Todos los personajes citados en el apartado anterior y cuantos ejercieron la medicina en los reinos musulmanes y cristianos de la España medieval llevaron a cabo una benemérita labor social y humanitaria en todas las capas sociales, desde las cortes regias hasta los ínfimos estratos populares, tanto más encomiable cuanto que las condiciones en que comúnmente desempeñaban su profesión eran dificultosas y comprometidas en alto grado.

Sin embargo, el escribir tratados acerca de materias médicas ofrece indudablemente especiales dificultades, por lo cual, obviamente, su número ha de ser siempre más reducido. Entre los árabes hay algunos nombres de fama universal, tales como Avicena, Averroes, Abulcasis.

Entre los judíos, como prueba de los conocimientos que de esta ciencia poseían, hay mucho material diseminado en toda clase de obras relacionado con la ciencia médica y sus afines, pero los yatrólogos de alta categoría son en número escaso, si bien conviene recordar son bastantes las obras que de otros autores se perdieron. Hemos seleccionado los tres del epígrafe, que pasamos a estudiar en este aspecto, pues en otros ya nos son conocidos, al menos los dos primeros.

1) *Maimónides* compuso una cantidad tan numerosa de obras médicas y de tal predicamento que ellas solas habrían bastado para alzarle un pedestal de perpetua fama:

> Como médico prácticamente eficaz, gozó de fama mundial el autor de la *Mano fuerte* [...]; como científico de la Medicina, aunque no sea un autor genial, debe ser enumerado entre los más distinguidos de la Edad Media, que componían sus obras al estilo de Hipócrates, Galeno y Avicena. Por eso, conocidas las características de éstos, queda conocida la de nuestro sabio, aunque, naturalmente, como caso particular, ofrezca detalles dignos de estudio[5].

5. J. Llamas, *Maimónides,* Madrid, 1935, pp. 282-283.

Justo es reconocer no solamente su cuantiosa y variada producción, su acertado criterio en seguir a los grandes maestros griegos, como en filosofía siguió a Aristóteles, sino también su certera orientación, sentido de actualidad en los temas que trató y atinadas observaciones, fruto de su larga experiencia profesional, máxime en una época en que el arte curativo estaba viciado en muchos casos por prácticas supersticiosas de todas clases, que bajo el ropaje más o menos científico de la astrología, la Cábala práctica, la magia, etc., infestaban la medicina. Quizá su tendencia anticabalística tuviera sus principales razones, no ya sólo en el sano racionalismo que le distingue, sino en consideraciones de tipo médico. Más aún: «Se burlaba de las curas mágicas y supersticiosas, pero reconocía sus efectos psicológicos en el paciente» (*Enciclopedia Judaica Castellana*), que, naturalmente, no pueden ser duraderos ni realmente eficaces.

Muestra un gran sentido de modernidad, aspecto sumamente interesante en cuanto a la orientación de sus escritos y provecho que de los mismos puede sacarse todavía, aparte de las positivas prescripciones, seguros diagnósticos y atinadas consideraciones en el terreno propiamente científico, modernidad consistente en el hecho de que «atribuía importancia a la prevención de la enfermedad por medio de una vida sobria, y hacía esfuerzos por reconstituir las fuerzas del enfermo, en lugar de prescribir drogas poderosas»[6]. Prevenir, antes que curar, y ayudar a la naturaleza: he ahí los dos principios fundamentales que deben regir siempre el ejercicio del arte de la salud. Profilaxis y naturismo bien entendido.

Pero cabe todavía señalar un tercer mérito, de orden más elevado, que agudamente señaló el poeta árabe Ibn Sina al-Mulk en estos términos:

> El arte de Galeno sólo cura los cuerpos;
> Pero Abū Imram (= Maimónides) sana los cuerpos y las almas.

La psiquiatría, hoy día tan de moda, y tan necesaria en el campo de la medicina, es un factor curativo de primer orden, que siempre han de tener en cuenta todos cuantos se dedican a este noble arte, sea cual fuere la especialidad que cultiven: es lo que hoy llaman medicina psicosomática, fundada en el principio tan elemental de que el hombre es un compuesto de cuerpo y alma, sustancialmente unidos, y, por tanto, con infinitas relaciones e interacciones mutuas. Hay que reconocer que un filósofo de la talla de Maimónides se hallaba excepcionalmente preparado para una orientación de ese género. Su arraigado aristotelismo y sólido conocimiento de las obras del Estagirita le impulsaban, naturalmente, en esa dirección.

6. *Ibid.*

Compuso muchas e importantes obras médicas, todas en árabe, pero que en los siglos siguientes se fueron traduciendo en gran parte al latín, y también algunas a lenguas europeas. Hubo, asimismo, versiones hebreas, pero hace unos años se ha emprendido en Jerusalén, bajo los auspicios de su Universidad, una traducción completa de todas las obras médicas de Maimónides al hebreo. Diez son los principales tratados o monografías que se nos han conservado; pero, como hace notar el padre Llamas, «otros opúsculos de Maimónides sobre cuestiones medicinales se conservan, seguramente inéditos aún, en los fondos de muchas bibliotecas»[7].

En la citada obra de ese mismo autor[8] hay una lista (incompleta y deficientemente transcrita) de dichas obras, que pueden verse asimismo en las enciclopedias judaicas y en nuestro *Manual,* y al final de aquélla[9], en la Antología, la titulación de los capítulos de las dos obras principales (*Del régimen de salud,* 5 capítulos, y *Aforismos de Moisés, Fūsūl Musa,* hebr. *Pirqê Mošé,* 25 capítulos), al modo de los famosos *Aforismos de Hipócrates*, padre de la medicina griega, tan admirado y seguido por los médicos árabes y judíos.

Vinculada la profesión médica de modo muy especial a la familia de Maimónides, cumple mencionar a los siguientes miembros de la misma: su hijo Abraham (1185-1254), su nieto David (1212-1300) y los dos hijos de éste, Abraham Maimónides II (1246-1310) y Salomón. Todos ellos desempeñaron, además del ejercicio de la medicina, el cargo de *nagîd,* o presidente de la comunidad israelita de Egipto, prueba de que supieron conservar dignamente el prestigio de su gran antepasado en esa honrosa profesión y en ese distinguido cargo, que implicaba la alta consideración de sus correligionarios.

2) *Jacob ben Mahîr ibn Tibbón* (don Profiat, *Profatius Iudaeus*) fue famoso astrónomo y médico, profesor de la Universidad de Montpellier y decano de su Facultad de Medicina. Abraham Neuman hace notar que «es difícil conciliar este hecho con la resolución del Sínodo de dicha ciudad (1258), que prohibió a los fieles requerir la ayuda de médicos judíos bajo pena de excomunión (!), o una restricción similar del Sínodo de Aviñón, de 1282»[10]. Sabemos, sin embargo, que en todos esos casos de cortapisas y prohibiciones o incluso expulsiones concernientes a los judíos había generalmente trato de favor o excepciones para algunos que por su mérito personal relevante o por su valimiento en la corte y cerca de altos persona-

7. *Ibid.,* p. 26.
8. *Ibid.,* pp. 25-26.
9. *Ibid.,* pp. 282-284.
10. A. Neumann, *op. cit.,* II, p. 73.

jes eran acreedores a ellos o conseguían ese privilegio. Por otra parte, la fecha que suele señalarse al decanato de J. ben Mahîr es hacia 1306, varias décadas después de dichos Sínodos, y al correr de los años esas prescripciones solían caer en desuso e implantarse un régimen de tolerancia, considerando las ventajas prácticas frente al rigorismo e intolerancia.

Entre las numerosas obras que compuso y tradujo, de filosofía, matemáticas y astronomía, que le acreditan de verdadero sabio, figuran asimismo, algunas sobre medicina.

3) *Amato Lusitano* nació en Castelo-Branco (Portugal) en 1511, y murió en Salónica el año 1568. Era hijo de cripto-judíos y su nombre de bautismo fue Juan Rodrigo de Castelo-Branco. Amato es la traducción de su nombre hebreo *Ḥābîb,* «Amado». Graduóse en la Universidad de Salamanca. Residió en Venecia, Ferrara (1546), donde dio lecciones de anatomía, y Ancona, y fue uno de los médicos más reputados de su tiempo.

Asistió como médico al rey de Polonia Segismundo II y también al Papa Julio III (1550-1555); en cambio, durante el pontificado de Paulo IV, su sucesor, desafecto a los judíos, sufrió persecuciones. Tras una estancia de varios meses en Ragusa, se estableció en Salónica, donde profesó abiertamente el judaísmo.

Enriqueció la literatura médica con importantes publicaciones que gozaron de gran fama durante largo tiempo. Merecen especial mención: *Curationum medicinalium Centuriae Septem* (*Curas de diferentes enfermedades durante siete siglos*) (Florencia, 1556, de la que se cuentan 11 ediciones hasta la de 1628, Barcelona); *Enegemata in Duos Priores Dioscoridis de Arte Medica Libros* (Amberes, 1536); *In Dioscoridis Anazarbaei de Medica Materia Libros Quinque* (Venecia, 1557); *Historiarum Medicarum Libri Sex* (1629; «ed. 2.ª ab ipso auctore summa cura recognita, aucta et exornata, Amstelodami, 1637»).

Como curiosa coincidencia notemos que nuestro elenco de figuras ilustres de la medicina hispanojudía se inicia con el traductor de Dioscórides al árabe, y se termina con un comentarista del mismo.

Aunque bastante posterior a la época que historiamos, al menos para evitar confusiones y porque también era sefardí, mencionaremos a Abraham Zacuto Lusitano, que nació en Lisboa (1576) y estudió medicina en Salamanca, «regresó a Lisboa, donde practicó la medicina durante treinta años y se le estimó como uno de los galenos más preclaros de su tiempo», si bien tuvo que abandonar su país natal por obra de la Inquisición, que desencadenó una persecución contra los judíos, y se trasladó a Holanda, «donde profesó abiertamente el judaísmo» (*Enciclopedia Judaica Cristiana*) y murió en Amsterdam (1642). Era tataranieto del anteriormente citado Abraham Zacut, sabio, lexicógrafo e historiador ilustre.

V. PRONTUARIO ÉTICO-PROFESIONAL DEL MÉDICO

Cerramos el presente capítulo con unas reglas prácticas verdaderamente áureas y de perenne actualidad que ponen de relieve la sabiduría y profundo sentido psicológico de los médicos o «físicos» hispanojudíos de la Edad Media y siglos inmediatos, tomados de la obra titulada *'Ôṣār ḥayyîm* (*Tesoro de la vida*) del médico judío Jacob Zahlón (1630-1693), el cual las tomó del mencionado Abraham Zacuto Lusitano:

— El médico deberá ser ante todo un hombre religioso.

— Deberá presentarse bien trajeado.

— No será presuntuoso ni vanidoso.

— Reconocerá sus equivocaciones y admitirá de buen grado las amonestaciones de sus mayores.

— Estará dotado de buen sentido y de buen temple.

— Conviene muy mucho estudie cada asunto a fondo; pero es preferible use de pocos y buenos libros y los lea con toda atención.

— Se abstendrá de formular falsas promesas y de comprometerse a curar lo incurable.

— Se guardará de no dar importancia a tal o cual enfermedad, como también de exagerarla y, gustoso, celebrará consulta con otros médicos.

— El objetivo principal del médico ha de ser curar al paciente; pero deberá considerar las dificultades y riesgos que pueda ofrecer la curación.

— En ocasiones, no desdeñará departir con el paciente en amistosa conversación.

— Al formular su diagnóstico, se atendrá a las normas usuales de la medicina y observará estrictamente las funciones de la naturaleza.

— En general, el médico ayudará a la naturaleza, factor el más importante de la salud.

— Observará rigurosamente las fuerzas del paciente, en especial su condición cerebral, y extremará su cautela al recetar a los jóvenes y a los muy viejos, puesto que unos y otros son organismos débiles, y mostrará especial esmero en el tratamiento de los niños.

Estos sabios consejos, a los que Zahlón agregó algunos más, encierran un pequeño tratado de deontología médica, lleno de sabiduría, profundo conocimiento de lo que es la medicina, sus posibilidades y limitaciones, psicología práctica y hasta mundología. Empieza por una ejemplar nota de religiosidad, que es como un eco de Eclo 38, 1-15, y termina con un gran sentido humano.

Como trasunto y espejo de la mentalidad y el espíritu que animaba a tantos beneméritos cultivadores y profesionales de la medicina en la España judaica medieval, son estas normas una irradiación del incalculable legado que en esta esfera dejaron a la posteridad.

14

HISTORIA Y DIDÁCTICA

La historia de una generación, período, época o simplemente de una individualidad, debe ser una enseñanza para las generaciones siguientes. Así lo inculca en el preámbulo el extenso Salmo 78, de *Asaf*, que empieza: «Atiende, pueblo mío, mi doctrina», y es una hermosa síntesis de la historia de Israel, desde el Éxodo hasta el reinado de David.

> Lo que hemos oído y sabemos,
> lo que nos contaron nuestros padres,
> no lo encubriremos a nuestros hijos,
> contando a las generaciones posteriores las glorias de Dios
> y su gran poderío y los prodigios que ha obrado,
> pues dio una norma en Jacob y estableció una ley en Israel:
> que mandó a nuestros padres enseñar a sus hijos,
> para que las conociese la generación venidera,
> y los hijos que habían de nacer se las contasen a sus propios hijos...
> (Sal 78, 3-6).

Por tanto, la historia, como estrella de la vida y memorial de las maravillas, misericordias y enseñanzas de Yavé para con su pueblo, era un factor cultural y religioso impuesto por Dios a éste, según se atestigua en múltiples pasajes del Antiguo Testamento, como por el hecho del constante esmero y diligencia con que Israel fue elaborando su historia a través de los siglos, desde Moisés hasta el último de los hagiógrafos. «Evocaré las enseñanzas de los tiempos antiguos» (Sal 78, 2).

Pero la enseñanza no ha de restringirse meramente a las narraciones históricas; puede adoptar también otras variadas modalidades; por eso historia y didáctica, como géneros literarios, tienen fuertes nexos de contenido y finalidad. Tal es el motivo de englobar en este capítulo esas dos ramas, tan importantes por su naturaleza en el legado que estamos estudiando, aun cuando los escritos en que cristalizaron sean de muy inferior cuantía, por las razones que diremos, en comparación con otras áreas anteriormente desarrolladas.

Nos ceñiremos, naturalmente, a los escritores judíos, mas no hay que olvidar las aportaciones que para el mayor esclarecimiento de esa historia y esa didáctica nos ofrezcan eventualmente autores cristianos o musulmanes, tamizando siempre lo mismo aquellos escritos que éstos a través de una crítica severa e imparcial.

I. HISTORIOGRAFÍA HISPANOJUDÍA

Bajo el doble epígrafe, pues, de historia y didáctica incluimos la labor realizada por los judíos españoles en el campo de la historiografía (crónicas, narraciones diversas, memorias) y cuanto tiene relación con la enseñanza escrita en sus varias formas, prescindiendo de los aspectos ya anteriormente estudiados. Haremos mención, seguidamente, de las obras que entran de lleno en la didáctica, que es también una forma de historia, más bien interna —faceta de sobresaliente interés—, como también de la admirable labor de ilustración y difusión realizada por toda una pléyade de traductores, y de los llamados «testamentos literarios», curiosa forma de instrucción y educación intelectual y moral, religiosa y profesional, con honores de última voluntad, que efectuaron algunos sabios maestros.

Si la épica es la forma de la historia en los pueblos primitivos y antiguos, también podría decirse, a la inversa, que la historia, en su aspecto político y externo, participa en algún grado, por su contenido, ya que no por la forma literaria, del carácter de la épica en las civilizaciones posteriores, sin excluir los tiempos actuales, cuando narra sucesos resonantes de cierta trascendencia. Por lo que a nuestro siglo se refiere —digámoslo de pasada, como confirmación de nuestro aserto— hay que reconocer que han ocurrido en la humanidad muchos sucesos de tal grandiosidad, que a su lado palidecen todos los temas de las antiguas epopeyas, que casi nos parecen, en muchos aspectos, verdaderos juegos de niños.

Con esto queda dicho que los judíos en la Diáspora, carentes de nacionalidad y viviendo generalmente de precario, como una minoría enquistada en la masa social de las naciones que los acogieron o adonde por azares del destino fueron a parar, no podían tener historia política. Las crónicas medievales que en España redactaron, prescindiendo de todo aquello que entra en la historia literaria, casi no son otra cosa que el recuento de las persecuciones padecidas a lo largo de quince siglos: la *elegía*, en suma, de su azaroso sino.

Así, puntualizado el concepto, carácter y limitaciones de la aportación judaica a la historiografía medieval, como legado, no carece de interés un somero estudio de la misma, que precisamente por sus peculiares características muestre con mayor claridad el fin ejemplar y magistral de la historia.

Considerada en su conjunto y cotejo con otros géneros, resulta notoriamente pobre y de cortos alcances. La razón primera y principal, insistimos, es la carencia de nacionalidad e independencia, troqueles donde se moldea la historia de los pueblos en que vivieron los judíos desde el año 70 d.C., y más todavía desde el 135. Dadas las precarias condiciones político-sociales en que su vida se desarrolla, repartidos en pequeñas comunidades, toleradas en el mejor de los casos, a menudo perseguidas y vejadas, y siempre en situación de inferioridad y zozobra, aun cuando parecía sonreírles la fortuna, ni podían tener otra historia que la parte mínima que les correspondiera en la general del país, ni, como consecuencia, escribir otros libros de historia, sino el recuento doloroso de las persecuciones sufridas. A lo sumo podrían consolarse tejiendo algunas coronas de alabanzas a los personajes conspicuos de su estirpe que habían logrado encumbrarse y que solían prestarles generosa ayuda, aunque también en ocasiones arrastraron involuntariamente a masas considerables en su ruina.

Para colmo de males, los historiadores musulmanes y lo mismo los cristianos han sido tan parcos, y a veces parciales e injustos, en la apreciación de los méritos contraídos por esas destacadas personalidades que tan relevantes servicios prestaron a los respectivos reinos, que la conspiración del silencio parece haber sido la tácita consigna fielmente observada por todos.

Por lo demás, como antecedentes de la capacidad historiográfica y patrimonio ancestral judaico en esta rama, no es menester recordar el brillante abolengo bíblico de la historia. Considerada en su conjunto la literatura del Antiguo Testamento, no es sino la historia completa de Israel durante dos milenios, la *historia sagrada*, como frecuentemente se la denomina, y que es uno de los numerosos nombres de la Biblia. Parte considerable —más de la mitad— de esos libros son genuinamente históricos; otros, los poéticos y sapienciales, son reflejo de la vida cultural, moral e interna del pueblo hebreo, y los oráculos de los Profetas, la manifestación más vibrante de la vida espiritual del pueblo de Dios. Tenían, por tanto, los judíos medievales una magnífica escuela, si las circunstancias no hubieran sido, como queda dicho, tan adversas y opuestas a la elaboración de obras históricas. Si los romanos, por ejemplo, no hubieran llevado a cabo los hechos memorables de su historia, no habrían existido, como escritores, un Salustio, un Tito Livio, ni siquiera un Eutropio.

La iniciación en el estudio y divulgación —en la escasa medida alcanzada— de la historiografía hispano-judaica se debe, en parte muy destacada, al interés y actividad del benemérito Gaspar Remiro. En un valioso trabajo de conjunto, que constituyó su discurso de entrada en la Academia de la Historia (22 de mayo de 1920), sobre Los *cronistas hispanojudíos* —y publicado, aparte de la colección de la Academia, en la *Revista del Centro de Estudios Históricos de Granada y su Reino*[1]— hace un detenido estudio sobre los cuatro autores y obras que integran el acervo historiográfico de los judíos españoles del Medievo.

Pero además el mismo docto profesor[2] impulsó a su discípulo F. Cantera, que andando el tiempo había de sucederle en la cátedra de Lengua Hebrea de la Universidad matritense, tras un breve intermedio en que fue ocupada por otros dos profesores, a emprender su tesis doctoral sobre la principal de esas crónicas, *Šebeṭ Yᵉhûdāh*[3], siendo la «Conclusión» el último trabajo aparecido en la misma. Anteriormente había visto la luz pública en la misma revista, fundada y dirigida por Gaspar Remiro durante su profesorado en Granada, e incluso después de su traslado a Madrid, durante doce años, el *Séfer ha-Qabbālāh*[4], de Abraham ben David (Prefacio y traducción por Jaime Bages), y la continuación de dicha crónica (con idéntico título) por Abraham ben Salomón de Torrutiel, traducida por el mismo erudito[5]. Seguramente que también estos dos trabajos se realizaron por iniciativa y bajo la dirección de Gaspar Remiro y a él, como director de la revista, se debió su publicación en ésta.

Por tanto, aunque dispersos, por la índole misma de la publicación, en una revista, por añadidura de provincia, gracias al interés del diligente profesor, tenemos, aparte del indicado estudio personal suyo de conjunto, tres de las cuatro indicadas crónicas, aparecidas bajo los auspicios de la Facultad de Letras de la Universidad de Granada.

En nuestro *Manual* pueden verse los capítulos XX y XXVII de la II parte, que incluyen esos y algunos otros autores y temas de historia y geografía, con las adecuadas consideraciones generales, lo cual nos exime de repetir aquí muchos datos, juicios, etcétera.

Aparte del indiscutible mérito que personalmente compete al laborioso orientalista mencionado, en esa tarea de divulgación de las crónicas hispanojudías, es de justicia destacar —y con agrado lo hacemos— la parte que a Granada corresponde en esa labor de publicación de las mis-

1. Tomo X (1920).
2. Lo fue de hebreo en las Universidades de La Habana (1892), Salamanca (1893) y Madrid (1913), y de árabe (con la disciplina de hebreo como acumulada) en Granada (1898-1913).
3. Traducción española, con estudio preliminar, que se publicó asimismo en la *Revista del Centro de Estudios Históricos de Granada y su Reino* XIV-XV (1924-1925).
4. Tomo XI (1921), pp. 105-178.
5. Tomo XII (1922), pp. 255-283.

mas, precisamente en una época en que tan de precario vivían los estudios hebraicos en España, sin exceptuar Madrid.

II. CRONISTAS E HISTORIADORES HISPANOJUDÍOS

1) *Abraham ben David* (1110-1180), toledano, médico y filósofo, iniciador, como dijimos, de la corriente aristotélica en España, es conocido sobre todo por su crónica titulada *Séfer ha-Qabbālāʰ* (*Libro de la tradición*), primera obra histórica que aparece en el campo de las letras hispanojudías, dos siglos después de su eclosión, en la época del Califato. Como acertadamente afirma M. Gaspar Remiro, «todos los escritores de Historia judaica han venido sacando grande aprovechamiento de ella hasta nuestros propios días», entendiendo por tales, asimismo, los cincuenta años transcurridos desde que ese juicio se formuló. Esto da idea de la importancia extraordinaria de la obra, resaltada por la susodicha penuria de escritos similares entre nuestros judíos medievales[6].

El *título* (que nada absolutamente tiene que ver con la Cábala, sino que su traducción es precisamente el sentido de ésta) lo explica el autor al principio mismo de la Introducción en estos términos:

> Este *Orden de la Tradición* lo escribimos para enseñar a los discípulos que todas las palabras de nuestros maestros, de bendita memoria, todos ellos sabios en la Mišná y el Talmud, fueron recibidas por tradición no interrumpida...

Tras un recuento esquemático de personajes y años, según la cronología bíblica, desde Adán hasta la salida de Egipto, y desde esta fecha hasta la destrucción del primer Templo, es decir, hasta la cautividad de Babilonia, con enumeración subsiguiente de los príncipes de Israel en Babilonia, pasa a los *Rabbanîm,* o sea, los siete famosos doctores pertenecientes a la familia de Hil-lel, el cual fue de Babilonia a la Tierra de Israel «cien años antes de la destrucción del segundo Templo». Se retrotrae después a la promulgación de la Ley, recibida por Moisés en el Sinaí, el cual transmitió a Josué «tanto la Ley escrita como la Ley oral», y así, en ininterrumpida cadena hasta «los Varones de la Gran Sinagoga», como se indica al comienzo del tratado *'Abôt.* Siguen a continuación, con cierto detalle, las «diez generaciones, desde Zorobabel y los que con él volvieron del destie-

6. Recientemente se ha efectuado una magnífica edición de esta obra: *A critical edition with translation and notes of the Book of Tradition (Sefer ha Qabbalah) by Abraham ibn Daud*, a cargo de Gerson D. Cohen, 1967, publicada por The Jewish Publication Society of America, London, [1]1969.

rro hasta R. Yohanán ben Zakkay», el cual fundó la primera academia, después de la destrucción del segundo Templo, en Yabné.

Seguidamente se ocupa de las cinco generaciones de los *Tannaîm,* de las siete de los *Amoraîm,* cinco de los *Saburaîm* (los que dieron la última mano a la Guemará, en un período de 197 años), y ocho de *los G^e'ōnîm*, hasta la traslación del rabinato a España, actuando de nexo entre las preclaras academias de Oriente, ya en decadencia, y el renacimiento literario y científico de España, a mediados del siglo X, R. Mošé ibn Ḥanok, al cual sucedió como presidente de la restaurada Academia de Córdoba su hijo R. Ḥanok ben Mošé, muerto en 1015.

Se hace a continuación la historia de las tres generaciones del rabinato español, designada y prestigiada cada una con los nombres de los más ilustres personajes, desde Š^emuel ibn Nagrella hasta Meir ben Yosef ibn Migáš, último rabino de Lucena y los que con él, huyendo de la persecución almohade, «emigraron como jefes de los desterrados a la ciudad de Toledo, donde procuraron formar discípulos según su poder, lo que Dios consintió por su medio». Termina esta parte, que indudablemente encierra el máximo interés, con una brevísima referencia a los maestros que en tal ocasión se establecieron en Francia.

En el *Epílogo* se hace un recuento retrospectivo de las generaciones, 38 desde los profetas de la época postexílica, añadiendo algunos datos complementarios y, a modo de colofón: «Hemos terminado el *Orden de la Tradición* con el auxilio de Aquel para quien es la gloria y la alabanza». En el último párrafo del Epílogo promete contar «la historia de los reyes de Israel durante el segundo Templo», asimismo «comentar la profecía de Zacarías, a quien dijo Dios: Apacienta las ovejas de la matanza (Zac 11, 4)», y «narrar la historia de los romanos»[7].

2) *Abraham ben Š^elomó ibn Torrutiel* (1482-?), nacido en el término de Utiel (Valencia), y emigrado de España cuando contaba diez años, se estableció con su padre, notable talmudista, en Fez. El año 1510 compuso su breve apéndice, en tres capítulos, a la obra de Abraham ben David, con el propósito de completarla hasta dicha fecha, «a fin de enseñar a las futuras generaciones —dice él mismo en el Prólogo— que la tradición ha seguido siendo transmitida de maestro a discípulo, desde el año de su entrega en el Sinaí hasta el presente, y así ha de seguir hasta el futuro, para ser guía de justicia. También he creído conveniente dividir mi trabajo en tres capítulos».

Fiel a su propósito, conservó el mismo título, *Libro de la Tradición.* Aunque demasiado sucinta, es interesante porque llena la laguna de tres

7. Sobre estos Apéndices (1.º y 3.º) véase nuestro *Manual* (p. 507) y lo que al respecto dice Gaspar Remiro en el referido discurso (p. 55).

siglos y medio, y narra, con emotivos acentos, en el tercer capítulo, las penalidades de los desterrados, especialmente el terrible incendio ocurrido en Fez (1506), por efecto del cual y azares subsiguientes perecieron más de veinte mil judíos de los allí refugiados.

La obra, en su conjunto, es de un valor muy menguado, por su falta de interés, escasez de noticias, carencia de sentido crítico y abundantes anacronismos y errores[8].

3) *Yosef ben Ṣaddîq de Arévalo,* rabino natural de esta ciudad, vivió en la segunda mitad del siglo XV y escribió el *Qiṣṣur Zéker Ṣaddîq* (*Compendio recordatorio del justo* = su patronímico), en el que figura un capítulo complementario, que es una sucinta crónica de hebreos ilustres y otros, desde la Creación hasta el año 1487, fecha de conclusión de la obra, inédita todavía en un manuscrito, único existente, de la Bodleian Library, de Oxford.

«El trabajo de Ben Ṣaddîq —escribe Gaspar Remiro— forma en general un conglomerado de fechas y nombres de fama universal, y solamente en los tiempos próximos o coetáneos del autor son anotados ciertos hechos con alguna mayor amplitud»[9]. Va dividido en milenios. Especial curiosidad ofrecen algunas referencias o menciones de personajes de la historia universal y la de España.

Hacen notar los autores que Ibn Torrutiel (*vid. supra*, 2) copió mucho de este autor, como se evidencia del cotejo de ambos escritos, del paralelismo en la forma de exposición y hasta de la misma dicción literal en determinados pasajes.

Con respecto a la veneración y diligencia en pro de la *tradición* que éste y los cronistas precedentes demuestran, recordemos las autorizadas palabras de don Ramón Menéndez Pidal en el I Simposio de Estudios Sefardíes:

> Toda mi vida ha sido estudio de fenómenos literarios e históricos muy relacionados con la tradición. Pues bien: el pueblo del universo que ha cultivado más la tradición es, sin disputa ninguna, el pueblo de Israel. Y una rama de este pueblo, la sefardí, es la que ha cultivado con gran esmero y amor la tradición española, a la cual se asocia[10].

4) *Abraham ben Šemuel ben Abraham Zacut* (1452-1522), salmantino, discípulo del «último gaón de Castilla» (R. Iṣḥaq Aboab, m. 1463), además de sus obras astronómicas y astrológicas, y algunos escritos lexico-

8. Puede verse un extracto bastante pormenorizado en el indicado trabajo de Gaspar Remiro, amén de algunas otras noticias sobre el libro.

9. *Los cronistas hispanojudíos*, cit., p. 67.

10. Junio de 1964; *vid. Actas,* 1970.

gráficos, es famoso por su *Séfer yûḥāsîn* (*Libro de los linajes*), empezado en España y terminado en Túnez hacia el año 1504, que viene a ser una continuación y complemento de la clásica obra de Abraham ben David. Sobre las relaciones entre ambos escritos, dice Gaspar Remiro:

> Es evidente que nuestro Zacuto se sirvió, para las primeras partes de su obra, del *Libro de la Tradición*, de Abraham ben David, del cual transcribe textualmente largos pasajes. En otros de tiempo posterior se echa de ver igualmente un marcado paralelismo entre los recitados de Zacuto y los de la Crónica de Ben Tsaddic de Arévalo; pero como al propio tiempo se observan entre ambos cronistas notables diferencias, críticos tan notables como Loeb y Neubauer han llegado a pensar que Zacuto no utilizó directamente los escritos de Ben Tsaddic de Arévalo, sino que más bien uno y otro se hubieron de servir de una misma crónica anterior desconocida. Aparte de esas dos fuentes principales, Zacuto bebió indudablemente en otros escritos y obras casuísticas o no históricas, no solamente de escritores judíos, sino también de musulmanes y cristianos[11].

La obra de Abraham Zacut, decimos en nuestro *Manual*, «representa un valor importante en la historiografía judaica y constituye valiosa fuente de información, sobre todo para el oscuro período talmúdico. Destácase por su noble sinceridad, su autonomía de pensamiento y la independencia de su criterio científico» (p. 572).

5) *Los Ibn Verga y su obra histórica*. La obra más completa e importante dentro del género histórico de la literatura hispanojudía es la titulada *Šébet Yehudá* (*La vara —o tribu— de Judá*), en cuya composición intervienen tres miembros de la familia Ibn Verga, de Sevilla, a lo largo de un siglo (segunda mitad del XV a segunda mitad del XVI) y son: Yehudá ibn Verga, matemático, astrónomo y cabalista, iniciador de la obra y recopilador de datos y documentos, perseguido por la Inquisición y muerto en Portugal (1499); Šelomó ibn Verga (1460-1554), también sevillano, pariente del anterior, médico de profesión y autor principal de la obra, que vivió en Castilla, emigró a Portugal y de allí huyó, con ocasión de la terrible matanza de criptojudíos (1506), que él mismo nos cuenta, y concluyó la obra en Nápoles, o quizá en Andrinópolis (Turquía), donde murió; y, por último, Yosef ibn Verga, nacido en esta última ciudad, que acrecentó la obra de su padre con notables adiciones.

El parentesco entre los dos primeros no ha podido determinarse con exactitud. El segundo dice en el breve Prólogo que encabeza la obra: «Habla Salomón ibn Verga: Al final del libro que compuso mi antepasado[12], el sabio don Yehudá ibn Verga...» (trad. de F. Cantera).

11. *Los cronistas hispanojudíos*, cit., p. 73.
12. Gaspar Remiro traduce «mi señor».

Es una obra de considerable extensión, cuyo contenido indica claramente el referido Šᵉlomó, a continuación de la cita precedente: «Me encontré anotadas algunas de las violencias y persecuciones que padecieron los israelitas en tierra de infieles[13], y que yo he traducido para que las conozcan los hijos de Israel y se conviertan implorando piedad al Señor de las misericordias».

Se ve, pues, claramente, el origen, contenido y finalidad en la mente del autor principal; pero su interés y finalidad rebasa el área judaica, prestando magníficos servicios para el conocimiento de la historia de este pueblo en sus relaciones azarosas y tristes —*leit motiv* de la obra— con los demás[14].

Baste añadir que, aun cuando no pueda considerarse esta obra como auténtica historia de Israel en la Diáspora, sin embargo, por la amplitud de su contenido, variedad de fuentes y notable estilo, con frecuencia netamente bíblico, entreverado de frases tomadas literalmente del texto sagrado, ocupa un puesto de honor entre las restantes crónicas judaicas, de las cuales tomaron poco sus autores, documentados más bien en fuentes árabes y latinas y, sobre todo, en su información personal y tradiciones familiares.

Añadamos, finalmente, que al lado de esas obras históricas es digna de mención la histórico-geográfica del famoso viajero *Benjamín de Tudela* (segunda mitad del siglo XII), *Massāʻôt šel R. Binyamin* (*Viajes de R. Benjamín* o *Itinerario*), memorias de un viaje por diversos países de Europa, Asia y África del Norte, única en su género que nos legó la Edad Media judaica, curiosa, instructiva e interesante.

III. DIDÁCTICA

El patrimonio cultural de un pueblo, y el de la humanidad entera, se transmite de una generación a otra mediante la enseñanza en todas sus formas: es la herencia que pasa de maestros a discípulos, de padres a hijos, de unos hombres a otros en cadena no interrumpida. Desgraciada y ruin sería la generación que rechazara esa transmisión espiritual, como la que neciamente despreciara o menoscabara los bienes materiales, legados por sus padres y abuelos, con la diferencia de que los valores espirituales siempre deben ocupar la primacía.

La efectividad de esa entrega, *tradición* en suma —*traditio,* de *tradere,* «entregar»— y los medios con que se realiza son aspectos interesantes,

13. Gaspar Remiro: «extranjera».

14. Para más detalles sobre el contenido de ésta y juicio sobre la misma, remitimos a nuestro *Manual* (pp. 567-570) y al discurso citado de Gaspar Remiro, pero sobre todo al extenso Prólogo con que F. Cantera encabeza su traducción (*op. cit.,* RCEHGR, pp. 83-123).

que pertenecen por un lado a la historia, mas también a la didáctica. Sin las enseñanzas que una y otra nos ofrecen, como exponentes de la civilización de un pueblo, y sin su adecuada transmisión, la cultura, fatalmente, se extinguiría.

En su más amplia acepción, toda la literatura es una forma de enseñanza. Estudiadas anteriormente diversas modalidades de esa faceta abigarrada y multiforme, vamos a polarizar nuestra atención en los aspectos propiamente didácticos, como forma directa de transmisión de la cultura, en el área que nos hemos trazado.

La casa paterna, verdadero santuario religioso en el judaísmo tradicional y de manera tan destacada todavía entre los sefardíes, era indiscutiblemente en los siglos medios —y lo ha sido hasta nuestros días— el primero y en muchos aspectos el principal medio de transmisión de la cultura, desde sus grados más rudimentarios hasta límites muy variables de cada caso, sobre todo cuando existía cierta solera, ambiente intelectual y refinada educación.

No es menester recordar con cuánta diligencia y devota solicitud se observaba el precepto, rememorado e imbuido por el Salmista, de conservar y transmitir las viejas tradiciones, como norma general de religiosidad y preparación para la vida. Pero conviene destacar la frecuencia con que el padre, distinguido o simplemente mediocre talmudista, poeta, exegeta, gramático, etc., inculcaba a su hijo los primeros elementos de la instrucción en esas ramas y los secretos del arte y la ciencia. El padre de Maimónides fue su primer maestro, como tantos otros lo fueron igualmente de sus hijos. La familia Ibn Migáš, los Ibn Nagrella, los Tibbónidas, los Qimḥí, los Zacuto, los Abravanel pregonan esa transmisión de la cultura, la ciencia, la profesión en el seno del hogar. Los «testamentos literarios», a que seguidamente haremos referencia, dan testimonio de ese afán transmisor de la herencia espiritual de padres a hijos, de maestros a discípulos. Las madres de familia tomaban asimismo parte activa en la educación y formación de sus hijos. Cuando en Prov 1, 8, el primer consejo que se da —tras el breve proemio, con el título y el argumento del libro— es éste: «Escucha, hijo mío, las amonestaciones de tu padre y no desdeñes las enseñanzas de tu madre», se marca de manera irrecusable la participación que a ésta incumbe en tan importante función.

Después del hogar, vienen los centros de enseñanza, desde el *bêt séfer*, «casa del libro» o escuela primaria, hasta las grandes academias, la *y^{e}šîba^{h}* (pl. *-bôt*), algunas con categoría de verdaderas universidades —cuando todavía no se habían empezado a fundar en la Europa cristiana— por el superior nivel y variedad de sus enseñanzas y la vasta sabiduría de sus maestros, aureolados muchos de ellos de sin igual prestigio y autoridad. El gran predicamento de que gozaban en España la Academia talmúdica de Córdoba, desde su restauración por R. Mošé ibn Ḥanok, la de Lucena, los centros de alta cultura, cualesquiera que fuesen, en Zaragoza, durante las dos dinastías de Taifas, *tuŷibíes* y *hamudíes,* en Sevilla, Granada, Tudela, etc., se demuestra por la atracción que ejercían sobre los espíritus ávidos de saber de toda España y otros países, hasta de lejanas tierras, que a esos centros acudían.

Una forma bien explícita de la didáctica es la constituida por los tratados científicos destinados a la pública docencia en escuelas, academias, universidades, cuando en el siglo XIII empiezan a desarrollarse, o que en ellas ejercieron positiva influencia. Ambas modalidades están bien representadas en las producciones de ilustres científicos hispanojudíos. De varios de ellos hemos hecho notar se tradujeron al latín algunas obras suyas, que sirvieron de texto en determinadas universidades europeas.

Tratados didácticos de alto nivel son las dos obras de Mošé ibn 'Ezra: *Jardín sobre el sentido metafórico y el propio*, de contenido filosófico, parcialmente conocido en una traducción hebrea anónima, y, sobre todo, el importantísimo *Libro de la discusión y el coloquio*, todavía manuscrito en su original árabe, pero divulgado gracias a la traducción hebrea de B. Halper[15], titulada *Širat Iśrael*, y que ha sido detenidamente estudiado por el profesor Díez Macho en los capítulos III a VI de su libro *Mošé ibn 'Ezra como poeta y preceptista*[16], del cual dice:

> Además de poeta, fue preceptista, y como tal nos ha legado un libro de preceptiva poética y de Adab, único en la literatura hebraica, y dentro de ese libro nos dejó escrita la primera y más autorizada historia de la poesía hebraica medieval, mucho más autorizada que la de Al-Ḥarizí; y por si esto fuera poco, por primera vez en la historia literaria del judaísmo en ese precioso libro nos reveló de una manera sistemática las bellezas estilísticas del Viejo Testamento [...] Hemos de llegar a la mitad del siglo XVIII para encontrar otro nombre, el de R. Lowth, que se preocupe del estudio de la estética expresiva de los Sagrados Libros hebraicos, o hemos de adelantarnos a los siglos XIX y XX para hallar los tratados de retórica bíblica de König y Yellin[17].

También hay bastante historia literaria y preceptiva, que sirve de complemento al anterior, en el aludido *Taḥkᵉmoní*, de Yᵉhudá al-Ḥarizí, de carácter misceláneo.

Sería del máximo interés, como obra de síntesis, recoger todo cuanto sobre temas de *omni re*, expuestos en forma didáctica, se encuentra disperso en las obras, de cualquier clase que sean, de los escritores hispano-

15. Leipzig, 1924.
16. Volumen V de la «Biblioteca hebraicoespañola», Instituto Arias Montano, CSIC, Madrid-Barcelona, 1953.
17. *Ibid.*, p. 8.

judíos, elaborando una especie de *Enciclopedia didáctica general hispanojudía*.

IV. TESTAMENTOS LITERARIOS

Los llamados «testamentos literarios», de abolengo talmúdico, forman una rama interesantísima, escasamente conocida, de la literatura rabínica y está constituida por pequeños tratados que, a modo de, última voluntad y con nobles afanes de perpetuación de la enseñanza y la educación impartida durante toda la vida a sus hijos y discípulos, legaron algunos sabios maestros del judaísmo

El tono familiar, íntimo, cuajado de experiencia y sentimiento religioso, en el estilo parenético de Moisés en el Deuteronomio, con frecuentes toques emotivos, presta singular encanto a estas obritas, cuya divulgación sería de un gran valor formativo para la juventud de todos los tiempos, una orientación para maestros y discípulos y un tónico de la voluntad para todos.

Tres mencionaremos, notables por la especial relevancia de sus autores y la luminosidad de su doctrina: el de Maimónides a su hijo Abraham, el de Y^ehudá ibn Tibbón a su hijo y meritísimo sucesor en las tareas de traductor Š^emuel, y el de Naḥmánides a su primogénito y otro a su hijo menor. Todos ellos son, conforme al estilo del género, breves y condensados, verdadero vademécum propio para la asidua meditación y rumia cotidiana de las máximas y consejos que en ellos se contienen. Naturalmente, abundan las frases de la sagrada Escritura y su espíritu los llena por completo.

El de RaMBaM empieza así:

> Bendigo al Señor, que me ha aconsejado y me ha dirigido por la senda de la verdad. Recordaré sus mercedes en todo lo que me ha otorgado. Me castigó dolorosamente, pero no me entregó a la muerte. Me tomó con su diestra y me protegió bajo la sombra de su mano [...] Escuchadme, hijos míos. Benditos seáis del Señor que hizo los cielos y la tierra [...] ¡Sed fuertes y sed hombres! Temed al Señor, el Dios de vuestros padres, el Dios de Abraham, Isaac y Jacob, y servidle con perfecto corazón y con amor, pues el temor solamente preserva del pecado, pero el amor estimula al bien.

El de Y^ehudá ibn Tibbón, mucho más extenso que el de Maimónides, va encabezado con la invocación «En el nombre del Señor, cuya memoria sea exaltada y ensalzada por siempre». Sigue la dedicatoria, dirigida a «su hijo Š^emuel en su juventud», y a continuación unos versos con frases de la Escritura. Después dice:

> Presta oídos a mis preceptos, y que ninguno de mis requerimientos caiga en el vacío. Pon ante tus ojos mis instrucciones, pues ellas harán prósperos tus caminos, y así tendrás éxito, y tus días se prolongarán en el bienestar y el agrado. ¡Oh, Señor!, que tu nombre sea por siempre glorificado.

Naḥmánides, desterrado tras la polémica con el converso Pablo Cristiano (1263) y refugiado en Palestina, donde murió, sostuvo activa correspondencia con sus hijos. Una de esas cartas, *'Iggèret ha-mûsār* (*Epístola de la admonición*) es un verdadero testamento literario, dirigido a su primogénito Naḥum, en que le recomienda la humildad, el sentimiento de la presencia de Dios, el estudio de la Torá y la oración pura y fervorosa. El destinatario de otra, titulada *Séfer ha-zākût* (*Libro de la pureza*), es su hijo menor, Š^elomó, y en ella se ensalza la castidad y pureza de vida, se inculcan ciertas prácticas de devoción y se recomienda la asidua lectura de la Torá.

La Historia Sagrada es la historia viva y palpitante del pueblo de Israel y sus antepasados durante dos milenios, y aun en realidad desde los orígenes de la humanidad, y ella fue su mejor maestra mientras se iba forjando y lo ha sido después durante otros dos milenios, densos de valores espirituales. Mas también ha sido y sigue siendo la maestra insuperable de toda la humanidad.

Los Libros Sapienciales, flor de la sabiduría, ciencia y experiencia alumbradas por la antorcha de la divina revelación, como esa Historia, cuyo protagonista es Dios, han sido siempre los grandes consejeros del pueblo judío, cantera inexhausta de sabios doctores, respetuosos transmisores de la tradición y denodados operarios de esa viña de la ciencia que siempre da sabrosos y sazonados frutos cuando cae sobre ella el rocío del cielo.

Los judíos españoles, en la lejanía del tiempo y de la amada Sión, mantuviéronse fieles a esa historia, esas enseñanzas y esa tradición, tres soles inextinguibles que no se apagarán, porque los vivifica el espíritu de Dios.

15

HEBRAÍSMOS

I. LENGUA Y LITERATURA

Notorias son las estrechas vinculaciones existentes entre la lengua y la literatura de un pueblo, país o región, tanto en el ámbito interno como en el foráneo; pero no tan absolutas que la influencia de un idioma en otro presuponga necesariamente un influjo similar en el campo de las producciones literarias, o a la inversa. Ambos fenómenos se produjeron ciertamente, y en gran escala con la helenización de la lengua y la literatura latinas; pero, en principio, hay que establecer marcada distinción. La lengua es el órgano común de expresión y comunicación de un pueblo o agrupación en los múltiples órdenes y actividades de la vida; la literatura es la voz de una minoría culta, consciente, menos instintiva que la masa, de más altos vuelos —aun cuando en cierto modo sea aquélla intérprete y portavoz de ésta—, que deliberadamente inquiere, investiga, selecciona, elabora y crea. Las ideas que en las alas sutiles de la hoja escrita o el libro volandero y durable se expanden al azar, pueden tener muy diversa procedencia, no siempre determinada por razones de contigüidad.

Con todo, sabiendo que la lengua castellana, idioma oficial en el reino de Castilla, ya fijado en su estructura desde los tiempos del Rey Sabio —segunda mitad del siglo XIII—, y dos centurias después, de todo el mosaico de razas moldeadas en el troquel hispánico bajo el signo de la romanización y de la cruz, encierra en sí polícromos vestigios de más de veinte idiomas, causará sorpresa que un pueblo de tan acusada personalidad como el hebreo, cuya presencia en España se denuncia desde remotos siglos, que tan preponderante influjo ejerció en la península Ibérica durante un milenio por lo menos y tan visibles huellas dejó en diversos sectores de nuestra literatura, aparte de la irradiación ecuménica de la Biblia, obra del genio hebraico, no parezca haber influido de modo considerable el idioma español. Diríase que también el tesoro de la lengua fue sometido a una escrupulosa investigación de «limpieza de sangre», como las que durante tanto tiempo trajeron en jaque a muchas familias e individuos sospechosos de tener ascendencia judaica.

Las escasísimas voces de etimología hebraica oficialmente registradas en el diccionario castellano —medio centenar a lo sumo— son las que han pasado por las aguas bautismales del latín eclesiástico, y designan cosas o instituciones netamente bíblicas; pero apenas hay alguna que haya encarnado en el viviente organismo del habla vulgar.

Cierto que la lengua ancestral de ese pueblo, numerosamente radicado en el suelo ibérico, ya no era vernácula, ni siquiera para sus antepasados palestinenses, desde hacía más de un milenio; pero seguía siendo, a través de los siglos y países de la Diáspora y hasta nuestros, en que ha revivido, como el fénix de entre sus cenizas, la lengua litúrgica y sabia de Israel, como el latín cuando ya empezaban a hablarse las lenguas romances y hasta varios siglos después.

No podemos, por tanto, suscribir íntegramente la afirmación de nuestro admirado A. Meillet, quien asegura rotundamente: «La influencia del hebreo en nuestras lenguas nunca ha podido ser directa», y pretende comprobarlo alegando que «ciertamente no pudo ser el resultado de un intercambio personal, dado que cuando los países occidentales iniciaron sus contactos con los judíos, éstos ya no hablaban el hebreo, sino el arameo». De ahí deduce la conclusión: «La influencia hebrea ha sido enteramente literaria y procede íntegramente de la Biblia»[1].

Nuestra discrepancia con la opinión del eminente lingüista queda ya razonada con el paralelismo apuntado entre la situación del hebreo en la sazón indicada y el latín en la Baja Edad Media, cuando un clérigo de la categoría de Berceo reconocía su incapacidad para componer un poema en latín, y por eso prefiere hacerlo en «román paladino», una de las hablas vernáculas de la Romania. Sin embargo, el latín, como lengua científica, hablada en las academias, universidades, seminarios y otros centros de alto saber, seguirá influyendo *directamente* durante muchos siglos en el castellano y demás lenguas o dialectos derivados de la lengua del Lacio. En latín daba sus clases fray Luis de León (*Heri dicebamus*) y como él los demás maestros, y hasta nuestros días ha sido, al menos oficialmente, una lengua fundamental para el intercambio entre universidades de habla distinta.

Análogamente, los doctores judíos y sus discípulos hablaban y escribían en lengua hebrea en la *yešîbā^{h}*, y, lógicamente, a la hora de hablar,

1. A. Meillet, «Influence of the Hebrew Bible on European Languages», en *The Legacy of Israel*, Oxford, 1928, pp. 473-482.

escribir, alternar de cualquier modo con los hablantes de la lengua castellana, u otras romances de la Península, llevando la carga lingüística hebrea que atesoraban, era forzoso que infiltrasen no solamente vocablos, sino también locuciones, giros y construcciones de raigambre hebraica en las hablas vulgares. La influencia hebrea ejercida a través de la Biblia latina en esas lenguas no podía ser grande, puesto que el latín de la Vulgata es, dentro de su época, correcto y, a menudo, elegante.

II. ESTUDIO DE LOS HEBRAÍSMOS EN LA LENGUA ESPAÑOLA

Empecemos por reconocer que no se ha prestado a este tema especial atención, y hay modernos filólogos españoles, por ejemplo Menéndez Pidal, en su *Manual de Gramática histórica española*, fuente común de todos los gramáticos y profesores de esta lengua a lo largo de más de medio siglo, que, al hablar de los elementos integrantes de la lengua española, ni siquiera mencionan los *hebraísmos*; en cambio, sí se ha trabajado provechosamente en el área de los arabismos y helenismos[2].

Aún podríamos afirmar que quizá habría sido preferible no tocaran esta materia algunos hebraístas del pasado siglo, por lo demás beneméritos y conspicuos, que, movidos de un intempestivo entusiasmo hacia su especialidad pretendían ver todo el léxico castellano (o catalán) cuajado de etimologías hebreas; tales fueron, entre otros, el doctor Antonio María García Blanco y el doctor Mossé Marián Grandía.

2. Tampoco el *Diccionario de Autoridades* de la Academia, en su «Discurso proemial sobre el origen de la lengua castellana», menciona el hebreo —ni el griego—, pero sí el árabe.

En 1869 (Leyden), R. Dozy y W. E. Engelmann publicaron un *Glossaire des mots espagnols et portugais dérivés*, aprovechando ampliamente los estudios anteriores de diversos etimologistas españoles, el *Vocabulario arábigo* de fray Pedro de Alcalá (1505). Años después (1886) el catedrático de Literatura General y Española de la Universidad de Granada, don Leopoldo Eguílaz, dio a la estampa su *Glosario etimológico de las palabras españolas de origen oriental*, obra lexicológica de amplio marco, como indica su título.

Don Miguel Asín publicó sus Enmiendas árabes del Diccionario de la lengua, de la Real Academia Española, en la revista *Al-Andalus* IX (1944), estudio que abarca un total de 1.139 voces, pero que, segregando 111 repetidas, suprimidas por erróneas o pertenecientes a otras lenguas, 44 consideradas como dudosas y tres nombres propios, quedan reducidas a 981, muchas de las cuales son arcaicas y completamente desusadas hoy día.

A. Mekinassi, aprovechando la labor de sus predecesores, publicó en Tetuán (1963) un *Léxico de las palabras españolas de origen árabe*, que totaliza una lista de 974, muchas de ellas igualmente anticuadas.

C. Eseverri Hualde editó en 1945 (Burgos) un completísimo *Diccionario de helenismos españoles*, en el cual se analizan «más de 17.000 vocablos españoles derivados del griego».

El primero consignó en su *Diqduq o Análisis filosófico de la escritura y la lengua hebrea*[3] un curioso elenco de voces cuya etimología afirmaba, gratuita y fantásticamente, ser de origen hebreo. En la mayoría de los casos se trata de etimologías acomodaticias o «de sonsonete», sin verdadera base científica, cuando precisamente la etimología es un arte que requiere suma circunspección, cautela y sólida preparación lingüística. Por eso en el *Dictionnaire Étymologique de la langue latine (Histoire des mots)*, de Ernout-Meillet, en *Avertissement,* se pone en guardia contra la precipitación y excesiva confianza en la formulación etimológica de las palabras:

> El lector se sentirá defraudado en la parte de etimología prehistórica de este libro [...] En el actual estado del trabajo, lo que importa sobre todo es desembarazar la investigación de las vanas hipótesis que la recargan[4].

Nos place recordar, asimismo, que la Academia Española, en su *Diccionario de Autoridades* antes citado (1726), dos siglos antes que los dos sabios lingüistas franceses, adoptaba un criterio de prudencia similar en tan resbaladiza materia. Dice en el Prólogo:

> Por lo que mira a las etimologías [...] habla la Academia con el pulso y moderación que corresponde al peligro de errar; y tiene por más congruente evitar muchas, antes que exponerse a un error cierto, que justamente se le impugnase.

Un erudito español del siglo XVIII, Gregorio Mayans y Siscar, aun cuando no fuera propiamente hebraísta ni orientalista, en sus *Orígenes de la lengua española* (1737), obra de maciza erudición y sano criterio, en la que recoge y comenta con acierto y sensatez lo escrito anteriormente acerca de la etimología, con criterio ecléctico y discreto coloca al hebreo en cuarto lugar, inmediatamente después del griego, en el orden de las lenguas que mayor copia de vocablos han prestado a la española. Dice así:

> Después de la lengua griega, juzgo que de ninguna otra tenemos más voces que de la hebrea [...] Que muchos vocablos de la religión son hebreos, nadie lo negará, pues a todas horas oímos: *amén, Jesús*, y con frecuencia: *cabalistas, fariseo, jubileo, hosanna, querubín, serafín*, y otros muchísimos. Además de todos los cuales tenemos: *azote, bolsa, cofre, embajador, filatería, garguero, hulano, mezquino, pitanza, quintal, recua, saragüelles, tacaño, vaquero, zamarra* y otros muchísimos.

3. Madrid, 1846-1851, 3 vols., vol. II.
4. Paris, 1932, pp. V-VI.

Y seguidamente añade respecto al fenicio, púnico y cananeo unas observaciones no despreciables:

> Que la lengua fenicia fuese casi la misma que la hebrea es sentencia que prueban los más eruditos [...] Muchas voces, cuyo origen parece hebreo, es tal vez fenicio o cananeo. Por eso no es razón separar (hablando de los orígenes) la lengua púnica de la hebrea. Y así digamos que la lengua púnica es uno de los orígenes de la española, por haber los penos o cartagineses, descendientes de los tirios, dominado a toda España y haber fundado varias colonias [...] Como la lengua púnica era hija de la fenicia y ésta de la hebrea o muy conforme a ella, por la lengua hebrea se puede rastrear el origen de muchas voces españolas propiamente fenicias (pp. 362-364).

Estas atinadas observaciones, como puede verse, hacen aún más compleja la cuestión de los hebraísmos y el origen etimológico de muchas palabras españolas; pero sitúan el problema en un plano más hondamente científico, que invita a una revisión a fondo.

Una de las consideraciones que se deducen de las indicaciones precedentes es la duda en no pocos casos de si ha de considerarse como de origen árabe o bien hebreo un vocablo español que existe en forma casi idéntica en estos dos idiomas hermanos, por ejemplo *azucena*. La discriminación será a menudo bastante difícil.

III. LISTAS DE HEBRAÍSMOS EN ESPAÑOL

Eguílaz, en el *Glosario* anteriormente citado[5], advierte: «Doy cabida en este trabajo a las palabras de origen hebreo, no obstante de ser contadas las que se derivan inmediatamente de aquella lengua». Son las siguientes: *Adán, amén, atorá, Baal, Babel, baraha* (bendición), *Cábala, coenim* (pl. de *Cohen*), *Edén, fariseo, gehenna, Gólgota, hebreo, Helohym, Hosanna, Jehová, jubileo, judío, Leviatán, maná, María, Mesías, nabla* (= instrumento músico), *Pascua, querub* (querubín), *rabí, sábado, Sabaot, sabeo, saduceos, Sanedrín, serafín, samas* (= ministro de una sinagoga), *Talmud. tefylá* («oración mortuoria»). En total, 36.

El *Diccionario de la Academia Española*, en sus últimas ediciones, incluye aproximadamente las mismas voces como derivadas del hebreo, y además: *amorreo, Barabá, caraíta, efetá, efod, gálbano, Háber, hacán, hisopo, jebuseo, marrano, moabita, safardita, táled, trifa*[6].

5. Introducción, p. XV.

6. Es de lamentar que no se pusiera más esmero en la transcripción de la etimología hebrea en las ediciones del *Diccionario de la Academia* en que aparece con caracteres hebreos, y que en la última se ha sustituido por su transliteración latina.

Como puede observarse, dentro de la exigüidad numérica de esas dos listas, que suman un total de unas cincuenta voces, aun sobran algunas, por ser nombres propios, como *Jehová* y *María* —la onomástica debe figurar aparte en esta cuestión—, o por tratarse de vocablos de procedencia más bien aramea por su forma, tales como *fariseo, hebreo, saduceo*, o por ser de uso específicamente judío y no estar incorporados al léxico español —más bien habría que considerarlos como pertenecientes al *ladino*—, por ejemplo *Háber* (doctor), *taled* (paño usado para orar), o ser simplemente una expresión verbal, por ejemplo *efetá* («ábrete»), sin empleo en español.

Podríamos afirmar, sin ofensa para la docta Corporación, que entre esos hebraísmos ni están todos los que son, ni son todos los que están. Aun así, reconocemos que el breve elenco hebraico poco representa en verdad, comparado con el árabe; pero, en cambio, es evidente que los valores, sugerencias y evocaciones de la mayoría de esos vocablos pertenecen al mundo espiritual, religioso y teológico, o bien al literario, histórico e institucional, a diferencia del vocabulario hispano-arábigo, de preponderante significación material hasta el extremo de que se ha dicho no hay ni un solo término, en ese último grupo, que pertenezca a la esfera del sentimiento. Éste es un aspecto de la cuestión muy significativo, que en ese sentido implica evidente superioridad.

Sin incurrir en exageraciones o despropósitos, que somos los primeros en censurar, creemos que la lista de hebraísmos «oficialmente reconocidos» en la lengua española podría incrementarse, mediante una investigación concienzuda y la adecuada preparación lingüística, con un buen número de voces, cuya etimología hebrea pide su puesto en el diccionario etimológico español, que aún está por hacer.

Citemos algunos, por vía de ejemplo. *Gallofa,* en su acepción de «añalejo para regir el Oficio divino», del hebreo *galaf,* «grabar, esculpir» (*gil·lûf,* «escultura, grabado»). *Malšín,* «chismoso, mal intencionado», y sus derivados (según el *Diccionario de Autoridades*) malsinar, malsindad, malsinería: del hebreo *malšîn,* «calumniador, denunciador, delator». *Desmazalado,* «flojo, caído, dejado», del hebreo *mazzal,* «destino, fortuna, (buena) suerte», con el prefijo *des-,* privativo. *Burro,* en la acepción familiar de «persona ruda e ignorante»: hebreo *bûr,* «ignorante, rústico, mal educado». La confusión con el asno, al igual que *marrano,* en el sentido de criptojudío, erróneamente relacionado con el puerco, no tiene fundamento; el asno no es menos inteligente, a su manera, que otros cuadrúpedos. *Bálsamo,* del hebreo *balsamôn*: Hay un «bálsamo de Judea o de la Meca» (*Diccionario Academia*). *Cenefa,* «lista sobrepuesta o tejida alrededor de las cortinas, etc.», del hebreo *sanaf,* «insertar, agregar, incorporar».

IV. HEBRAÍSMOS LATENTES EN OTRAS ESFERAS DEL IDIOMA

Un estudio completo de los hebraísmos, o cualesquiera otras formas de idiotismos importados de lenguas extranjeras y naturalizados en una determinada, no puede reducirse al léxico puro y simple, como hasta ahora se ha venido haciendo; deben considerarse, asimismo, otros aspectos o sectores del idioma, como son la fonética, morfología, sintaxis, estilística, fraseología y paremiología, sin invadir los campos de la literatura.

En nuestro caso, sin salirnos del castellano, algo podría decirse quizá respecto a las dos primeras, aparte de los posibles cotejos entre tantos puntos estudiados en las mismas que pertenecen a la lingüística comparada. Por ejemplo, dentro de la morfología, cabría estudiar la posible procedencia hebrea del aumentativo en *-ón*, inexistente en latín, y aun por cierta analogía *-ote*, etc., tomado de la forma característica de los llamados «nombres aumentados», terminados precisamente en *-ôn*. Pero donde hay campo abierto, ya desbrozado por algunos hebraístas del pasado siglo, es en la sintaxis.

El citado doctor García Blanco, a pesar de sus desvaríos etimológicos, nacidos en gran parte de su amor inmenso a la lengua santa, tiene en su *Diqdûq* un caudal enorme de atisbos geniales, certeras afirmaciones, copiosa y sana doctrina. No pueden despreciarse ligeramente sus teorías acerca de la sintaxis castellana en relación con la hebraica, aunque no se admitan lisa y llanamente sus opiniones.

> De todas las lenguas en que puede traducirse un escrito hebraico, no hay ninguna en que se copien más fácilmente sus expresiones que en la castellana: su origen latino parece que se neutraliza, digámoslo así, para este efecto, mediante su más antigua estirpe desconocida y las influencias que la dominación agarena de ocho siglos no pudo menos de ejercer sobre un idioma ya cargado de arcaísmos, que fueron acaso en su origen idiotismos importados de Egipto y de Oriente. Así vemos locuciones enteras en nuestra habla castellana que son hebraicas o arábigas puras; giros enteramente orientales, hipérboles, elipsis y metaplasmos, que ciertamente no tuvieron su origen en Lacio ni Grecia [...] Sería muy largo enumerar las palabras, las locuciones castellanas, los giros y aun los tropos y figuras que tenemos en nuestra lengua, tan análogos al hebreo, que sin temor de errar nos atrevemos a decir que el habla castellana tiene tanto de oriental como de latina, mucho más de hebrea que de griega, y tanto de árabe como de teutónica. Los modismos más caracterizados del idioma hebreo casi todos los hallamos en el nuestro, no helenificados ni latinizados, sino con la misma fisonomía oriental[7].

7. *Diqdûq* II, pp. 79-80.

La misma teoría en que con tanto tesón insiste el intrépido autor del *Diqdûq* la desarrolló don Severo Catalina, malogrado hebraísta del pasado siglo, siguiendo las huellas de su maestro y después colega de la Universidad de Madrid, en su discurso de recepción en la Real Academia Española (1861), en el cual se propuso «demostrar que si el diccionario de la lengua castellana tiene más de latino que de semítico, la gramática de la lengua castellana *—entiéndase su sintaxis—* tiene más de semítica que de latina».

Dejando a estos hebraístas decimonónicos la responsabilidad o el mérito de tales asertos, vamos a señalar algunos casos *concretos* de hebraísmos sintácticos, que adquirieron carta de naturaleza en el español.

Las varias formas de superlativo —todas sintácticas— existentes en hebreo, cinco al menos, pasaron en su totalidad al castellano. Una consiste en la repetición pura y simple del adjetivo o adverbio, por ejemplo, *ra'*, *ra'*, «malo, malo»; otra, para indicar absoluta superioridad, consiste en hacer seguir al nombre genérico en cuestión su propio plural, como complemento adnominal, por ejemplo, «Rey de reyes», «Señor de los señores», «Cantar de los cantares» (= el más excelente cantar), etc. Otra forma de superlativo estriba en anteponer el artículo al adjetivo positivo, en los que de por sí encierran una idea cuantitativa; por ejemplo, «la pequeña» (hablando de varias hermanas) es más bien la menor de todas, la mínima.

Incluso en la forma de superlativo hebreo consistente en agregar al nombre el complemento determinativo «de Dios»; por ejemplo, «montes de Dios» son los montes altísimos; «el espíritu —o soplo— de Dios» (Gén 1, 2) podría traducirse, quizá con mayor exactitud o propiedad, por «un viento fortísimo, impetuosísimo». También decimos: «canta divinamente», «me encuentro divinamente».

La forma más sencilla del superlativo, anteponiendo al adjetivo, o posponiéndolo, un adverbio de cantidad, *m^{e}'ōd*, «muy», es también la más corriente en castellano; pero como existe, asimismo, en latín, no queremos sugerir una posible influencia hebraica, al menos en su generalización, que, por otra parte, podría ser verosímil, dado que la forma normal en latín es con la desinencia en *-issimus.*

La sufijación pronominal del verbo, por ejemplo *dígame, míralo*, ajena por completo al latín y al griego, y típica del hebreo como del árabe, adquirió en español un desarrollo extraordinario (también en italiano, pero no en francés), hasta el extremo de juntar tres pronombres, por ejemplo, *tráigasemelo.*

En cuanto a la *fraseología*, existen en castellano infinitas locuciones de pura raigambre bíblica, tomadas directamente de la sagrada Escritura, aunque casi siempre a través del texto latino de la Vulgata —que está cuajada de hebraísmos—, el libro que más ha influido en la educación y cultura de la Europa cristiana durante veinte siglos. Sirvan como ejemplos: «Hombre de Dios», «Dios de bondad», «tantas almas» (por habitantes), «la carne», como contraposición al espíritu (*baśar* en hebreo significa propiamente la parte más baja de nuestro espíritu, con sus instintos y perversas inclinaciones, pero no precisamente el «cuerpo»), el «pan», en el sentido genérico de alimento.

Otra serie de hebraísmos fraseológicos podríamos citar también a base de las expresiones y construcciones típicamente hebraicas, demasiado literalmente traducidas e incluso servilmente calcadas sobre el texto original del Antiguo y del Nuevo Testamento, que de por sí son extrañas al español, como también al latín y al griego, por mediación de los cuales pasaron a las lenguas modernas. La versión bíblica de los Setenta y la Vulgata latina, que —recuérdese— no fueron obras de san Jerónimo por lo que al Nuevo Testamento se refiere, están esmaltadas de expresiones de esta índole; y en cuanto a los libros del Nuevo Testamento, escritos en lengua griega, a excepción del Evangelio de san Mateo, cuyo original hebreo o arameo se perdió, y quizá también del de san Juan, como obra de judíos, a excepción del «prosélito» Lucas, hablantes de la lengua aramea y que se sirvieron de documentos redactados en esta lengua o bien hebraicos, aparte de las referencias y citas de la susodicha versión griega, presentan análogo aspecto en cuanto a superabundancia de giros y construcciones hebraicas. En Lc 1, 37 pueden señalarse *tres hebraísmos* en *ocho* palabras.

Citemos algunos ejemplos de esta clase: «Abriendo su boca» (les enseñaba); «conozco mis ovejas y mis ovejas me conocen a mí» (el verbo *yāda'* encierra en hebreo un marcado matiz afectivo, que no aparece en español ni en sus equivalentes de las lenguas modernas como tampoco en latín ni en griego); «odiar», por el contrario, tiene en la lengua hebrea, al menos en muchos casos, un matiz más atenuado de «sentir desvío o despego» (cf. Mt 6, 24; Lc 16, 13); «embriagarse» (Jn 2, 10) tampoco alcanza necesariamente el sentido pleno que en español, latín o griego, sino el más moderado de «beber con largueza».

Lo curioso es que no pocas de esas expresiones, que llevan tantos siglos incrustadas en los textos bíblicos y son tan repetidas en la liturgia, no han llegado, a pesar de todo, a naturalizarse en las lenguas modernas, y solamente se admiten como particularidades del estilo escriturario, por un literalismo excesivo en los traductores, hoy día ya mandado retirar en toda clase de versiones, sin exceptuar los libros sagrados del Antiguo y del Nuevo Testamento. Por tanto, entran más bien en la categoría de barbarismos o solecismos, que deben eliminarse. No obstante, es tal el arraigo que lograron, que resulta un achaque común a todas las versiones de la Biblia; no conocemos una sola, en ninguna lengua, totalmente inmune de ese grave defecto.

En cuanto a la estilística, parte de la lingüística muy poco estudiada todavía en su aspecto gramatical, aunque algo más en el literario, a pesar de su carácter de *syntaxis ornata*, también podrían señalarse sorprendentes analogías entre el hebreo y el español. García Blanco escribe: «La disposición de las sentencias hebreas y la rotundidad de sus cláusulas son también tan análogas a las nuestras que no hallamos otra lengua más propia para traducirlas»[8]. Y en cuanto al hipérbaton, tan distante el de la lengua española del admitido en el latín clásico, dice: «El poco hipérbaton que hay en nuestra lengua castellana, la hace también más a propósito para traducir a ella cualquier escrito hebreo»[9].

Otro tipo de hebraísmos hallamos también en las traducciones bíblicas o comentarios de la sagrada Escritura, que se dan igualmente en las versiones a otras lenguas: son los nombres de medidas, pesas, monedas típicamente hebraicas, por ejemplo *efá, hin, homer, gomer, siclo, qesitá* (Gén 33, 19), que antes transcribían los traductores en su forma original y ahora algunos prefieren sustituir por su equivalente nacional, lo cual no deja de ofrecer dificultades. Desde luego se trata de verdaderos hebraísmos, aunque puedan resultar ineludibles.

A la inversa, nombres como *gō'ēl,* «reivindicador, redentor, rescatador»; *še'ôl*, «infierno, lugar subterráneo, ultratumba»; *gehenna,* que antes se traducían, ahora suelen dejarse en su forma hebrea para que no pierdan nada de su pletórico valor semántico.

Muchos términos típicamente hebraicos (o arameos) se tradujeron al griego y en esta forma pasaron al latín, y después a las lenguas modernas, a veces en su doble forma, hebrea y greco-latina, por ejem*plo, Golgotha* (*Calvariae locus*, Calvario); *Gabbatha* (*Lithostrotos*); *Mašîaḥ* (*Messias*, *Christus*, Cristo).

Finalmente, debemos mencionar una especie de inmenso «hebraísmo», de especial naturaleza, cual es el representado por el dialecto hispano —pues tiene tal categoría—, denominado judeo-español, ladino o sefardí, el lenguaje hablado y escrito por los sefardíes, descendientes de los judíos expulsados de España y Portugal en el postrer decenio del siglo XV. Ese dialecto, iniciado ya antes de la expulsión, pero acrecentado —en muchos casos mejor diríamos deformado— con elementos foráneos de muy diverso origen, contiene una fuerte mezcla de elementos léxicos tomados directamente del hebreo, sin alteración apenas. Dentro del área hispana es similar al *'îdiš* (o yidish), judeo-alemán, en el área de la lengua alemana, hablado por las *askenazíes,* la otra gran familia del judaísmo, integrada por los hebreos de la Europa central, Polonia, Rusia, etcétera.

8. *Ibid.*, p. 86.
9. *Ibid.*, p. 81.

Parte muy importante de la lingüística, de singulares perspectivas y singulares irisaciones, es la onomástica en todas sus variedades, pero sobre todo la antroponimia (nombres de personas en todas sus formas). Los préstamos de otras lenguas en este terreno revisten especiales caracteres y restricciones varias, a cual más interesantes, aquéllos y éstas, que quizá no se han estudiado todavía —en español ciertamente no— en toda su amplitud y complejidad.

Naturalmente, en el caso de los nombres individuales de personas, en español «nombres de bautismo o de pila», *christian name* en inglés, *prénoms* en francés, el origen hebreo-bíblico tiene motivaciones estrictamente religiosas. Pero sin duda existieron, asimismo, otras razones al elegir unos nombres bíblicos con preferencia a otros; unas de orden lingüístico, otras obedecen sin duda a obvias razones de simpatía o aversión.

Numéricamente los antropónimos hebreo-bíblicos que han pasado al español con carácter usual exceden al elenco oficialmente registrado de voces consignadas en los diccionarios. Son los siguientes, por orden alfabético:

Adán, Abel, Abraham (raro), Absalón, Ana, Ananías, Bartolomé, Benjamín, Bernabé, Daniel (-ela), David, Elías, Eliseo, Ester, Eva, Ezequiel (-ela), Gabriel (-ela), Gedeón (raro), Isaac, Isabel (-elo), Isaías, Jacob(o) (-oba), variantes de *id.*: Diego, (Sant)Yago, Jaime; Jeremías, Jesús (-usa), Joaquín (-ina), José (-efa), Josafat (raro), Juan (-ana), Judit, Manuel (-ela), Mardoqueo (raro), María, Mateo (-ea), Matías, Miguel (Micaela), Moisés, Rafael (-ela), Raquel, Rebeca, Salomé, Salomón, Samuel, Sara, Simeón (-ona), Simón (-ona), Susana, Tadeo (-ea), Tobías, Tomás (-asa), Zacarías. Total: 50.

La inclusión de ciertos nombres masculinos o femeninos y la exclusión de otros, que podrían haberse adoptado igualmente, se presta a interesantes comentarios. Es natural, por ejemplo, que, por abominación del personaje, al lado de Abel no figure Caín (a veces se usa como nombre de perro) y por razones puramente fonéticas no figuren Set o Joel; en cambio, no se ha excluido a Absalón, hijo rebelde de triste sino del rey David. Corrientes son Isaac y Jacob (con sus variantes); en cambio, entre los cristianos, a los que nos referimos únicamente y, en concreto, a los bautizados, es muy raro Abraham. Los nombres de los cuatro profetas mayores son muy usuales; pero ni uno solo de los doce (o trece, con Baruc) se usa, salvo Zacarías, probablemente por ser también el nombre del padre del Bautista. Nombres tan venerados como Noé, Ezequías, Josué y tantos más no han sido adoptados. Es frecuentísimo Raquel, pero se ha eliminado a Lea (o Lía), su hermana y co-esposa de Jacob, y no digamos Bala y Zelfa, esclavas-concubinas de éste, de especial consideración. Lo propio decimos de Agar y Cetura. Tampoco Débora ni Jael han tenido aceptación. El mismo Jonatás tampoco se ha empleado.

Conviene advertir que en otros países no solamente los cristianos (protestantes o de otras confesiones no-católicas) sino los mismos católicos, llevan nombres hebreo-bíblicos, masculinos o femeninos, que no se aclimataron en España, por ejemplo Betsabé, Débora, Joëlle (en francés). En Sudamérica la onomástica personal ofrece aspectos particulares y no es raro hallar hombres y mujeres que ostentan nombres bíblicos desusados entre nosotros.

Estrecha relación con los nombres propios precedentes tienen ciertos nombres, sustantivos comunes o adjetivos, derivados de aquéllos y que pueden considerarse como hebraísmos secundarios, por ejemplo jeremiada, jeremíaco, de Jeremías; adamita, abrahamita, de Adán y Abraham; davídico, salomónico, de David y Salomón; mariano, marianista, mariológico, de María; isabelino, de Isabel, etc. Asimismo, en sentido bien diferente: «ser un Adán», un Sansón, etcétera.

En cuanto a la toponimia, por su carácter universal, no entra en el cuadro de los hebraísmos, si bien algunos topónimos se han castellanizado. Este aspecto propiamente lingüístico puede estudiarse en sus formas de adaptación al paso a nuestra lengua, por ejemplo Jerusalén, Belén, Joppe o Jafa, Samaría, Galilea; pero en la mayoría de los casos se tomaron del latín.

Otro campo curioso e instructivo de hebraísmos nos brinda la *paremiología*, tan copiosa en español, en la cual podrían seleccionarse numerosos refranes judíos, con muy interesantes visos de tipo lingüístico. El *Refranero general ideológico español*[10], compilado por Luis Martínez Kleiser a base de los refraneros de Correas, Rodríguez Marín y otros, consigna una veintena en el índice de referencias, bajo el epígrafe «judíos»; pero hay muchos diseminados bajo otros títulos. Hay también refraneros especiales sefardíes. El de Enrique Saporta y Beja[11] recoge y explica unos dos mil.

Además de los aspectos lingüísticos indicados se encierran en esos refranes «hebraísmos» de pensamiento, psicología, idiosincrasia que, reunidos, constituirían un auténtico mosaico del alma hebrea y un historial de sus vicisitudes por el mundo hispano, como de los juicios, exactos unas veces, apasionados otras, que el ingenio popular ha ido formando sobre los hijos de Israel.

Como colofón de este capítulo, añadiremos un nuevo y sutil aspecto que podría considerarse en los hebraísmos: el que se refiere a las acepciones semánticas tomadas de sus homólogos hebreo-bíblicos con que se enriquecieron muchos términos griegos y latinos, al contacto con el he-

10. Madrid, 1953.
11. Biblioteca hebraicoespañola, vol. VI, Instituto Arias Montano, CSIC, 1957.

braísmo y el mundo de la Biblia, acepciones extrañas a esos vocablos según su origen y su propia historia, pero que los transformaron e iluminaron con nuevos resplandores. La mayoría de esos vocablos pasaron a las lenguas europeas así abrillantados con las matizaciones semánticas tomadas del hebreo bíblico, y son numerosísimos, tales como: Dios, padre, madre, hermano, firmamento, cielos, vida, muerte, salud o salvación, alma, espíritu, corazón, mano, pie, ángel, bautismo, camino, bueno, malo, santo, bienaventurado, puro, casto, celestial, terrenal, místico, pobre, pecador, impío, justo; adorar (a Dios), bendecir, multiplicarse, amar, odiar, conocer.

Estos «préstamos» semánticos, relativos a la esfera ideológica y al sentimiento, implican una penetración más honda en el alma de los hablantes de esas lenguas que los simples vocablos que designan objetos materiales o incluso categorías de personas, por ejemplo *siclo, levita, serafín*[12].

A la luz de las precedentes consideraciones, creemos se agranda la panorámica de los hebraísmos en español, y análogamente también en otras lenguas, adquiriendo proporciones, importancia y trascendencia que no harían sospechar las menguadas listas consignadas en los diccionarios.

12. Sobre este tema: «Un nuevo y capital aspecto de los hebraísmos» versa nuestro estudio, de este título, publicado en *Miscelánea de Estudios Árabes y Hebraicos* XX (1971).

16

SEFARDISMO

I. UNA GRAN FAMILIA DESGAJADA DEL TRONCO IBÉRICO

En un estudio, siquiera sea panorámico como el que hemos bosquejado en el presente libro sobre *El legado del judaísmo español,* no puede faltar, al menos como apéndice complementario, una referencia global y amistosa a esa rama del pueblo de Israel que en el lapso de medio milenio representa la salvaguardia y continuidad viviente de la milenaria cultura hispanojudaica, que hemos desplegado en 15 amplios cuadros: nos referimos al mundo sefardí, rama gloriosa desgajada un día del recio tronco ibérico.

Por azares del destino, Hesperia —*Sefarad* en la lengua judaica— vino a ser por su importancia una segunda patria para los hebreos diseminados en numerosos países de los tres continentes del Mundo Antiguo, como un reflector lejano, alzado en el Extremo Occidente, de la amada Sión, imán perpetuo del alma israelita.

Dos mil quinientos años desde que los primeros hombres de esta estirpe arribaron a las costas ibéricas, navegando con sus hermanos fenicios en las salomónicas «naves de Tarsis», o mil quinientos desde que las legiones de la imperial Roma ahuyentaron de Jerusalén y demás ciudades de Judea, reducidas a un trágico montón de ruinas humeantes, y hasta de sus confines, a los últimos «restos de Israel», marcan el lapso de permanencia de contingentes hebreos en la península Ibérica.

Durante esos siglos, las comunidades radicadas en nuestro suelo siguieron los avatares políticos del país con los vaivenes de próspera y adversa fortuna. Un cruel decreto del hado ordenó el tercer gran exilio de Israel, y los hispanojudíos, fieles a su religión ancestral y sus tradiciones sacrosantas, que en adelante formarán la gran familia sefardí, emigraron de su segunda patria para no volver ya más a ella como colectividad. Pero siguieron fieles a sí mismos, constituyendo en el conglomerado inconfundible del Israel de la Diáspora una noble estirpe, con categoría de verdadera aristocracia espiritual.

En Italia, Holanda y Francia, países balcánicos, Palestina, norte de África lograron reorganizarse, a prueba de grandes esfuerzos y constancia en los sufrimientos, y empezar una nueva vida, desafiando al destino, pero confiados en la protección e idefectible amparo de Aquel que inspiró al personaje más representativo de Israel en la literatura bíblica esta animosa sentencia: «Aunque me mate, no temblaré», «in ipso sperabo» (Vulgata; Job, 13, 15).

II. GUARDIANES DE UN MAGNÍFICO LEGADO

Si al emigrar de España no pudieron proclamar los sefardíes como el sabio griego «Todo lo mío lo llevo conmigo», porque en Sefarad dejaron una obra milenaria, múltiple y gloriosa, incorporada para siempre a la historia ibérica, ciertamente se llevaron consigo todo un mundo de valores trascendentales, un caudal opulento de enseñanzas, doctrinas religiosas, poesía, filosofía, ejemplos perdurables: un legado espiritual de eximia estimación, que tácitamente se juramentaron para conservarlo para siempre, contra viento y marea, como un rico patrimonio, dondequiera que la fortuna, favorable u hostil, les deparase un albergue.

Gracias a ese tesón pudieron conservar tan preciosa herencia, para sí y para toda la humanidad, durante cinco siglos, en azarosas circunstancias, con notorios y graves riesgos, y hasta inmolando en ocasiones la vida en aras del sagrado depósito que celosamente guardaban. Sin esa diligencia heroica se habrían perdido irremisiblemente los tesoros de poesía de los grandes vates hispanojudíos, la magna labor exegética de la Biblia, las profundas investigaciones filológicas, las lucubraciones filosóficas, la enorme aportación a las ciencias, las creaciones jurídicas, las místicas elevaciones, el alma, en suma, de tantas generaciones de brillantes ingenios, nobles espíritus y «sabios de corazón» que había florecido en Sefarad.

No podemos pergeñar aquí ni la gran historia del sefardismo, que aún está por hacer, ni el recuento de sus actividades intelectuales, sociales, políticas y económicas en tantos países del globo. Algo hicimos en nuestro *Manual* en el campo literario, y algo intentamos hacer respecto a otros terrenos en los trabajos de índole histórica en que nos hemos embarcado; pero son muchas las ramas en que han desplegado su incansable laboriosidad, con una constancia diamantina, los exiliados de Sefarad y sus descendientes.

Han conservado hasta hoy —mañana las circunstancias dirán—, como preciada reliquia y alma de su alma, la lengua que hablaban sus antepasados en Castilla, y en ella han plasmado una interesante y singular literatura —aparte de su magna contribución en otras lenguas—, en la que descuella por la grandeza de su concepción y amplitud de marco el monumental comentario bíblico sefardí titulado *Me'am Lo'ez,* que afortunadamente ha empezado a ser exhumado y conocido del mundo erudito gracias al quijotesco empeño de dos profesores de la Facultad de Letras de la Universidad de Granada[1].

«El que me esparció, me recogerá» ha sido su lema consolador durante muchos siglos, y han seguido fieles a sí mismos, aferrados a su Roca, como bellamente expresó el poeta francés A. Chénier en cuatro versos que traducimos:

Al azar de los tiempos, lugares y destinos,
con su Ley milenaria, del orbe peregrinos,
solos han perdurado, con su arraigo profundo,
cual los montes roqueros, añosos como el mundo.

Si en el correr de los tiempos, luchas políticas, debates, controversias, pasiones, ha podido haber olvidos o indiferencia, de que alguna vez se ha dolido la sensible alma sefardí, la hidalguía española no puede desconocer los grandes méritos contraídos por esos «españoles sin patria», beneméritos descendientes del judaísmo hispano medieval.

A esos fieles guardianes del tesoro incomparable que representa el *legado del judaísmo español*, nuestro eterno agradecimiento, simpatía y cordial amistad.

1. *Me'am Lo'ez, El gran comentario bíblico sefardí*, por D. Gonzalo Maeso y P. Pascual Recuero: tomo preliminar, «Prolegómenos», 1964, y tomo I, «Génesis», 1.ª parte, 1969, y 2.ª parte, Gredos, Madrid, 1970.

17

CONCLUSIONES

Después de considerar en sucesivos panoramas de gran variedad y extraordinario alcance los múltiples aspectos que brinda *El legado del judaísmo español,* podemos deducir, a modo de enseñanzas, las conclusiones siguientes:

1.ª La milenaria estancia de núcleos y comunidades israelitas en la península Ibérica (Sefarad), pese a las alternativas de la variable fortuna, creó en el alma de esos hispanojudíos un hondo sentimiento de *amor al suelo y al cielo ibéricos,* hasta el extremo de considerar a Sefarad como una segunda patria, que sus descendientes de hoy visitan con emoción de peregrinaje.

2.ª Tanto en la España preislámica, desde que empezamos a tener datos concretos de las ocupaciones, comerciales e industriales principalmente, como en la musulmana y la cristiana, los judíos demostraron un extraordinario *espíritu de trabajo,* que necesariamente había de redundar en beneficio de la sociedad en que vivían. Tratándose de las nobles tareas del espíritu, las bellas letras y las ciencias, en que tan espléndida aportación nos legaron, su trascendencia alcanza a los siglos siguientes, hasta nuestros días, en los que decenas de generaciones han bebido largamente en los caudales de tantas obras maestras de los más conspicuos talentos hebraicoespañoles.

3.ª La incomprensión, fanatismo, odios y desavenencias, así como la glacial indiferencia, pusieron *barreras casi infranqueable* durante varios siglos al reconocimiento de ese magnífico legado hispano-judaico. Afortunadamente, la denodada labor investigadora y divulgadora de beneméritos eruditos, de estirpe judaica en gran parte y otros muchos de diversos países, entre los cuales figuran destacados y laboriosos profesores, eminentes hombres de Letras, eruditos y críticos españoles, ha contribuido poderosamente —al igual que en el campo arábigo-islámico, paralelo en tantos aspectos al que nos ocupa— a revelar y difundir esos tesoros, que, siendo obra de los judíos peninsulares, elaborados o al menos, en casos especiales, preparados dentro del ámbito ibérico, nos pertenecen por múltiples conceptos y, por tanto, debemos reconocerlos como patrimonio propio y enorgullecernos de tan rica herencia.

4.ª La «cuestión judía» o, si se quiere, el antijudaísmo es, en frase de Teodoro Herzl, «un legado de la Edad Media»: triste legado, en efecto, que tantas lágrimas y tanta sangre ha hecho verter. Frente a ese legado —que, sin embargo, hay que reconocer está contrapesado por otros beneficiosos legados del cristianismo al judaísmo, en forma colectiva o individual—, se alza el magnífico *legado del judaísmo español* a Sefarad, su antigua patria, y a toda la humanidad, un legado espléndido, pletórico de valores humanos, espirituales y de todo orden.

5.ª La aportación judaica al campo de la *exégesis escrituraria* alcanzó extraordinaria magnitud y nivel. Los judíos españoles fueron, como ya está unánimemente proclamado, los fundadores de la *exégesis científica,* que tan valiosos avances ha realizado, sobre todo en nuestros días, en el conocimiento auténtico del sagrado texto, sin mengua de la veneración que hacia él sienta todo lector o investigador ortodoxo y de formación sinceramente religiosa. Lamentablemente, esos tesoros de la exégesis judaica no han influenciado hasta el presente todo lo que podían la exégesis católica, porque, aparte de infundados recelos de orden dogmático, se interpone la infranqueable barrera del desconocimiento —salvo para una exigua minoría, que no ha de ser forzosamente biblista— de la lengua hebrea o árabe, en que fueron compuestos.

6.ª La profunda y tradicional *religiosidad* del pueblo de Israel, su adhesión a la fe de sus mayores y a la Ley mosaica, se manifiesta de múltiples maneras en la vida del judaísmo español y trasciende a toda su producción literaria e incluso a la científica, consideración muy digna de tomarse en cuenta, dada su situación de minoría, tanto en los reinos musulmanes como en los cristianos de la Península, y las persecuciones que en tantas ocasiones se desencadenaron y la constante animosidad —casi podría hablarse de espiritual guerra religiosa— en que los judíos se veían envueltos. Los judíos españoles —escribe Amador de los Ríos— «conservaron intacta la religión de sus mayores; y si en literatura en general, la ciencia profana, por decirlo así, llegó a ser esencialmente española, la Teología, esto es la ciencia del dogma, era entre ellos tan hebraica como lo era la religiosidad»[1].

1. *Historia*, I, pp. XIX-XX.

7.ª Ese hondo sentido religioso y el amor inquebrantable a la Torá hizo germinar en el alma israelita un exaltado *misticismo,* que se polarizó ante todo en la *orientación cabalística*, como interpretación escrituraria, aparte de otras varias direcciones, y que tuvo también trascendencia en las formas de vida de no pocos personajes y sus discípulos o adeptos. Las relaciones ideológicas y de influencias entre el misticismo judaico y el cristiano, como también el musulmán, son innegables, pero hasta la fecha no se han estudiado a fondo *ex professo*.

8.ª El *Talmud* está reconocido desde siempre como el libro representativo del judaísmo postbíblico, su gran *Digesto*, y a su enseñanza, elucidación, comentarios y aplicación práctica, como norma de vida, dedicaron gran parte de su vida muchísimos doctores de Israel. En esa inmensa literatura talmúdica está condensada la vida entera, interna y religiosa del judaísmo durante veinte siglos.

9.ª La vida *familiar* en todas sus facetas está dirigida por los mentores espirituales judíos, tanto mediante el magisterio directo de la palabra como el escrito, más duradero, de generación en generación. «La voz del rabí es la voz de Dios», y esa autorizada voz ha sido escuchada con gran veneración por el pueblo. La devota celebración de las fiestas, empezando por la semanal del sábado, aureolado de poesía y toda clase de atractivos, se ha mantenido con ejemplar constancia hasta el día de hoy.

10.ª Los judíos españoles ejercieron toda suerte de *profesiones y oficios*, desde los más nobles y elevados hasta los más plebeyos, fieles al precepto divino de ganar el sustento con el propio esfuerzo, como lo prueban —extraña paradoja— las prohibiciones que en diversas pragmáticas se dictaron a este respecto. Las actividades industriales y comerciales, en toda su variadísima gama, prevalentes, ya que no únicas, en la primera época de la España musulmana, constituyeron un poderoso impulso para la economía del país, hasta el extremo que una de las principales razones que suelen aducirse contra el acierto u oportunidad del Decreto de expulsión se basa en el colapso que la disminución de esas fuerzas supuso para la economía general de la nación. La medicina y el almojarifazgo fueron dos profesiones especialmente practicadas por los judíos, y para ellas eran especialmente requeridos en razón de su idoneidad y competencia.

11.ª Pese a encontrarse los judíos en manifiesta minoría demográfica y en situación desventajosa, fueron muchos los que intervinieron activamente en la *administración y gobierno del país*, desempeñando cargos de gran responsabilidad en esas esferas, para los cuales tenían sin duda excelente y variada preparación.

12.ª El plausible anhelo de elevarse de posición por medio de la *cultura*, no ya sólo redimiéndose de la depresiva condición en que realmente se hallaban como minoría tolerada, cuando no vejada y perseguida a sangre y fuego, sino como posibilidades para escalar altos puestos en la sociedad, es una de las características más destacadas del judaísmo en la Diáspora. Pero, en realidad, ese amor a la sabiduría tiene milenario abolengo en «el pueblo del Libro»; la rica literatura sapiencial de la Biblia ha sido la savia que ha nutrido el viejo árbol de Israel, salvándole de la caducidad y haciéndole producir los ópimos frutos que representa la tradición hebraica mantenida a través de los siglos, y las literaturas foráneas que ha creado, entre las cuales se destaca, en primerísimo lugar, la judeoárabe. Esa cultura del judaísmo español ostenta entre sus eximios valores el de un acusado sentido religioso, que han sabido conservar hasta hoy los sefardíes, herederos directos de aquellas comunidades, por cuyas *taqqānôt* todavía se rigen en asuntos tan importantes como es, por ejemplo, el acta matrimonial.

13.ª Entre todas las actividades intelectuales que los judíos españoles desplegaron durante seis siglos con brillantes resplandores, la *poesía*, gloria inmarcesible del judaísmo por los muchos y geniales intérpretes que tuvo, no superados desde el ocaso de la sin par poesía bíblica hasta nuestros días, ocupa un puesto de honor por sus muchos y eximios valores. Esos poemas, religiosos y profanos, cada vez van siendo más y mejor conocidos y admirados; pero todavía falta mucho camino por recorrer en la labor de divulgación.

14.ª La *filosofía perenne* hondamente enraizada en la teología bíblica, que durante unos mil años es la única manifestación filosófica, aunque esplendente, del antiguo pueblo de Israel, pero que en los albores de la era cristiana se *platoniza* con Filón de Alejandría, abre, al cabo de un lapso similar, amplios ventanales hacia el neoplatonismo y el aristotelismo imperantes en los siglos medios, y aparece una pléyade notable de cultivadores de ambas direcciones, que añaden a las lucubraciones propiamente filosóficas las luces de la Revelación escrituraria, el idealismo de la mística, los destellos de la poesía, el rigor de la ciencia, como atrayentes florones que imprimen un sello característico a esa filosofía hispano-judaica medieval.

15.ª En la *lingüística* y la *lexicología,* inseparablemente unidas, ya hemos ponderado la magnífica labor realizada por los que modestamente se llamaban *gramáticos,* actividad que empieza en la alborada misma del renacimiento hebraicoespañol y no decae durante los siglos siguientes, e incluso se trasplanta a las regiones transpirenaicas, donde produce también sazonados frutos. Como ya se hizo notar, tras los relevantes trabajos de conspicuos hebraístas europeos del pasado siglo y el presente, todavía queda mucho aprovechable y sin explotar en las obras de aquellos ilustres orfebres de la lengua hebraica.

16.ª Otro campo, el de las *ciencias,* ajeno por su naturaleza a los sobrenaturales objetivos bíblicos y por ende casi desconocido, a nivel superior, de los antiguos hebreos, el cual, sin embargo, fue ganando espacio y atención en las academias que elaboraron la Mišná y los dos Talmudes, abrió insospechadas perspectivas a la mentalidad hebraica a partir del siglo XI, sobre todo en las maravillosas visiones de la astronomía y la astrología, cuyo conocimiento, dentro del nivel de cada época, requiere el concurso de varias otras ciencias, y en la particularmente atractiva por sus valores humanos, la medicina.

17.ª Como profesión y como ciencia de la salud del cuerpo, tan estrechamente relacionada con la salud del alma, la *medicina*, con su inseparable aneja la farmacología, alcanzó tan extraordinario predicamento entre los judíos medievales, que la mayoría de los facultativos o «físicos» de las cortes musulmanas y cristianas, de los nobles y magnates, de los consejos de las ciudades y villas eran de estirpe judaica. La predilección por esta rama no ha decaído desde entonces hasta nuestros días entre los judíos de todos los países donde están radicados.

18.ª Finalmente, la *historia* y la *didáctica*, en la limitada esfera de sus respectivas posibilidades, dada la situación político-social del pueblo judío en la Diáspora, nos ofrecen también algunos ejemplares que reflejan el fondo extrañamente matizado, sombrío y tétrico tantas veces, de diamantina constancia y exaltado idealismo del alma judía.

19.ª Respecto a la índole intrínseca de la literatura hebraicoespañola, su calificación misma denota los caracteres que la distinguen: participa de ambos, es hebrea y española, en íntima fusión ambas notas, lo cual le confiere especial fisonomía, a modo de diorama. Amador de los Ríos, catedrático de Literatura española e historiador de los judíos, advierte sobre el particular: «Sometidos como estaban y hasta en condiciones más que simbólicas de inferioridad, por no decir de servidumbre, con las debidas salvedades, a moros y cristianos, fatalmente habían de experimentar las respectivas influencias, con mengua de la propia originalidad»[2]. Por consiguiente, ya es mérito destacado en tales condiciones espirituales no haber dejado ahogarse la voz de la inspiración y haber creado una literatura tan varia y rica, de tan subidos quilates, a juzgar por lo conservado, a pesar de lo mucho que de ella consumió la voracidad del tiempo, *tempus edax rerum*, y de una u otra forma la aún más terrible malignidad de los hombres. De todos modos, pese a la indicada «mengua» creemos que brilla la originalidad con muy destacada fuerza, tanto en el genio como en las producciones de los primates de esa literatura.

2. *Historia*, I, p. XVIII.

20.ª Conviene advertir también que en el estudio general del judaísmo español, en cualquiera de sus aspectos, históricos, literarios, científicos, dada la peculiar situación de la península Ibérica durante todo el Medievo, dividida en dos, islámica y cristiana, y aun cada una de éstas en varios y hasta minúsculos reinos, en muchas cosas hay *coincidencia* casi absoluta entre los judíos radicados en una u otra vertiente o en las diversas comarcas; pero en no pocas modalidades, por ejemplo, y ante todo en la lingüística, ya de por sí bastante significativa, como clave de las obras literarias, saltan a la vista las *diferencias*, que el historiador y el crítico deberán poner claramente de relieve en cada caso.

21.ª Las lenguas, que si en algún aspecto contienen «una psicología petrificada», según Max Müller, de los pueblos que las hablan o hablaron, son también y sobre todo organismos vivos, que contienen en el tesoro de su léxico, de su sintaxis, fraseología, estilística y demás manifestaciones un tesoro de destellos y aportaciones que son heraldos perpetuos de las varias influencias y orfebres que han intervenido en su formación. Los *hebraísmos*, más copiosos de lo que se cree y repite, de honda y sutil raigambre en no pocos casos, son, por las incrustaciones en la lengua española que pregonan, muestras elocuentes de la acción espiritual y verbal no sólo de la Biblia, obra del genio hebraico y libro de texto-universal en la cristiandad medieval, sino de los millares de judíos que en España vivieron y actuaron en la época de formación y enriquecimiento de las hablas nacionales.

22.ª El Israel hispano desapareció de la escena ibérica, pero no murió: la gran *familia sefardí* ha sido la principal continuadora de aquellas comunidades y, al mismo tiempo, la guardiana del preciado tesoro de su legado. Es una deuda de honor, que no puede silenciarse, por ese espléndido regalo y que de veras debemos agradecer a esos hermanos nuestros por tantos títulos, empezando por el dialecto castellano que aún conservan.

EPÍLOGO

Contemplando el magnífico legado que el judaísmo español dejó al mundo entero, no ya solamente a España, su antigua y segunda patria, podría pensarse que también ella les donó un precioso «legado» con la hospitalidad milenaria que les prestó, haciéndoles partícipes de sus tesoros y riquezas de todas clases, su ancestral patrimonio espiritual y los innumerables provechos que se derivan de la convivencia humana.

Naturalmente que en toda simbiosis las irradiaciones e influencias, en bien y en mal, son recíprocas, y aparte de lo que pueda haber de misterioso y providencial —que siempre es mucho, y en nuestro caso muchísimo— en la eclosión de personalidades preclaras y florecimiento de formas y focos de cultura, no hay duda que si en esos siglos no se produjo en ningún otro país del mundo un esplendor semejante es porque en España se dieron las circunstancias propicias y los adecuados factores. Más bien que contentarse con admirar la supuesta casualidad, interesa ahondar en la causalidad de los procesos, sean humanos o cósmicos.

Pero el concepto de «legado» clausura el final de una etapa, un ciclo que se cierra definitivamente, al par que una ausencia, un óbito, y esto se da en el judaísmo hispano, exiliado para no volver más en las condiciones anteriores a la que fue su segunda patria, pero no a la inversa, en la península Ibérica con respecto al judaísmo. Con esta consideración volvemos a la advertencia que hacíamos al principio de este libro.

De todos modos, tampoco hay que extremar la semántica de los términos y la significación de las situaciones o perspectivas. Esas esplendorosas manifestaciones culturales, con sus eximios valores, no son mérito exclusivo de los miembros de las aljamas que florecieron en la Península: son obra conjunta judaico-española, y aun mejor diríamos, ensanchando el ángulo de visión, judaico-arábigo-española, fruto de esa triple y feliz aleación que si es verdad tuvo en ocasiones sus disonancias, como las hay en todo lo humano, también, como compensación, frutos relevantes y espléndidas aportaciones.

Esas porciones valiosas de la cultura universal que constituyen el *legado de Israel* y el *legado del islam*, en las que se destaca con valores únicos el *legado del judaísmo español*, encierran múltiples y misteriosos fermentos hispanos, son blasones de nuestro escudo, y esta faceta debe tenerse en cuenta siempre al estimarlos. Es imposible disgregarlos sin mutilarlos o desfigurarlos. Pretender efectuar compartimentos estancos con los múltiples y abigarrados valores hispanos, y mejor diríamos ibéricos, ensanchando nuestro fraternal abrazo a Portugal, que abarcan más de tres milenios en su proyección histórica, equivaldría a desvirtuarlos y hacerlos incomprensibles: en definitiva, a minimizarlos. Esto es lo peor que puede hacer un historiador, un crítico o un filósofo de la historia.

Sean cuales fueren sus factores determinantes y elementos constitutivos, que siempre son muchos e imponderables, lo que importa es su proyección ecuménica sobre el gran panorama de los siglos y de las naciones, el enriquecimiento que aportaron al patrimonio universal de la cultura y exaltación de los más estimables valores humanos.

Ésa ha sido la mira principal y la última meta que nos propusimos al levantar en el plano de las glorias hispánicas este trofeo glorioso, como un *tesoro perdurable* que es el legado del judaísmo español, «que ni el curso incalculable de los años ni la fugacidad de los siglos podrán destruir».

BIBLIOGRAFÍA

Es tanto lo que se ha escrito en el decurso de veinte siglos desde los autores griegos y latinos hasta hoy, y se sigue escribiendo más y más, acerca del pueblo judío, en todos los tonos y puntos de vista, y tantísimo lo que sobre sus cosas han expuesto los propios judíos durante esos dos milenios, que sería quimérico empeño, aun limitándose a un tema monográfico, la pretensión de consignar siquiera una mínima parte de esa vasta bibliografía. Además, conviene evitar innecesarias repeticiones y restringirse, sobre todo cuando el acceso a ciertas obras resulta difícil. Más acertado parece, cuando es posible, señalar, a modo de «bibliografía de bibliografías», solamente algunas obras más destacadas, recientes y asequibles, en las que, por otra parte, se hallarán copiosos elencos de obras y estudios sobre el tema.

Obras generales

a) Enciclopedias

Encyclopaedia Judaica: J. Klazkin e I. Elbogen, 10 vols. (Inconclusa hasta la voz «Lyra».) Berlin, 1925-1939.

Enciclopedia Judaica Castellana: E. Weinfeld y I. Babani, 10 vols. (Trata con especial amplitud los temas hispano-judaicos.) México, 1948-1952.

Jewish Encyclopedia: I. Singer, 12 vols., New York y London, 1901-1906. (Muy aprovechada, pero quizá no superada, en su conjunto, por las posteriores, salvo en detalles.)

The Universal Jewish Encyclopedia, 10 vols., New York, 1939-1943.

b) Historias

Baer, Fritz (Ishaq): *Die Juden in christlichen Spanien*, 2 vols., Berlin, 1929-1936. (Importante y documentada. Ed. hebrea, 1945. Hay versión inglesa.)

Friedmann, Georges: *Fin du peuple juif?*, Gallimard, Paris, 1967.
Graetz, Heinrich: *Geschichte der Juden, von den ältesten Zeiten bis auf die Gegenwart* (sc. 1848), 12 vols. (Última ed., 1900-1909. Muy difundida; traducida a varias lenguas, entre ellas al español; en versión abreviada: *Historia del pueblo de Israel,* México, 1938-1942.)
Ríos, José Amador de los: *Estudios históricos, políticos y literarios sobre los judíos de España,* Madrid, 1948.
Ríos, José Amador de los: *Historia social, política y religiosa de los judíos de España y Portugal*, 3 vols., Madrid, 1875-1876; Buenos Aires, [2]1945; Aguilar, Madrid, [3]1960, en un solo tomo, con ilustraciones e índices.
(Ambas obras, aunque envejecidas, todavía son útiles y consultadas, sobre todo la segunda.)
Parkes, James: *Whose Land? A History of the peoples of Palestina*, OUP, Oxford, 1949, ed. rev. 1970.

c) Literatura

Gonzalo Maeso, David: *Manual de historia de la literatura hebrea bíblica, rabínica y neojudaica* (H. L. H.), Gredos, Madrid, 1960. (Obra reconocida por la crítica como única en su género por su índole, disposición didáctica y amplitud temática. Copiosa bibliografía, agrupada por capítulos.)
Millás Vallicrosa, José María: *La poesía sagrada hebraicoespañola,* Instituto Arias Montano, CSIC, Madrid, 1940, [2]1948. (Obra magistral, dividida en dos partes: exposición teórica, y antología, traducción de numerosas composiciones de los poetas estudiados.)
Millás Vallicrosa, José María: *Literatura hebraicoespañola,* Labor, Barcelona, 1967.

d) Revistas

Bíblica, Pontificio Instituto Bíblico, Roma, 1920.
Estudios Bíblicos, Instituto F. Suárez, CSIC, Madrid. (Empezó en 1921.)
Kirjat Sepher, Bibliographical Quarterly of the Jewish National and University Library, Jerusalén, 1924. (En hebreo; una cubierta en inglés.)
Miscelánea de Estudios Árabes y Hebraicos, Sección de Filología Semítica de la Facultad de Letras de la Universidad de Granada, 1952.
Revue Biblique Internationale, École Biblique de Jérusalem, Paris, 1892.
Revue des Études Juives, Société des Études Juives, Paris, 1880.
Sefarad, Instituto Benito Arias Montano, CSIC, Madrid, 1941. (Desde 1950 trae elenco-resumen de artículos de revistas de asuntos bíblicos, filología hebraica y judaísmo.)

1. *Escriturística*

La bibliografía sobre este tema es inmensa, de autores cristianos (católicos o protestantes) y judíos. Aparte de las antiguas versiones, hay numerosas modernas de la Biblia, totales y parciales, en todas las lenguas cultas y también en las demás. En español son muchas las aparecidas, sobre todo en las últimas décadas. Entre los abundantes comentarios nos limitamos a consignar los dos siguientes, ambos de gran altura y modernidad, accesibles a cualquier lector:

Profesores de la Compañía de Jesús: *La Sagrada Escritura.* Texto y comentario. 9 vols., BAC, Madrid, 1961-1971.
Puede verse una selección de obras en H. L. H., *Bibliografía*, I, caps. I, II y XXVII.
Cf. *Manual Bíblico,* por un grupo de escrituristas, editado por Casa de la Biblia, en 4 tomos, Madrid, 1966-1968.
Profesores de Salamanca: *Biblia comentada.* Texto de la Nácar-Colunga. 7 vols. y 2 de *Introducción a la Biblia*, por Manuel de Tuya, O.P., y José Salguero, O.P., BAC, Madrid, 1960-1967.

2. *Religión*

Vid. Enciclopedias judaicas, bíblicas, de religión y generales.
Epstein, I.: *Judaism,* London, 1939.
H. L. H., II parte, cap. XXV.
The Legacy of Israel, varios capítulos.
Waxman, M.: A *Handbook of Judaism*, 1947.

3. *Misticismo y Cábala*

Blau, J. L.: *The Christian Interpretation of the Cabala*, 1944.
H. L. H., II parte, caps. IX y XXXI.
Mueller, E.: *A History of Jewish Mysticism*, 1946.
Scholem, Gershom: *Major trends in Jewish Mysticism,* London, 1941, [3]1955. (Abarca en 9 *lectures* o conferencias lo esencial sobre el tema, con numerosas referencias a fuentes hebreas y copiosa bibliografía, pp. 425-440, a la que remitimos.)
Scholem, Gershom: *Bibliographia Kabbalistica,* Leipzig, 1927.
Serouya, Henry: *La Kabbale, ses origines, sa psychologie mystique, sa métaphysique,* Paris, 1947. *Vid.* reseña en *Sefarad* (1948), pp. 216-222.
Reuchlin, J.: *De arte cabalistica*, 1516.

4. *Derecho*

Vid. Enciclopedias judaicas.
Fernández y González, Francisco: *Instituciones jurídicas del pueblo de Israel en los diferentes Estados de la Península Ibérica* I (único aparecido): *Introducción histórico-crítica*, Madrid, 1881.
Gonzalo Maeso, David: «La legislación mosaica y el Código de Hammurabi»: *Cultura Bíblica* XX/189 (1963), pp. 89-108.

H. L. H., II parte, caps. VII, XXI, XXVI, XXX.
The Legacy of Israel, pp. 377-406.

5. *Vida familiar*

De Vaux, Roland, O.P.: *Les Institutions de l'Ancien Testament,* Cerf, Paris, 1958-1960. Trad. esp. *Instituciones del Antiguo Testamento,* Herder, Barcelona, 1964. (Es la obra más completa y reciente sobre el tema.) *Vid.* parte II, pp. 49-101.
Lévy, Louis-Germain: *La famille dans l'antiquité israélite,* Paris, 1905.
Neuman, Abraham A.: *The Jews in Spain*, Philadelphia, 1948, vol. II, caps. XII-XIV. (Obra de gran interés para la historia interna de los judíos españoles, con numerosas referencias de obras hebraicas.)

6. *Trabajo y profesiones*

Enciclopedias judías, historias, obras generales, *passim.*
Neuman, Abraham: *The Jews in Spain*, vol. I, caps. V-X, y vol. II, caps. XIX-XX.

7. *Política*

Enciclopedias e historias.
Neuman, Abraham: *The Jews in Spain*, vol. I, caps. I-II; vol. II, cap. XX.

8. *Cultura*

Gonzalo Maeso, David: «El pueblo del libro»: *Miscelánea de Estudios Árabes y Hebraicos* XIV-XV/2 (1965-1966), pp. 95-124.
Neuman, Abraham: *The Jews in Spain*, vol. II, caps. XV-XVII.
Roth, Cecil: *The Jewish contribution to civilisation*, Oxford, 1945.

9. *Poesía*

Gonzalo Maeso, David: *El tema del amor en los poetas hebraicoespañoles*, Granada, 1971.
H. L. H., II Parte, caps. VII, XIII, XIV, XVI a XIX, XXIII, XX-VI.
Millás Vallicrosa, José María: *La poesía sagrada hebraicoespañola,* Madrid, 1949; reimpr. 1948. (Copiosa bibliografía en el prólogo y parte histórica.)
Schirmann, J.: «La Poésie hébraïque du Moyen Âge en Espagne», en *Mélanges de Philosophie et de Littérature Juives* II), Paris, 1958-1962, pp. 171-210. *Vid.* reseña en *Boletín de la A.E.O.* VI (1970), p. 268, por D. Gonzalo Maeso.

10. *Filosofía*

Bonilla y San Martín, Adolfo: *Historia de la filosofía española* II (siglos VIII-XII: judíos), Madrid, 1911. (Obra extensa, documentada, con abundante bibliografía.)

Enciclopedias judaicas (E. J. C., t. IV, pp. 436-532).

H. L. H., II parte, caps. XVII, XXI, XXV.

Munk, S.: *Mélanges de Philosophie arabe et juive*, Paris, 1859, ^{2}1927.

11. *Lingüística y lexicología*

Enciclopedias judaicas. Revista *L^{e}sonnênû* (*Nuestra lengua*), órgano de la Academia de la Lengua Hebrea, Jerusalén.

Gonzalo Maeso, David: Artículos en casi todos los números de *Miscelánea de Estudios Árabes y Hebraicos* (1952-1971).

H. L. H., II parte, caps. XIII, XV, XXII, XXIX.

12. *Ciencias*

E. J. C., t. III, pp. 15-20: «Lista de algunos hombres de ciencia judíos».

Gershenfeld, Louis: *The Jew in Science*, 1934.

H. L. H., II parte, caps. XX, XXI, XXVII.

Link, Pablo: *Manual Enciclopédico Judío,* Buenos Aires, 1950. *Vid.* completísima lista de judíos distinguidos en distintas especialidades, pp. 372-415.

The Legacy of Israel, Oxford, 1927. *Vid.* «El factor judaico en el pensamiento medieval», pp. 173-282, y «El pensamiento judío en el mundo moderno», pp. 433-472.

13. *Medicina*

Enciclopedias judaicas (E. J. C., t. VII, pp. 351-367).

Gonzalo Maeso, David: «El médico en la Biblia»: *Actualidad Médica* (Granada), mayo de 1945, pp. 8-11.

Gonzalo Maeso, David: «La Medicina y los médicos hispano-judaicos en la Edad Media», *Ibid.,* octubre de 1946, pp. 553-578.

H. L. H., II parte, caps. XXI (Maimónides) y XXIII.

14. *Historia y didáctica*

Cantera Burgos, Francisco: *Schebet Jehuda* (*La vara de Judá*) de Salomón ben Verga, tesis doctoral, *Ibid.*, 1924-1925.

Gaspar y Remiro, Mariano: *Los cronistas hispanojudíos.* Discurso de recepción en la Real Academia de la Historia, public. en la RCEHGR (Granada), 1920.

H. L. H., II parte, caps. XX, XXII.

15. *Hebraísmos en español*

E. J. C., t. V., «Hebraísmos en español», pp. 318-321 (por D. Gonzalo Maeso).

Gonzalo Maeso, David: «Premio al estudio de los hebraísmos en la lengua española»: *M.E.A.H* XVII-XIX/2 (1969-1970), pp. 3-12.

Gonzalo Maeso, David: «Un nuevo y capital aspecto de los hebraísmos»: *Ibid.* XX/2 (1971), pp. 3-9.

16. *Sefardismo*

Actas del I Simposio de Estudios Sefardíes. Ed. a cargo de Jacob M. Hassán, con la colaboración de M.ª Teresa Rubiato y Elena Romero. Instituto Arias Montano, CSIC, Sección de Estudios Sefardíes, Madrid, 1970, XXVIII + 781 pp. en 4.º M. (Estudios interesantes y copiosos datos de todas clases sobre el tema; imprescindible como información de actualidad.)

Pascual Recuero, Pascual: en *Me'am Lo'ez. El gran comentario bíblico sefardí*, Gredos, Madrid, 1964. Tomo preliminar: Prolegómenos, pp. 101-127. (La más completa y reciente bibliografía general sobre el judeo-español.)

ÍNDICE

II. Métodos exegéticos 142
a) Exégesis indirecta (siglos X-XII) 144
b) Comentarios directos (siglos XII-XIII) 147
c) Talmudismo, filosofía y controversias (siglos XIII-XV) 149
d) Comentarios científicos y diversos (finales del siglo XV-principios del XVI) 152
e) Texto y traducciones 152
f) Sefardismo 153

2. Religión 155
I. Ojeada histórica 155
II. Sinagogas 158
III. Literatura 160
IV. Proselitismo 161
V. Persecuciones 163
VI. Controversias 163
VII. Criptojudíos y conversos 164
VIII. Sefardíes 165
Conclusión 165

3. Misticismo y Cábala 167
I. El misterio y la Cábala 167
II. Fundamentos de la Cábala 170
III. La Cábala y el misticismo judaico en la España medieval 171
IV. Influencias en el judaísmo y en el cristianismo 173

4. Derecho 175
I. Derecho mosaico y talmúdico 175
II. Los «halakistas» españoles 178
III. Continuación y pervivencia de los codificadores hispanojudíos 183
IV. Derecho mosaico-talmúdico y derecho cristiano 184

5. Vida familiar 187
I. La familia en los tiempos bíblicos y postbíblicos 187
II. Tradición familiar entre los judíos españoles 189
III. Matrimonio 191

6. Trabajo y profesiones 195
I. El precepto bíblico del trabajo 195
II. En la era postbíblica 196
III. En el judaísmo hispano 199
IV. Los sefardíes 201

7. Política en los reinos musulmanes y cristianos 203
I. Sefarad, segunda patria de los judíos 203
II. Próceres de la política 204
1. Emirato 207

2. Califato 208
3. Reinos de Taifas 209
4. Almorávides y almohades 210
5. Reinos cristianos 211
a) Castilla 211
b) Aragón, Cataluña y Portugal 213
III. Conclusión 214

8. Cultura 217
I. La cultura ancestral judaica 217
II. Panorama cultural judaico en la España medieval 219
1. Religión y ciencias bíblicas 220
2. Lingüística 221
3. Letras 224
4. Ciencias 225
5. Poliglotía 226
6. Escuelas y academias 228
III. Conclusión 228

9. Poesía 231
I. Excelencias de la poesía hebraicoespañola 231
II. División, períodos y subsidios bibliográficos 233
III. Clasificación general 235
IV. Elenco de poetas hebraicoespañoles 236
1. Primer período 237
2. Segundo período 237
3. Tercer período 240
V. Conclusiones 240

10. Filosofía 243
I. La filosofía en la Biblia 243
II. Filosofía hispanojudía 244
III. Esquema de la filosofía y elenco de los filósofos hispanojudíos ... 245
1. Siglos XI-XII: neoplatónicos 247
2. Siglos XII-XIV: aristotélicos 253
3. Independientes 256
4. Eclécticos 256
IV. Conclusión 258

11. Lingüística y lexicología 259
I. Precedentes 259
II. Florecimiento de los estudios gramaticales y lexicológicos 261
III. Elenco de los principales gramáticos hispanojudíos 263

12. Ciencias 273
I. Los judíos en la historia de la ciencia 273
II. Las ciencias y los judíos españoles 274

III. Consideraciones sobre el cultivo de las ciencias por los judíos españoles 279

13. Medicina 283
I. Precedentes bíblicos y talmúdicos 283
II. La medicina y los médicos hispanojudíos 284
III. El ejercicio de la medicina por los hispanojudíos 286
IV. Yatrólogos eminentes: Maimónides, Jacob ben Mahîr ibn Tibbón y Amato Lusitano 287
V. Prontuario ético-profesional del médico 292

14. Historia y didáctica 293
I. Historiografía hispanojudía 294
II. Cronistas e historiadores hispanojudíos 297
III. Didáctica 301
IV. Testamentos literarios 304

15. Hebraísmos 307
I. Lengua y literatura 307
II. Estudio de los hebraísmos en la lengua española 309
III. Listas de hebraísmos en español 311
IV. Hebraísmos latentes en otras esferas del idioma 313

16. Sefardismo 321
I. Una gran familia desgajada del tronco ibérico 321
II. Guardianes de un magnífico legado 322

Conclusiones 325
Epílogo 331
Bibliografía 333
Índice 339